Niestrate
Die Architektenhaftung

2. Auflage

Praxis des Baurechts

Carl Heymanns Verlag KG · Köln · Berlin · Bonn · München

Die Architektenhaftung

Umfang · Abwehr · Haftungsbegrenzung Versicherungsschutz

Von

Helmut Niestrate
Rechtsanwalt in Düsseldorf

2. Auflage

Carl Heymanns Verlag KG · Köln · Berlin · Bonn · München

Bibliografische Information Der Deutschen Bibliothek

Die Deutsche Bibliothek verzeichnet diese Publikation in der Deutschen Nationalbibliografie, detaillierte bibliografische Daten sind im Internet über http://dnb.ddb.de abrufbar.

ISBN 3-452-24949-2

50926 Köln
E-Mail: service@heymanns.com
http://www.heymanns.com

Gesamtherstellung: Gallus Druckerei KG, Berlin

Gedruckt auf säurefreiem und alterungsbeständigem Papier

Vorwort

Welche Leistungen schuldet der Architekt?

Welche Ansprüche stehen dem Bauherrn zu, wenn der Architekt die ihm übertragenen Leistungen nicht, teilweise nicht oder schlecht erfüllt?

Welche Einwendungen kann der Architekt hiergegen erheben?

Wie kann er seine Haftung wirksam begrenzen und inwieweit kann er sich gegen eventuelle Schäden versichern?

Unter welchen Voraussetzungen und mit welchen Rechtsfolgen können Bauherr und Architekt den Vertrag kündigen? Muss der Architekt eine Honorarkürzung hinnehmen, weil Teilleistungen wie etwa Kostenermittlungen nicht erbracht wurden? Wann ist die Vereinbarung einer Honorarpauschale unwirksam?

Mit diesen und vielen weiteren Fragen befasste sich bereits die 1. Auflage; die 2. Auflage stellt eine Überarbeitung und Aktualisierung dar. Dies war vor allem wegen des Schuldrechtsmodernisierungsgesetzes, das wesentliche Teile des Werkvertragsrechts neu gestaltet hat, erforderlich.

Der Autor ist seit vielen Jahren als Rechtsanwalt ausschließlich im Architektenrecht und im privaten Baurecht tätig. So ist es nachvollziehbar, dass er selbst komplizierte rechtliche Zusammenhänge leicht verständlich darstellt und praxisnahe Ergebnisse liefert.

Das Buch richtet sich wie schon die 1. Auflage nicht nur an Juristen, die im Zusammenhang mit der Abwicklung von Architektenverträgen tätig sind, sondern auch an die Bauherren, die Architekten und Ingenieure.

Düsseldorf im Juni 2002 *Helmut Niestrate*

Inhalt

1 Haftung für den Werkerfolg

1.1 Gewährleistung für Mängel

1.1.1 Rechtsnatur des Architektenvertrages

Von ganz wesentlicher Bedeutung für die Rechtsbeziehungen zwischen Bauherren und Architekten ist die rechtliche Einordnung des Architektenvertrages. Die rechtliche Einordnung kann im Einzelfall Schwierigkeiten bereiten. Das liegt einerseits daran, dass es den Typ des Architektenvertrages im Bürgerlichen Gesetzbuch nicht gibt und daher die Vertragsparteien im Rahmen der Vertragsfreiheit die Rechte und Pflichten aus dem Vertrag so gestalten können, wie sie dem Vertragszweck und den gemeinsamen Interessen am ehesten gerecht werden. Andererseits weisen die einzelnen Architektenleistungen, die in Betracht kommen, einen unterschiedlichen Charakter auf: In einzelnen Bereichen ist die Planung ergebnisorientiert (z. B. die Genehmigungsplanung) und damit dem Werkvertragsrecht zugehörig; in anderen Bereichen dagegen steht eher nur ein Tätigwerden des Architekten im Vordergrund (z. B. Grundleistungen der Objektüberwachung), so dass daran gedacht werden könnte, diese Leistungen dem Dienstvertragsrecht zuzuordnen. 1

Während das Reichsgericht[1] den so genannten Vollarchitekturvertrag noch nach Dienstvertragsrecht beurteilte, hat sich der Bundesgerichtshof in seiner Grundsatzentscheidung vom 26.11.1959 für die werkvertragliche Qualifizierung entschieden und diese Rechtsprechung in der Folgezeit konsequent weitergeführt[2]. 2

1 RGZ 86, 75 ff.; RGZ 97, 125; weitere Nachweise zur Rechtsprechung des Reichsgerichts in BGHZ 31, 325.
2 BGH, BauR 1974, 211; BGH, BauR 1982, 79.

3 Auf der Grundlage dieser Rechtsprechung ist heute wie folgt zu differenzieren[3]:

grundsätzlich gilt Werkvertragsrecht – ausnahmsweise Dienstvertragsrecht

- Übernimmt der Architekt alle Leistungsphasen des § 15 HOAI (von der Grundlagenermittlung bis zur Objektbetreuung und Dokumentation), handelt es sich bei dem Architektenvertrag um einen Werkvertrag[4].
- Bei Beauftragung des Architekten mit der Grundlagenermittlung und/oder der Vorplanung, Entwurfsplanung, Genehmigungsplanung, Ausführungsplanung, der Vorbereitung der Vergabe und der Mitwirkung bei der Vergabe ist der Vertrag als Werkvertrag zu werten[5].
- Ebenso liegt ein Werkvertrag vor, wenn ausschließlich die Objektüberwachung beauftragt wird[6].
- Wird der Architekt mit der künstlerischen Oberleitung neben der Objektplanung (Leistungsphasen 1–5) beauftragt, gilt Werkvertragsrecht[7].
- Erbringt der Architekt reine Vermessungstätigkeit, liegt ein Werkvertrag vor[8].

4 Vom BGH noch nicht entschieden sind dagegen folgende Fälle:

- Die Einordnung von Architektenverträgen, die nur die Leistungsphasen 1, 6, 7 und 9 jeweils einzeln beinhalten, ist streitig. Es wird vertreten, bei isolierter Beauftragung der Grundlagenermittlung sei der Vertrag als Dienstvertrag zu werten[9]. Auch für die Objektbetreuung soll, wenn sie isoliert beauftragt wird, Dienstvertragsrecht Anwendung finden[10].
- Wird der Architekt lediglich beauftragt, eine Kostenermittlung nach DIN 276 zu erstellen, soll dagegen Werkvertragsrecht gelten[11].

3 Vgl. ausführlich: Werner/Pastor, Rn. 649 f.
4 Herrschende Meinung: BGH, NJW 1990, 431; BGH, NJW 1974, 898; BGH, BauR 1974, 211; Werner/Pastor, Rn. 649 ff.
5 Herrschende Meinung: Werner/Pastor, Rn. 649 ff. m. w. N.
6 BGH, BauR 1982, 79.
7 Werner/Pastor, Rn. 653.
8 BGH, BauR 1979, 332.
9 Jochem, § 15 HOAI, Rn. 22; Bindhardt/Jagenburg, § 2, Rn. 80; a. A.: Löffelmann/Fleischmann, Rn. 53.
10 So OLG Hamm, NJW-RR 1995, 400 f.; Pott/Frieling, Rn. 124, Jochem, § 15 HOAI, Rn. 22; a. A.: Werner/Pastor, Rn. 652; Locher/Koeble/Frik, Einl., Rn. 6.
11 Werner/Pastor, Rn. 653 m. w. N.

- Dienstvertragsrecht wird angenommen, wenn der Architekt nur die Tätigkeit eines verantwortlichen Bauleiters i. S. d. Landesbauordnung übernimmt[12].

- Ferner soll Dienstvertragsrecht Anwendung finden, wenn der Architekt nach § 31 HOAI mit der Projektsteuerung beauftragt wird und nach der vertraglichen Beschreibung der Arbeitsaufgabe in erster Linie Beratungs-, Koordinations- und Informationspflichten übertragen sind[13]; das soll auch gelten, wenn das Vollbild der Leistungen nach § 31 HOAI beauftragt wird[14] bzw. die insoweit nur genauer differenzierten Leistungen nach dem DVP-Modell[15].Entscheidend ist die Auslegung der konkreten vertraglichen Vereinbarung. Übernimmt der Projektsteuerer Aufgaben, bei denen die Erfolgsorientierung so überwiegt, dass sie den Vertrag prägt, gilt Werkvertragsrecht.[16] Die rechtlichen Konsequenzen z. B. bei vorzeitiger Kündigung des Projektsteuerungsvertrages, der als Dienstvertrag zu werten ist, sind ganz erheblich. Der Bauherr kann nach § 627 BGB kündigen; Honorar für noch nicht erbrachte Leistungen steht dem Projektsteuerer nicht zu; er kann nach § 628 Abs. 1 S. 1 BGB nur die erbrachten Leistungen vergütet verlangen. *Projektsteuerungsvertrag ist grundsätzlich Dienstvertrag*

- Für den Projektentwicklungsvertrag gilt ebenfalls grundsätzlich Dienstvertragsrecht; die HOAI findet keine Anwendung. Schuldet der Projektentwickler aber Leistungen, die überwiegend dem Werkvertragsrecht oder der HOAI zuzurechnen sind, findet Werkvertragsrecht Anwendung und auch die HOAI.[17] *Projektentwicklungsvertrag ist grundsätzlich Dienstvertrag; die HOAI findet keine Anwendung*

Bis auf diese streitigen Ausnahmefälle findet auf einen Architektenvertrag also Werkvertragsrecht Anwendung.

1.1.2 Mangel des Architektenwerkes

Der Begriff des »Mangels« (§ 633 BGB a. F.) war bisher nach der herrschenden Meinung subjektiv zu verstehen; das heißt, das Architektenwerk kennzeichnet sich als fehlerhaft, wenn es nicht die bei Ver- 5 *Erfolgshaftung des Architekten*

12 Werner/Pastor, Rn. 653 m. w. N., aber streitig.
13 OLG Düsseldorf, BauR 1999, 508; der Projektsteuerungsvertrag kann im Einzelfall auch dem Werkvertragsrecht zuzuordnen sein: BGH, BauR 1999, 1469.
14 OLG Düsseldorf, OLGR 1999, 421.
15 DVP-Modell = Leistungsmodell entwickelt vom Deutschen Verband der Projektsteuerer.
16 BGH, BauR 1999, 1317; Locher/Koeble/Frik, § 31, Rn. 13.
17 BGH, BauR 1998, 193; Locher/Koeble/Frik, § 1, Rn. 4.

Mangelbegriff im Werkvertragsrecht entspricht dem Sachmangelbegriff

tragsabschluss ausdrücklich oder stillschweigend vereinbarte Beschaffenheit aufweist[18] oder wenn ihm zugesicherte Eigenschaften fehlen (vgl. § 633 Abs. 1 BGB a. F.). Der subjektive Fehlerbegriff ist nunmehr in die Legaldefinition des § 633 Abs. 2 BGB eingeflossen und ist identisch mit dem Sachmangelbegriff des Kaufrechts in § 434 Abs. 1 S. 1 BGB. Ob hiernach ein Mangel vorliegt, ist nach folgenden drei Stufen zu überprüfen:

1. Stufe	Hat das Werk die vereinbarte Beschaffenheit (vgl. § 633 Abs. 2 S. 1 BGB)? Dieser Gesichtspunkt ist vorrangig zu prüfen. Nur wenn eine Vereinbarung über die Beschaffenheit bzw. eine Vereinbarung zum Werkerfolg fehlt, ist auf die nächste Stufe abzustellen. Für die Frage, ob ein Mangel des Architektenwerkes überhaupt in Betracht kommt, ist zu unterscheiden zwischen dem »Bauwerk« als körperliche Sache und dem »Architektenwerk« als geistige Leistung. Der Architekt haftet nur dann, wenn ihm der Bauwerksmangel ursächlich zuzurechnen ist.
2. Stufe	Hat das Werk die vertraglich vorausgesetzte Verwendungseignung (§ 633 Abs. 2 S. 2 Nr. 1 BGB)? Nur wenn eine vertragliche Vereinbarung zu einer Verwendungseignung nicht feststellbar ist, sind die Voraussetzungen der 3. Stufe zu prüfen.
3. Stufe	Hat das Werk die gewöhnliche Verwendungseignung und weist es eine Beschaffenheit auf, die bei Werken der gleichen Art üblich ist und die der Besteller nach der Art des Werks erwarten kann (§ 633 Abs. 2 S. 2 Nr. 2 BGB)?

statt »zugesicherte Eigenschaft« jetzt Vereinbarung über »die Beschaffenheit«

6 Der Begriff »zugesicherte Eigenschaft« wurde in das neue BGB nicht übernommen, sondern durch die »vertraglich vereinbarte Beschaffenheit« ersetzt. Von großer praktischer Bedeutung ist diese Änderung nicht[19], weil grundsätzlich in einer Eigenschaftszusicherung auch die vertragliche Vereinbarung über die Beschaffenheit zu sehen ist und nach § 633 Abs. 1 BGB a. F. – anders als im Kaufrecht – die Nichteinhaltung einer Eigenschaftszusicherung die gleichen Rechtsfolgen hatte, wie ein Mangel (vgl. § 634 Abs. 1 BGB a. F.[20]).

7 In § 633 Abs. 1 BGB ist nunmehr ausdrücklich geregelt, dass der Unternehmer dem Besteller das Werk nicht nur frei von Sach-, sondern auch von Rechtsmängeln zu verschaffen hat. Bisher wurde die Rechtsmängelhaftung aus einer analogen Anwendung von §§ 434 f.

18 BGH, BauR 1995, 230; BGH, BauR 1989, 462.
19 A. A.: Boldt, Rn. 255.
20 So auch: Sienz, BauR 2002, 181.

BGB a. F. oder über die Verweisung in § 651 BGB a. F. hergeleitet – auch insoweit also im Ergebnis nichts Neues. Der Begriff des Rechtsmangels wird legal definiert in § 633 Abs. 3 BGB. Danach ist ein Werk frei von Rechtsmängeln, wenn Dritte in Bezug auf das Werk keine oder nur die im Vertrag übernommenen Rechte gegen den Besteller geltend machen können.

Nach § 633 Abs. 2 Nr. 2 S. 2 BGB steht es einem Sachmangel gleich, 8
wenn der Unternehmer ein anderes als das bestellte Werk oder das Werk in zu geringer Menge herstellt. Damit entfällt vor allem die komplizierte Unterscheidung zwischen »aliud« und »Mangel«. Falschlieferung, Mangel und mengenmäßig zu geringe Leistung werden einheitlich als Sachmangel mit den Rechtsfolgen nach § 633 f. BGB angesehen.

1.1.2.1 Kriterien

1.1.2.1.1 Vorrangig: Der vereinbarte Werkerfolg

Da es »den Architektenvertrag« im Bürgerlichen Gesetzbuch nicht 9
gibt, ist für die Frage, welche Leistungen der Architekt seinem Auftraggeber zu erbringen hat, allein der privatrechtliche Vertrag von Bedeutung. Im Rahmen der Vertragsfreiheit kann der Bauherr dem Architekten alle möglichen Aufgaben übertragen, so z. B. reine Beratungstätigkeiten im Vorfeld des Erwerbs einer Immobilie, Tätigkeiten während der Errichtung des Bauwerks oder die komplette Planung mit Bauüberwachung. Was der Architekt im Einzelnen schuldet, ist anhand der Vereinbarung mit dem Bauherrn festzustellen.

geschuldete Beschaffenheit bzw. geschuldeter Erfolg ist durch Auslegung zu ermitteln

Die HOAI – insbesondere das in § 15 HOAI genannte Leistungsbild 10
– ist hingegen zur Bestimmung der Leistungspflichten des Architekten grundsätzlich nicht geeignet[21]. Bei der HOAI handelt es sich nämlich um eine Honorarordnung, die keine unmittelbaren Leistungspflichten begründet. Zum Verhältnis von BGB und HOAI hat der BGH[22] herausgestellt, dass die HOAI keine normativen Leitbilder für den Inhalt von Architekten- und Ingenieurverträgen enthält und daher auch für die Frage, was der Architekt oder Ingenieur zu leisten hat, allein der geschlossene Werkvertrag nach Maßgabe der Regelungen des BGB und der dazu im Einzelnen getroffenen Vereinbarungen von Bedeutung ist. Die Auslegung des Werkvertrages und der Inhalt der vertraglichen Verpflichtungen des Architekten oder Ingenieurs können – so der BGH – *nicht* in einem Vergleich der Gebüh-

21 Dass im Folgenden die Vertragspflichten des Architekten anhand des Leistungsbildes des § 15 HOAI dargestellt werden, hat praktische Gründe und ist auch sinnvoll; denn das Leistungsbild des § 15 HOAI führt die Architektenleistungen auf, die im Allgemeinen zur ordnungsgemäßen Erfüllung erforderlich sind (vgl. § 2 Abs. 2 HOAI).

22 BGH, BauR 1999, 187; BGH, BauR 1997, 154.

rentatbestände der HOAI und der vertraglich vereinbarten Leistungen bestimmt werden. Entscheidend kommt es damit für die Bestimmung, welche Vertragspflichten der Architekt schuldet, auf den Inhalt der zwischen dem Bauherrn und dem Architekten getroffenen Vereinbarung an[23]. Im Zweifelsfall ist der Inhalt des Vertrages nach den allgemeinen Grundsätzen des bürgerlichen Vertragsrechts zu ermitteln.

Folgendes ist in diesem Zusammenhang von Bedeutung:

der beauftragte Leistungsumfang ist vom Architekten darzulegen und zu beweisen

11 Es ist heute herrschende Meinung[24], dass keine allgemeine Vermutung und kein erster Anschein für die Beauftragung des Architekten mit der Vollarchitektur (Leistungsphase 1–9 des § 15 HOAI) besteht. Der Architekt muss vielmehr darlegen und beweisen, ob und in welchem Umfang er mit Architektenleistungen vom Bauherrn beauftragt wurde[25]. Nur die jeweiligen Umstände des Einzelfalles lassen Rückschlüsse auf den Auftragsumfang zu.

12 Je nachdem, wie präzise die Vertragsparteien die Pflichten des Architekten geregelt haben, stehen die Gerichte im Streitfall vor schwierigen Auslegungsfragen. Im Rahmen der Auslegung des Vertragsumfanges und damit des geschuldeten Werkerfolges kann unter Berücksichtigung aller vertragsbegleitenden Umstände auch das Leistungsbild des § 15 HOAI eine gewisse Rolle spielen. Das ist insbesondere in den Fällen so, in denen der Vertrag auf die Leistungsbilder der HOAI Bezug nimmt. Mit der Bezugnahme auf einzelne Leistungsbilder oder Leistungsphasen der HOAI allein ist freilich nicht entschieden, inwieweit die unter der jeweiligen Leistungsphase erfassten Grundleistungen beauftragt sind. Auch insoweit bedarf es noch der Vertragsauslegung[26]. Zu Recht weist das OLG Düsseldorf[27] darauf hin, dass selbst die Honorarordnung nicht davon ausgeht, dass jede Grundleistung eines bestimmten Leistungsbildes (z. B. Leistungsbild Objektplanung, § 15 HOAI) Gegenstand eines jeden Auftrages ist. Vielmehr umfassen Grundleistungen nach § 2 Abs. 2 HOAI eben gerade nur die Leistungen, die zur ordnungsgemäßen Erfüllung des Auftrages »im Allgemeinen« erforderlich sind[28].

13 Anders ist die Rechtslage zu beurteilen, wenn im Vertrag nicht bloß auf Leistungsbilder oder Leistungsphase Bezug genommen wird,

23 Allerdings können die Leistungsbilder der HOAI (z. B. Objektplanung, § 15 HOAI) kraft des Grundsatzes der Vertragsfreiheit zur Beschreibung der geschuldeten Leistung vereinbart werden.

24 BGH, BauR 1999, 187; a. A. noch OLG Köln, BauR 1973, 251; OLG Düsseldorf, BauR 1979, 262 f.; OLG Saarbrücken, NJW 1967, 2359.

25 BGH, BauR 1997, 1060.

26 Kniffka, BauR 1996, 773.

27 OLG Düsseldorf, BauR 1994, 1060.

28 OLG Düsseldorf, BauR 1994, 133, 135; Landesberufungsgericht für Architekten Stuttgart, BauR 1995, 406, 409.

sondern die einzelnen Grundleistungen namentlich aufgeführt werden. Dann schuldet der Architekt eindeutig diese Leistungen.

Die Auslegung kann vor allem bei mündlichen Absprachen ergeben, dass der Architekt kostenlos oder im Rahmen der Akquisition Leistungen erbracht hat und ihm deshalb kein Honorar zusteht; so kommt es in der Praxis durchaus vor, dass Architekten werbend um einen Auftrag sogar die Genehmigungsplanung erstellen. Zur Auslegung, ob überhaupt ein honorarpflichtiger Vertrag und ggfs. mit welchem Leistungsumfang zustande gekommen ist, nachfolgend einige Beispiele: 14

1.1.2.1.1.1 Kostenlose Akquisition oder honorarpflichtiges Tätigwerden?

Es kann schon fraglich sein, ob der Architekt im Rahmen der bloßen Akquisition tätig geworden ist, oder seine Tätigkeit honorarpflichtig war. 15

Abgesehen von dem Ausnahmefall, dass der Architekt sich dazu verpflichtet, unentgeltlich tätig zu werden[29], liegt eine entgeltliche Tätigkeit stets dann vor, wenn der insoweit darlegungs- und beweispflichtige Architekt einen Vertragsabschluss nachweisen kann.[30] 16

Nach den allgemeinen Regeln kommt ein Vertrag zustande, wenn sich die Parteien über die Herbeiführung eines bestimmten rechtlichen Erfolges einig sind. Dazu ist eine Willenseinigung über sämtliche Rechtsfolgen nicht erforderlich; vielmehr reicht es aus, wenn sich die Parteien vertraglich binden wollten und der wesentliche Vertragsinhalt aus den Umständen oder dem dispositiven Gesetzesrecht zu entnehmen ist.[31] Bei Dienst- oder Werkverträgen kommt ein Vertrag deshalb auch dann zustande, wenn die Parteien keine Vereinbarung über die zu zahlende Vergütung getroffen haben. Vergütung ist nämlich nach §§ 612, 632 BGB auch ohne ausdrückliche Abrede geschuldet, wenn die Leistung nach den Umständen nur gegen eine Vergütung zu erwarten ist. Das gilt auch für Verträge mit Architekten oder Ingenieuren.[32] 17

Die Vermutungsregelung des § 632 Abs. 1 BGB erstreckt sich indessen nur auf die Entgeltlichkeit eines erteilten Auftrages, nicht auf die Auftragserteilung selbst; Voraussetzung für die Anwendung dieser Vorschrift ist es daher, dass die Parteien sich überhaupt schuldrecht- 18

29 Eine solche Vereinbarung ist nach herrschender Meinung wirksam (BGH, BauR 1985, 468; BGH, BauR 1987, 455; OLG Hamm, BauR 1990, 637; a. A.: Löffelmann/Fleischmann, Rn. 762 f.).
30 OLG Düsseldorf, OLGR 2002, 119.
31 BGH, BauR 1992, 531.
32 BGH, BauR 1985, 582.

lich binden sollten und dies feststellbar ist.[33] Allein aus dem Tätigwerden eines Architekten kann noch nicht auf eine entsprechende Bindung geschlossen werden; erforderlich ist, dass ihr eine Willensübereinstimmung (Einigung) beider Teile und ein entsprechender beiderseitiger Bindungswille zugrunde liegt.[34] Der für den Abschluss eines schuldrechtlichen Vertrages erforderliche rechtsgeschäftliche Wille kann nach allgemeinen Regeln sowohl ausdrücklich wie auch durch schlüssiges Verhalten (konkludent) zum Ausdruck gebracht werden; Voraussetzung ist aber, dass der andere Teil aus Sicht eines objektiven Betrachters aus dem Verhalten des Handelnden nach Treu und Glauben mit Rücksicht auf die Verkehrssitten auf einen solchen Bindungswillen schließen durfte.[35]

19 Folgende Einzelfälle sind noch von Interesse:

- *Vertragsabschluss durch Übernahme einer Leistungspflicht* – Ein Vertrag kann dadurch zustande kommen, dass der Architekt die Übernahme einer Leistungsverpflichtung dem Bauherrn versprochen hat[36]. Dies kann durch konkludentes Verhalten des Architekten geschehen, wenn z. B. der Bauherr sich an den Architekten wendet und ihn bittet, bestimmte Leistungen auszuführen; kommt der Architekt dem nach, steht fest, dass ein Architektenvertrag zustande gekommen ist.[37] Es geht dann nur noch darum, den Auftragsumfang durch weitere Auslegung zu ermitteln.

  Auch das konkludente Angebot eines Architekten gerichtet an den Bauherrn oder des Bauherrn gerichtet an den Architekten kann zum Vertragsabschluss führen. Bietet etwa der Architekt von sich aus dem Bauherrn an, diesem Planungsunterlagen zur Verfügung zu stellen oder für ihn Planungsleistungen zu erbringen, so ist dies als Vertragsangebot zu werten. Streitig ist, ob schon die bloße Entgegennahme bereits erstellter Planungsunterlagen durch den Bauherrn zum Vertragsabschluss führt[38]; jedenfalls wird nach herrschender Meinung aber durch die Verwertung solcher Planungsunterlagen seitens des Bauherrn das konkludente Vertragsangebot des Architekten angenommen, sodass spätestens hierdurch der Vertrag zustande kommt.[39] Gleiches gilt, wenn der Bauherr die Planungsun-

33 BGH, BauR 1999, 1319.
34 BGH, BauR 1999, 1319; OLG Düsseldorf, OLGR 2002, 119.
35 BGH, NJW 1996, 1889; OLG Düsseldorf, OLGR 2002, 119.
36 KG, BauR 1988, 621 f.
37 BGH, BauR 1987, 2742; OLG Hamm, OLGR 1995, 159; OLG Düsseldorf, OLGR 2002, 119.
38 So: OLG Oldenburg, BauR 1988, 620; a. A.: OLG Düsseldorf, OLGR 2002, 119.
39 OLG Düsseldorf, OLGR 2002, 119; KG Berlin, NJW-RR 1988, 21.

terlagen entgegennimmt und Planänderungen vornimmt oder sich die Planung in sonstiger Weise zunutze macht.[40]

Ferner ist in diesem Zusammenhang das Zustandekommen des Architektenvertrages durch kaufmännisches Bestätigungsschreiben anzuführen. Die Grundsätze des kaufmännischen Bestätigungsschreibens gelten für den Bauherrn allerdings nur dann, wenn er Vollkaufmann ist oder – was der Architekt zu beweisen hat – in nicht unerheblichem Umfange am Rechtsverkehr teilnimmt. Beim Architekten wird dies übrigens unterstellt[41], so dass ein Architekt sowohl Bestätigender als auch Bestätigungsempfänger eines kaufmännischen Bestätigungsschreibens sein kann.

- *Keine Aufklärungspflicht über Entgeltlichkeit* – Steht in diesen Fällen fest, dass ein Architektenvertrag zustande gekommen ist, so ist die Tätigkeit des Architekten honorarpflichtig.

  Der Architekt ist nicht verpflichtet, den Bauherrn über die Entgeltlichkeit seiner Tätigkeit aufzuklären[42]. Streitig ist aber, ob der Architekt ausnahmsweise über die Honorarpflicht und Höhe des Honorars aufklären muss, wenn er erkannt hat oder erkennen musste, dass der Bauherr mit ihm nur im Fall der Unentgeltlichkeit der Tätigkeit zusammenarbeiten will, sonst also auf die Tätigkeit des Architekten verzichten würde. Unter Hinweis auf Treu und Glauben wird dies teilweise bejaht[43]. Folge soll sein, dass zwar an dem Zustandekommen eines entgeltlichen Architektenvertrages sich nichts ändere, der Bauherr aber aus dem Gesichtspunkt des Verschuldens bei Vertragsabschluss einen Schadensersatzanspruch gegen den Architekten habe, mit dem gegen den Honoraranspruch aufgerechnet werden könne. Nach a. A. soll auf keinen Fall eine Aufklärungspflicht bestehen, weil anderenfalls der bei mündlicher Beauftragung geltende Mindestsatz unterschritten würde und damit § 4 Abs. 4 HOAI seinen Zweck, nämlich den Mindestsatz abzusichern, nicht erreichen könnte[44].

- *Kompensationsvereinbarung* – Eine solche Vereinbarung liegt vor, wenn z. B. Architekt und Bauherr oder Architekt und Ingenieur sich wechselseitig Leistungen versprechen mit der Maßgabe, dass keine Berechnung erfolgt. Nach einer Auffassung soll die Kompensationsvereinbarung der Schriftform bedürfen und anderenfalls nach § 4 HOAI unwirksam sein[45],

40 BGH, BauR 1985, 582; OLG Düsseldorf, OLGR 2002, 119.
41 BGH, BauR 1975, 68.
42 Vgl. Knacke, BauR 1990, 395 f. m. w. N.
43 OLG Stuttgart, BauR 1989, 630.
44 So Knacke, BauR 1990, 395 f.
45 OLG Hamm, BauR 1987, 467.

nach anderer Ansicht ist sie als Unterfall der Vereinbarung der Kostenlosigkeit wirksam[46].

- *Die Architektenleistungen sollen »unverbindlich« oder »freibleibend« erbracht werden* – Bittet der Bauherr den Architekten um »unverbindliche« oder »freibleibende« Leistungen, ist damit, anders als vielfach angenommen, noch nichts darüber gesagt, dass die Leistung auch kostenlos erfolgen soll.[47] »Unverbindlich« bzw. »freibleibend« bedeutet im Regelfall, dass sich der Bauherr wegen der Durchführung weiterer Leistungen noch nicht entschieden hat.[48]

1.1.2.1.1.2 Welcher Leistungsumfang wurde beauftragt?

20 Steht fest, dass ein honorarpflichtiger Auftrag zustande gekommen ist, muss weiter untersucht werden, welche Leistungen dieser Auftrag umfasst.

- *Auftrag zur Durchführung der Grundlagenermittlung* – Will der Bauherr erklärtermaßen durch eine Beratungstätigkeit des Architekten erst die notwendigen Informationen für die Entscheidung über das »Ob« des Bauens erhalten, umfasst dieser Auftrag nur die Grundlagenermittlung. Geht es um Umbauten und Modernisierungen und bringt der Bauherr zum Ausdruck, dass er die endgültige Entscheidung, ob der Umbau durchgeführt wird, erst trifft, wenn nach Erfassung aller vorhandenen Gegebenheiten durch den Architekten feststeht, dass der Umbau bzw. die Modernisierung technisch und wirtschaftlich sinnvoll erscheint, so umfasst dieser Auftrag nicht die Grundleistungen der Leistungsphase 1; beauftragt ist in diesem Fall nur die Bestandsaufnahme als Besondere Leistung der Leistungsphase[49]. Soll der Architekt aber Bestandspläne, Aufmaße und eine Wirtschaftlichkeitsberechnung erstellen, ist darin der Auftrag zur Durchführung der Grundlagenermittlung zu sehen[50].

- *Auftrag zur Durchführung der Vorplanung* – Beauftragt der Bauherr den Architekten mit der Überprüfung der Bebaubarkeit, so umfasst dieser Auftrag die Grundlagenermittlung und die Vorplanung[51]. Gleiches gilt, wenn der Architekt »die

46 Locher/Koeble/Frik, Einl., Rn. 31.
47 OLG Düsseldorf, BauR 1993, 108.
48 Soll der Architekt »unverbindlich« einen B-Plan erarbeiten (§ 40 HOAI), soll dies ausnahmsweise gleichzusetzen sein mit kostenlos: BGH, Schäfer/Finnern, Z 3.01, Bl. 197; Locher/Koeble/Frik, Einl., Rn. 18.
49 Pott/Dahlhoff/Kniffka, § 15, Rn. 8; Löffelmann/Fleischmann, Rn. 757.
50 Werner/Pastor, Rn. 779.
51 Werner/Pastor, Rn. 779; OLG München, BauR 1996, 417.

Ausnutzung seines Grundstücks zum Zweck der Wohnbebauung« planerisch untersuchen und »alle erforderlichen Planungen so weit erarbeiten soll, dass danach eine Bauvoranfrage gestellt werden kann[52]. Soll der Architekt nur eine unverbindliche, grobe Kostenschätzung erstellen, so ist auch darin die Beauftragung einer kompletten Vorplanung zu sehen[53]. Ein Planungsauftrag zur Klärung der Bebaubarkeit beinhaltet eine komplette Vorplanung[54]. Soll der Architekt durch Verhandlungen mit den beteiligten Behörden die Zusage der Förderung einer geplanten Modernisierung erwirken oder Verhandlungen mit Nachbarn zu Abstandsflächen und mit dem Bauamt führen, umfasst auch dies die Leistungen einer Vorplanung[55]. Soll der Architekt ein Planungskonzept auch graphisch darstellen nebst Kostenangabe, so umfasst dies die Leistungsphasen 1 und 2. Dasselbe gilt, wenn der Architekt aufzeigen soll, wie ein bestimmtes Grundstück bebaut werden kann[56] oder wenn er dem Bauherrn ein Planungskonzept für einen Neubau erarbeiten soll, damit der Bauherr auf der Grundlage dieses Planungskonzeptes in die Lage versetzt wird, ein Vermietungsangebot abzugeben[57].

Der Auftrag eine Bauvoranfrage durchzuführen, umfasst sowohl die kompletten Leistungen der Leistungsphase 1 und 2, als auch die 6. Besondere Leistung der Leistungsphase 2, wenn die Vorplanung noch nicht erbracht ist. Soll sich dagegen die Bauvoranfrage auf Gesichtspunkte beziehen, zu deren Beurteilung durch die Behörde die Vorlage von Planungsunterlagen nicht erforderlich ist, so ist nur die 6. Besondere Leistung der Leistungsphase 2 beauftragt.

- *Auftrag zur Durchführung der Grundlagenermittlung bis zur Genehmigungsplanung* – Der Auftrag, den Bauantrag zu stellen, umfasst die Leistungsphasen 1–4, da grundsätzlich die Genehmigungsplanung sämtliche vorausgehenden Leistungsphasen erforderlich macht, d. h. die Genehmigungsplanung kann nicht ohne Entwurfsplanung, die Entwurfsplanung nicht ohne Vorplanung und die Vorplanung nicht ohne Grundlagenermittlung ausgeführt werden[58]. Etwas anderes gilt auch dann nicht, wenn dem Architekten bei Vertragsbeginn eine fremde Planung vorgelegt wurde[59]. Soll der Architekt die er-

52 OLG Düsseldorf, BauR 1995, 270.
53 OLG Köln, BauR 1993, 375.
54 OLG Frankfurt, NJW-RR 1987, 535.
55 OLG Frankfurt, BauR 1987, 479.
56 OLG München, BauR 1976, 417.
57 OLG München, BauR 1998, 407.
58 OLG Düsseldorf, BauR 1981, 401.
59 OLG Hamm, NJW-RR 1990, 522.

forderlichen Verhandlungen mit den zuständigen Behörden sowie den Nachbarn führen und Rückfragen im Baugenehmigungsverfahren für den Bauherrn erledigen, umfasst der Auftrag die Leistungsphasen 1–4[60]. Beauftragt der Bauherr den Architekten mit »der Planung«, so umfasst dieser Auftrag nur die Leistungsphasen 1–4, wenn bei Auftragserteilung für den Architekten erkennbar ist, dass Probleme hinsichtlich der Genehmigungsfähigkeit bestehen und daher zunächst nur die Baugenehmigung beantragt werden soll[61]. Freilich ist der Architekt in einem solchen Fall sogar verpflichtet, den Bauherrn auf die Möglichkeit der Bauvoranfrage hinzuweisen. Tut er dies nicht und ist die Planung später nicht genehmigungsfähig, so steht dem Architekten nur das Honorar für die Leistungsphasen 1 und 2 zu[62].

- *Auftrag zur Durchführung der Grundlagenermittlung bis zur Ausführungsplanung* – Erteilt der Bauherr den Auftrag zur Durchführung der Planungsleistungen, so umfasst dies die Leistungsphasen 1–5[63].
- *Auftrag zur Durchführung der Grundlagenermittlung bis zur Mitwirkung bei der Vergabe* – Erteilt der Bauherr dem Architekten den Auftrag, eine möglichst genaue Ermittlung der Kosten des beabsichtigten Bauvorhabens durchzuführen und waren zu diesem Zeitpunkt noch keine Planungsleistungen erbracht, so umfasst der Auftrag die Leistungsphasen 1–7, weil erst im Rahmen der Leistungsphase 7 ein Kostenanschlag zu fertigen ist und dieser eine Ausführungsplanung erforderlich macht[64]; die Ausführungsplanung setzt wiederum voraus, dass auch die vorangegangenen Leistungsphasen erbracht wurden[65].
- *Auftrag zur Vollarchitektur* – Geht aus den Umständen des Einzelfalles hervor, dass der Bauherr erkennbar mit dem Architekten ein bestimmtes Bauvorhaben realisieren will, so ist dem Architekten im Zweifel die Vollarchitektur übertragen worden[66]. Das ist z. B. der Fall, wenn der Bauherr erklärt, der Architekt solle »das Bauvorhaben durchführen.«

60 BGH, BauR 1988, 334; KG, NJW-RR 1988, 21.
61 OLG Hamm, BauR 1992, 797.
62 OLG Düsseldorf, BauR 1996, 287.
63 OLG Düsseldorf, BauR 1998, 407.
64 Löffelmann/Fleischmann, Rn. 756; Locher, Das private Baurecht, 5. Auflage, Rn. 214.
65 OLG Düsseldorf, BauR 1981, 401.
66 BGHZ 31, 224, 226 ff.; Hesse/Korbion/Mantscheff/Vygen, § 15 HOAI, Rn. 24; Werner/Pastor, Rn. 779.
67 Werner/Pastor, Rn. 781.

Gleiches gilt, wenn der Architekt die Planung im Einvernehmen mit dem Bauherrn über das Stadium der Genehmigungsplanung fortführt, er also mit der Ausführungsplanung beginnt oder gar mit der Vorbereitung der Vergabe[67].

Besondere Probleme ergeben sich häufig im Zusammenhang mit der Frage, ob und ggfs. welche Kostenermittlung beauftragt wurde. 21

§ 15 Abs. 2 HOAI nennt vier verschiedene Kostenermittlungen jeweils nach DIN 276:

- Leistungsphase 2: Kostenschätzung
- Leistungsphase 3: Kostenberechnung
- Leistungsphase 7: Kostenanschlag
- Leistungsphase 8: Kostenfeststellung

Ob der Architekt tatsächlich sämtliche Kostenermittlungen schuldet, ist im Einzelfall zu ermitteln.

Zunächst ist zu prüfen, ob eine konkrete Vereinbarung zu Kostenermittlungen getroffen wurde. Liegt eine solche Vereinbarung vor und schuldet der Architekt danach bestimmte oder alle Kostenermittlungen nach DIN 276, hat er aber entgegen der getroffenen Vereinbarung keine oder nicht alle Kostenermittlungen erstellt[68], ist die Sachlage klar: Der Architekt hat seine Leistungen nicht vollständig erbracht. Die Ansprüche des Auftraggebers wegen nicht oder nicht vollständig erbrachter Leistungen regeln sich nach dem Gewährleistungsrecht[69]. 22

Kostenermittlungen nach DIN 276 sind nicht in jedem Fall geschuldet

Ist keine Vereinbarung zustande gekommen, muss im Wege der Auslegung untersucht werden, ob es hinsichtlich des konkreten Bauvorhabens überhaupt einen Sinn gegeben hätte, wenn der Architekt Kostenermittlungen nach DIN 276 gefertigt hätte (vgl. ausführlich Rn. 627 f.). 23

68 Einige Formularverträge enthalten eine ausdrückliche Bezugnahme auf die Kostenermittlungsart der DIN 276. Das gilt z. B. für den von der Bundesarchitektenkammer empfohlenen Einheits-Architektenvertrag für Gebäude (veröffentlicht im Bundesanzeiger Nr. 152 vom 13.08.1994; abgedruckt bei: Korbion/Locher, Anlage Nr. 6), der unter § 2 ausdrücklich vorsieht, daß für die Ermittlung der Kosten im Hochbau die DIN 276 in der in § 10 Abs. 2 HOAI zitierten Fassung gilt, womit gleichzeitig klargestellt ist, daß nicht nur für die Honorarberechnung, sondern auch für die baubegleitende Kostenkontrolle die Fassung aus dem Jahre 1981 und nicht etwa die 1993 aufgeführte Fassung anzuwenden ist.

69 Vgl. zur Möglichkeit der Honorarkürzung: Rn. 627 f.

1.1.2.1.2 Mindeststandard: die Regeln der Technik und Baukunst

24 Der Architekt muss mindestens die Regeln der Technik und Baukunst (veröffentlichter Erkenntnisstand) bei seiner Planung berücksichtigen[70]. Daran hat auch die Schuldrechtsmodernisierung nichts geändert. § 633 Abs. 2 BGB sieht 3 Stufen vor (vgl. ausführlich Rn. 5). Zunächst ist zu prüfen, ob es eine konkrete Vereinbarung zur Beschaffenheit des Werkes bzw. zum Werkerfolg gibt. Ist das nicht feststellbar, muss geprüft werden, ob sich aus dem Vertrag eine bestimmte Verwendung ergibt, die wiederum Rückschlüsse auf den Werkvertrag zulässt. Ist das ebenfalls nicht der Fall, kommt es auf die Eignung des Werkes für die gewöhnliche Verwendung an und das Vorliegen einer Beschaffenheit, die bei Werken der gleichen Art üblich ist und die der Besteller nach der Art des Werkes erwarten kann. Der Mindeststandard sind insoweit die Regeln der Technik und Baukunst[71].

25 *Mindeststandard: Regeln der Technik und Baukunst*

Von diesem Mindeststandard darf der Architekt grundsätzlich nur dann abweichen, wenn dies im Einverständnis mit dem Bauherrn geschieht[72]. Das kann für den Bauherrn Sinn machen, wenn es sich um technische Regeln handelt, die nur das Bauwerk als solches zum Gegenstand haben (zum Beispiel die allgemeinen technischen Vorschriften VOB Teil C). Bauherren verlangen insoweit durchaus vom Architekten, dass er sich neue Ausführungsarten überlegt und vorschlägt und damit beispielsweise eine billigere Bauausführung ermöglicht. Der Architekt muss allerdings das Einverständnis des Bauherrn bei einer solchen Abweichung einholen und ihn dazu vorher ausreichend beraten, damit der Bauherr in die Lage versetzt wird, zwischen der Sicherheit des Bewährten und dem Risiko einer neuen Bauweise abzuwägen[73].

70 OLG Düsseldorf, BauR 1996, 287; hierzu ausführlich Rn. 64 f.

71 Der Gesetzgeber konnte sich nicht dazu entschließen, die »anerkannten Regeln der Technik« als weiteren Sachmangelkomplex in § 633 BGB aufzunehmen. Zur Begründung führt der Gesetzgeber aus (vgl. BT-Drucksache, 14/6040, S. 261 re. Sp.): »Erwogen, im Ergebnis aber verworfen worden ist der Vorschlag von Weyers, in die Vorschrift eine ausdrückliche Regelung des Inhalts einzustellen, daß grundsätzlich die anerkannten Regeln der Technik einzuhalten sein sollen. Das, soweit nicht etwas anderes vereinbart ist, die anerkannten Regeln der Technik einzuhalten sind, ist nicht zweifelhaft. Eine ausdrückliche Erwähnung bringt deshalb keinen Nutzen. Sie könnte andererseits zu dem Missverständnis verleiten, daß der Werkunternehmer seine Leistungspflicht schon dann erfüllt hat, sobald nur diese Regeln eingehalten sind, auch wenn das Werk dadurch nicht die vertragsgemäße Beschaffenheit erlangt hat. Eine solche Risikoverteilung wäre nicht sachgerecht. Das Risiko, daß sich die anerkannten Regeln der Technik als unzulänglich erweisen, muß der sachnähere Werkunternehmer tragen, nicht der Besteller.«

72 BGH, BauR 1976, 66; BGH, BauR 1970, 1777; BGH, WM 1971, 1271.

73 Vgl. Schmalzl, Rn. 33.

Gerade bei der Anwendung einer neuen Bauweise und der Verwendung neuer Baustoffe ist für den Architekten Vorsicht geboten, weil dies immer erhebliche Haftungsrisiken in sich birgt. Im eigenen Interesse muss er dafür sorgen, dass der Bauherr ihm nachweisbar nach Belehrung das Einverständnis zu einer solchen riskanten Planung erteilt. Die Aufklärung des Bauherrn setzt naturgemäß voraus, dass sich der Architekt vorher nach der Funktion der neuen Bauweise bzw. der Qualität der bisher nicht erprobten Baustoffe ausreichend erkundigt hat. Andererseits darf die Beratungs- und Erkundungspflicht nicht überspitzt werden; eine Überspannung liefe nämlich praktisch darauf hinaus, dass dem Architekten verwehrt würde, überhaupt mit neuen Bauweisen und Baustoffen zu arbeiten, was einem Rückschritt auf dem Gebiet der Bautechnik gleich käme. Darf der Architekt den Hersteller eines neuen Werkstoffes für vertrauenswürdig halten und spricht für dessen Tauglichkeit ein einschlägiger Materialprüfungsbericht, so trifft den Architekten nicht der Vorwurf, er habe seiner Sorgfaltspflicht nicht genügt[74]. Dasselbe hat sinngemäß für die Anwendung einer neuen Bauweise zu gelten, wenn diese von einem anerkannten Fachmann stammt und den Regeln der Technik nicht von vornherein widerspricht[75]. **26**

neuartige Technologien, Bauweisen und Baustoffe

Umstritten bleibt die Frage, ob es für die Ordnungsgemäßheit des Architektenwerkes auf den Zeitpunkt der Planung, der Abnahme oder evt. sogar noch auf die Gewährleistungszeit ankommt, welche Regeln der Technik und Baukunst also maßgeblich sind. Aufgrund der Tatsache, dass die Regeln der Technik und Baukunst ebenso wie das Regelwerk bedingt durch neue Erkenntnisse der Wissenschaft einem fortlaufenden Wandel unterzogen sind, ist die zeitliche Einordnung von großer tatsächlicher Bedeutung. Der BGH[76] stellte schon sehr früh klar, dass für die Bewertung der Ordnungsgemäßheit der Werkleistung zum Zeitpunkt der Abnahme auch noch nachträglich erzielte neuere wissenschaftliche und/oder technische Erkenntnisse zu berücksichtigen sind. Zutreffend kam das OLG Köln[77] zu dem Ergebnis, dass ein Architekt, dessen Werk zu einem Zeitpunkt abgenommen war, als noch veraltete Regeln der Technik und Baukunst Geltung hatten, nach den neueren Erkenntnissen, die bis zur letzten mündlichen Verhandlung (Tatsacheninstanz) bekannt wurden, nach Gewährleistungsrecht hafte. Der BGH[78] hat dies in aktueller Rechtsprechung bestätigt und ausgeführt, dass das Werk *zunächst* an den Regeln der Technik zum Zeitpunkt der Planung, Ausführung und Abnahme zu messen ist. Für die Mangelhaftigkeit selbst kommt es dagegen auf den späteren Zeitpunkt bis zum Ablauf der Gewährleis- **27**

maßgeblich sind zunächst die Regeln der Technik zum Zeitpunkt der Planung, Ausführung und Abnahme

74 BGH, BauR 1976, 66.
75 Schmalzl, BauR 1977, 365.
76 BGH, BauR 1971, 58.
77 OLG Köln, BauR 1991, 759.
78 BGH, BauR 1998, 872.

tung an; allerdings scheiden Schadensersatzansprüche gegen den Architekten wegen fehlenden Verschuldens aus[79].

1.1.2.2 Typische Mängel des Werkes

1.1.2.2.1 Planungsfehler im wirtschaftlichen Bereich

28 *Beratung in technischer und wirtschaftlicher Hinsicht*

Im Rahmen der Grundlagenermittlung hat der Architekt die Probleme, die sich aus der Bauaufgabe, den Planungsanforderungen und Zielvorstellungen des Bauherrn ergeben, zu untersuchen, zu analysieren und zu klären[80]. Die Prüfung hat vor allem hinsichtlich der Zweckmäßigkeit und der anfallenden Kosten zu erfolgen[81]. Gegebenenfalls muss der Architekt den Bauherrn auf Vor- und Nachteile hinweisen, die mit der Ausführung der Wünsche des Auftraggebers verbunden sein können. Bereits in diesem Stadium ist vom Architekten auf mögliche Risiken bei der Verwendung neuartiger, nicht erprobter Baustoffe hinzuweisen[82].

29 Die Beratung erstreckt sich ferner auf die Auswahl von Sonderfachleuten. Dabei kann der Architekt haften, wenn er die Einschaltung eines (noch) nicht erforderlichen Ingenieurs empfiehlt oder von der Einschaltung abrät, obgleich dessen Einschaltung erforderlich gewesen wäre[83].

79 BGH, BauR 1985, 567; BGH, BauR 1987, 207.
80 Locher/Koeble/Frik, § 15, Rn. 16.
81 BGH, BauR 1991, 366.
82 Vgl. dazu näher Rn. 26, 253.
83 Löffelmann/Fleischmann, Rn. 72.

Exkurs:

Rechtliche Einordnung der Beratungspflicht nach altem Recht

Die rechtliche Einordnung der Beratungspflichten nach altem Recht kann schwierig sein. Das Architektenwerk hat die Besonderheit, dass der Architekt das Bauwerk nicht mit Händen schafft, sondern durch eine Vielzahl ganz unterschiedlicher geistiger Leistungen (mit)schafft. Nach herrschender Meinung ist im Einzelfall zu untersuchen, ob die Beratung den Kernbereich des Architektenwerkes berührt. Das wird bejaht bei objektiv wichtigen Pflichten, die den Vertragstypus kennzeichnen, oder auch solchen Leistungspflichten, die nach dem Willen der Parteien so wesentliche Bedeutung haben sollen, dass ohne ihre Erfüllung die Durchführung des Vertrages sinnlos erscheint[84]. Ist die Beratungspflicht dem Kernbereich des Architektenvertrages zuzurechnen, handelt es sich also um eine Hauptpflicht, finden die §§ 633 f. BGB a. F. Anwendung. Liegt dagegen eine Nebenpflicht vor, ergeben sich die Rechte des Bauherrn bei einer Pflichtverletzung aus positiver Vertragsverletzung des Architektenvertrages.

Diese komplizierte Differenzierung ist durch die Schuldrechtsmodernisierung abgeschafft. § 634 Nr. 4 BGB verweist auf § 280 BGB. Diese Vorschrift stellt die zentrale Schadensersatzgrundlage für alle Pflichtverletzungen im allgemeinen Leistungsstörungskapitel des BGB dar. Es gibt keine Sonderformen eines Schadensersatzanspruchs innerhalb des Werkvertragsrechts mehr. Das bedeutet, dass sämtliche Pflichtverletzungen aus einem Bau- und Architektenvertrag an § 280 BGB gemessen werden müssen. Diese Vorschrift gilt für

- sämtliche leistungsbezogene Hauptpflichten
- sämtliche leistungsunabhängige Nebenpflichten
- vorvertragliche Pflichten

Die Rechtsinstitute der positiven Vertragverletzung (p. V. V.) und der culpa in contrahendo (c. i. c.) sind damit kodifiziert. Die Unterscheidung zwischen »unmittelbarer Schaden« und »Mangelfolgeschaden« ist damit ebenfalls obsolet.

Pflichtverletzungen im Sinne des § 280 Abs. 1 BGB sind objektiv zu verstehen; sie setzen kein vorwerfbares Verhalten mehr voraus. Liegt eine Pflichtverletzung vor, gilt in Übereinstimmung mit § 282 BGB a. F. die Vermutung, dass diese vom Schuldner zu vertreten ist. Gegenüber dieser Vermutung muss der Schuldner den Entlastungsbeweis führen (§ 280 Abs. 1 S. 2 BGB).

84 OLG Hamm, BauR 1997, 1069; BGH, NJW 1997, 2173; BGH, BauR 1998, 356; Locher, BauR 1991, 135, 136.

30 *Abklären des Kostenrahmens* Der Architekt muss zusätzlich – und das gilt auch schon für die Grundlagenermittlung – den Baukostenrahmen abklären, innerhalb dessen sich das Planungskonzept zu bewegen hat[85]. Tut der Architekt dies nicht, so läuft er Gefahr, anschließend an den dem Bauherrn zur Verfügung stehenden Baukosten vorbeizuplanen und damit seinen Honoraranspruch zu verlieren[86].

31 *keine allgemeine Verpflichtung zur Wahrung der Vermögensinteressen des Bauherrn in jeder Hinsicht* Die Architektenplanung ist mangelhaft, wenn sie nicht den zur Grundlage des Vertrages gemachten wirtschaftlichen Voraussetzungen entspricht[87]. Allerdings trifft den Architekten nicht eine allgemeine Verpflichtung, in jeder Hinsicht die Vermögensinteressen des Bauherrn wahrzunehmen und unter Berücksichtigung aller Möglichkeiten »so kostengünstig wie möglich« zu bauen. Solches würde viel zu weit gehen[88]. Eine solche Verpflichtung hielte sich nicht mehr in den vom Gegenstand des Architektenauftrages gezogenen Grenzen.

32 Von dem Architekten wird eine in jeder Hinsicht mangelfreie Erbringung der vertraglichen Planungsleistungen geschuldet. Das bedeutet aber nicht, dass jede andere als die objektiv bestmögliche Leistung mangelhaft ist[89]. Der Architekt genügt seiner vertraglichen Verpflichtung schon dann, wenn seine Planung brauchbar und vernünftigerweise durchführbar ist[90]. Insoweit ist dem Architekten ein künstlerisches Ermessen zuzubilligen[91]. Ein Planungsfehler liegt erst dann vor, wenn die Planung des Architekten nicht mehr sachgerecht ist, etwa weil sie den anerkannten Regeln der Technik und Baukunst nicht entspricht oder die vereinbarte Gebrauchstauglichkeit gemindert ist. Gemessen an diesen Kriterien ist beispielsweise eine Minderung der Gebrauchstauglichkeit bejaht worden, wenn ein Büroeingang 35 cm tiefer liegt als das Gebäude und Besucher deshalb zwei Stufen hinabsteigen und dabei den Eindruck gewinnen müssen, das Unternehmen residiere im Souterrain[92].

33 Für die Unbrauchbarkeit der Planung haftet der Architekt selbst dann, wenn diese auf den Planungsvorstellungen des Bauherrn beruhte, er den Bauherrn aber nicht über die Konsequenzen belehrte[93].

34 Unbrauchbarkeit der Planung liegt auch vor, wenn die Planung den Grenzabstand zum Nachbarn nicht einhält. In einem solchen Fall wäre allerdings die Planung nicht genehmigungsfähig und schon deshalb

85 BGH, BauR 1991, 366 ff.
86 Vgl. OLG Hamm, BauR 1987, 464; Löffelmann/Fleischmann, Rn. 91.
87 BGH, BauR 1996, 570.
88 BGH, BauR 1973, 120; vgl. auch Rn. 255, 388 f.; OLG Karlsruhe, BauR 2001, 411.
89 OLG Hamm, BauR 1989, 501.
90 OLG Hamm, BauR 1989, 501.
91 Vgl. dazu näher Rn. 246.
92 OLG Hamm, BauR 1989, 502.
93 OLG Hamm, BauR 1989, 502.

unbrauchbar, wenn sie nicht nachgebessert werden kann bzw. dem Bauherrn die Nachbesserung nicht zumutbar ist[94].

Wenn die Architektenplanung den Regeln der Technik und Baukunst entspricht, sie entsprechend der vertraglichen Vereinbarungen für den Bauherrn brauchbar ist und sich auch im Rahmen des vom Architekten abgeklärten Kostenrahmens bzw. eines vereinbarten Kostenlimits hält, so kann sie dennoch mangelhaft sein. Dies ist zum Beispiel der Fall, wenn die Architektenplanung gemessen an der vertraglichen Leistungsverpflichtung übermäßig, das heißt unnötig aufwendig ist[95]. Ferner kann sie deshalb mangelhaft sein, weil der Architekt sonstige Vorgaben wie beispielsweise ein optimales Verhältnis zwischen Nutzflächen und Verkehrsflächen nicht einhält[96]. Der Bauherr kann solche Vorgaben übrigens auch erst im Laufe des Planungsprozesses für den Architekten verbindlich äußern[97]. 35

Insbesondere die Baufinanzierung (Beantragung von Fördermitteln) oder die Erlangung und Erhaltung von Steuervorteilen gehört ohne besonderen Auftrag grundsätzlich nicht zu den Nebenpflichten des Architekten. Als Sachwalter des Bauherrn hat er zwar gewisse vertragliche Nebenpflichten zur Beratung und Aufklärung auch unter rechtlichen Gesichtspunkten. Sie erstrecken sich aber grundsätzlich nur so weit, wie dies die mangelfreie Erbringung des Architektenwerks selbst erfordert[98]. Anders ist die Rechtslage aber zu beurteilen, wenn die Planung bestimmte wirtschaftliche Voraussetzungen erfüllen soll. Entspricht sie diesen Voraussetzungen dann später nicht, ist die Planung mangelhaft. 36

In diesem Zusammenhang wird diskutiert, wann die Mangelhaftigkeit beginnt, das heißt die Frage nach einer Toleranzgrenze gestellt. Insoweit ist aber Vorsicht geboten: 37

Sofern eine bestimmte Bausumme als Kostenrahmen zwischen dem Architekten und dem Bauherrn vereinbart wurde, hat der Architekt diesen einzuhalten. Wird der Rahmen überschritten, bedeutet das einen Mangel des geschuldeten Architektenwerkes[99]. Ob in diesem Zusammenhang überhaupt eine Toleranz in Betracht kommt und ggfs. in welchem Umfang, richtet sich nach dem Inhalt des Vertrages. Nur wenn sich im Vertrag Anhaltspunkte dafür finden, dass die vereinbarte Bausumme keine strikte Grenze, sondern beispielsweise nur eine 38

94 Vgl. dazu ausführlich Rn. 197.
95 Werner/Pastor, Rn. 1487; KG, ZfBR 2001, 474 – Planungsfehler, wenn Architekt nicht über kostengünstige Art der Ausführung informiert.
96 BGH, BauR 1998, 354.
97 BGH, BauR 1998, 354.
98 BGH, BauR 1973, 120.
99 BGH, BauR 1997, 494; vgl. ausführlich, Rn. 392 f.

Größenordnung oder eine bloße Orientierung sein soll, können Erwägungen zu Toleranzen angestellt werden[100].

39 *Toleranzrahmen bei Kostenermittlungen* Eine ganz andere Frage ist es, ob den Architekten eine Pflichtverletzung trifft, wenn die von ihm im Rahmen der geschuldeten Grundleistungen erstellten Kostenermittlungen (Kostenschätzung, Kostenberechnung, Kostenanschlag und Kostenfeststellung) von den tatsächlichen Baukosten überschritten werden. Insoweit kann der Architekt Toleranzen in Anspruch nehmen, wenn die in den Kostenermittlungen enthaltenen Kostenaussagen von unvermeidbaren Unsicherheiten und Unwägbarkeiten abhängen. *Toleranzen* Dementsprechend darf eine erste Kostenprognose, der keine konkrete Planung zugrunde liegt, weniger genau ausfallen als eine spätere Kostenermittlung bei fortgeschrittenem Bauvorhaben. Welchen Umfang die Toleranzen haben können, ist unter Berücksichtigung der Umstände des Einzelfalles zu entscheiden[101]. Bei der Festlegung der Toleranzgrenze ist darauf abzustellen, mit welchem Verbindlichkeitsgrad sich der Architekt zur Kostenvoraussicht geäußert hat[102].

40 Planungsfehler im wirtschaftlichen Bereich kommen aber auch noch nach der Planung – also im Anschluss an die Ausführungsplanung – vor und zwar sowohl bei der Vorbereitung und bei der Mitwirkung bei der Vergabe (vgl. dazu Rn. 90 f.), als auch bei der Objektüberwachung, namentlich beim Führen des Bautagebuchs, bei dem Aufstellen eines gemeinsamen Aufmaßes, bei der Abnahme, bei der Rechnungsprüfung, beim Auflisten der Gewährleistungsfristen und bei der Kostenkontrolle.

41 *Bautagebuch* Führen etwa fehlende Eintragungen im Bautagebuch dazu, dass später der Bauherr einen für ihn günstigen Nachweis nicht führen kann, haftet der Architekt auf Schadensersatz. Freilich ist der Bauherr darlegungs- und beweispflichtig, insbesondere für die Kausalität zwischen der fehlenden Eintragung und dem eingetretenen wirtschaftlichen Nachteil.

42 *Prüfvermerk des Architekten* Gleiches gilt bei Fehlern des Architekten zu Lasten des Bauherrn im Zusammenhang mit der Feststellung eines gemeinsamen Aufmaßes, wobei hier die Kausalität zwischen Fehler und Schaden leicht zu führen sein wird. Das gemeinsam festgestellte Aufmaß ist rechtlich als deklaratorisches Anerkenntnis zu werten[103], das auch für den öffentlichen Auftraggeber bindend ist[104]. Ist der Architekt auch mit der Objektüberwachung beauftragt, muss sich der Bauherr die Prüfung des Aufmaßes durch den Architekten voll zurechnen lassen, weil der Architekt in diesem Fall regelmäßig als vom Bauherrn bevollmächtigt

100 BGH, BauR 1997, 494; vgl. ausführlich, Rn. 403 f.
101 BGH, BauR 1994, 268; BGH, ZfBR 1994, 119.
102 Vgl. ausführlich, Rn. 404 f.
103 OLG Hamm, BauR 1992, 242.
104 BGH, BauR 1975, 211.

angesehen wird[105]. Wenig konsequent ist es, dass die Rechtsprechung dagegen bei Prüfung der Schlussrechnung des Unternehmers durch den Architekten selbst bei Vorliegen des Anerkenntnisvermerks »sachlich und rechnerisch zutreffend« grundsätzlich nicht die Wirkung eines Anerkenntnisses annimmt zu Lasten des Bauherrn[106]. Allerdings schneidet die Bindungswirkung des gemeinsamen Aufmaßes nicht den Einwand ab, die betreffende Leistung sei durch eine andere Position mit umfasst, sei nach Vertragsvereinbarungen nicht zu berechnen, bei richtiger Vertragsauslegung anders zu berechnen oder sei überhaupt nicht vertraglich vereinbart[107].

Besonders teuer können sich Fehler des Architekten im Zusammenhang mit der Abnahme auswirken: Werden bei der Abnahme beispielsweise schwerwiegende Mängel festgestellt und die Abnahme deshalb verweigert, bessert der Unternehmer dennoch in der Folgezeit die Mängel nicht nach, muss der Architekt den Bauherrn bei VOB-Verträgen darauf hinweisen, dass nur dann auf Kosten des Unternehmers im Wege der Ersatzvornahme vorgegangen werden kann, wenn der Vertrag zuvor gekündigt wird. Kommt er dieser Hinweispflicht nicht nach, sondern beauftragt im Namen des Bauherrn ohne Kündigung einen Drittunternehmer, muss der Architekt im Wege des Regresses diese Ersatzvornahmekosten übernehmen. Bei BGB-Bauverträgen nach altem Recht (§ 634 BGB a. F.) muss der Architekt seinen Bauherrn darauf hinweisen, dass auch nach der Abnahme nur nach vorangegangener Fristsetzung mit Ablehnungsandrohung der Weg über die Ersatzvornahme zu Lasten des Unternehmers frei ist. Eine Schadensersatzpflicht des Architekten kann in diesem Zusammenhang auch bei verspäteter Fristsetzung mit Ablehnungsandrohung wegen des Verzögerungsschadens bestehen; zu denken ist beispielsweise hier an Mietausfall wegen verspäteter Bezugsfertigkeit des Gebäudes. 43

Fehler bei der Abnahme

Bei Werkverträgen, die nach dem 01.01.2002 geschlossen wurden, muss der Architekt wissen, dass es aufgrund der Schuldrechtsmodernisierung zu grundlegenden Änderungen in Bezug auf die Rechte des Bauherrn vor und nach der Abnahme (vgl. wegen der Einzelheiten Rn. 148 f.) gekommen ist. Die nach altem Recht erforderliche Fristsetzung mit Ablehnungsandrohung (§ 634 Abs. 1 S. 1 BGB a. F.) als Voraussetzung für die Wandelung, die Minderung und den Anspruch auf Schadensersatz ist abgeschafft. Bis zur Abnahme hat der Bauherr den Anspruch auf Herstellung eines mangelfreien Werkes nach § 633 Abs. 1 BGB. Ist die Werkleistung fällig, kann der Besteller den Anspruch auf Nacherfüllung nach § 635 BGB schon vor der Abnahme geltend machen. Ferner kann vor der Abnahme ein Anspruch auf 44

Fristsetzung zur Mängelbeseitigung mit und ohne Ablehnungsandrohung

105 BGH, NJW 1960, 859; OLG Hamm, BauR 1992, 242; Ingenstau/Korbion, § 14 Nr. 2 VOB/B, Rn. 42.
106 OLG Hamm, BauR 1996, 739; OLG Karlsruhe, BauR 1998, 403.
107 BGH, BauR 1992, 735; Ingenstau/Korbion, § 14 Nr. 2 VOB/B, Rn. 36.

Schadensersatz anstatt Erfüllung bestehen (vgl. § 280 BGB). Nach der Abnahme steht dem Bauherrn primär die Nacherfüllung nach § 635 BGB zu. Nur wenn er dem Auftragnehmer eine Frist zur Nacherfüllung setzt und diese verstreicht, ist der Weg frei zu den weiteren Rechten, die in § 634 BGB aufgeführt sind, nämlich die Selbstvornahme und Ersatz der erforderlichen Aufwendungen gem. § 637 Nr. 2 BGB, der Rücktritt gem. §§ 636, 323 und 326 Abs. 5 BGB, Minderung gem. § 638 BGB, Schadensersatz gem. §§ 636, 280 f. BGB, Ersatz vergeblicher Aufwendungen gem. § 284 Nr. 4 2. Alt. BGB eröffnet. Etwas anderes gilt nur, wenn ein Ausnahmefall nach §§ 635 Abs. 3, 636, 275 Abs. 2 und 3 BGB vorliegt; auch diese Ausnahmefälle muss der Architekt kennen, weil er ggfs. haftet, wenn dem Bauherrn durch den Zeitverlust wegen überflüssiger Fristsetzung zur Nacherfüllung ein Schaden entsteht.

45 *Vorbehalt der Vertragsstrafe*

Auch eine evt. verwirkte Vertragsstrafe muss bei der Abnahme vom Architekten berücksichtigt werden; trägt er nicht Sorge dafür, dass die Abnahme unter Vorbehalt der Geltendmachung der Vertragsstrafe erfolgt, haftet er dafür, dass der Bauherr später die Vertragsstrafe nicht mehr geltend machen kann (vgl. § 11 Nr. 4 VOB/B).

46 *Abnahmefiktion*

Der unterlassene Hinweis auf die Abnahmefiktion des § 12 Nr. 5 Abs. 2 VOB/B bzw. auf die Voraussetzungen einer stillschweigenden Abnahme beim BGB-Bauvertrag kann Schadensersatzansprüche des Bauherrn nach sich ziehen, wenn dieser durch die entsprechenden Abnahmewirkungen Vermögensnachteile erleidet, die er nicht erlitten hätte, wenn er über die Abnahmefiktion bzw. die stillschweigende Abnahme informiert gewesen wäre.

47 *Fehler bei der Schlussrechnungsprüfung und der Freigabe*

Der Architekt haftet dem Bauherrn nach § 635 BGB a. F. bzw. nach §§ 634 Nr. 4, 636, 280 BGB für Fehler bei der Schlussrechnungsprüfung bzw. der Prüfung von Teilschluss-/Abschlagsrechnungen. Hat der Architekt die Rechnung pflichtwidrig nicht ordnungsgemäß geprüft und zu hoch freigegeben, braucht sich der Bauherr nicht etwa darauf verweisen zu lassen, dass er zunächst gegen den Unternehmer aus Bereicherungsrecht vorgehen müsse. Jedoch ist der Bauherr, wenn er sich entschließt, den Architekten wegen Überzahlung aus dem Gesichtspunkt des Schadensersatzes nach § 635 BGB a. F., §§ 634 Nr. 4, 636, 280 BGB in Anspruch zu nehmen, Zug-um-Zug gegen Erhalt der Schadensersatzzahlung zur Abtretung des bereicherungsrechtlichen Anspruchs gegen den Unternehmer verpflichtet[108].

48 *Fehler bei der Freigabe von Abschlagsrechnungen*

Bei pflichtwidrigen und zu hoch freigegebenen Abschlagsrechnungen ist stets zu prüfen, ob dem Bauherrn auch tatsächlich ein Schaden entstanden ist; denn Zahlungen auf Abschlagsrechnungen stellen kein Anerkenntnis des Vergütungsanspruchs insoweit dar, sondern erfolgen lediglich unter Vorbehalt und zwar in Erwartung der Vorlage der

108 OLG Köln, BauR 1997, 347.

Schlussrechnung. Von daher kann der Bauherr nach Vorlage der Schlussrechnung die Überzahlung von der Schlusszahlung in Abzug bringen. Ist dies unmöglich, dann kann dem Bauherrn aber immer noch ein Zinsschaden durch die verfrühte Zahlung entstanden sein, den er geltend machen kann.

Prüft der Architekt Rechnungen verspätet, haftet er für den Wegfall eines evt. vereinbarten Skontos. 49

Einige Oberlandesgerichte[109] vertreten die Auffassung, der Bauherr sei nach Ablauf von zwei Monaten seit Vorlage der prüfbaren Schlussrechnung an der Geltendmachung von Einwendungen gegen die Schlussrechnung gem. § 242 BGB gehindert, wenn er nicht innerhalb dieser Frist seine Einwendungen vorbringe; die Zwei-Monats-Frist sei die längste Frist, die die VOB/B kenne und ziele ersichtlich darauf ab, Aufmaßstreitigkeiten und sonstige Unstimmigkeiten in Bezug auf die Schlussrechnung und die Abrechnungsbelege schnell zu klären, weshalb ohne weiteres Einwendungen gegen die Schlussrechnung nach Ablauf dieser Frist als verwirkt anzusehen wären. Folge dieser Rechtsprechung ist, dass der mit der Schlussrechnungsprüfung beauftragte Architekt bei verspäteter Prüfung nach Ablauf der Zwei-Monats-Frist dem Bauherrn gegenüber für die Nachteile, die dieser durch den Einwand der Verwirkung erleidet, Schadensersatzpflichtig wäre. Dieser dogmatisch nicht nachvollziehbaren Rechtsprechung (Voraussetzung für die Verwirkung ist das Vorliegen des Zeitmoments, des Umstandsmoments und einer Vermögensdisposition) hat der BGH nunmehr einen »Riegel vorgeschoben« und festgestellt, dass der bloße Ablauf der Prüffrist von zwei Monaten für die Annahme der Verwirkung nicht ausreicht[110]. 50

Fehler beim Auflisten der Gewährleistungsfristen

Fehler beim Auflisten der Gewährleistungsfristen führen ebenfalls häufig zu berechtigten Schadensersatzansprüchen des Bauherrn gegen den Architekten. Verlässt sich der Bauherr auf die Richtigkeit der Fristenzusammenstellung und macht deshalb durchsetzbare Gewährleistungsansprüche nicht geltend, z. B. weil er aufgrund der vom Architekten gefertigten Auflistung der Gewährleistungsfristen annimmt, seine Ansprüche seien bereits verjährt, haftet der Architekt für die Kosten, die bei der Nachbesserung durch ein anderes Unternehmen entstehen[111]; Anspruchsgrundlage ist auch hier § 635 BGB a. F., §§ 634 Nr. 4, 636, 280 BGB. In jedem Fall sollte der Architekt kritisch prüfen, ob er dem Bauherrn nicht ein Mitverschulden (§ 254 BGB) anlasten kann, was generell der Fall sein dürfte. Sind entgegen der Auflistung des Architekten Gewährleistungsansprüche gegen aus- 51

109 OLG Düsseldorf, BauR 1977, 1052; OLG Düsseldorf, BauR 1990, 609; OLG Karlsruhe, OLGR 1998, 17; OLG Nürnberg, BauR 1999, 1316; OLG Celle, BauR 1996, 264.
110 BGH, BB 2001, 855.
111 Löffelmann/Fleischmann, Rn. 603.

führende Unternehmen bereits verjährt, kann der Schaden des Bauherrn z. B. in unnütz aufgewandten Anwaltskosten bestehen. Auch hier wird man allerdings den Gesichtspunkt des Mitverschuldens zu berücksichtigen haben; jedenfalls der Anwalt des Bauherrn ist ebenfalls verpflichtet, die Frage der Verjährung zu prüfen und den Bauherrn entsprechend zu unterrichten, bevor er verjährte Ansprüche geltend macht und dadurch Kosten verursacht. Tut er dies nicht, muss sich der Bauherr im Verhältnis zum Architekten das Verschulden des Anwalts als eigenes Verschulden nach § 278 BGB zurechnen lassen.

52 *Kostenkontrolle*

Zu den Pflichten des Architekten im Zusammenhang mit der Kostenkontrolle während der reinen Planungsphasen ist oben bereits ausgeführt worden. Im Rahmen der Objektüberwachung muss der Architekt ebenfalls die Kosten kontrollieren. Geschieht dies nicht oder unterlaufen Fehler bei der Kostenkontrolle, die zu einem Schaden auf Seiten des Bauherrn führen, haftet der Architekt nach § 635 BGB a. F., §§ 634 Nr. 4, 636, 280 BGB. Wie der Schaden berechnet wird, wird später noch eingehend erläutert[112].

53 *Kostenvoranschlag*

Hat der Unternehmer beispielsweise einen Kostenvoranschlag unterbreitet und hält die im Kostenvoranschlag angegebenen Kosten nicht ein, muss der Architekt den Bauherrn auf die Überschreitung der im Kostenvoranschlag angegebenen Kosten hinweisen, weiter muss er den Bauherrn auf die Möglichkeit der Kündigung aus wichtigem Grund (vgl. § 650 Abs. 1 BGB) aufmerksam machen[113]. Versäumt der Architekt die Kostenkontrolle und den Hinweis auf das Kündigungsrecht, haftet der Architekt dem Bauherrn auf Ersatz des durch die unterbliebene Kündigung entstandenen Schadens. In Betracht kommt aber auch eine Haftung des Unternehmers nach § 650 Abs. 2 BGB wegen schuldhafter Verletzung der Anzeigepflicht; in diesem Fall haften Unternehmer und Architekt dem Bauherrn gegenüber gesamtschuldnerisch[114]. Da der Bauherr dem Unternehmer gegenüber die Kostenüberwachung als Mitwirkungshandlung nicht schuldet, ist der Architekt hinsichtlich seiner im Verhältnis zum Bauherrn bestehenden Verpflichtung zur Kostenkontrolle nicht Erfüllungsgehilfe des Bauherrn im Verhältnis zum Unternehmer.

54 Beispiele für Planungsfehler im wirtschaftlichen Bereich sind (vgl. auch Beispiele bei Werner/Pastor, Rn. 1486):

Verlust von Steuervorteilen

- Verlust von Steuervorteilen durch Überschreitung einer bestimmten Wohnflächenhöchstgrenze (OLG Köln, BauR 1993, 756). Allerdings braucht der Architekt dem Bauherrn grundsätzlich keine Hinweise auf steuerliche Vergünstigungen zu

112 Vgl. Rn. 426 f.

113 Zur Abgrenzung Rücktritt/Kündigung aus wichtigem Grund vgl. Rn. 591 f.

114 OLG Düsseldorf, BauR 1998, 874.

geben (OLG Düsseldorf, BauR 1990, 493); anders liegt der Fall, wenn der Architekt weiß, dass der Bauherr eine steuerliche Vergünstigung in Anspruch nehmen will, welche nur bei Einhaltung bestimmter Baumaßnahmen gewährt wird (OLG Düsseldorf, BauR 1990, 493; BGH, BauR 1972, 120; BGH, BauR 1978, 60 – hier Abgeschlossenheit bei Einliegerwohnung).

Beraten zur Gründung

- Bei der Grundlagenermittlung, jedenfalls aber anlässlich der Vorplanung, muss der Architekt auf die Grundwasserverhältnisse wegen der daraus resultierenden Anforderungen an die Gründung achten (BGH, NJW-RR 1986, 1147); spätestens müssen die Grundwasserverhältnisse anlässlich der Entwurfsplanung geklärt werden (OLG Celle, BauR 83, 483; OLG Düsseldorf, BauR 2001, 277).
- Zuschussverlust infolge fehlerhaft zu niedriger Kostenschätzung (BGH, BauR 1988, 734).
- Im Rahmen der Grundlagenermittlung, spätestens der Vorplanung ist vom Architekten der wirtschaftliche Rahmen zu klären (BGH, BauR 1991, 366; OLG Düsseldorf, BauR 1998, 882).
- Nicht rechtzeitige Beantragung von Fördermitteln (OLG Naumburg, BauR 1998, 361).
- Haftung wegen Baukostenüberschreitung (Brandenburgisches OLG, BauR 1999, 1202; OLG München, BauR 2000, 437).
- Sah die Stellplatzplanung des Architekten für eine Tiefgarage vor, die Gebäudelast könne von Pfeilern aufgenommen werden, gibt der Statiker anschließend durchgehende, 30 cm starke Wandscheiben vor, gehen die Kosten der erforderlichen Umplanung der Stellplatzplanung zu Lasten des Architekten (OLG Köln, BauR 1986, 714).
- Wirtschaftliche Einträglichkeit eines Mehrfamilienhauses (BGH, BauR 1984, 420 = ZfBR 1984, 190).
- falsches Sanierungskonzept (einbruchsicheres Schaufenster in Juweliergeschäft; OLG München, NJW-RR 1988, 85).
- Fehlerhafte Überprüfung der Forderung des Unternehmers nach zusätzlicher Vergütung (BGH MDR 1982, 48 = WM 81, 903) – zum Umfang der Prüfungspflicht vgl. Rn. 202 f.
- Mängel aufgrund fehlerhafter Objektüberwachung (BGH, BauR 2000, 1217).

1.1.2.2.2 Fehlende Genehmigungsfähigkeit der Planung

55 *geschuldet wird die Genehmigungsfähigkeit als Werkerfolg* Der Architekt hat eine genehmigungsfähige Entwurfsplanung herzustellen. Gegebenenfalls muss er im Rahmen der Vorplanung die Genehmigungsfähigkeit durch eine Bauvoranfrage klären[115].

56 Ansprüche gegen den Architekten scheiden aber aus, wenn der Bauherr bewusst eine riskante Planung durch den Architekten vornehmen lässt und damit die Gefahr in Kauf nimmt, einen ablehnenden Bescheid zu erhalten[116]. In diesem Fall beinhaltet der Auftrag nur den Versuch, die Baugenehmigung zu erhalten[117]. Der Architekt muss den Bauherrn über die Risiken der Genehmigungsfähigkeit und die Möglichkeit einer Bauvoranfrage aufklären. Die Beweislast dafür, dass der Bauherr bewusst die Risiken der Genehmigungsfähigkeit in Kauf genommen hat, trägt der Architekt[118]. Gelingt dem Architekten dieser Nachweis nicht, verliert er aber nicht seinen gesamten Honoraranspruch; vielmehr steht dem Architekten trotz zu vertretender Versagung der Baugenehmigung das Honorar für die Grundlagenermittlung und die Vorplanung zu[119].

57 Der vom Architekten geschuldete genehmigungsfähige Entwurf muss sich im Rahmen der bauordnungsrechtlichen und bauplanungsrechtlichen Vorschriften bewegen[120]. Die Planung ist mangelhaft, wenn sie nicht genehmigungsfähig ist.

58 Die rechtswidrige Erteilung der Baugenehmigung befreit den Architekten nicht von seiner Haftung[121]. Vielmehr haftet er auch in diesem Fall bei späterer Aufhebung der Baugenehmigung[122]. Denn geschuldeter Werkerfolg ist die dauerhafte Genehmigungsfähigkeit[123]. Die Planung des Architekten bleibt mangelhaft, wenn die Baugenehmigung nur nach grundlegender Umplanung des Baukörpers oder so weitgehender Änderungen erreicht werden kann, dass ein Einverständnis des Auftraggebers mit der Nachbesserung vom Architekten nicht erwartet werden kann[124]. Ist es dem Architekten möglich, nach-

115 BGH, BauR 1998, 579; OLG Düsseldorf, BauR 1996, 287; OLG Düsseldorf, BauR 1997, 159; OLG Stuttgart, BauR 1996, 438; OLG Jena, OLG-NL 1995, 105; OLG München, BauR 1992, 534; vgl. ausführlich, Rn. 335 f.
116 OLG Düsseldorf, BauR 1986, 469.
117 OLG Düsseldorf, BauR 1996, 287.
118 OLG Düsseldorf, BauR 1986, 469 und OLG Düsseldorf, BauR 1996, 287; KG, BauR 2002, 111.
119 OLG Düsseldorf, BauR 1996, 287; OLG Karlsruhe, IBR 2002, 30.
120 OLG Düsseldorf, BauR 1986, 469; OLG München, BauR 1992, 534.
121 Zu den Schadensersatzansprüchen des Bauherrn gegen die Behörde nach § 839 BGB vgl. BGH, BauR 2002, 292.
122 Ausführlich, Rn. 353 f.
123 BGH, BauR 1999, 1195 und BGH, BauR 1999, 934.
124 OLG Düsseldorf, BauR 1986, 469; BGH, IBR 2001, 261.

zuweisen, dass ein Dispens bewilligt worden wäre bzw. hätte bewilligt werden müssen, so liegt keine mangelhafte Entwurfsplanung vor[125].

Besteht die Möglichkeit, dass die Baugenehmigung bzw. beantragte Ausnahmebewilligung nicht erteilt wird, so muss der Architekt den Auftraggeber darauf hinweisen. 59

Bei nicht genehmigungsfähiger Planung steht dem Architekt ein Recht zur Nachbesserung zu. Die Grenzen dafür liegen in der Zumutbarkeit von Änderungen für den Auftraggeber[126]. Deshalb hat das OLG München[127] ein Nachbesserungsrecht zutreffend abgelehnt, wenn Änderungen praktisch ein anderes Gebäude zur Folge hätten. 60 *Nachbesserungsanspruch*

Das Recht zur Nachbesserung besteht auch nach Kündigung des Architektenvertrages[128]; nur unter den Voraussetzungen der §§ 634, 635 BGB a. F. kann der Bauherr Schadensersatz oder Minderung des Architektenhonorars geltend machen. Durch die Schuldrechtsmodernisierung wurde die Frist mit Ablehnungsandrohung abgeschafft. Nach Kündigung des Architektenvertrages hat der Besteller nunmehr primär einen Anspruch auf Nacherfüllung gem. § 635 BGB gegen den Architekten. Nur wenn er dem Architekten eine Frist zur Nacherfüllung setzt und diese fruchtlos verstreicht, kann der Auftraggeber auf weitere Ansprüche übergehen wie Selbstvornahme und Ersatz der erforderlichen Aufwendungen gem. § 637 BGB, den Rücktritt gem. §§ 636, 323 und 326 Abs. 5 BGB, die Minderung gem. § 638, den Schadensersatz gem. §§ 636, 280, 281, 283 und 311a BGB und den Ersatz vergeblicher Aufwendungen gem. § 284 BGB[129]. 61

Besondere Schwierigkeiten entstehen dann, wenn die Baugenehmigung zu Unrecht versagt wird, der Auftraggeber aber dennoch keine Rechtsbehelfe gegen die Ablehnung des Baugesuchs eingelegt hat[130]. Der Architekt ist dem Bauherrn gegenüber verpflichtet, auf die Erteilung einer rechtmäßigen und bestandskräftigen Baugenehmigung hinzuwirken[131]. Das gilt auch, wenn die Baugenehmigung zu Unrecht erteilt und anschließend wirksam widerrufen wird; jede Planung ist soweit zu erstellen, dass keine Verwaltungsbehörde Anlass hat, die einmal erteilte Baugenehmigung aus wie auch immer gearteten Gründen 62

125 So Locher/Koeble/Frik, § 15, Rn. 87; Werner/Pastor, Rn. 1482; a. A.: Bindhardt/Jagenburg, § 6, Rn. 68.
126 Vgl. OLG Düsseldorf, BauR 1986, 469; BGH, IBR 2001, 261.
127 OLG München, BauR 1992, 534.
128 BGH, BauR 2001, 667; OLG Düsseldorf, BauR 2000, 1515.
129 Wegen der weiteren Einzelheiten vgl. Rn. 130 f.
130 Hierzu ausführlich:, Rn. 355 f.
131 BGH, VersR 1983, 980; BGH, NJW 1985, 1692.

zu widerrufen[132]. Der Architekt schuldet immer eine erfolgreiche Planung[133].

63 *Stufenweise Beauftragung* Sind dem Architekten die Leistungen stufenweise in Auftrag gegeben worden, schuldet der Architekt für jede Stufe einen selbstständigen Werkerfolg. Planungsfehler sind daher jeweils innerhalb einer Vertragsstufe zu prüfen; Mängel, die innerhalb einer Vertragsstufe festgestellt werden, besagen grundsätzlich nichts über die Mangelhaftigkeit der Leistungen anderer (früherer oder späterer) Stufen. Dazu ein Beispiel: Hat der Bauherr den Architekten zunächst nur mit einer Entwurfsplanung beauftragt (1. Stufe) und beauftragt er ihn anschließend noch mit der Genehmigungsplanung (2. Stufe), die mangels Genehmigungsfähigkeit aber nicht erzielt wird, steht dem Architekten jedenfalls das Honorar für die 1. Stufe zu[134].

1.1.2.2.3 Verstoß gegen die Regeln der Baukunst oder Technik

64 Bei fehlerhaften Konstruktionen, also Konstruktionen, die gegen die anerkannten Regeln der Technik/Baukunst verstoßen, ist die Planung immer mangelhaft[135].

65 Die anerkannten Regeln der Technik können hinter dem aktuellen Stand der Technik zurückbleiben. Als anerkannt gelten nur Regeln, die sich nicht nur in der Theorie, sondern auch in der Praxis bewährt, also schon eine Erprobungszeit hinter sich haben. Das OLG Hamm[136] hat den Begriff wie folgt definiert:

> »Bei den anerkannten Regeln der Technik handelt es sich um technische Regeln für den Entwurf und die Ausführung baulicher Anlagen, die in der Wissenschaft theoretisch richtig erkannt sind und fest stehen, sowie insbesondere in dem Kreis der für die Anwendung der betreffenden Regeln maßgeblichen, nach dem neuesten Erkenntnisstand vorgebildeten Techniker durchweg bekannt und aufgrund fortdauernder praktischer Erfahrung als technisch geeignet, angemessen und notwendig anerkannt sind.«

132 OLG Düsseldorf, BauR 1997, 159; OLG München, BauR 1992, 534; a. A.: OLG Zweibrücken, BauR 1998, 1036 – dem Urteil des OLG Zweibrücken lag allerdings auch ein spezieller Sachverhalt zugrunde: Die Baugenehmigung war zwar in dem entschiedenen Fall wegen eines Planungsfehlers aufgehoben worden; gleichwohl stellte das OLG Zweibrücken fest, daß dem Architekten kein Verschulden zuzurechnen war, weil der von ihm begangene Planungsfehler eine schwierige, auch unter Verwaltungsjuristen umstrittene Rechtsfrage betraf.

133 OLG Düsseldorf, BauR 1996, 287.

134 BGH, BauR 1997, 1065.

135 OLG Düsseldorf, BauR 1996, 287.

136 OLG Hamm, BauR 1992, 362.

Die DIN-Vorschriften sind private technische Regelungen mit Empfehlungscharakter[137]. Es ist daher falsch, sie mit den anerkannten Regeln der Technik und Baukunst gleichzusetzen. Oftmals sind DIN-Normen ebenso wie das geschriebene Regelwerk vom Stand der Technik überholt. Dazu hat das OLG Hamm[138] Folgendes ausgeführt: **66**

> »Die Ordnungsmäßigkeit einer Bauleistung ist nicht allein an den schriftlich fixierten technischen Normen zu messen, sondern an den allgemeinen, nicht notwendigerweise schriftlich fixierten Regeln der Bautechnik, die als solche nach Entwicklung und Stand der jeweiligen anerkennenswerten Handhabung wandelbar sind; dies kann im Einzelfall dazu führen, dass eine technische Vorschrift, wie eine DIN-Norm, die einmal als anerkannte Regel der Baukunst fixiert worden ist, ihre Gültigkeit verliert, weil sie durch die technische Entwicklung überholt worden ist.«

67 *Risiko bei der Planung nicht erprobter Baustoffe und Technologien*

Auch die vom Architekten geplanten Baustoffe müssen den neuesten, aber bereits anerkannten Regeln der Technik entsprechen. Will der Architekt hiervon abweichen und Baustoffe zur Anwendung bringen, für die anerkannte Regeln der Technik noch fehlen, ist er verpflichtet, die Risiken mit dem Bauherrn eingehend zu erörtern und dessen Einverständnis für die möglicherweise riskante Planung einzuholen. Auch muss sich der Architekt zuvor eingehend mit dem noch nicht erprobten Baustoff befassen, evt. sogar durch ein anerkanntes Institut eine Materialprüfung vornehmen. Zu den Beratungspflichten bei Verwendung noch nicht erprobter Baumaterialien und Konstruktionen ist im Übrigen auf die Ausführungen zu Rn. 24 f. zu verweisen.

Plant der Architekt nicht erprobte Baustoffe oder Technologien und hat er den Bauherrn über die Risiken aufgeklärt, kommt es dennoch häufig zu Streit bei erforderlichen Umplanungen im Rahmen der Ausführungsplanung und der Vorbereitung der Vergabe. Auf diesen Punkt soll daher kurz eingegangen werden: **68**

Der Sachverhalt ist in diesen Fällen meist so, dass der Architekt den Bauantrag eingereicht hat, die Baugenehmigung aber noch nicht vorliegt, gleichwohl der Bauherr aus terminlichen Gründen vom Architekten verlangt, dass dieser bereits mit der Ausführungsplanung und den nachfolgenden Leistungen beginnt. Nach Fertigstellung der Ausführungsplanung oder sogar erst im Rahmen der Vorbereitung der Vergabe wird dem Bauherrn sodann die Baugenehmigung mit Auflagen, die die noch nicht erprobten Baustoffe bzw. Technologien betreffen, zugestellt. Aufgrund dieser Auflagen muss der Architekt sodann die Genehmigungsplanung ändern. Diese Änderungen bewirken, dass **69**

137 BGH, BauR 1998, 872.
138 OLG Hamm, BauR 1993, 174.

die Ausführungsplanung bzw. die bereits im Rahmen der Vorbereitung der Vergabe erstellten Leistungsverzeichnisse teilweise oder oft auch ganz neu erstellt werden müssen. In diesen Fällen kommt es fast immer zu Streit zwischen Bauherr und Architekten, wer die Kosten für die Umplanung trägt.

70 *Vorpreschen mit Leistungen* Grundsätzlich ist es so, dass der Architekt nicht verpflichtet und auch nicht berechtigt ist, mit Leistungsphasen vorzupreschen, also trotz noch nicht fertig gestellter Leistungsphase 4 (im Beispielsfall fehlt noch die Baugenehmigung) schon mit der nächsten Leistungsphase zu beginnen. Der Architekt muss vielmehr die Ergebnisse einer Leistungsphase mit dem Bauherrn abstimmen; geschieht das nicht, hängt sein Vergütungsanspruch davon ab, dass der Bauherr die Ergebnisse nachträglich billigt[139]. Auch wenn der Bauherr zur Eile auffordert, muss der Architekt »Schritt für Schritt« vorgehen[140]. Vor allem nach Einreichen des Bauantrages erfährt die Planung eine Zäsur; der Architekt kann und muss zunächst einmal zuwarten, bis die Baugenehmigung vorliegt, um den Bauherrn vor unnötigen Kosten zu bewahren[141]. Das gilt grundsätzlich auch, wenn der Bauherr von dem Architekten das »Vorpreschen« mit Leistungen verlangt, der Architekt den Bauherrn aber nicht auf die damit verbundenen Kostenrisiken hinweist. Erteilt der Architekt aber diese Hinweise und besteht der Bauherr dennoch darauf, dass der Architekt noch vor Erteilung der Baugenehmigung weitere Planungsleistungen (im Beispielsfall die Ausführungsplanung und die Leistungsverzeichnisse) erbringt, trägt er die Kosten eventueller Umplanungen.

71 Beispiele für Planungsfehler im technischen Bereich (vgl. auch Beispiele bei Werner/Pastor Rn. 1484):

- wärmegedämmte Dachelemente bei einem Wintergarten (OLG Düsseldorf, NJW-RR 1998, 810)
- Planung von Wärmedämmungen (BGH, BauR 1981, 395; OLG Hamm, BauR 1983, 173).
- Mitverschulden des Architekten wegen unzureichender Prüfung der Statik (OLG Hamm, BauR 2000, 293).
- Planungsfehler bei zu großen Heizkörpern (OLG Frankfurt, BauR 2000, 598).
- Unzureichende Schalldämmung (OLG Düsseldorf, BauR 1993, 622;)
- Trittschallschutz (OLG Düsseldorf, BauR 1995, 137 [Leitsatz])

139 OLG Düsseldorf, MDR 1972, 867; Werner/Pastor, Rn. 791.
140 OLG Düsseldorf, BauR 1980, 376.
141 OLG Düsseldorf, BauR 1997, 685.

- Unzureichende lichte Höhe eines Wohnraums (OLG Hamm, BauR 1993, 729)
- Verwendung glasierter Steine in Verbindung mit Kerndämmung ohne Hinweis auf die Risiken (OLG Hamm, BauR 1991, 247)
- Verfehlen des Repräsentationszweckes wegen zu tiefer Lage des Gebäudes (OLG Hamm, BauR 1989, 501)
- Mängel eines Flachdaches (OLG Frankfurt, BauR 1987, 322)
- Fehlende Dampfsperre (BGH Schäfer/Finnern, Z 3.00 Blatt 165; OLG Koblenz, BauR 1997, 502)
- unzureichende Dehnungsfugen (OLG Düsseldorf, BauR 1973, 272)
- Auswirkungen von Deckenbewegungen auf Dämm- und Dichtungsschichten (BGH, BauR 1986, 112)
- mangelhafte Dränage im Außenmauerwerk (OLG Hamm, BauR 1991, 788)
- fehlerhafte Entwässerung der Betonsohle (OLG Düsseldorf, BauR 1998, 582)
- Fehlen eines Rückstauventils (LG Kaiserslautern, BauR 1998, 824)
- Fehlende Abdichtung einer Tiefgarage gegen drückendes Wasser (BGH, BauR 2001, 823)
- Brandschutz bei einem Gebäude (BGH, BauR 1994, 367)
- unzureichende Abdichtung eines Anbaus gegen Bodenfeuchtigkeit (OLG Hamm, BauR 1997, 876)
- falsche Auswahl des Materials (OLG München, NJW-RR 1988, 85 – Glas; vgl. hierzu auch OLG Hamm, NJW-RR 1988, 1174)
- Kein Einbau eines Rückstauventils (OLG Hamm, NJW-RR 1993, 549)
- Fehlerhafte Ausführung einer Holzkonstruktion eines verglasten Wintergartens (OLG Düsseldorf, BauR 1997, 176 [Leitsatz])
- Mangelhafte Dickbeschichtung (BGH, BauR 2000, 1330; OLG Düsseldorf, OLGR 2002, 63)
- Mangelhafte Bauausführungsplanung (OLG Celle, BauR 1991, 243; OLG Köln, BauR 1998, 585)

- fehlerhafte Ausschreibung von Dämmarbeiten (OLG Koblenz, BauR 1998, 169)
- Besondere Flachdachkonstruktion – Verbleib eines Restrisikos (OLG Celle, BauR 1990, 759)
- Fehlerhaftes Baugrundgutachten (BGH, BauR 1997, 488; BGHR BGB § 635 – Architektenhaftung 2; BGHR WEG § 21 – Mängelbeseitigung 2)
- Boden- und Gründungsgutachten (BGH, BauR 1996, 404; BGHR BGB § 909 – Architektenhaftung 2)
- Baugrunduntersuchung (OLG Hamm, BauR 1997, 1069)
- Bodengrundwasserverhältnisse (OLG Düsseldorf, BauR 1993, 124 [Leitsatz Nr. 10]
- Wahl der den Bodenverhältnissen entsprechenden Gründung (OLG Oldenburg, BauR 1981, 399)
- Berücksichtigung der Grundwasserverhältnisse in hochwassergefährdeten Gebieten (OLG Köln, BauR 1993, 756)
- Ausrichtung der Planung nach dem höchsten bekannten Grundwasserstand (OLG Düsseldorf, BauR 1996, 757 [Leitsatz])
- unzureichendes Abdichtungskonzept: zu den Hinweispflichten (OLG Düsseldorf, OLGR 2002, 26); zum Planungsumfang (OLG Düsseldorf, OLGR 2002, 63)
- Klärung der Grundwasserverhältnisse (vgl. BGH, NJW-RR 1992, 1104; OLG Düsseldorf, OLGR 2002, 63)
- unzureichende Tragfähigkeit des Unterbodens (OLG Düsseldorf, BauR 2001, 638).
- zu geringe Entfernung des Gebäudes von einer Fernwasserleitung (BGH, BauR 2001, 666).
- optische Mängel können ebenfalls einen Planungsfehler darstellen (OLG Köln, IBR 2001, 501)

1.1.2.2.4 Lückenhafte Planung

72 Das Unterlassen der erforderlichen Planung ist so zu beurteilen wie eine fehlerhafte Planung, wenn es durch das Unterlassen der Planung zu Baumängeln kommt[142].

142 BGH, BauR 1974, 63.

Mit dem Problem lückenhafter Planung und dadurch verursachter Baumängel hat sich die Rechtsprechung vor allem im Zusammenhang mit fehlerhaften Abdichtungsmaßnahmen beschäftigt. Meist ging es darum, dass der Unternehmer die Abdichtungsmaßnahme mangelhaft ausführte und deshalb von dem Bauherrn gewährleistungspflichtig gemacht wurde. In der Regel wird der Bauherr den Architekten mit verklagen und im Prozess vortragen, dass dem Architekten ein Planungsfehler vorzuwerfen ist und er daher gesamtschuldnerisch neben dem Unternehmer haftet. Konkret wird der Vorwurf dahin gehen, der Architekt habe die erforderliche Detailplanung nicht erbracht[143]. 73

In dem Prozess ergibt sich die Schwierigkeit, dem Architekten, der es gerade verabsäumt hat, die Detailplanung auszuführen, Fehler eben dieser nicht vorhandenen Planung nachzuweisen. Denn der Architekt haftet nicht schon für jeden Mangel des Bauwerks, sondern nur für die Mängel des Architektenwerks[144]. Mängel des Bauwerks sind nur dann zugleich Mängel des Architektenwerks, wenn sie durch eine objektiv mangelhafte Erfüllung der dem Architekten obliegenden Aufgaben, sei es der Objektplanung, sei es der Objektüberwachung, verursacht sind. 74

fehlende Detailplanung

Grundsätzlich hat der Bauherr die objektiven Voraussetzungen seines Schadensersatzanspruchs gegen den Architekten zu beweisen. Diese Beweispflicht erstreckt sich nach allgemeinen Grundsätzen sowohl auf die objektiv fehlerhafte Planung oder die ungenügende Objektüberwachung, als auch auf die Ursächlichkeit für den Bauwerksmangel. Den Architekten trifft dagegen lediglich die Beweislast, ob er den Mangel seines Werkes zu vertreten hat[145]. Planungsfehler können dem Architekten in der Regel anhand seiner Pläne nachgewiesen werden. Mangels solcher Pläne ist dem Bauherrn weitgehend die Beweismöglichkeit abgeschnitten. 75

Diesen Beweisnotstand hat der BGH[146] in der Weise aufgelöst, dass er dem Architekten die Beweislast aufgebürdet hat. Das heißt, der Architekt ist beweispflichtig dafür, dass das Fehlen der Planung nicht ursächlich geworden ist für den Schaden. 76

Beweislastumkehr bei vertragswidriger Nichterbringung von Leistungen

Im Einzelfall kann eine Detailplanung aber durchaus entbehrlich sein. Es kann ausreichen, wenn der Architekt die erforderlichen planerischen Detailanweisungen den Unternehmern an Ort und Stelle mündlich erteilt[147]. 77

Detailplanung durch mündliche Erläuterung auf der Baustelle

143 BGH, NJW-RR 1988, 275; OLG Celle, BauR 1992, 801 – Planung von Abdichtungsmaßnahmen; OLG Düsseldorf, OLGR 2002, 63; OLG Hamm, NJW-RR 1993, 549 – Nichteinbau eines Rückstauventils.

144 BGHZ 31, 224, 227.

145 BGHZ 48, 310.

146 BGHZ 61, 118; BGH, BauR 1974, 65.

147 OLG Köln, VersR 1993, 1229.

78 Behauptet der Architekt eine ordnungsgemäße mündliche Unterweisung des Unternehmers vor Ort, so trägt er dafür die Beweislast.

79 Bei lückenhafter Planung stellt sich auch die Frage, ob der Bauherr das Architektenhonorar kürzen kann. Dies ist nur dann zu bejahen, wenn die lückenhafte Planung zu einem Mangel am Bauwerk geführt hat[148].

1.1.2.2.5 Koordinierungsmängel in technischer, wirtschaftlich-kostenmäßiger und zeitlicher Hinsicht

80 Neben der Beratungspflicht ist die Koordinierung eine wesentliche Nebenpflicht des Architekten.

81 Die Koordinierungspflicht besteht grundsätzlich in technischer, wirtschaftlicher und in zeitlicher Hinsicht; als Sachwalter des Bauherrn ist der Architekt für den reibungslosen Ablauf des Baugeschehens verantwortlich. Er trägt die Verpflichtung, mittels Koordination sicherzustellen, dass alle an der Planung Beteiligten sowie die ausführenden Unternehmen harmonisch zusammenwirken[149]. Koordinierungspflicht bedeutet dagegen nicht, dass der Architekt die Ergebnisse wie Planungen oder Berechnungen der eingeschalteten Sonderfachleute zu prüfen und zu bewerten hat. Denn deren Fachbereiche braucht er nicht zu beherrschen und schuldet deshalb dem Bauherrn auch nicht den Hinweis auf Fehler oder Unzulänglichkeiten der Planung der Sonderfachleute[150]. Hat der Bauherr einen Projektsteuerer (§ 31 HOAI) eingeschaltet, was bei größeren Bauvorhaben heute der Regelfall ist, und wird dieser auftragsgemäß vor allem im Bereich der Koordination tätig, so ist der Projektsteuerer als Sonderfachmann im Verhältnis zum Architekten anzusehen mit der Folge, dass eine Haftung des Architekten entfallen kann[151].

Projektsteuerer

82 Die Koordinationspflicht des Architekten setzt bereits in der Vorplanung ein, wenn Sonderfachleute schon in diesem frühen Planungsstadium vom Bauherrn beauftragt sind. Es ist Pflicht des Architekten, dafür Sorge zu tragen, dass den Sonderfachleuten die Planungsgrundlagen in technischer, wirtschaftlicher und zeitlicher Hinsicht zur Kenntnis gelangen, ihnen also beispielsweise die Einhaltung eines vom Bauherrn gewünschten Kostenrahmens, die Berücksichtigung einer bestimmten Konstruktion und ein evt. vorgegebener Zeitrahmen bekannt wird. Nur wenn der Architekt dies sicherstellt, ist er selbst in der Lage, eine in jeder Hinsicht mangelfreie Vorplanung abzuliefern. Denn es ist seine Aufgabe, die Ergebnisse der Sonderfachleute in die eigene Planung zu integrieren.

148 Vgl. dazu ausführlich 635 f.
149 Werner/Pastor, Rn. 1493.
150 Dazu näher Rn. 219 f., 226 f.
151 Vgl. dazu näher Rn. 219 f., 226 f.

Im Rahmen der Entwurfsplanung und insbesondere im Rahmen der Ausführungsplanung spielt die Koordinationspflicht eine ganz wesentliche Rolle. Vor allem bei schwierigen oder großen Bauaufgaben ist es zur Vermeidung von Störungen des Planungsablaufs unverzichtbar, dass die verschiedenen Sonderfachleute über den jeweiligen Planungsstand unterrichtet sind und ihre Leistungen aufeinander abgestimmt werden. Wie oben schon angesprochen, ist der Architekt dazu natürlich nur bedingt in der Lage, weil er die Fachgebiete der Sonderfachleute meist nicht beherrscht und auch nicht beherrschen muss[152]. Es ist aber seine Pflicht, dafür zu sorgen, dass die an der Planung fachlich Beteiligten über die erforderlichen Grundlagen für deren Tätigkeit rechtzeitig verfügen. 83

Im Rahmen der Vorbereitung der Vergabe konzentriert sich die Koordinierungspflicht auf das Abstimmen und Koordinieren der Leistungsbeschreibungen der an der Planung fachlich Beteiligten. Der Architekt muss vor allem auch sicherstellen, dass die Leistungsbeschreibungen der Sonderfachleute mit den Wünschen und finanziellen Vorgaben des Bauherrn übereinstimmen[153]. Er hat weiter zu prüfen, ob die Leistungsbeschreibungen und Mengenermittlungen der verschiedenen Fachdisziplinen Fehl- oder Mehrfachansätze enthalten und die Mengen- und Leistungsbeschreibungen nach den Kostengruppen und ATV gem. DIN 276 aufgestellt sind[154]. Eventuelle Leistungsüberschneidungen muss der Architekt bei seiner Prüfung erkennen und sie beseitigen. In zeitlicher Hinsicht hat der Architekt sicherzustellen, dass die Beiträge der Sonderfachleute rechtzeitig vorliegen. Er muss also Termine mit den Sonderfachleuten abstimmen und die Einhaltung überwachen. 84

Das Leistungsbild in § 15 HOAI nennt zu Leistungsphase 8 ausdrücklich als Grundleistung das »Koordinieren der an der Objektüberwachung fachlich Beteiligten«. Es handelt sich aber dennoch nicht etwa um eine zentrale Leistung, die bei Nichterbringung ohne weiteres eine Honorarminderung rechtfertigt, wie dies teilweise vertreten wird[155]. Die Koordinierungspflichten des Architekten beziehen sich auch im Rahmen der Leistungsphase 8 nicht nur auf die ausführenden Unternehmen, sondern auf alle am Bau Beteiligten. Das heißt, durch die Koordinierungstätigkeit des Architekten ist sowohl das reibungslose Zusammenwirken zwischen den ausführenden Unternehmen sicherzustellen, als auch das Zusammenwirken zwischen Unternehmen und Sonderfachleuten. So müssen beispielsweise Sondervorschläge ausführender Unternehmen ggfs. dem zuständigen Sonderfachmann zur Prüfung vorgelegt und eine evt. erforderliche zusätzliche Baugenehmigung eingeholt werden. 85

Koordinationspflicht bezieht sich auf alle am Bau Beteiligten

152 Vgl. dazu näher Rn. 219 f., 226 f.
153 Locher/Koeble/Frik, § 15, Rn. 151.
154 Locher/Koeble/Frik, § 15, Rn. 151.
155 Vgl. dazu näher Rn. 627 f.

86 Die Koordinierungspflicht erstreckt sich auch auf den Baubeginn. Ist etwa eine Auflage in der Baugenehmigung unklar oder widersprüchlich, darf der Architekt nicht ohne weiteres mit der Ausführung beginnen lassen[156].

87 *Zeitplanüberwachung ist Koordinierungspflicht*

Die Abgrenzung von Koordinierungsfehlern im Planungsbereich und solchen bei der Objektüberwachung kann im Einzelfall schwierig sein. Die Abgrenzung hat jedoch für den Umfang der Schadensersatzpflicht dann erhebliche Bedeutung, wenn sich durch die fehlerhafte Koordination später die Baukosten erhöhen. Ist der Koordinationsfehler anlässlich der Objektüberwachung erfolgt, kann der Bauunternehmer sich auf diesen Fehler gegenüber dem Bauherrn nicht mit der Begründung stützen, dies rechtfertige eine zusätzliche Vergütung[157].

88 *wichtig: prüfen, ob mangelhafte Koordinierung dem Planungs- oder Bauausführungsbereich zuzuordnen ist*

Denn der Bauherr schuldet dem Unternehmer keine Objektüberwachung und damit auch keine Koordinierung bei der Objektüberwachung[158]. Anders liegt der Fall, wenn der Koordinierungsfehler zeitlich in dem Planungsbereich anzusiedeln ist. Der Architekt ist nun Erfüllungsgehilfe des Bauherrn, so dass der Bauherr sich dessen Verschulden nach §§ 278, 254 BGB dem bauausführenden Unternehmer gegenüber zurechnen lassen muss; denn die Koordinierungstätigkeit ist Bauherrenaufgabe im Verhältnis zu den am Bau Beteiligten[159].

89 Die Koordinierungstätigkeit kann Schadensersatzansprüche des Auftraggebers auslösen. Es handelt sich nach altem Recht um Ansprüche nach § 635 BGB a. F. und nicht solche aus positiver Vertragsverletzung (p. V. V.)[160]. Auf diese Unterscheidung kommt es aufgrund der Schuldrechtsreform für Verträge, die nach dem 31.12.2001 geschlossen wurden, nicht mehr an. Anspruchsgrundlage ist nunmehr einheitlich §§ 634 Nr. 4, 636, 280 BGB.

1.1.2.2.6 Fehler bei der Vorbereitung und der Mitwirkung bei der Vergabe von Bauleistungen

90 *Ausschreibung*

Ist dem Architekten auch die Vorbereitung der Vergabe und die Mitwirkung bei der Vergabe in Auftrag gegeben, so schuldet er die Ausarbeitung und Bereitstellung aller zur Ausschreibung in technischer Hinsicht erforderlichen Unterlagen geordnet nach Leistungsbereichen sowie die Ausarbeitung und Bereitstellung technisch, wirtschaftlich und rechtlich einwandfreier Vergabeunterlagen[161].

91 *Nebenleistungen*

Schreibt der Architekt Nebenleistungen, die der Unternehmer im Rahmen seines Auftrages ohne zusätzlichen Werklohn hätte ausfüh-

156 BGH, NJW 1985, 1692.
157 BGH, BauR 1989, 97.
158 Vgl. näher, Rn. 224.
159 BGH, BauR 1972, 112; siehe auch Rn. 224, 226 f.
160 Locher/Koeble/Frik, § 15, Rn. 215.
161 Löffelmann/Fleischmann, Rn. 326, 373.

ren müssen, als selbstständige, vergütungspflichtige Leistung aus, so haftet er für diese unnötigen Mehrkosten[162].

Enthält die vom Architekten erstellte Leistungsbeschreibung Lücken und führt dies dann später zu Zusatzleistungen, beispielsweise in Form von Stundenlohnarbeiten, oder zu einem Schaden am Bauwerk, hat der Architekt auch für diese Kosten[163] bzw. den Schaden[164] aufzukommen. **92** *Lücken im Leistungsverzeichnis*

Sind die Mengenangaben in den Leistungsverzeichnissen vom Architekten zu niedrig angesetzt, hat er grundsätzlich Preisnachteile auszugleichen, die nicht entstanden wären, wenn durch Angabe der richtigen Masse mit dem Unternehmer ein niedrigerer Preis hätte vereinbart werden können. Allerdings sind die Aufwendungen für die Mehrmengen »Sowieso«-Kosten. Zudem ist für die Schadenberechnung bei VOB-Verträgen § 2 Nr. 3 VOB/B zu beachten, der dem Bauherrn die Möglichkeit gibt, bei Überschreitung der ursprünglich vorgesehenen Masse um mehr als 10 v.H. eine Reduzierung des Einheitspreises zu erreichen. **93** *Mehr- und Mindermassen*

Ist die Ausschreibung fehlerhaft, etwa weil Leistungen doppelt ausgeschrieben sind, haftet der Architekt für die Mehrkosten. Hierzu ein Beispiel: Schreibt der Architekt entgegen § 9 Nr. 1 VOB/A Dämmarbeiten sowohl beim Zimmerer als auch beim Dachdecker aus, ohne die Dämmarbeiten jeweils als Eventualposition bzw. Wahlposition zu bezeichnen, und wird der Auftrag dementsprechend erteilt, liegt eine Doppelvergabe vor. Der Unternehmer, der dann später die Dämmarbeiten nicht ausführt, weil der andere Unternehmer sie bereits ausgeführt hat, kann gegen den Bauherrn entgangenen Gewinn geltend machen. In Höhe dieses Betrages haftet der Architekt dem Bauherrn[165]. **94** *Doppelausschreibung – Doppelvergabe*

Ein Architekt ist im Übrigen grundsätzlich zur Übersendung der Vergabeunterlagen an mehrere in Betracht kommende Unternehmen verpflichtet, damit der Bauherr Vergleichsmöglichkeiten für die Auswahl der für ihn besten Lösung hat. Wird ein Architekt beispielsweise für eine Kirchengemeinde tätig, versteht es sich von selbst, dass er prüfen muss, ob auch im Kreise der Mitglieder der Kirchengemeinde geeignete Unternehmen vorhanden sind und ggfs. diese dann zur Abgabe von Angeboten aufzufordern hat; unterlässt der Architekt dies, muss er ggfs. das Ausschreibungsverfahren wieder eröffnen. **95** *Vorgaben des Bauherrn*

Holt der Architekt keine ausreichende Anzahl von Angeboten ein, lässt sich aber feststellen, dass bei pflichtgemäßem Vorgehen eine in **96**

162 OLG Celle, BauR 1999, 494.
163 BGH, BauR 1981, 482.
164 OLG Düsseldorf, NJW-RR 1997, 975.
165 OLG Koblenz, NJW-RR 1998, 20 f.

jeder Hinsicht gleichwertige Leistung zu einem niedrigeren Preis zu erhalten gewesen wäre, haftet der Architekt für die Mehrkosten[166].

97 *maßgeblich sind generell die Vergabegrundsätze der VOB/A*

Hat der Architekt es auch übernommen, die Angebote für den Bauherrn zu prüfen und zu werten, macht er sich Schadensersatzpflichtig, wenn er nicht die in §§ 23–25 VOB/A niedergelegten Vergabegrundsätze beachtet. Auch wenn der Architekt nicht für einen öffentlichen Auftraggeber tätig ist, hat sich die Prüfung an diesen Kriterien zu orientieren[167]. Danach kommt es nicht nur auf den billigsten Preis an. Vielmehr spielt die Eignung des Bieters in Bezug auf Fachkunde, Leistungsfähigkeit, Zuverlässigkeit und ausreichende technische und wirtschaftliche Mittel eine ganz entscheidende Rolle. Hält sich der Architekt nicht an die Vergabegrundsätze, haftet er nach § 635 BGB a. F. bzw. §§ 634 Nr. 4, 636, 280 BGB für den Schaden, der dem Bauherrn beispielsweise dadurch entsteht, dass das beauftragte Unternehmen in Insolvenz gerät oder sich erweist, dass es nicht die gebotene Leistungsfähigkeit hat, den Auftrag innerhalb der vereinbarten Bauzeit abzuwickeln[168].

98 Ebenso haftet der Architekt für einen Schaden des Bauherrn, der diesem im Zusammenhang mit einem Fehler des Preisspiegels entstanden ist.

99 *widersprüchliche Ausschreibung und ungewöhnliches Wagnis*

Gleiches gilt, wenn der Architekt nicht gem. § 9 VOB/A eindeutig und erschöpfend ausschreibt, sondern widersprüchlich oder er dem Unternehmer ein ungewöhnliches Wagnis i. S. v. § 9 Nr. 2 VOB/A aufbürdet und der Unternehmer sich deshalb auf eine für ihn wirtschaftlich besonders günstige Auslegung des Leistungsverzeichnisses berufen kann.

100 *Vertragsstrafe*

Der Architekt kann sich ersatzpflichtig machen, wenn er keine oder eine unwirksame Vertragsstraferegelung in die Vergabeunterlagen aufnimmt und es zu einer verspäteten Fertigstellung der Bauarbeiten kommt. Allerdings ist der Architekt nicht zur Beurteilung der Frage verpflichtet, ob der Inhalt einer Vertragsstrafeklausel zulässig und wirksam ist[169]. Der Architekt ist nicht »Rechtsanwalt des Bauherrn« und braucht für diesen daher schwierige Rechtsfragen nicht zu klären. Die rechtliche Beurteilung der Wirksamkeit von Vertragsstrafeklauseln, die formularmäßig oder durch Allgemeine Geschäftsbedingungen vorgegeben werden, setzt spezielle Kenntnisse der Rechtsprechung zum AGBG voraus[170]. Übernimmt der Architekt aber die Prü-

166 Löffelmann/Fleischmann, Rn. 385.

167 Löffelmann/Fleischmann, Rn. 359; Hesse/Korbion/Mantscheff/Vygen, § 15 HOAI, Rn. 140.

168 OLG München, NJW-RR 1997, 1514 – Kriterien bei der Angebotswertung –.

169 So zutreffend: Löffelmann/Fleischmann, Rn. 347.

170 Z. B. OLG Köln, NJW-RR 1988, 654 f. – zur Wirksamkeit bei Offenlassen der Höhe durch Lücke im Text –; BGH, NJW-RR 1989, 528 – zur

fung von Vertragsstraferegelungen sozusagen freiwillig, indem er eine Vertragsstraferegelung selbst formuliert, haftet er für die eventuelle Unwirksamkeit. Zu verlangen ist vom Architekten, dass er den Bauherrn darauf aufmerksam macht, dass er – der Architekt – mangels der erforderlichen Fachkenntnisse nicht in der Lage ist, eine geeignete Klausel zu formulieren und dem Bauherrn rät, sich insoweit ggfs. an einen Rechtsanwalt zu wenden[171]. Eine Haftung des Architekten scheidet mangels Schadens auf Seiten des Bauherrn aus, wenn der Bauherr später den tatsächlichen Schaden gegenüber dem Unternehmer geltend machen kann und dieser höher liegt, als die vereinbarte Vertragsstrafe, oder wenn der Architekt nachweisen kann, dass kein Unternehmer die Vertragsstrafe akzeptiert hätte.

Auch bei Skontovereinbarungen, die der Architekt in Vergabeunterlagen aufnimmt, ist Vorsicht geboten. Die Wirksamkeit der Skontovereinbarung hängt davon ab, dass sie hinreichend bestimmt ist. So muss neben einer konkret genannten Skontohöhe auch die Frist, innerhalb der unter Abzug des Skontobetrages Zahlung geleistet werden muss, genau bezeichnet werden[172]. Darüber hinaus bestehen strenge Anforderungen an das Transparenzgebot. Nach der Rechtsprechung des BGH[173] liegt beispielsweise Intransparenz und damit Unwirksamkeit nach § 9 AGBG vor, wenn die Skontovereinbarung in einem Formular lautet: »Vereinbartes Skonto wird von jedem Abschlags- und Schlussrechnungsbetrag abgezogen, für den die geforderten Zahlungsfristen eingehalten werden.« 101 *Skonti*

Es gilt damit das zu Vertragsstrafeklauseln Gesagte entsprechend. Übernimmt es der Architekt, Skontovereinbarungen zu formulieren und erweisen sich diese schließlich als unwirksam, haftet er. Von daher ist ihm zu raten, den Bauherrn darauf hinzuweisen, dass die Formulierung der Skontovereinbarung durch einen Rechtsanwalt erfolgen sollte; besteht der Bauherr dann gleichwohl darauf, dass der Architekt die Skontovereinbarung erstellt, kann er sich später dem Architekten gegenüber nicht auf die Unwirksamkeit und einen dadurch entstandenen Schaden berufen (vgl. Rn. 257, 258, 345 f.). 102

Besonders haftungsrelevant ist die Mitwirkung bei der Vergabe von Nachträgen. Gerade bei Pauschalpreisverträgen aufgrund funktionaler Ausschreibung kommt es häufig zur Beauftragung von Nachträgen, 103 *Preisvergleich*

Begrenzung der Vertragsstrafe nach oben –; BGH, BauR 1981, 375 – zu Angemessenheit einer Klausel, die je Arbeitstag 1,5 % der Auftragssumme vorsieht –; OLG Düsseldorf, BauR 1997, 1041 – Unwirksamkeit verschuldensunabhängiger Vertragsstrafevereinbarungen in Allgemeinen Geschäftsbedingungen auch im kaufmännischen Verkehr –; aber BGH, BauR 1975, 209, 210 – Wirksamkeit verschuldensunabhängiger Vertragsstrafevereinbarungen in Individualvereinbarungen –.

171 Vgl. dazu näher Rn. 127 f., 257, 258, 345 f.

172 OLG Stuttgart, BauR 1998, 398.

173 BGH, BauR 1996, 378.

obgleich Nachträge vor allem bei Globalpauschalpreisverträgen, also Pauschalpreisverträgen, die auf einer nur funktionalen Leistungsbeschreibung beruhen, nur ausnahmsweise berechtigt sind[174]. Wirkt der Architekt nicht nur bei der Vergabe mit, sondern schließt er sogar die Verträge und auch die Nachträge als Vertreter des Bauherrn ab, haftet er für sämtliche Vermögensnachteile des Bauherrn, die diesem durch unnötige Beauftragungen und damit verbundenen Mehrkosten entstehen. Den Einwand, der Bauherr trage ein Mitverschulden, weil er bei Unterzeichnung den Vertragsinhalt nicht beanstandet habe, kann der Architekt in diesem Fall nicht geltend machen, wohl aber, wenn er lediglich bei der Vergabe mitwirkt[175].

104 *Nachträge* Nicht selten werden Architekten von ausführenden Unternehmen später auf Zahlung der Vergütung in Anspruch genommen, weil der Architekt im Rahmen der Mitwirkung bei der Vergabe nicht mit der erforderlichen Klarheit zum Ausdruck gebracht hat, dass er lediglich als Vertreter des Bauherrn das Angebot eingeholt und den Vertrag abgeschlossen hat. Zwar enden solche Prozesse meist zugunsten des Architekten, weil für den Architekten stets die Vermutung streitet, dass er nicht im eigenen Namen, sondern aufgrund seiner Tätigkeit als Architekt und damit Treuhänder des Bauherrn allein in dessen Namen gehandelt hat[176]. Dem Architekten ist aber in jedem Fall zu raten, schon bei Einholung der Angebote und erst recht bei Vertragsabschluss deutlich auf seine Vertreterstellung hinzuweisen.

1.1.2.2.7 Mängel aufgrund fehlerhafter Objektüberwachung

105 *Umfang der Bauaufsichtspflicht* Die Haftung des Architekten wegen fehlerhafter Objektüberwachung lässt sich in 3 Gruppen unterteilen:

- Fehler bei der Überwachung der Ausführung
- Koordinierungsfehler
- Fehler bei der wirtschaftlichen Betreuung

106 Denkbare Fehler bei der Koordinierung und bei der wirtschaftlichen Betreuung im Rahmen der Objektüberwachung sind oben bereits dargestellt worden (vgl. Koordinierungsfehler Rn. 80 f. und Fehler bei der wirtschaftlichen Betreuung Rn. 40 f.).

107 Für den Umfang und damit die Haftung des Architekten wegen fehlerhafter Überwachung der Ausführung ist auf die zwischen Archi-

174 Beim so genannten Global-Pauschalpreisvertrag sind die Unsicherheiten über den Auftragsumfang in qualitativer und quantitativer Hinsicht auf den Unternehmer verlagert; vgl. dazu BGH, BauR 1997, 464; Werner/Pastor, Rn. 1189.

175 Löffelmann/Fleischmann, Rn. 393.

176 OLG Köln, BauR 1996, 254; Werner/Pastor, Rn. 1066.

tekt und Bauherr konkret getroffenen Vereinbarungen abzustellen[177]. Grundsätzlich schuldet der Architekt aber die Überwachung der Ausführung des Objektes auf Übereinstimmung mit der Baugenehmigung oder Zustimmung, den Ausführungsplänen und den Leistungsbeschreibungen sowie mit den allgemein anerkannten Regeln der Technik und den einschlägigen Vorschriften. Hat der Bauherr zwei Architekten eingeschaltet und das eine Büro mit der Planung und das andere mit der Objektüberwachung beauftragt, muss das mit der Objektüberwachung beauftragte Büro die Ausführungspläne nochmals auf Fehler überprüfen[178] und sodann durch Kontrollen auf der Baustelle sicherstellen, dass der Unternehmer entsprechend der Ausführungspläne das Werk in technischer und in gestalterisch-künstlerischer Hinsicht ordnungsgemäß ausführt.

Zwischen Bauherr und Architekt entsteht häufig Streit hinsichtlich der Frage, welche Intensität die Bauüberwachung hat und wie oft der Architekt auf der Baustelle erscheinen muss. Der BGH hat dazu folgende Grundsätze aufgestellt[179]: 108

- »Der die Bauaufsicht (Objektüberwachung) führende Architekt hat dafür zu sorgen, dass der Bau plangerecht und frei von Mängeln errichtet wird. Der Architekt ist dabei nicht verpflichtet, sich ständig auf der Baustelle aufzuhalten. Er muss allerdings die Arbeiten in angemessener und zumutbarer Weise überwachen und sich durch häufige Kontrollen vergewissern, dass seine Anweisungen sachgerecht erledigt werden. Bei wichtigen oder bei kritischen Baumaßnahmen, die erfahrungsgemäß ein hohes Mängelrisiko aufweisen, ist der Architekt zu erhöhter Aufmerksamkeit und zu einer intensiveren Wahrnehmung der Bauaufsicht verpflichtet. Besondere Aufmerksamkeit hat der Architekt auch solchen Baumaßnahmen zu widmen, bei denen sich im Verlauf der Bauausführung Anhaltspunkte für Mängel ergeben.«

handwerkliche Selbstverständlichkeiten

Handwerkliche Selbstverständlichkeiten braucht der Architekt dagegen grundsätzlich nicht zu überwachen. Mit handwerklichen Selbstverständlichkeiten beschreibt die Rechtsprechung[180] »einfache, gängige Arbeiten des Bauunternehmers, die völlig im Rahmen des alltäglich Handwerklichen liegen und deren Beherrschung und Beachtung durch den Bauunternehmer vorausgesetzt werden darf«. Zu den handwerklichen Selbstverständlichkeiten zählt die Rechtsprechung unter anderem Folgendes: 109

177 BGH, BauR 1998, 869; OLG Köln, BauR 1997, 343 f.
178 OLG Düsseldorf, BauR 1998, 582.
179 BGH, BauR 1994, 392.
180 OLG Hamm, BauR 1990, 638; BGH, BauR 1971, 131.

- Verlegung von Platten[181]
- Verlegung von Dachpappe[182]
- Errichtung einer Klärgrube[183]
- Innenputzarbeiten[184]

110 Besteht allerdings für den Architekten Veranlassung, den Unternehmer nicht für zuverlässig zu halten, weil ihm der Bauherr Mängel während der Ausführung meldet, muss der Architekt auch handwerkliche Selbstverständlichkeiten nunmehr zumindest durch Stichproben beaufsichtigen[185].

111 Dagegen muss der Architekt die »wichtigen Bauabschnitte, von denen das Gelingen des ganzen Werkes abhängt[186], besonders intensiv überwachen, sei es persönlich oder durch einen erprobten Erfüllungsgehilfen[187]. Zumindest hat sich der Architekt »sofort nach der Ausübung dieser Arbeiten von deren Ordnungsgemäßheit zu überzeugen[188]«. Wegen der besonderen Schadenanfälligkeit bzw. wegen der hohen Qualitätsanforderungen an Material und Ausführung gelten insbesondere folgende Arbeiten als schwierig, gefährlich und damit überwachungsintensiv:

- Schall- und Wärmeisolierungsarbeiten[189]
- Dachdeckerarbeiten[190]
- Verarbeitung neuartiger Baustoffe, Baukonstruktionen und vorgefertigter Bauteile[191]
- Dränagearbeiten und Abdichtung von Kellerwänden[192]
- Betonierungsarbeiten einschließlich der Bewehrung, (Stichproben beim Mischen des Betons zwingend erforderlich)[193]
- Abdichtungsarbeiten und Isolierung gegen Feuchtigkeit z. B. von Balkonen[194]

181 BGH, VersR 1966, 488.
182 BGH, WM 1969, 666.
183 OLG Braunschweig VersR 1974, 436.
184 OLG Köln, VersR 1981, 1191.
185 BGH, BauR 1971, 206.
186 BGH, BauR 1977, 428, 430.
187 BGH, BauR 1977, 428, 430.
188 BGH, BauR 1971, 205.
189 Werner/Pastor, Rn. 83.
190 OLG Düsseldorf, BauR 1998, 810.
191 BGH, BauR 1976, 66.
192 OLG Hamm, BauR 1995, 269; OLG München, BauR 1994, 145.
193 BGH, BauR 1974, 66.
194 BGH, NJW 1991, 563; OLG Hamm, BauR 1990, 638.

- Abbruch- und Unterfangungsarbeiten[195]
- Einbau von Türen im Bereich einer Betonaufkantung zum Schutz gegen überschießendes Wasser[196]

Eine intensive Überwachung schuldet der Architekt vor allem auch dann, wenn es zu Änderungen der Planung während der Bauausführung kommt. Der Architekt muss durch Bauausführungskontrollen sicherstellen, dass die geänderte Planung im Bauwerk umgesetzt wird[197] In der Regel ist es erforderlich, dass der Architekt hinsichtlich der Planungsänderung eine neue Detailzeichnung 1:50 anfertigt und dem Rohbauer übergibt[198]. Ist die Ausführungsplanung lückenhaft, besteht ebenfalls eine gesteigerte Überwachungspflicht[199]. Es kommt insoweit nicht darauf an, ob der Architekt, der mit der Objektüberwachung beauftragt ist, auch die Planungsleistungen erbracht hat, weil er in jedem Fall insbesondere die Ausführungsplanung im Rahmen der Objektüberwachung auf Vollständigkeit überprüfen und ihm dabei die Planungslücke auffallen muss. 112 *intensive Überwachung*

Ferner wird eine gesteigerte Überwachungspflicht bejaht, wenn die Ausführungsplanung nicht die sicherste Konstruktion vorsieht[200]. 113

Die Bauaufsicht des Architekten verschärft sich aber selbst bei handwerklichen Selbstverständlichkeiten, wenn der Architekt besondere Hinweise auf Risiken, auf erste Fehlleistungen des Unternehmers oder eine sonst wie bestehende Unzuverlässigkeit des Unternehmers erhält[201]. Andererseits braucht der Architekt bei an sich überwachungsintensiven Bauabschnitten dennoch nur stichprobenhaft zu überwachen, wenn besondere Umstände vorliegen: Ist dem Architekten beispielsweise der Unternehmer als sehr zuverlässig seit langem bekannt, darf er ihm in gewissem Umfange vertrauen[202]. 114 *erhöhte Überwachungspflicht bei Kenntnis der Unzuverlässigkeit des Unternehmers*

Eine erhöhte Überwachungspflicht besteht des Weiteren, wenn der Architekt erkennt, dass der Bauherr einen wenig sachkundigen Unternehmer mit der Ausführung beauftragt. Diese erhöhte Aufsichtspflicht entfällt auch nicht durch den bloßen Hinweis des Architekten an den Bauherrn, für die Arbeiten des Unternehmers könne keine Verantwortung übernommen werden. Der Architekt muss vielmehr durch verschärfte Kontrollen erreichen, dass auch von dem wenig 115

195 Werner/Pastor, Rn. 83.
196 OLG Hamm, NJW-RR 1992, 1049.
197 OLG Hamm, BauR 1993, 730.
198 OLG Hamm, BauR 1993, 730.
199 OLG Hamm, BauR 1997, 880.
200 OLG Hamm, BauR 1997, 880.
201 BGH, BauR 1971, 206; LG Köln, VersR 1981, 1191.
202 BGHZ 39, 261, 262.

sachkundigen Unternehmer die Arbeiten mangelfrei ausgeführt werden[203].

116 *Erhöhte Überwachungspflicht bei Eigenleistungen durch den Bauherrn, aber auch Kündigungsrecht*

Besonders problematisch sind vom Bauherrn in Eigenleistung ausgeführte Arbeiten oder Arbeiten, die der Bauherr durch nicht fachkundige Freunde, Verwandte usw. erbringen lässt. Hier bleibt nicht nur die Überwachungspflicht des Architekten grundsätzlich bestehen[204]; vielmehr muss er sogar die Überwachungsintensität erheblich steigern, also die Anzahl der Baustellenbesuche erhöhen, weil der Bauherr bzw. die von ihm eingesetzten Freunde, Verwandte nicht über die Kenntnisse und Erfahrungen eines Fachunternehmers verfügen und daher Mängel vorprogrammiert sind. Dem Architekten ist zu empfehlen, den Bauherrn auf die mit einer solchen Ausführung verbundenen Risiken hinzuweisen. Reagiert der Bauherr nicht, führt die Arbeiten also weiterhin in Eigenleistung aus bzw. lässt seine Freunde, Verwandten weiter auf der Baustelle Arbeiten erbringen, so ist dies ein wichtiger Grund zur Kündigung des Architektenvertrages[205]. Folge einer solchen Kündigung ist, dass dem Architekten die vereinbarte Vergütung unter Abzug ersparter Aufwendungen zusteht (vgl. dazu ausführlich Kapitel 8 Rn. 458 f.).

117 *Keine Überwachungspflicht bei Einsatz von Spezialisten*

Die Überwachungspflicht des Architekten endet grundsätzlich dann, wenn der Bauherr einen Spezialisten eingeschaltet hat, weil dem Architekten diese Spezialkenntnisse fehlen und er sie nicht zu haben braucht[206]. Gleiches gilt bei Einsatz von Sonderfachleuten. Beauftragt der Bauherr Sonderfachleute hinsichtlich konkreter, fachspezifischer Bereiche mit der Objektüberwachung, scheidet eine Haftung des Architekten in der Regel aus[207]. Ausnahmsweise bleibt die Haftung des Architekten aber bestehen, wenn er aus eigener Fachkunde eine mangelhafte Ausführung erkennen konnte, weil auch das grundsätzlich berechtigte Vertrauen in die Kompetenz des Spezialisten den Architekten nicht dazu verleiten darf, kritiklos die Augen vor Mängeln zu verschließen. Im Verhältnis zwischen Architekt und Wasser- und Raumlufttechniker hat das Oberlandesgericht Koblenz[208] hierzu Folgendes festgestellt:

> ➢ »Der Architekt darf nicht schon deshalb von der Planung einer von ihm als notwendig angesehenen Dampfbremse zwischen zwei Geschossen mit unterschiedlichen Klimazonen (Therapiebad mit Sauna und Operationssäle) absehen, weil der

203 BGH, BauR 1978, 60.
204 OLG Hamm, OLGR 1996, 206.
205 So zutreffend: Löffelmann/Fleischmann, Rn. 1476.
206 BGH, BauR 1976, 68.
207 BGH, DB 1970, 15 – für Statikerarbeiten –; BGH, BauR 1976, 138 – Heizungsarbeiten –; OLG Nürnberg, BauR 1990, 492 – Statiker –; vgl. zum Verhältnis Architekt/Sonderfachmann, Rn. 224 f.
208 OLG Koblenz, BauR 1997, 502.

Sonderfachmann für Wasser und Entlüftungstechnik ihm erklärt, wegen der von dem Operationsgeschoss unterhalb der abgehängten Deckenkonstruktion des Badegeschosses vorgesehenen Zwangsquerbelüftung könne auf die Dampfsperre verzichtet werden. Vielmehr muss er sich vergewissern, dass sich der durch die Dampfsperre mögliche Effekt in gleichem Umfang auch durch die »Entlüftungslösung« erreichen lässt, und sich hierzu vom Sonderfachmann eine diffusionstechnische Berechnung vorlegen lassen. Dann muss er zumindest pauschal prüfen, ob diese örtliche Situation, namentlich die hohe Dampfsperrwirkung des Fußbodenbelages im oberen Geschoss berücksichtigt, die im unteren Geschoss zu erwartende Wärme- und Feuchtigkeitsbelastung quantifiziert und belegt hat, dass durch die geplante Entlüftung ein ausreichender Anteil dieser Belastung eliminiert wird.«

Bei Einschaltung von Sonderfachleuten findet die Überwachungs- 118
pflicht des Architekten in jedem Fall aber eine Grenze dann, wenn dem Architekten definitiv die Fachkenntnisse fehlen, er über diese Fachkenntnisse auch nicht verfügen muss und der Architekt dem Bauherrn gerade deshalb auch die Einschaltung des Sonderfachmanns empfahl.

Ist der Architekt lediglich mit der künstlerischen Oberleitung beauf- 119
tragt, schuldet er nur die Überwachung dahingehend, dass die gestalterischen Vorgaben der Planung eingehalten werden[209], so dass auch nur diesbezüglich eine Haftung in Betracht kommt.

1.1.2.2.8 Unzureichende Kontrolle der Mängelbeseitigung

Hat der Architekt die Vollarchitektur in Auftrag, dann schuldet er 120
nicht nur im Rahmen der Objektüberwachung, sondern auch anlässlich der Objektbetreuung die Kontrolle der Mängelbeseitigung durch die Bauhandwerker.

Die Schnittstelle zwischen der Verpflichtung des Architekten zur 121
Mängelkontrolle aus der Objektüberwachung (Leistungsphase 8) und der Objektbetreuung (Leistungsphase 9) ist oft fließend. Sie ist aber festzustellen, wenn Mängel bei Nachbesserungsarbeiten auftreten, der Architekt aber nicht mehr mit der Objektbetreuung, also der Leistungsphase 9, beauftragt ist und deshalb einwendet, er sei zur Mängelkontrolle nicht mehr verpflichtet. Für die Frage, ob dieser Einwand des Architekten zutrifft oder nicht, kommt es auf die Abnahme an. Mängel, die nach der Abnahme erst zutage treten bzw. gerügt werden, gehören dem Gewährleistungsbereich an; die Mängelkontrol-

Überschneiden der Überwachungspflicht aus der Leistungsphase 8 und 9

209 Hesse/Korbion/Mantscheff/Vygen, § 15 HOAI, Rn. 166; Werner/Pastor, Rn. 1510.

le während der Dauer der Gewährleistung schuldet der Architekt nur bei Beautragung der Objektbetreuung (Leistungsphase 9). Stellt der Architekt dagegen bei der Abnahme Mängel fest, so gehört es zu seinen Leistungspflichten aus der Objektüberwachung (Leistungsphase 8), deren Nachbesserung anschließend zu kontrollieren. Dadurch, dass es für die Abgrenzung der Mängelkontrollpflicht aus der Leistungsphase 8 und der Leistungsphase 9 auf den Zeitpunkt der Abnahme ankommt, sind Überschneidungen der Mängelkontrollpflichten des Architekten aus der Objektüberwachung (Leistungsphase 8) und der Objektbetreuung (Leistungsphase 9) bei Einzelvergaben (im Gegensatz zur Vergabe an einen Generalunternehmer) stets gegeben. Hat beispielsweise der Rohbauunternehmer den Rohbau fertig gestellt, muss dieser vom Architekten abgenommen werden. Treten nach der Abnahme Mängel zutage, gehört die Mängelkontrolle durch den Architekten nicht mehr zu den Leistungspflichten aus der Leistungsphase 8, sondern zu Leistungspflichten aus der Leistungsphase 9, weil es sich um Gewährleistungsmängel handelt. Hat der Bauherr dem Architekten die Leistungsphase 9 nicht übertragen, muss er sich selbst um die Mängelkontrolle kümmern, weshalb jedem Bauherrn zu empfehlen ist, einem Architekten auch die Leistungsphase 9 mit in Auftrag zu geben, weil diese Grundleistung zur optimalen Lösung der Bauaufgabe im Allgemeinen erforderlich ist[210].

122 *verjährungsunterbrechende bzw. -hemmende Maßnahmen*

Vom Architekten geschuldeter Werkerfolg der Leistungsphase 9 ist das Entstehenlassen eines mangelfreien Bauwerks unter Wahrung der wirtschaftlichen Belange des Bauherrn[211]. Der Architekt ist verpflichtet, das Bauwerk auf sichtbar gewordene Mängel zu überprüfen. Ferner muss er technische Anlagen einer Funktionsprüfung unterziehen[212]. Die Leistungen sind vom Architekten vor Ort zu erbringen und zwar grundsätzlich kurz vor Ablauf der Gewährleistungsfristen. Der Architekt muss sicherstellen, dass der Bauherr noch genügend Zeit hat, verjährungsunterbrechende bzw. verjährungshemmende Maßnahmen (vgl. §§ 212, 203–209, 210, 211 BGB; §§ 639 Abs. 2, 202–208 BGB a. F.)[213] hinsichtlich eventueller Gewährleistungsansprüche einzuleiten. Der Architekt muss von sich aus die am Bau Beteiligten zur Nachbesserung auffordern[214], mehr aber auch nicht. Reagiert der für den Mangel verantwortliche Unternehmer nicht, ist es Sache des Bauherrn, geeignete gerichtliche Schritte, wie z. B. ein selbstständiges Beweisverfahren, einzuleiten. Der Architekt muss aber so rechtzeitig tätig werden, dass hierzu ausreichend Zeit verbleibt und in diesem

210 BR-Drucksache 270/76, S. 28.
211 Löffelmann/Fleischmann, Rn. 636.
212 Löffelmann/Fleischmann, Rn. 612.
213 Durch die Schuldrechtsreform ist der Begriff »Verjährungsunterbrechung« entfallen; das Gesetz kennt nur noch die Hemmung (§§ 203–209), die Ablaufhemmung (§§ 210, 211) und den Neubeginn der Verjährung (§ 212 BGB).
214 Locher/Koeble/Frik, § 15, Rn. 226.

Zusammenhang auch die Unterschiede zwischen einem VOB-Vertrag und einem Vertrag nach BGB kennen. Beim VOB-Vertrag führt allein schon dic schriftliche Mängelanzeige nach § 13 Nr. 5 Abs. 1 VOB/B zur Unterbrechung der Verjährung, während beim BGB-Bauvertrag die Unterbrechung der Verjährung nur durch Erhebung einer Klage oder Einleitung eines selbstständigen Beweisverfahrens zu erzielen ist. Reicht dazu die Zeit nicht aus, weil der Architekt erst kurz vor Ablauf der Gewährleistungsfrist Objektbegehungen durchführt, haftet er dem Bauherrn in Höhe der Mängelbeseitigungskosten nach § 635 BGB a. F., §§ 634 Nr. 4, 636, 280 BGB. Der Bauherr muss allerdings die Voraussetzungen dieses Schadensersatzanspruches im Einzelnen vortragen; das heißt, er muss dartun, dass bei pflichtgemäßer Objektbegehung der Mangel erkannt worden wäre und der Gewährleistungsanspruch gegen den Unternehmer hätte realisiert werden können[215]. Stets ist auch ein eventuelles Mitverschulden des Bauherrn zu prüfen. Hat der Bauherr etwa die rechtzeitige Begehung des Bauwerks durch den Architekten nicht ermöglicht, kann ein Schadensersatzanspruch gegen den Architekten ganz entfallen[216]. Gleiches gilt, wenn der Bauherr den Mangel bei vom Architekten versäumter Objektbegehung vor Ablauf der Gewährleistungsfrist auch selbst hätte erkennen können, weil er beispielsweise das Objekt selbst nutzt und der Mangel offensichtlich war[217].

Beratung des Bauherrn bei Verweigerung der Nachbesserung

Eine Haftung des Architekten kommt aber in Betracht, wenn er den Bauherrn nicht rechtzeitig darauf hinweist, dass der von ihm unter Fristsetzung zur Nachbesserung aufgeforderte Unternehmer nicht tätig wird; in einem solchen Fall muss der Architekt den Bauherrn auch hinsichtlich der weiteren Schritte beraten, dem Bauherrn also empfehlen, ein selbstständiges Beweisverfahren durchzuführen oder Klage zu erheben bzw. umgehend einen Rechtsanwalt zu konsultieren, damit dieser verjährungsunterbrechende (so die alte Terminologie) bzw. verjährungshemmende oder den Neubeginn der Verjährung bewirkende Maßnahmen einleitet. Stellt der Architekt Mängel fest, die tatsächlich nicht von dem in Anspruch genommenen Unternehmer zu vertreten sind oder die gar nicht vorliegen, kann er sich ebenfalls dem Bauherrn gegenüber für die Kosten, die hierdurch entstanden sind, Schadensersatzpflichtig machen; das gilt beispielsweise für die Kosten eines erfolglosen Prozesses[218]. 123

Haftungsrelevant ist auch die vom Architekten im Rahmen der Leistungsphase 9 geschuldete Freigabe von Sicherheitsleistungen. Empfiehlt der Architekt dem Bauherrn, einen Sicherheitseinbehalt auszuzahlen oder eine Bürgschaft freizugeben und entsteht dem Bauherrn hierdurch Schaden, weil dieser später wegen Vermögenslosigkeit oder 124

215 Löffelmann/Fleischmann, Rn. 659.
216 Hesse/Korbion/Mantscheff/Vygen, § 15 HOAI, Rn. 201.
217 Löffelmann/Fleischmann, Rn. 661.
218 BGH, BauR 1985, 232.

wegen zu Recht erhobener Einrede der Verjährung nicht mehr auf Schadensersatz in Anspruch genommen werden kann, haftet der Architekt[219].

125 *Anzahl der Objektbegehungen* Streitig ist häufig, wie viele Objektbegehungen der Architekt im Rahmen der Leistungsphase 9 schuldet. Von sich aus muss er zumindest eine Objektbegehung durchführen, bevor die jeweils maßgeblichen Verjährungsfristen für die einzelnen Gewerke ablaufen[220]. Häufig werden dem Architekten während der Gewährleistungsfrist aber mehrfach Beanstandungen vom Bauherrn mitgeteilt, welche sich jeweils auf neu entdeckte Mängel von Unternehmerleistungen beziehen. In solchen Fällen ist es vertragliche Verpflichtung des Architekten, diesen Beanstandungen durch die erforderlichen Objektbegehungen zur Mängelfeststellung ebenfalls nachzugehen. Dabei muss der Architekt falls erforderlich mehrmals, je nach Eingang von Beanstandungen des Bauherrn, zur Feststellung des Befundes das Objekt aufsuchen und die notwendigen Feststellungen in Bezug auf die erhobenen Mängelrügen treffen. Wie viele Objektbesichtigungen und welche zusätzlichen Aktivitäten geschuldet sind, ist dabei nur schwer zu beurteilen. Das hängt letztlich von der Zumutbarkeit im Einzelfall ab. Liegen so massive und so viele Mängel vor, dass der übliche Rahmen gesprengt wird, hat der Architekt grundsätzlich die Möglichkeit, mit dem Bauherrn eine zusätzliche Honorarvereinbarung wegen der Erschwernisse im Rahmen der Leistungsphase 9 zu treffen. Diese zusätzliche Honorarvereinbarung darf zu einer Überschreitung des Höchstsatzes führen; § 4 Abs. 3 HOAI gibt nämlich bei außergewöhnlichen Leistungen dazu die Möglichkeit. Verweigert der Bauherr die Vereinbarung zusätzlichen Honorars, hat der Architekt grundsätzlich die Möglichkeit der Vertragskündigung.

126 *Pflichten des Architekten bei Verkauf des Objektes vor Feststellung der Architektenleistungen* Verkauft der Bauherr vor Fertigstellung der Architektenleistungen aus der Leistungsphase 9 das Bauwerk an einen Dritten und tritt er dem Dritten im Kaufvertrag alle Ansprüche gegen die beteiligten Bauhandwerker, Statiker, Architekten und sonstige Unternehmer ab, umfasst diese Abtretung auch die Leistungsansprüche gegen den Architekten aus der Leistungsphase 9[221]. Die von dem Architekten geschuldeten Leistungen sind objektbezogen, so dass eine Abtretung nur dann unwirksam ist, wenn in dem Vertrag zwischen Bauherr und Architekt die Abtretung gem. § 399 BGB ausgeschlossen wurde. Das heißt, im Fall der Abtretung muss der Architekt seine Restleistungen aus der Leistungsphase nunmehr für den Erwerber erbringen. Sieht der Kaufvertrag zwischen Bauherr und Erwerber keine Abtretung vor, kommt es darauf an, ob der Bauherr nach dem Verkauf des Bauwerks gegenüber dem Architekten noch seine Mitwirkungspflichten

219 Hesse/Korbion/Mantscheff/Vygen, § 15 HOAI, Rn. 215.
220 Hesse/Korbion/Mantscheff/Vygen, § 15 HOAI, Rn. 196.
221 Löffelmann/Fleischmann, Rn. 623.

erfüllen kann, ob er also in der Lage ist, dem Architekten »das Bauwerk zur Verfügung zu stellen«. Kann er dies nicht, entfällt auch die Leistungspflicht des Architekten[222].

zulässige und erforderliche Rechtsberatung durch den Architekten

Im Rahmen der Objektüberwachung, also der Leistungsphase 8, schuldet der Architekt die Untersuchung der von den Unternehmen erbrachten Werkleistungen auf das Vorliegen von Mängeln, die Veranlassung zur Mängelbeseitigung und die Kontrolle der Mängelbeseitigung. In diesem Zusammenhang muss der Architekt auch rechtliche Fragestellungen beantworten, also rechtsberatend tätig werden[223]. Stellt er beispielsweise bei der Abnahme so erhebliche Mängel fest, dass nicht von einem »im Wesentlichen vertragsgemäß hergestellten Werk« auszugehen ist, muss er die Abnahme ablehnen. Sind wesentliche Mängel gegeben und lehnt der Architekt gleichwohl die Abnahme nicht ab, sondern führt sie durch, dann entsteht dem Bauherrn jedenfalls dadurch Schaden, dass die Schlusszahlung fällig wird, sobald der Unternehmer eine prüfbare Schlussrechnung vorlegt. Hierdurch kann der Bauherr Schaden z. B. in Form vorzeitig zu zahlender Zinsen erleiden. **127**

Aber auch wenn der Architekt zu Unrecht die Abnahme verweigert und dem Bauherrn rät, mangels Fälligkeit die Schlusszahlung nicht zu leisten, macht er sich Schadensersatzpflichtig. Der Bauherr kann in diesem Fall Schaden z. B. durch Kosten einer dann von ihm erhobenen Zahlungsklage erleiden. **128**

Wird die Abnahme verweigert oder hat sie noch nicht stattgefunden, ist der Architekt zwar verpflichtet, dem ausführenden Unternehmen gegenüber Mängel zu rügen; er braucht jedoch keine rechtsgestaltenden Erklärungen abzugeben, z. B. eine Nachfristsetzung mit Ablehnungsandrohung (vgl. § 634 BGB a. F.), Rücktritt (§§ 634 Nr. 3, 636 BGB) oder eine Kündigung[224]. Der Architekt muss den Bauherrn aber über die Möglichkeiten, die dieser bei Auftreten von Mängeln hat, beraten. Um dieser Beratungspflicht nachkommen zu können, muss der Architekt über gute Kenntnisse der VOB/B und des BGB verfügen. Er muss beispielsweise wissen, dass die Voraussetzungen bei einem BGB-Bauvertrag und einem VOB-Vertrag im Zusammenhang mit Ersatzvornahmen andere sind: Vor der Abnahme reicht es beim VOB/B-Vertrag – im Gegensatz zum BGB-Bauvertrag nach altem Recht – nicht aus, dem Unternehmer gegenüber Mängel zu rügen und ihm eine Nachbesserungsfrist mit Ablehnungsandrohung zu setzen. Vielmehr bedarf es beim VOB/B-Vertrag zusätzlich noch der Kündigung, bevor im Wege der Ersatzvornahme vorgegangen werden kann, vgl. § 4 Nr. 7 i. V. m. § 8 Nr. 3 VOB/B. Kommt der Architekt dieser Beratungspflicht nicht nach und kann der Bauherr deshalb seine Er- **129**

222 Hesse/Korbion/Mantscheff/Vygen, § 15 HOAI, Rn. 201.
223 Vgl. Rn. 257, 258, 345 f.
224 Locher/Koeble/Frik, § 15, Rn. 198 m. w. N.

satzvornahmekosten nicht beim Erstunternehmer ersetzt verlangen, haftet der Architekt in Höhe dieser Kosten oder aber in Höhe der Verzögerungskosten, wenn die förmlichen Voraussetzungen für die Ersatzvornahme erst später – z. B. durch vom Bauherrn eingeschaltete Architekten – geschaffen werden. Die Schuldrechtsreform hat insofern eine Änderung gebracht, als eine Fristsetzung mit Ablehnungsandrohung nicht mehr erforderlich ist, um die Rechte vor der Abnahme geltend machen zu können.

1.1.3 Rechte des Bauherrn

1.1.3.1 Beim Dienstvertrag

130 In dem Ausnahmefall, dass der Architektenvertrag als Dienstvertrag zu qualifizieren ist, haftet der Architekt nach den Grundsätzen der positiven Vertragsverletzung[225] (§§ 611, 325, 326 analog § 249 BGB a. F.); das Institut der positiven Vertragsverletzung ist nunmehr gesetzlich codiert, so dass sich für Dienstverträge, die nach dem 31.12.2001 geschlossen wurden, die Haftung des Architekten aus §§ 611, 280 f. BGB ergibt.

Bauherr trägt die Beweislast für unzureichende oder fehlerhafte Belehrung

131 Im Prozess muss der Bauherr beweisen, dass ihn der Architekt z. B. nicht ausreichend beraten hat, den Architekten also objektiv eine Pflichtverletzung trifft[226]. Das gilt auch dann, wenn die Pflichtverletzung in einer unterlassenen Aufklärung besteht[227].

132 Obwohl diese Beweislastverteilung den Bauherrn in eine schwierige Beweislage bringt, weil er eine negative Sache, die nicht ausreichende Belehrung, nachweisen muss, rechtfertigen selbst Billigkeitsgesichtspunkte kein Abweichen von dem allgemeinen Beweislastgrundsatz, dass jede Partei die ihr günstigen Voraussetzungen nachzuweisen hat. Das Vertrauensverhältnis zwischen Bauherr und Architekt würde über Gebühr belastet, wenn der Architekt im Hinblick auf mögliche Schadensersatzansprüche des Bauherrn stets bestrebt sein müsste, sich Beweisunterlagen über alle erteilten Hinweise zu verschaffen[228].

133 Die Schwierigkeit des negativen Beweises wird gemindert durch die Obliegenheit des Anspruchsgegners, das behauptete Belehrungsdefizit substantiiert zu bestreiten. Der Architekt kann sich nicht damit begnügen, die Pflichtverletzung in Abrede zu stellen oder allgemein zu behaupten, er habe den Bauherrn ausreichend unterrichtet[229]. Die

225 BGH, NJW 1957, 262.
226 BGH, BauR 1990, 99, 101.
227 BGH, NJW 1987, 1322 f. m. w. N.; auch vor allem zu den Anforderungen an die Substantiierung der Darstellung.
228 So zum Verhältnis Rechtsanwalt/Mandant: BGH, NJW 1985, 264.
229 BGH, BauR 1990, 99 ff.

Unrichtigkeit einer den genannten Anforderungen genügenden Gegendarstellung hat sodann der Bauherr zu beweisen[230].

134 Die rechtlichen Konsequenzen bei Kündigung eines Dienstvertrages unterscheiden sich vom Werkvertragsrecht (vgl. ausführlich Rn. 612 f.). Der Bauherr kann nach § 627 BGB kündigen; Honorar für noch nicht erbrachte Leistungen steht dem Architekten nicht zu, vielmehr kann er nach § 628 Abs. 1 BGB nur die erbrachten Leistungen vergütet verlangen.

1.1.3.2 Beim Werkvertrag

1.1.3.2.1 Vor der Abnahme und vor Realisierung des Mangels am Bauwerk

135 Wegen des werkvertraglichen Charakters des Architektenvertrages stellt die Abnahme eine ganz wesentliche Zäsur für die beiderseitigen Ansprüche dar.

136 *Abnahme ist nicht Fälligkeitsvoraussetzung*

Zwar ist die Abnahme infolge der von § 641 BGB abweichenden Regelung des § 8 HOAI nicht Fälligkeitsvoraussetzung für den Honoraranspruch[231]; zur Fälligkeit bedarf es lediglich der Abnahmefähigkeit.

137 Nach § 8 HOAI wird das Honorar des Architekten fällig, wenn die Leistungen vertragsgemäß erbracht sind und eine prüffähige Honorarschlussrechnung überreicht worden ist. Mit »vertragsgemäßer Leistungserbringung« ist die Abnahmefähigkeit des Architektenwerkes gemeint, nicht dagegen die Abnahme als Fälligkeitsvoraussetzung[232]. Die Abnahme als solches ist für die Fälligkeit des Honoraranspruchs entbehrlich. Im Honorarprozess braucht der Architekt lediglich vorzutragen, dass er die ihm übertragenen Leistungen erbracht, also seine vertraglichen Pflichten erfüllt hat.

138 Durch die Abnahme des Architektenwerkes endet jedoch das Erfüllungsstadium[233]. Zugleich erlischt der allgemeine Erfüllungsanspruch des Bauherrn; er konkretisiert und beschränkt sich auf die Gewährleistung. Die fünfjährige Verjährungsfrist des § 638 Abs. 1 S. 1 BGB a. F., § 634a Abs. 1 Nr. 2 BGB für Gewährleistungsansprüche aus dem Architektenvertrag beginnt mit der Abnahme zu laufen. Die Abnahme ist auch für die Beweislastverteilung von ganz entscheidender Bedeutung. Vor der Abnahme des Architektenwerks trägt der Architekt die Darlegungs- und Beweislast für die Mängelfreiheit. Wurde das Architektenwerk dagegen abgenommen, hat der Bauherr das Vorhan-

230 BGH, NJW 1987, 1322 f.
231 BGH, BauR 1986, 596 f.
232 BGH, BauR 1986, 596 f.; BGH, BauR 1991, 489.
233 Palandt-Sprau, § 640, Rn. 9.

densein eines Mangels und die Ursächlichkeit für den eingetretenen Schaden darzulegen und zu beweisen. Kommt es infolge einer Kündigung – gleich, ob der Bauherr oder der Architekt die Kündigung erklärt – nicht zu einer Abnahme der bisher erbrachten Leistungen, so ist es Aufgabe des Architekten, die Mängelfreiheit des Architektenwerkes zu beweisen[234].

139 *lückenhafte Planung* Eine Ausnahme gilt bei lückenhafter Planung. Ist im Fall der lückenhaften Planung das Architektenwerk abgenommen worden, findet eine Umkehr der Darlegungs- und Beweislast zugunsten des Bauherrn statt[235].

140 *Voraussetzungen für Anspruch auf Abnahme* Der Anspruch des Architekten gegen den Bauherrn auf Abnahme seines Architektenwerkes besteht erst, wenn der geschuldete Werkerfolg herbeigeführt worden ist[236]. Das ist regelmäßig der Fall, wenn die in Auftrag gegebenen Leistungen in qualitativer und quantitativer Hinsicht erbracht sind. Die Abnahme des Architektenwerkes ist von der des Bauwerkes zu unterscheiden: Das Architektenwerk betrifft eine geistige Leistung, das Bauwerk eine körperliche. Die Architektenleistung erschöpft sich nicht in der Planung und Überwachung der mangelfreien Bauwerkserstellung, sondern geht weit darüber hinaus. So schuldet – natürlich je nach Auftragsumfang – der Architekt auch die Rechnungsprüfung, Auflistung der Gewährleistungsfristen, Kostenfeststellung nach DIN 276 und – im Rahmen der Leistungsphase 9 – unter anderem die Mängelbegehung vor Ablauf der Gewährleistungsfristen der ausführenden Unternehmen und die Aufforderung an diese, evt. festgestellte Mängel nachzubessern. In der Konsequenz liegt damit in Fällen, in denen dem Architekten auch die Leistungsphase 9 (Objektbetreuung) in Auftrag gegeben wurde, ein im Ganzen abnahmefähiges Werk erst vor, wenn sämtliche Gewährleistungsfristen des Bauherrn gegenüber den ausführenden Unternehmen abgelaufen sind. Dieser Zeitraum kann sich naturgemäß dadurch noch verlängern, dass der Bauherr durch klageweise Geltendmachung der Gewährleistungsrechte die Gewährleistungsfristen gehemmt hat. Bei Beauftragung der Leistungsphase 9 kann es durchaus vorkommen, dass das Architektenwerk infolge Hemmung der Gewährleistungsfristen gegenüber dem Werkunternehmer zehn Jahre oder sogar mehr als zehn Jahre nach der Abnahme der Werkleistungen der ausführenden Firmen noch nicht abnahmefähig ist[237].

234 BGH, BauR 1997, 1060.
235 BGHZ 1961, 118; BGH, BauR 1974, 63; vgl. dazu ausführlich: Rn. 72 f.
236 BGH, NJW-RR 1987, 146; BGH, NJW 1983, 871.
237 Vgl. OLG Köln, BauR 1992, 803; BGH, BauR 1994, 394.

Als Abnahmeerklärung genügt die Äußerung des Bauherrn gegenüber dem Architekten z. B. in einer Schlussbesprechung, die geschuldeten Leistungen würden als vollständig und ordnungsgemäß ausgeführt und damit als Vertragserfüllung anerkannt[238]. Einer ungekürzten und vorbehaltlosen Zahlung des vom Architekten geforderten Resthonorars kommt der gleiche Erklärungswert zu [239]. **141**

ausdrückliche oder stillschweigende Abnahmeerklärung

Hingegen kann in der Benutzung des Bauwerks grundsätzlich nur dann die Abnahme des Architektenwerkes gesehen werden, wenn zu diesem Zeitpunkt alle geschuldeten Architektenleistungen wie Mitwirkung bei der Abnahme von Werkunternehmerleistungen, Rechnungsprüfung, Kostenfeststellung, Dokumentation der Mängel, Vorlage der Architektenschlussrechnung erbracht sind[240]. Ist dem Architekten auch die Leistungsphase 9 in Auftrag gegeben, scheidet eine Abnahme des Architektenwerks durch Inbenutzungnahme des Bauwerks also aus. **142**

Ausnahmsweise kann der Bauherr die fehlende Vollendung des Architektenwerks aus dem Gesichtspunkt von Treu und Glauben (§ 242 BGB) nicht mehr rügen und damit die Abnahme nicht in Abrede stellen, wenn er die Architektenleistungen nicht nur entgegengenommen hat und in das Haus eingezogen ist bzw. es den Nutzern übergeben hat, sondern darüber hinaus weder die fehlende Vollendung des Architektenwerks beanstandete, noch Mängel rügte. **143**

die Bedeutung von Treu und Glauben im Zusammenhang mit der Abnahme

Der Architekt hat nur dann einen Anspruch auf Teilabnahme seines Architektenwerks, wenn dies ausdrücklich vereinbart wurde[241]. Ist dem Architekten die so genannte Vollarchitektur in Auftrag gegeben worden, also auch die Leistungsphase 9, beginnt die Gewährleistungsfrist nach § 638 BGB a. F., § 634a Abs. 2 BGB erst nach Fertigstellung aller in Auftrag gegebenen Leistungen der Objektbetreuung zu laufen. **144**

Da die Objektbetreuung wiederum frühestens nach Ablauf der Gewährleistungsfristen der ausführenden Unternehmen abgeschlossen ist und dies z. B. bei einem Organisationsverschulden des Unternehmers erst 30 Jahre nach Abnahme der Leistungen des Werkunternehmers der Fall ist[242], muss dem Architekten dringend empfohlen werden, Teilabnahmen zu vereinbaren und zwar zweckmäßigerweise nach Abschluss der Leistungsphase 4 (Erhalt der Baugenehmigung) und nach Abschluss der Leistungsphase 8 (Ingebrauchnahme des Bauwerks). **145**

Vereinbarung von Teilabnahmen nur bei individueller Vereinbarung

238 BGH, BauR 1979, 77.
239 BGH, BauR 1979, 77; Jagenburg, BauR 1980, 406 f.
240 BGH, NJW 1964, 647.
241 BGH, BauR 1994, 394; a. A.: Jagenburg, BauR 1980, 408, der dem Architekten generell nach Abschluss der Leistungsphase 8 einen Anspruch auf Teilabnahme einräumen will.
242 Vgl. dazu näher Rn. 297 f.

146 Eine formularmäßige Regelung der Teilabnahme beim Architektenvertrag[243] ist indes AGB-widrig, weil dies auf eine erwünschte Verkürzung der Gewährleistungsfrist hinausläuft. Die Verkürzung der Gewährleistungsfrist ist nach § 11 Nr. 10 f. AGBG a. F., § 309 Nr. 8 b ff. BGB) unzulässig.

147 Die Vereinbarung der Teilabnahme kann daher nur im Wege einer Individualvereinbarung erfolgen[244].

1.1.3.2.1.1 Erfüllungsanspruch

148 Hat der Bauherr die Architektenleistung noch nicht abgenommen und hat sich der Mangel der Architektenleistung auch noch nicht im Bauwerk realisiert, steht dem Bauherrn primär ein Anspruch gegen den Architekten auf Erfüllung des Vertrages zu. Nach § 633 Abs. 1 BGB a. F. ist der Architekt verpflichtet, das Werk so herzustellen, dass es die zugesicherten Eigenschaften hat und nicht mit Fehlern behaftet ist, die den Wert oder die Tauglichkeit zu dem gewöhnlichen oder dem nach dem Vertrag vorausgesetzten Gebrauch aufheben oder mindern.

149 Durch das Gesetz zur Modernisierung des Schuldrechts wurde § 633 BGB neu gefasst. Nach Abs. 1 der Vorschrift hat der Unternehmer dem Besteller das Werk frei von Sach- und Rechtsmängeln zu verschaffen. Was unter einem Sachmangel zu verstehen ist, definiert Abs. 2 der Vorschrift. Danach ist das Werk frei von Mängeln, wenn es die vereinbarte Beschaffenheit hat. Maßgeblich sind – wie bisher auch – relevante Abweichungen der Ist-Beschaffenheit des Werkes von der vereinbarten Sollbeschaffenheit[245].

1.1.3.2.1.2 Schadensersatz wegen Nichterfüllung bzw. wegen Unmöglichkeit

150 Erfüllt der Architekt nicht, so kann der Bauherr ihm (nach altem Recht) eine Frist zur Erfüllung setzen; verstreicht diese Frist, bedarf es einer zweiten Fristsetzung diesmal mit Ablehnungsandrohung. Nach Ablauf dieser zweiten Frist kann der Bauherr nach § 326 BGB a. F. Schadensersatz wegen Nichterfüllung fordern. Liegt ein Fall der Unmöglichkeit vor, die vom Architekten zu vertreten ist, so greift § 325 BGB a. F.

243 Z. B. § 7.5 des Einheits-Architektenvertrages 1994, abgedruckt in: DAB 1994, 1635; zwischenzeitlich von der Bundesarchitektenkammer allerdings zurückgezogen.

244 BGH, BauR 1994, 392; ebenso: Werner/Pastor, Rn. 2400; a. A.: Löffelmann, BauR 1994, 563, 568.

245 Vgl. ausführlich zum Mangelbegriff nach neuem Recht:, Rn. 5; zum Schadensersatzanspruch wegen Nichterfüllung bzw. zum Schadensersatzanspruch statt der Leistung vgl. auch Rn. 185 f., 368 f.

Für Verträge, die nach dem 31.12.2001 geschlossen wurden, richtet sich der Anspruch auf Schadensersatz wegen Nichterfüllung nach §§ 280, 281 Abs. 1 BGB. Danach ist eine Fristsetzung mit Ablehnungsandrohung nicht mehr erforderlich; es genügt, dem Architekten eine angemessene Frist zur Leistung oder Nacherfüllung zu setzen. Verstreicht die Frist fruchtlos, kann der Bauherr nach § 281 Abs. 1 BGB unter den Voraussetzungen des § 280 Abs. 1 BGB Schadensersatz statt der Leistungen verlangen. Für die nach § 280 BGB erforderliche Pflichtverletzung ist es gleichgültig, ob die Leistungen in zeitlicher oder qualitativer Hinsicht Defizite aufweist oder ob sie ganz oder teilweise auf Dauer ausbleibt[246]. Maßgeblich ist stattdessen, dass der Architekt mit seiner Leistung in irgendeiner Form hinter dem Pflichtenprogramm des Schuldverhältnisses zurückbleibt und er dies zu vertreten hat. 151

Im Fall der Unmöglichkeit findet § 275 BGB Anwendung. 152

Nach Abs. 1 der Vorschrift ist der Anspruch auf Leistung ausgeschlossen, soweit diese für den Architekten oder jedermann unmöglich ist. Nach Abs. 2 der Vorschrift kann der Architekt die Leistung ferner verweigern, soweit diese einen Aufwand erfordert, der unter Beachtung des Inhalts des Schuldverhältnisses und der Gebote von Treu und Glauben in einem groben Missverhältnis zu dem Leistungsinteresse des Bauherrn steht. Insoweit ist bei der Bestimmung der dem Architekten zuzumutenden Anstrengungen auch zu berücksichtigen, ob der Architekt das Leistungshindernis zu vertreten hat. Nach Abs. 3 der Vorschrift kann der Architekt außerdem die Leistung verweigern, wenn er die Leistung persönlich zu erbringen hat und sie ihm unter Abwägung des seiner Leistung entgegenstehenden Hindernisses mit dem Leistungsinteresse des Bauherrn nicht zugemutet werden kann.

Nach der Neuregelung der Unmöglichkeit ist damit die Unterscheidung, ob der Erbringung der Bauleistung bereits vor Vertragsabschluss ein Leistungshindernis aus tatsächlichen oder rechtlichen Gründen entgegenstand oder ob dies nach Vertragsabschluss der Fall war, entbehrlich. Unerheblich ist ferner die Unterscheidung zwischen objektiver oder subjektiver Unmöglichkeit, ob also die Bauleistung überhaupt nicht, das heißt also von niemandem mehr erbracht werden kann, oder aber nur vom Architekten nicht[247]. Die Rechtsfolgen der Unmöglichkeit ergeben sich gem. § 275 Abs. 4 BGB aus den §§ 280, 283–285, 311a und 326 BGB. Danach kann der Bauherr in dem Fall, dass der Architekt die Unmöglichkeit zu vertreten hat, nach §§ 280 Abs. 1 S. 1, 283 BGB Schadensersatz geltend machen, während der Architekt nach § 275 Abs. 1 BGB von seiner Leistungspflicht frei wird. Hat der Architekt dagegen die Unmöglichkeit nicht zu vertre- 153

246 BT-Drucksache 14/6040, S. 134.
247 BT-Drucksache 14/6040, S. 128; Boldt, Rn. 376.

ten (vgl. § 280 Abs. 2 S. 2 BGB), scheidet ein Schadensersatzanspruch des Bauherrn aus.

154 Als Ersatz der bisherigen Bestimmungen der §§ 306 f. BGB a. F. regelt § 311a BGB, dass auch bei anfänglicher Unmöglichkeit der Vertrag wirksam bleibt und der Bauherr das positive Interesse verlangen kann, wenn der Architekt das anfängliche Leistungshindernis kannte oder hätte kennen müssen. Kannte der Architekt das Leistungshindernis dagegen nicht und konnte er es auch nicht kennen, bleibt der Vertrag wirksam mit der Folge, dass der Bauherr das vereinbarte Honorar zahlen muss, der Architekt aber von der Leistung frei ist.

1.1.3.2.1.3 Nachbesserungsanspruch, Nacherfüllung, Selbstvornahme und Kostenvorschuss, Wandelung, Rücktritt, Minderung, Schadensersatz

155 Nach altem Recht kann der Bauherr neben dem Erfüllungsanspruch und dem Anspruch auf Schadensersatz wegen Nichterfüllung trotz fehlender Abnahme aber auch nach § 634 BGB a. F. vorgehen und dem Architekten zur Beseitigung des Mangels eine angemessene Frist setzen verbunden mit der Erklärung, dass er die Beseitigung des Mangels nach Ablauf der Frist ablehne. § 326 BGB a. F. und § 634 BGB a. F. sind nebeneinander anwendbar[248].

156 Auch nach neuem Recht stehen dem Bauherrn vor der Abnahme neben dem Anspruch auf Erfüllung (§ 633 Abs. 1 BGB) grundsätzlich die Rechte nach §§ 634, 635, 636, 637, 638 BGB zu.

1.1.3.2.1.3.1 Nachbesserung/Nacherfüllung

157 *Frist mit Ablehnungsandrohung*

Ist die Nachbesserung noch möglich, weil der Unternehmer noch nicht mit der Bauausführung begonnen hat, kann der Bauherr vom Architekten die Nachbesserung der Planung (§ 633 BGB a. F.) bzw. die Nacherfüllung (§ 635 BGB) verlangen. Kommt der Architekt dieser Forderung zur Nachbesserung bzw. Nacherfüllung nicht nach, muss der Bauherr dem Architekten eine angemessene Frist zur Nachbesserung setzen nach § 634 Abs. 1 BGB a. F. verbunden mit der Erklärung, dass er nach Ablauf der Frist die Mängelbeseitigung ablehne.

158 *keine Nachbesserung des Architektenwerkes bei Realisierung des Mangels im Bauwerk*

Eine Ablehnungsandrohung ist nach neuem Recht nicht mehr erforderlich, Es genügt eine angemessene Fristsetzung zur Nacherfüllung. Der Anspruch auf Nacherfüllung ist primäres Bestellerrecht. Ist die Nachbesserung noch möglich, kann der Bauherr nur dann die weiteren Rechte nach § 634 Nr. 2, 3, 4 BGB – also Selbstvornahme und Kostenvorschuss, Schadensersatz, Minderung und Rücktritt – geltend machen, wenn die Frist zur Nacherfüllung fruchtlos verstrichen ist.

---

248 BGH, NJW 1997, 50.

Etwas anderes gilt ausnahmsweise dann, wenn der Architekt nach §§ 635 Abs. 3, 275 Abs. 2 und 3 BGB die Nacherfüllung verweigern kann, weil die

- die Nachbesserung objektiv und subjektiv unmöglich ist (§ 275 Abs. 1 BGB)[249]
- die Nacherfüllung faktisch unmöglich ist (§ 275 Abs. 2 BGB)
- die Nacherfüllung für den Architekten unzumutbar ist (§ 275 Abs. 3 BGB)
- die Nacherfüllung nur mit unverhältnismäßigen Kosten möglich ist (§ 635 Abs. 3 BGB).
- dem Bauherrn die Nachbesserung bzw. Nacherfüllung nicht zumutbar ist (§ 282 BGB).[250] Dies ist der Fall, wenn grundlegende Änderungen notwendig werden, die praktisch eine andere Planung zur Folge haben.

Trotz der vom Gesetzgeber erstrebten Angleichung von Kaufrecht und Werkvertragsrecht gibt es doch einen nennenswerten Unterschied. Entgegen § 439 Abs. 1 BGB kann der Unternehmer – also auch der Architekt – die Nacherfüllung nach seiner Wahl auch in der Weise durchführen, dass er ein neues Werk, neue Pläne herstellt (vgl. § 639 Abs. 1 BGB). Entscheidet sich der Architekt für die Neuerstellung, muss er – wie auch nach altem Recht – sämtliche Aufwendungen tragen, die zum Zweck der Nacherfüllung erforderlich sind (§ 635 Abs. 2 BGB). **159** *Nacherfüllung durch Neuerstellung der Planung*

Nach der Rechtsprechung des BGH[251] haftet der Architekt als »geistiger Unternehmer« nicht für alle Mängel des Bauwerks; er schuldet das Bauwerk nicht als körperliche Sache. Das Bauwerk ist von dem geistigen Architektenwerk begrifflich zu trennen[252]. Der Architekt kann daher nicht verpflichtet werden, Mängel des Bauwerks körperlich zu beseitigen; seine Nachbesserungspflicht bezieht sich ausschließlich auf die geistige Leistung, also auf das Architektenwerk. Wurde das Architektenwerk bereits verwirklicht, das Bauwerk also errichtet, lassen sich Mängel der Architektenplanung nicht mehr beheben, weshalb in diesem Fall kein Nachbesserungsanspruch des Bauherrn besteht[253]. Eine Nachbesserung bzw. Nacherfüllung kommt **160**

249 § 275 Abs. 1 BGB ist zwar in § 635 Abs. 3 BGB nicht ausdrücklich erwähnt; indes muß rechtslogisch auch diese Bestimmung unter § 635 Abs. 3 BGB fallen.
250 OLG München, BauR 1992, 534; OLG Düsseldorf, BauR 1986, 469.
251 BGHZ 31, 224, 227; BGH, NJW 1960, 431.
252 BGH, NJW 1962, 360.
253 BGHZ 42, 16, 18; BGHZ 48, 257, 261 ff.; BGH, BauR 1996, 735, 737; OLG Düsseldorf, BauR 1998, 582 f.; OLG Düsseldorf, OLGR 1998, 236 f.

nur solange in Betracht, als der Bauherr noch nicht nach der fehlerhaften Planung gebaut hat, eine mangelfreie Planung also noch nachholbar ist.

161 *Selbstnachbesserung* Teilweise[254] wird die Auffassung vertreten, der Architekt könne im Einzelfall verpflichtet sein, durch eine Änderung seiner Pläne die Voraussetzung für eine erfolgreiche Nachbesserung durch den Unternehmer zu schaffen. Bleibt der Architekt untätig, sei der Bauherr berechtigt, im Wege der Ersatzvornahme die Nachbesserung selbst durchzuführen und zwar auf Kosten des Architekten.

1.1.3.2.1.3.2 Selbstvornahme und Kostenvorschuss

162 Ist die Nacherfüllung überhaupt noch möglich, d. h., hat sich der Mangel des Architektenwerks noch nicht im Bauwerk verwirklicht, kann der Bauherr (erst) nach fruchtlosem Ablauf der Nacherfüllungsfrist den Mangel nach § 637 Abs. 1 BGB selbst beseitigen und Ersatz der erforderlichen Aufwendungen – auch im Wege des Vorschusses – verlangen. Nach Auffassung des Gesetzgebers[255] braucht der Bauherr nicht einmal eine gesetzte Nacherfüllungsfrist vollständig abzuwarten, wenn fest steht, dass der Architekt in der verbleibenden Frist die gebotene Nacherfüllung nicht mehr erbringen kann. Denn auch in diesem Fall liegt ein Fehlschlagen der Nacherfüllung im Sinne des § 637 Abs. 2 S. 2 BGB vor.

163 Eine Nacherfüllungsfrist braucht der Bauherr dem Architekten zudem nicht einzuräumen, wenn

- der Architekt die Leistung ernsthaft und endgültig verweigert (§§ 637 Abs. 2, 323 Abs. 2 Nr. 1 BGB)
- zwischen Bauherr und Architekt ein Fixgeschäft zustande gekommen ist und der Architekt die Leistung nicht innerhalb des Fixtermins erbringt (§§ 637 Abs. 2, 323 Abs. 2 Nr. 2 BGB)
- besondere Umstände vorliegen (§§ 637 Abs. 2, 323 Nr. 3 BGB)
- die Nacherfüllung fehlgeschlagen ist (§ 637 Abs. 2 S. 2 1. Halbs. BGB)
- die Nacherfüllung für den Besteller unzumutbar ist (§ 637 Abs. 2 S. 2, 2. Halbs. BGB).

164 Ausgeschlossen ist das Selbstvornahmerecht des Bauherrn, wenn der Architekt die Nacherfüllung gem. §§ 635 Abs. 2 , 275 Abs. 1, Abs. 2

254 So Werner/Pastor, Rn. 1641 m. w. N.
255 BT-Drucksache, 14/6857, S. 37 und S. 68.

und Abs. 3 BGB zu Recht verweigert (zu den Einzelheiten vgl. Rn. 157 f.).

1.1.3.2.1.3.3 Wandelung

In der Baupraxis hat die Möglichkeit der Wandelung nur geringe Bedeutung gehabt, weil es in aller Regel nicht möglich ist, die erbrachten Architektenleistungen zurückzugewähren[256]. 165

Die Wandelung bewirkt, dass sich Architekt und Bauherr Zug-um-Zug zurückgewähren müssten, was sie sich zur Vertragserfüllung gegenseitig gegeben haben (§§ 634 Abs. 4, 464, 346 f. BGB a. F.). Hinsichtlich der dem Bauherrn überlassenen Pläne, Entwürfe, Zeichnungen etc. und wegen des Honorars, das der Architekt erhalten hat, ist das natürlich durchaus denkbar. Die stets mit Architektenleistungen verbundenen Beratungen, Vorverhandlungen mit der Behörde, Vergabearbeiten, die Objektüberwachung etc. kann der Bauherr dagegen nicht zurückgewähren. Insoweit muss ein Wertausgleich in der Weise erfolgen, dass der Bauherr die geleistete mangelhafte Architektentätigkeit anteilig honoriert, das heißt, der Architekt hat das erhaltene Honorar nur insoweit zurückzuerstatten, als es die ihm anteilig zustehende Vergütung übersteigt[257]. 166

Im Ergebnis führt die Wandelung also zum gleichen wirtschaftlichen Erfolg wie die Minderung[258]. 167

Die Wandelungsklage ist ausgeschlossen, wenn der Baumangel den Wert oder die Tauglichkeit des Bauwerks nur unerheblich mindert (§ 634 Abs. 3 BGB a. F.). Für die Unerheblichkeit ist der Architekt beweispflichtig[259]. Das OLG Koblenz ist der Auffassung, wegen der tatsächlichen Schwierigkeiten in Bezug auf die Wandelung sei regelmäßig davon auszugehen, dass die Wandelungsklage bei Bauverträgen stillschweigend zwischen den Parteien ausgeschlossen sei[260]. 168

256 Zur Wandelung eines Vertrages über die Lieferung und Anbringung einer Leuchtreklame: OLG Hamm, BauR 1995, 42; zur Wandelung eines Kaufvertrages über Innentüren: OLG Düsseldorf NJW-RR 1998, 1038; zur Wandelung eines Bauträgervertrages wegen mangelhaften Schallschutzes: LG Tübingen, Schäfer/Finnern/Hochstein, Nr. 6 zu § 634 BGB; zur Wandelung eines Werkvertrages über eine Hoftoranlage: OLG Koblenz, NJW-RR 1989, 336.

257 Vgl. OLG Düsseldorf, Der Architekt 1967, 276.

258 Werner/Pastor, Rn. 1660 m. w. N.

259 Schmalzl, Rn. 38; Werner/Pastor, Rn. 1663.

260 OLG Koblenz, NJW 1972, 741; OLG Koblenz, NJW-RR 1998, 1031 – dogmatisch läßt sich das in keiner Weise nachvollziehen, daher a. A.: Werner/Pastor, Rn. 1663; Coller, BB 1974, 2385.

169 Das Schuldrechtsänderungsgesetz hat den Anspruch auf Wandelung (§ 634 BGB a. F.) ersetzt durch das Gestaltungsrecht des Rücktritts (§ 636 BGB).

1.1.3.2.1.3.4 Rücktritt

170 Den Begriff der »Wandelung« gibt es nach neuem BGB nicht mehr. Alle Wandelungstatbestände sind unter das Rücktrittsrecht gefallen. Nach §§ 634 Nr. 3, 636 BGB kommt der Rücktritt vom Vertrag in Betracht bei

- nicht oder nicht vertragsgemäß erbrachten Leistungen, also in Fällen der Schlechtleistung wegen Mangelhaftigkeit oder wegen verspäteter Leistung (§ 323 Abs. 1 BGB)
- in Fällen der Unmöglichkeit (§ 326 Abs. 5 BGB)
- in Fällen einer Pflichtverletzung nach §§ 324, 241 Abs. 2 BGB, wenn dem Bauherrn das Festhalten an Vertrag nicht zumutbar ist.

171 Voraussetzung für den Rücktritt nach § 636 BGB ist nur der Ablauf der dem Architekten vom Bauherrn gesetzten Frist zur Nacherfüllung. Einer Ablehnungsandrohung bedarf es – anders als nach altem Recht – nicht mehr. Verabsäumt der Bauherr, dem Architekten eine Frist zur Nacherfüllung zu setzen, scheidet der Rücktritt vom Vertrag grundsätzlich aus.

172 Eine Fristsetzung zur Nacherfüllung ist aber in folgenden Ausnahmefällen entbehrlich:

- Der Architekt verweigert die Leistung ernsthaft und endgültig (§§ 636, 281 Abs. 2, 323 Abs. 2 Nr. 1 BGB).
- Die besonderen Umstände für einen sofortigen Rücktritt liegen vor (§§ 636, 281 Abs. 2, 323 Abs. 2 Nr. 3 BGB).
- Zwischen den Parteien ist ein Fixgeschäft zustande gekommen und der Architekt hält den Fixtermin nicht ein (§§ 636, 323 Abs. 2 Nr. 2 BGB).
- Der Architekt verweigert die Nacherfüllung gem. § 635 Abs. 3 BGB wegen objektiver, subjektiver, faktischer Unmöglichkeit bzw. Unzumutbarkeit (§§ 636, 635 Abs. 3, 275 Abs. 2 und 3 BGB).
- Die Nacherfüllung ist nur mit unverhältnismäßigen Kosten möglich und wird deshalb vom Unternehmer verweigert (§§ 636, 635 Abs. 3 BGB).
- Die Nacherfüllung ist fehlgeschlagen (§ 636 BGB).

- Die Nacherfüllung ist für den Bauherrn unzumutbar (§ 636 BGB).

Ein Rücktritt vom Vertrag scheidet aber stets aus, wenn die vom Architekten noch nicht oder mangelhaft erbrachte Leistung i. S. v. § 323 Abs. 5 S. 2 BGB unerheblich ist. Ferner scheidet ein Rücktritt vom Vertrag aus, wenn der Bauherr für den Umstand, der ihn zum Rücktritt berechtigen würde, allein oder weit überwiegend verantwortlich ist (§ 323 Abs. 6 BGB). 173

die Erklärung des Rücktritts ist endgültig

Entscheidet sich der Bauherr für den Rücktritt, so ist er wie nach bisherigem Recht gebunden, kann also nicht mehr Nacherfüllung, Minderung geltend machen[261]. Erklärt der Bauherr den Rücktritt, stellt sich später aber heraus, dass er nicht zum Rücktritt berechtigt war, z. B. weil nur ein unerheblicher Mangel bzw. eine nur unerhebliche Restleistung nicht erfüllt war (§ 323 Abs. 5 BGB) oder ihm im Fall des § 324 BGB das Festhalten am Vertrag zumutbar war, ist die Rücktrittserklärung als freie Kündigung aufzufassen[262]. 174

Die Rechtswirkungen eines Rücktritts sind in den § 323 Abs. 5 S. 1 BGB und in §§ 346, 347 BGB geregelt. Von Bedeutung ist hier vor allem § 323 Abs. 5 S. 1 BGB. Die Vorschrift bestimmt, dass bei vom Schuldner bereits bewirkten Teilleistungen der Gläubiger nur dann vom ganzen Vertrag zurücktreten kann, wenn er an den Teilleistungen kein Interesse hat. Damit entsprechen die Rechtsfolgen des Rücktritts denen einer Kündigung aus wichtigem Grund[263]. Dazu ein Beispiel: Erklärt ein Bauherr den Rücktritt vom Architektenvertrag, weil der Architekt beispielsweise eine vereinbarte Frist zur Einreichung des Bauantrages nicht einhalten konnte, hat der Architekt aber zum Zeitpunkt der Rücktrittserklärung bereits die Genehmigungsplanung fertig gestellt, so ist der Bauherr grundsätzlich verpflichtet, ihm die erbrachten Leistungen zu bezahlen. Etwas anderes gilt ausnahmsweise nur dann, wenn der Bauherr geltend machen kann, die Planung sei für ihn nicht mehr brauchbar. Das wird der Bauherr aber jedenfalls dann nicht einwenden können, wenn die Planung genehmigungsfähig ist. 175

1.1.3.2.1.3.5 Minderung

Die Minderung führt zum Verlust oder zur Kürzung des Architektenhonorars nach §§ 634 Abs. 4, 472 BGB a. F., §§ 638, 634 Nr. 3 2. Halbs., 472 BGB. Für die Höhe des Minderungsanspruchs sind nach 176

261 Palandt-Heinrichs, § 349 BGB, Rn. 1.
262 Zu den Rechtsfolgen einer vom Bauherrn zu vertretenden freien Kündigung nach § 649 S. 2 BGB vgl. Rn. 561 f.
263 Vgl. ausführlich, Rn. 590 f.

der Auffassung des BGH[264] zu §§ 634 Abs. 4, 472 BGB a. F. maßgeblich

- die Nachbesserungskosten
- zzgl. einer Verkehrswertminderung und eines ggfs. verbleibenden technischen Minderwerts.

177 Das gilt auch für das neu strukturierte Minderungsrecht nach § 638 BGB, das nur in 3 Punkten von § 634 Abs. 4 BGB a. F. abweicht:

- Voraussetzung für die eine Minderung ist eine (bloße) Fristsetzung zur Nacherfüllung.
- Die Minderungserklärung ist eine einseitig empfangsbedürftige Willenserklärung; sie bedarf nicht mehr der Zustimmung des anderen.
- Wegen § 633 Abs. 1 BGB ist die Minderung auch bei Rechtsmängeln möglich.

178 *Kriterien zur Ermittlung der Wertminderung*

Zu berücksichtigen ist allerdings, dass es hier um die Minderung des Architektenhonorars vor Abnahme und vor der Realisierung des Mangels im Bauwerk geht. Daher kann eine eventuelle Wertminderung des Bauwerks nicht Maßstab für eine Minderung des Architektenhonorars sein. Gegenüberzustellen ist vielmehr allein der Wert des mangelfreien Architektenwerkes und der Wert des mangelhaften. Falls das Architektenwerk nachbesserungsfähig ist, ermittelt sich die Höhe der Minderung z. B. aus den Kosten der Nachbesserung des Architektenwerkes. Lässt sich das Architektenwerk nicht nachbessern, weil die Nachbesserung auf eine Neuplanung hinausliefe, so ist es gerechtfertigt, das Architektenhonorar auf null zu kürzen[265], weil das Architektenwerk in diesem Fall für den Bauherrn wertlos ist.

179 Die Kosten der Mängelbeseitigung sollen ausnahmsweise unberücksichtigt bleiben, wenn die Nachbesserung wegen Unverhältnismäßigkeit der Kosten von dem Architekten verweigert werden kann[266]. In diesem Fall ist der Minderwert auf andere geeignete Weise zu berechnen[267]. Andererseits folgt jetzt aus § 638 Abs. 1 S. 2 BGB, dass auch wegen unerheblicher Mängel gemindert werden kann.

264 BGH, BauR 1972, 242; BGH, NJW-RR 1997, 688; vgl. auch OLG Düsseldorf, BauR 1996, 126, 128.

265 BGH, NJW 1965, 152; OLG Köln, NJW-RR 1993, 666; OLG Nürnberg, IBR 1998, 334.

266 OLG Celle, BauR 1998, 401 f.

267 OLG Celle, BauR 1998, 401 – Berechnung aufgrund Nutzwertanalyse.

Der Bauherr kann den Umfang seines Minderungsanspruches häufig nur schätzen[268]. Das Gericht kann ebenfalls nach § 287 ZPO schätzen[269]. Das sieht § 638 Abs. 3, S. 2 BGB jetzt ausdrücklich vor. 180

Bei der Minderung kommt es – im Gegensatz zum Schadensersatzanspruch nach § 635 BGB a. F., §§ 634 Nr. 4, 636, 280 f. BGB – nicht auf ein Verschulden des Architekten an[270]. 181

182 *Abtretung*

Der Bauherr kann den Anspruch auf Minderung an einen Dritten abtreten[271]. Sowieso-Kosten und die Grundsätze der Vorteilsausgleichung sind zu berücksichtigen[272].

183 *Voraussetzung für Minderung: Fristsetzung mit Ablehnungsandrohung*

Die Minderung setzt voraus, dass der Bauherr die Voraussetzungen des § 634 Abs. 1 BGB a. F., §§ 638 Abs. 1, 636, 323, 326 Abs. 4 BGB einhält. Der Bauherr ist darlegungs- und beweispflichtig für das Vorliegen eines Ausnahmefalles nach § 634 Abs. 2 BGB a. F., §§ 636, 323 Abs. 2 BGB, also die Entbehrlichkeit einer Fristsetzung mit Ablehnungsandrohung nach altem Recht und einer bloßen Fristsetzung zur Nacherfüllung nach neuem Recht. Das gilt grundsätzlich auch bei Überschreitung eines vom Bauherrn vorgegebenen Kostenlimits[273]. Allerdings kommt es in einem solchen Fall entscheidend darauf an, ob der Architekt aufzeigen kann, dass dem Bauherrn eine Nachbesserung beispielsweise durch Reduzierung der Wohnflächen zumutbar gewesen wäre. Behauptet der Bauherr, eine Nachbesserung der Planung sei nicht mehr möglich gewesen, trägt er hierfür die Darlegungs- und Beweislast[274].

In der Praxis von großer Bedeutung ist die Frage, ob der Bauherr das Architektenhonorar mindern kann, wenn der Architekt Leistungen nicht erbracht hat. Um die Frage beantworten zu können, muss zunächst geklärt werden, ob die fehlende Leistung tatsächlich auch vertraglich geschuldet ist[275]. Ist die fehlende Leistung geschuldet, bedeutet dies aber dennoch nicht zwingend, dass eine Honorarminderung gerechtfertigt ist. Entscheidend ist, ob der Architekt, trotz Fehlens von Leistungen, den vereinbarten Werkerfolg erzielt hat[276]. 184

268 Zu den bautechnischen Problemen siehe vor allem: Auernhammer, BauR 1978, 356; Schmidt-Morsbach, BauR 1982, 328; Mantscheff, BauR 1982, 435.
269 BGH, BauR 1997, 700.
270 BGH, BauR 1985, 567 f.
271 BGH, BauR 1985, 686.
272 Werner/Pastor, Rn. 1673.
273 OLG Düsseldorf, BauR 1994, 133; aber streitig: vgl. Rn. 395 f.
274 OLG Düsseldorf, BauR 1994, 133.
275 Vgl. dazu Rn. 627 f.
276 Ausführliche Darstellung des Problems, Rn. 635 f.

1.1.3.2.1.3.6 Schadensersatz

185 Beruht der Mangel des Architektenwerks auf einem Umstand, den der Architekt zu vertreten hat, kann der Bauherr Schadensersatz statt Wandelung, Rücktritt oder Minderung verlangen (§ 635 BGB a. F., §§ 634 Nr. 4, 636, 280, 281, 283, 311a BGB). Der Bauherr kann aber auch zusätzlich zum Rücktritt nach § 325 BGB Schadensersatz fordern.

186 Der Vergleich zwischen § 635 BGB a. F. und der neuen Schadensersatzregelung im Werkvertragsrecht (§§ 634 Nr. 4, 636 BGB) zeigt die erheblichen Strukturänderungen, die die Schuldrechtsmodernisierung mit sich gebracht hat. § 634 Nr. 4 BGB verweist auf das Kapitel der allgemeinen Leistungsstörung mit § 280 BGB als zentraler Anspruchsgrundlage. Als Sondervorschrift ist hierneben nur § 311a Abs. 2 BGB zu nennen; diese Vorschrift regelt die anfängliche Unmöglichkeit, während Fälle der nachträglichen Unmöglichkeit von §§ 280 Abs. 1, 283 BGB erfasst werden.

§ 280 BGB gilt damit für

- sämtliche Hauptpflichten
- sämtliche Nebenpflichten
- die vorvertraglichen Pflichten.

187 Dem Geschädigten stehen folgende Möglichkeiten zur Verfügung:

> *Schadensersatz und Leistung* – Ist die Planung des Architekten mangelhaft, nacherfüllt er aber aufgrund einer vom Bauherrn gesetzten Frist, kann dem Bauherrn dennoch ein Schaden entstehen, z. B. wegen zusätzlicher Planungskosten für Fachingenieure. Diesen Schaden kann der Bauherr nach §§ 634 Nr. 3, 280 Abs. 1 BGB vom Architekten ersetzt verlangen.
>
> *Schadensersatz statt der Leistung bei Nicht- oder nicht vertragsgerechter* Leistung – Nach § 281 BGB kann der Bauherr Schadensersatz statt der Leistung (nach altem Recht Schadensersatz wegen Nichterfüllung) geltend machen wegen nicht oder nicht wie geschuldet – also mangelhaft – erbrachter Leistungen[277]. Voraussetzung ist, dass der Bauherr dem Architekten erfolglos eine angemessene Frist zur Leistung bzw. Nacherfüllung gesetzt hat. Zu beachten sind in diesem Zusammenhang die Ausnahmefälle nach § 236 i. V. m. §§ 281 Abs. 2, 323 Abs. 2 und § 635 Abs. 3 BGB[278].
>
> Bei einem unerheblichen Mangel oder bei Unerheblichkeit der nicht erbrachten Leistung scheidet der Schadensersatzanspruch nach § 281 Abs. 1 S. 3 BGB aus.

277 Vgl. auch Rn. 368 f., 392 f.
278 Vgl. dazu näher Rn. 158.

- *Schadensersatz statt der Leistung bei Verletzung einer Nebenpflicht* – Hat der Architekt beispielsweise eine Beratungspflicht verletzt, ist § 282 BGB einschlägig. Danach kann der Bauherr ebenfalls Schadensersatz statt der Leistung geltend machen, wenn für ihn die vom Architekten geschuldete Leistung nicht mehr zumutbar ist[279].

- *Schadensersatz statt der Leistung bei Unmöglichkeit* – Tritt nach Vertragsabschluss ein Fall der Unmöglichkeit i. S. v. § 275 Abs. 1–3 BGB auf, richten sich die Ansprüche des Bauherrn nach § 283 BGB. Er kann Schadensersatz statt der Leistung verlangen, allerdings unter Berücksichtigung der Einschränkung nach § 281 Abs. 1 S. 2 und 3 und Abs. 5 BGB.

- *Ersatz für vergebliche Aufwendungen* – Der Bauherr kann aber auch anstelle des Schadensersatzanspruches statt der Leistung nach § 284 BGB Ersatz seiner Aufwendungen verlangen, die er im Vertrauen auf den Erhalt der Leistung gemacht hat und billigerweise machen durfte. Als Aufwendungen kommen beispielsweise Gutachterkosten, Bauantragsgebühren, Honorare für Sonderfachleute in Betracht.

  Erforderlich ist, dass alle Anspruchsvoraussetzungen für den Schadensersatzanspruch statt der Leistung vorliegen, also insbesondere die Fristsetzung und das Verschulden des Architekten an der Pflichtverletzung bzw. an der Mangelhaftigkeit der Planung.

- *Ersatz des Verzögerungsschadens* – Liegen die Voraussetzungen eines Schadensersatzanspruches statt der Leistung nach § 280 BGB vor, kann der Bauherr nach § 280 Abs. 2 BGB vom Architekten auch einen evt. bei ihm eingetretenen Verzögerungsschaden ersetzt verlangen, wenn zusätzlich die Voraussetzungen des § 286 BGB erfüllt sind. Das heißt, der Architekt muss sich in Schuldnerverzug befinden. Für den Schuldnerverzug gilt, wie § 286 BGB zu entnehmen ist, im Wesentlichen bisheriges Recht.

Der Bauherr muss im Prozess Folgendes dartun und unter Beweis stellen:

- *Die Voraussetzungen des § 634 Abs. 1 S. 1 BGB a. F., §§ 634 Nr. 4, 281 BGB* – nach altem Recht muss der Bauherr dem Architekten eine Frist zur Mängelbeseitigung mit Ablehnungsandrohung setzen und dies im Prozess auch dartun und unter Beweis stellen. Nach neuem Recht ist lediglich eine angemessene Fristsetzung erforderlich. Diese Fristsetzung muss

279 Vgl. auch Rn. 157 f.; OLG München, BauR 1992, 534; OLG Düsseldorf, BauR 1986, 469.

freilich der Bauherr ebenfalls dartun und beweisen. Beruft sich der Bauherr auf das Vorliegen eines Ausnahmetatbestandes nach § 634 Abs. 2 BGB a. F. oder §§ 281 Abs. 2, 323 Abs. 2, 635 Abs. 3, 636 BGB, ist für das Vorliegen des Ausnahmetatbestandes ebenfalls der Bauherr darlegungs- und beweispflichtig[280]. Lag anfänglich ein Ausnahmetatbestand vor, ist dieser aber nachträglich entfallen, muss der Bauherr dem Architekten nunmehr doch eine Frist mit Ablehnungsandrohung (nach altem Recht) bzw. eine angemessene Frist zur Nacherfüllung setzen, bevor er Schadensersatz geltend machen kann[281].

Neben den ausdrücklich definierten Ausnahmetatbeständen ist eine Fristsetzung mit Ablehnungsandrohung nach altem Recht bzw. eine Fristsetzung auch dann entbehrlich, wenn der Ersatz von Schäden geltend gemacht wird, die durch eine Nachbesserung nicht hätten verhindert werden können, ihr also nicht zugänglich waren[282]. Hierzu zählen z. B. Gutachterkosten und der Anspruch auf entgangenen Gewinn[283].

- *den Eintritt eines Schadens* – Auch eine unerhebliche Wert- oder Tauglichkeitsminderung sowie optische Mängel können Schadensersatzansprüche auslösen, sofern nicht im Einzelfall Treu und Glauben (§ 242 BGB) entgegenstehen[284]. Das gilt aber nur für Schadensersatzansprüche nach § 635 BGB a. F. uneingeschränkt. § 281 Abs. 1 S. 3 BGB bestimmt, dass bei unerheblichen Pflichtverletzungen bzw. Mängeln Schadensersatzansprüche statt der Leistung, also der »große Schadensersatz«, ausscheidet, folglich nur der kleine Schadensersatz geltend gemacht werden kann.
- *das Vorliegen eines Planungsfehlers* – Der Bauherr muss substantiiert behaupten, dass ein Planungsfehler vorliegt. Vor der Abnahme braucht er dies allerdings nicht zu beweisen[285]. Der pauschale Vortrag des Bauherrn, der Architekt habe gegen Koordinationsfehler verstoßen, genügt der Substantiierungspflicht nicht.
- *die Kausalität zwischen Mangel und Schaden*[286] – Der Architekt hat für den durch sein pflichtwidriges Handeln verursachten Schaden einzustehen. Übernimmt er bei der Ver-

280 Z. B. Palandt-Thomas, § 634, Rn. 10.
281 BGH, BauR 1990, 725.
282 BGH, BauR 1985, 83; BGH, BauR 1991, 212; OLG Düsseldorf, BauR 1998, 126, 128.
283 BGH, BauR 1991, 212.
284 OLG Düsseldorf, BauR 1996, 712 f.
285 Zur Abnahme vgl. Rn. 135 f.; zum Fehlerbegriff vgl. Rn. 5.
286 BGH, BauR 1997, 306.

tragsausführung auch Aufgaben, die gar nicht von dem Architektenvertrag umfasst sind, so hat er gleichwohl für die dabei schuldhaft verursachten Schäden einzustehen[287]. Allerdings kann ein Kausalzusammenhang zwischen Fehlverhalten und Schaden zu verneinen sein, wenn ein völlig ungewöhnliches und unsachgemäßes Verhalten einer anderen Person den Schaden unmittelbar ausgelöst hat[288].

- *die Schadenberechnung* – Da der Mangel der Planung sich noch nicht im Bauwerk verkörpert hat, kommt bei Unbrauchbarkeit der Planung als Schaden das nutzlos gezahlte Architektenhonorar und evt. nutzlos gezahlte Fachingenieurhonorare in Betracht. Lässt sich die Planung noch nachbessern, besteht der Schaden in den Kosten der Nachbesserung durch einen anderen Architekten und ggfs. in der zeitlichen Verzögerung der Baumaßnahme durch die erforderliche Nachbesserung.

kleiner und großer Schadenersatz

Nach § 635 BGB a. F. stand dem Geschädigten grundsätzlich für die Entscheidung, ob er den großen oder den kleinen Schadensersatz geltend macht, ein Wahlrecht zu, das auch noch während eines Prozesses ausgeübt werden konnte[289]. Unter dem kleinen Schadensersatz ist zu verstehen, dass der Bauherr die Architektenleistungen behält und den durch den Mangel verursachten Schaden ersetzt verlangt; der große Schadensersatz besteht hingegen darin, dass der Bauherr die Architektenleistungen zurückweist und den durch die Nichterfüllung des ganzen Vertrages eingetretenen Schaden fordert[290]. Verlangt der Bauherr nach altem Recht den kleinen Schadensersatz, so kann er grundsätzlich die zum Zeitpunkt der Nachbesserung tatsächlich erforderlichen Kosten oder den mangelbedingten Minderwert in Ansatz bringen[291]. Der Schaden bemisst sich insoweit nach den zur nachträglichen Herstellung des vertragsgerechten Zustandes erforderlichen Mehrkosten und ist grundsätzlich unabhängig davon, ob der Architekt die entsprechenden Arbeiten tatsächlich ausgeführt hat[292].

Durch die Umstrukturierung des Schadensersatzanspruches nach § 635 BGB a. F. kann der große Schadensersatz nur noch in einem Ausnahmefall geltend gemacht werden. § 281 Abs. 1 S. 2 BGB bestimmt nämlich, dass bei vom Schuldner bewirk-

287 BGH, BauR 1996, 418 f.
288 BGH, BauR 1991, 745.
289 BGH, BauR 1996, 386.
290 Staudinger-Peters, § 635 BGB, Rn. 32 f.; Glanzmann, in: RGRK, § 635 BGB, Rn. 10 f.; MüKo-Soergel, § 635 BGB, Rn. 29 f.
291 BGH, BauR 1991, 744.
292 BGH, BauR 1987, 89.

ten Teilleistungen der Gläubiger Schadensersatz statt der ganzen Leistung nur noch verlangen kann, wenn er an der Teilleistung kein Interesse hat. Hat der Architekt beispielsweise die Baugenehmigung erzielt, aber dem Bauherrn eine mangelhafte Ausführungsplanung vorgelegt und diese nicht innerhalb der angemessenen Nacherfüllungsfrist nachgebessert, wird der Bauherr wohl kaum einwenden können, die vom Architekten erbrachten Leistungsphasen 1–4 seien für ihn ohne Interesse. Er kann in diesem Fall also nicht die Leistung des Architekten insgesamt zurückweisen, sondern lediglich den kleinen Schadensersatz geltend machen.

maßgeblich: das objektive Interesse an den erbrachten Leistungen

Ob die vom Architekten bereits erbrachte Teilleistung für den Bauherrn von Interesse ist, ist nach objektiven Kriterien zu beurteilen[293] (so auch Boldt, Rn. 161). Ist das objektive Interesse hiernach zu bejahen, wird der Vertrag in Bezug auf die erbrachten Teilleistungen ordnungsgemäß abgewickelt, d. h. dem Architekten steht das Honorar für diese Leistungen zu. Zu beachten ist ferner § 281 Abs. 1 S. 3 BGB. Nach dieser Vorschrift scheidet ein Schadensersatzanspruch statt der ganzen Leistung aus, wenn die Pflichtverletzung oder der Mangel unerheblich ist.

- *die Darlegung, dass der Schaden nach Art und Entstehungsweise unter den Schutzzweck der verletzten Norm fällt*[294] – Der Bauherr muss darlegen, dass es sich bei dem Schaden um Nachteile handelt, die aus dem Bereich der Gefahren stammen, zu deren Abwendung die verletzte Norm erlassen oder die verletzte Vertragspflicht übernommen worden ist; dabei gilt nach der Rechtsprechung des BGH (NJW 1990, 257) der Grundsatz, dass der Haftungsumfang durch den Schutzzweck der verletzten Pflicht begrenzt wird, auch im Vertragsrecht. Erforderlich ist, dass der entstandene Nachteil zu der vom Schädiger geschaffenen Gefahrenlage in einem inneren Zusammenhang steht und nicht nur eine bloße zufällige äußere Verbindung besteht.
- *das Verschulden des Architekten am Werkmangel* – Der Bauherr muss allerdings nur die Schlechterfüllung nachweisen[295]. Ist die mangelhafte Werkleistung bewiesen, liegt insbesondere eine Abweichung von der anerkannten Regel der Technik vor, ist es Sache des Architekten, darzulegen und zu beweisen, dass ihn kein Verschulden trifft[296].

293 Vgl. Boldt, Rn. 161.
294 BGH, NJW 1997, 50; OLG Bamberg, BauR 1996, 284, 286.
295 Baumgärtel, § 635 BGB, Rn. 14 f.
296 BGH, BauR 1982, 515 f.

Weitere Einzelprobleme im Zusammenhang mit dem Schadensersatzanspruch werden unter Rn. 196 erörtert. 188

1.1.3.2.2 Nach der Abnahme und nach der Realisierung des Mangels im Bauwerk

Nach altem BGB steht dem Bauherrn nach Realisierung des Mangels im Bauwerk kein Nachbesserungsanspruch mehr zu; ebenso wenig hat er einen Wandelungsanspruch (§ 634 Abs. 1 S. 3 1. Halbs. BGB a. F.). Nach der Abnahme und nach Realisierung des Mangels reduzieren sich die Rechte des Bauherrn auf die Minderung des Honorars (§ 634 Abs. 1 S. 3 2. Halbs. BGB a. F.) und Schadensersatz (§ 635 BGB a. F.). 189

nach altem Recht nur Minderung und Schadensersatz

Auch nach der Schuldrechtsmodernisierung scheidet ein Nacherfüllungsanspruch des Bauherrn gem. § 275 Abs. 1 BGB aus. Logischerweise kommt auch der Selbstbeseitigungsanspruch und der Anspruch auf Ersatz der erforderlichen Aufwendungen nicht in Betracht. Der Bauherr kann aber neben dem Anspruch auf Minderung (§§ 634 Nr. 3, 638 BGB) und Schadensersatz (§ 634 Nr. 4, 636 BGB) zusätzlich nach §§ 634 Nr. 3, 636, 326 Abs. 5, 323 Abs. 1 und 5 BGB zurücktreten. Eine Fristsetzung zur Nacherfüllung ist nach § 326 Abs. 5 BGB entbehrlich. Die Wirkung des Rücktritts entspricht der Wirkung einer Kündigung aus wichtigem Grund, weil der Bauherr nach § 323 Abs. 5 BGB grundsätzlich nicht vom ganzen Vertrag zurücktreten kann, sondern die vom Architekten erbrachten Planungsleistungen bezahlen muss. Den Ausnahmetatbestand nach § 323 2. Halbs. BGB, die Planung sei für ihn nicht von Interesse, wird der Bauherr nur in extremen Ausnahmefällen nach der Realisierung des Mangels im Bauwerk geltend machen können. Die Rücktrittsfolgen sind in § 346 BGB geregelt. 190

nach neuem Recht Minderung, Schadenersatz und Rücktritt

Wegen der Einschränkung in § 323 Abs. 5 BGB, wonach bei bereits erbrachten Leistungen der Rücktritt nur die noch nicht erbrachten Leistungen erfasst, wird in der Praxis auch weiterhin der Anspruch auf Schadensersatz bei Mängeln des Architektenwerks, die sich im Bauwerk verwirklicht haben, vorrangig geltend gemacht werden. Zwar schließt der Rücktritt den Schadensersatz nach § 325 BGB nicht aus; indes macht es für einen Bauherrn grundsätzlich wenig Sinn, während der Objektüberwachung – frühestens in diesem Stadium fallen Mängel der Architektenplanung, die sich im Bauwerk realisiert haben, auf – vom Vertrag zurückzutreten. Meist wird es nämlich schwierig sein, für die noch ausstehenden Restleistungen der Objektüberwachung und vor allem für die bei Architekten unbeliebte Objektbetreuung (Leistungsphase 9) einen Nachfolger zu finden. Kein Architekt lässt sich gerne als reiner Objektüberwacher und Objektbetreuer verschleißen, zumal gerade die Objektüberwachung besonders schadenträchtig ist. So ist der bauleitende Architekt verpflichtet, die 191

Haftung des Objektüberwachers und Objektbetreuers

Pläne des planenden Architekten auf Mängelfreiheit zu überprüfen[297]; er kann sich insbesondere nicht der Haftung entziehen mit dem Einwand, der Bauherr trage eine Mithaftung wegen der Fehler des planenden Architekten nach §§ 254, 278 BGB[298]. Die Objektbetreuung wird nur mit 3 v. H. bewertet; andererseits muss der Architekt im Rahmen der Objektbetreuung jahrelang Leistungen erbringen[299].

192 Der Bauherr muss nach Realisierung des Mangels im Bauwerk Folgendes vortragen und unter Beweis stellen:

- Die Voraussetzungen des §§ 634 BGB a. F., §§ 634 Nr. 4, 636 BGB brauchen nicht mehr dargetan zu werden, weil ein Nachbesserungsanspruch bzw. Nacherfüllungsanspruch des Architekten nach Realisierung des Mangels im Bauwerk nicht mehr in Betracht kommt.
- der Eintritt eines Schadens
- die Kausalität zwischen Mangel und Schaden
- Die Abnahme der Architektenleistungen – nach der Abnahme ist der Bauherr beweispflichtig für behauptete Planungsfehler bzw. Fehler bei der Objektüberwachung[300].
- Die Schadenberechnung – nach der Abnahme und nach Realisierung der Planungsfehler im Bauwerk gehen die Schadensersatzansprüche sehr viel weiter.

193 Auch nach der Abnahme kann der Bauherr zwischen dem so genannten kleinen und dem großen Schadensersatz wählen. Er kann also das Werk behalten und den durch die Mangelhaftigkeit verursachten Schaden ersetzt verlangen (kleiner Schadensersatz) oder das Werk zurückweisen und Ersatz des durch die Nichterfüllung des ganzen Vertrages verursachten Schadens fordern (großer Schadensersatz). Der große Schadensersatz spielt freilich gerade nach Abnahme und Realisierung des Schadens im Bauwerk in der Praxis keine Bedeutung, weil der Bauherr das Gebäude nebst Grundstück zurückgeben müsste. Regelmäßig wird daher der kleine Schadensersatz geltend gemacht. Im Prinzip gilt insoweit das oben Gesagte (vgl. Rn. 187 f.). Allerdings kommt es bei dem zu ermittelnden mangelbedingten Minderwert des Werkes nunmehr auf das Bauwerk an. Abzustellen ist also auf die Mängelbeseitigungskosten zzgl. eines darüber hinaus verbleibenden Wertverlustes (merkantiler Minderwert) des Bauwerks. Der BGH[301] hat dazu Folgendes ausgeführt:

297 Vgl. auch Rn. 107, 232.
298 OLG Düsseldorf, BauR 1998, 582.
299 Vgl. Rn. 302.
300 Zur Abnahme vgl. Rn. 136 f.
301 BGH, BauR 1991, 744.

»Der merkantile Minderwert liegt in der Minderung des Verkaufswerts einer Sache, die trotz völliger und ordnungsgemäßer Instandsetzung deshalb verbleibt, weil bei einem großen Teil des Publikums vor allem wegen des Verdachts verborgen gebliebener Schäden eine den Preis beeinflussende Abneigung gegen den Erwerb besteht.« *merkantiler Minderwert*

In der Entscheidung führt der BGH weiter aus, dass es unerheblich ist, ob der Bauherr überhaupt die Absicht hat, das Gebäude zu veräußern. Weiter bleibe dem Bauherrn der Anspruch auch erhalten, wenn er in der Zwischenzeit das Gebäude bereits veräußert habe. **194**

Neben diesem unmittelbaren Schaden kann der Bauherr die Kosten geltend machen, die er zur Feststellung des Mangels aufbrachte, wie z. B. Gutachterkosten[302], Vermessungskosten[303], die Kosten für die Durchführung des selbstständigen (gerichtlichen) Beweisverfahrens selbst dann, wenn infolge zwischenzeitlicher Schadensersatzzahlung durch den Architekten das Hauptverfahren nicht mehr durchgeführt wird und damit keine Kostenentscheidung ergeht. Zu diesem weitergehenden Schadensersatzanspruch zählen auch entgangener Gewinn[304], Mehraufwendungen für erforderliche Unterbringung im Hotel, Schaden durch Mietausfall, Finanzierungsmehrkosten. **195** *Mangelfeststellungskosten*

Folgende Einzelprobleme sind von Interesse: **196**

- *Ausnahmsweise keine Entschädigung in Geld, sondern Beseitigungsrecht des Architekten* – Nach der Verwirklichung der mangelhaften Architektenplanung in das Bauwerk kommt, wie schon mehrfach ausgeführt, ein Anspruch auf Nachbesserung bzw. Nacherfüllung nicht mehr in Betracht. Der dem Bauherrn zustehende Schadensersatzanspruch nach § 635 BGB a. F., §§ 634 Nr. 4, 636, 280 BGB ist – anders als der Schadensersatzanspruch nach § 249 BGB – grundsätzlich auf Geldersatz gerichtet. Der BGH lässt allerdings eine Ausnahme zu[305]. Unter dem Gesichtspunkt der Schadenminderungspflicht des Bauherrn (§ 254 BGB) kann es hiernach geboten sein, dass der Bauherr dem Architekten die Möglichkeit einräumt, den Schaden in Natur mit geringerem Kostenaufwand zu beseitigen, als das sonst möglich wäre.
- *Nutzungsausfallentschädigung: (entgangene Gebrauchsvorteile)* – Es ist streitig, ob dem Bauherrn dieser Anspruch zusteht[306]. Der große Senat des BGH hat durch Beschluss ent-

302 BGH, BauR 1985, 83.
303 BGH, BauR 1979, 76.
304 BGH, BauR 1979, 159.
305 BGH, BauR 1978, 418; BGH, BauR 1987, 89.
306 Vgl. die Übersicht im Vorlagebeschluss des BGH vom 22.11.1985: BGH, VersR 1986, 189; BGH, WM 1986, 266.

schieden, dass es einen entschädigungsfähigen Schaden darstellen kann, wenn der Eigentümer einer von ihm selbst genutzten Sache infolge eines deliktischen Eingriffs in das Eigentum die Sache vorübergehend nicht nutzen kann, ohne dass ihm hierdurch zusätzliche Kosten entstehen oder Einnahmen entgehen. Es ist jedoch zu beachten, dass diese Rechtsprechung, die einen Nutzungsausfall als ersatzfähigen Vermögensschaden ansieht, nur für solche Sachen gilt, »auf deren ständige Verfügbarkeit die eigenwirtschaftliche Lebenshaltung typischerweise angewiesen ist«[307]. Die Frage, welche Sachen im Einzelnen hierunter fallen, hat der Große Zivilsenat offen gelassen. Fest steht dagegen, dass diese Rechtsprechung auch für vertragliche Schadensersatzanspruchsgrundlagen gilt[308]. Auf folgende, sich teils widersprechende Entscheidungen ist hinzuweisen[309]:

- Nutzungsausfallentschädigung verneint bei vorübergehend nicht nutzbarem Schwimmbad eines Einfamilienhauses im Verhältnis Bauherr/Bauträger: BGH, BauR 1980, 271.
- Nutzungsausfallentschädigung bejaht bei vorübergehender Unbenutzbarkeit eines Kraftfahrzeugeinstellplatzes im Verhältnis Erwerber/Veräußerer der Wohnung: BGH, BauR 1986, 105; aber a. A.: BGH, ZfBR 1993, 183 f.
- Nutzungsentschädigung für verspätete Herausgabe einer Wohnung im Verhältnis Veräußerer/Erwerber nur dann bejahen, wenn die Wohnung für die Lebenshaltung des Erwerbers von zentraler Bedeutung war und er sie selbst bewohnen wollte: BGH, BauR 1987, 318.
- Nutzungsentschädigung verneint bei eingeschränkter Gebrauchsmöglichkeit eines Hobby- und Kinderspielkellers im Verhältnis Erwerber/Architekt: OLG Düsseldorf, BauR 1992, 96.

In jedem Fall muss der Bauherr sich gem. § 254 BGB bei Geltendmachung von Nutzungsausfall wegen bestehender Mängel der Sache um eine baldmögliche Behebung der Baumängel bemühen[310].

➢ *Nur unmittelbare Schäden* – Mit einer Schadensersatzklage kann der Bauherr nicht nur den Schaden geltend machen, der der Werkleistung unmittelbar anhaftet, sondern auch – neben

307 So der große Senat BGH, BauR 1987, 312, 314.
308 BGH, BauR 1986, 105; BGH, NJW 1992, 1500.
309 Vgl. Nachweise bei Werner/Pastor, Rn. 1687.
310 BGH, BauR 1974, 205, 206; BGH, BauR 1995, 692.

dem entgangenen Gewinn – gewisse nächste Folgeschäden mit einbeziehen[311]. Andernfalls brauchte der Architekt, der nur Planungsleistungen schuldet, nicht dafür einzustehen, dass sich die Mängel seiner Planung – also des Architektenwerks – im Bauwerk realisieren. Der im Bauwerk realisierte Mangel des Architektenwerks ist ein naher Folgeschaden, der eng und unmittelbar mit dem Mangel des Architektenwerks zusammenhängt. Hingegen werden entfernte Mangelfolgeschäden von § 635 BGB a. F. nicht erfasst; Anspruchsgrundlage bei entfernten Mangelfolgeschäden nach altem Recht ist p. V. V. Die Abgrenzung zwischen noch nahen Folgeschäden und Mangelfolgeschäden kann letztendlich nur im Einzelfall getroffen werden (vgl. dazu näher Rn. 241); diese Abgrenzung ist aber künftig nicht mehr relevant, weil die zentrale Schadensersatzgrundlage (§ 280 BGB) alle Fälle von Pflichtverletzungen erfasst.

- *Sachverständigenkosten* – Zu den erforderlichen Mängelbeseitigungskosten zählen auch solche Aufwendungen, die der geschädigte Bauherr aufgrund eines fehlerhaften Sachverständigengutachtens für erforderlich halten durfte. Trifft den Bauherrn bei der Auswahl des Sachverständigen kein Verschulden, so hat der Architekt Schadensersatz Zug um Zug gegen Abtretung der Ansprüche des Bauherrn gegen den Sachverständigen zu leisten[312].

Freistellungsanspruch aber mangels Gleichartigkeit keine Aufrechnung

- *Nur Schaden des Ersatzberechtigten selbst* – Außerhalb des Vertragsverhältnisses zwischen Architekt und Bauherrn stehende Dritte werden nicht von § 635 BGB a. F., §§ 634 Nr. 4, 636, 280 BGB erfasst; es kann grundsätzlich nur der Schaden geltend gemacht werden, der bei dem Ersatzberechtigten entstanden ist. Der Bauherr, der aufgrund der mangelhaften Planung des Architekten einem Dritten gegenüber auf Schadensersatz verpflichtet ist, kann wegen dieses Schadens aber einen Freistellungsanspruch gegenüber dem Architekten geltend machen. Mangels Gleichartigkeit ist der Bauherr nicht in der Lage, gegenüber dem Honoraranspruch des Architekten die Aufrechnung zu erklären[313]. Fraglich ist, ob der Bauherr nach Befriedigung der Ansprüche des Dritten und der auf diese Weise dem Bauherrn zugewachsene Schadensersatzanspruch nunmehr als Anspruch des Berechtigten i. S. v. § 635 BGB a. F., §§ 634 Nr. 4, 636 BGB gegenüber dem Architekten gel-

311 BGH, BauR 1981, 483.
312 OLG Frankfurt, BauR 1991, 777 – zur Erstattung von Privatgutachterkosten.
313 Kniffka, BauR 1998, 55, 56.

tend gemacht werden kann[314]. Im Ergebnis ist dies zu verneinen: Allein durch die Weitergabe des Schadens wird der Schaden des Dritten nicht zum Schaden des unmittelbar Berechtigten. Dem Bauherrn steht jedoch wegen des Schadensersatzanspruches des Dritten ein Freistellungsanspruch gegen den Architekten zu; wegen dieses Freistellungsanspruches kann er ein Zurückbehaltungsrecht gegenüber dem Honoraranspruch des Architekten geltend machen[315].

- *Schadenbeseitigungsrecht* – Ein solches Recht wird Architekten häufig in Verträgen vertraglich eingeräumt (z. B. § 7.6 S. 1 des Einheits-Architektenvertrages 1994). Bleibt der Architekt dennoch untätig, muss der Bauherr ihm zunächst eine angemessene Frist mit der Erklärung setzen, dass die Herstellung (Mängelbeseitigung) nach dem Ablauf der Frist abgelehnt werde[316]. Macht der Architekt von seinem Schadenbeseitigungsrecht Gebrauch, muss der Erfolg der Nachbesserung außer Zweifel stehen[317]. Der Bauherr kann den Architekten daher auffordern, die Art und Weise der geplanten Nachbesserung zunächst einmal darzustellen. Ergeben sich hieraus Zweifel am Erfolg, kann der Bauherr die Nachbesserung ablehnen. Ein Schadenbeseitigungsrecht kann sich ausnahmsweise bei Fehlen einer vertraglichen Vereinbarung auch aus § 254 BGB ergeben[318].

- *Verkauf des Grundstücks vor Mängelbeseitigung* – Der Schadensersatzanspruch geht nicht dadurch verloren, dass der Bauherr das Grundstück, auf das sich die mangelhafte Planung bezieht, veräußert[319]. Demgemäß kann der Architekt dem Bauherrn gegenüber auch nicht mit Erfolg einwenden, der Erwerber habe keine Mängel geltend gemacht[320]; ebenso wenig braucht der Bauherr den Schadensersatzbetrag, den er wegen der Nachbesserung fiktiv eingeklagt hatte[321], tatsächlich für diesen Zweck aufzuwenden[322].

- *Unverhältnismäßige Aufwendungen i. S. d. §§ 251 Abs. 2, 275, Abs. 2, 635 Abs. 3 BGB* – Unverhältnismäßig sind die Aufwendungen für die Beseitigung eines Werkmangels dann, wenn der Nachbesserungserfolg bei Abwägung aller Umstän-

314 Bejahend: Werner/Pastor, Rn. 1694, verneinend: Kniffka, BauR 1998, 55, 57.
315 Kniffka, BauR 1998, 55, 58.
316 OLG Hamm, NJW-RR 1992, 467.
317 BGH, Schäfer/Finnern, Z 3.00 Bl. 5.216.
318 BGH, BauR 1978, 498; ausführlich, Rn. 200.
319 BGH, BauR 1987, 89.
320 BGH, NJW 1977, 1819.
321 Zur Zulässigkeit: BGH, BauR 1987, 89.
322 BGH, NJW 1977, 1819.

de des Einzelfalls in keinem vernünftigen Verhältnis zur Höhe des dafür gemachten Geldaufwandes steht[323]. Entscheidend ist mithin das Verhältnis der Aufwendungen zu dem Vorteil, den der Bauherr durch die Mängelbeseitigung erlangt.

- *Technischer und merkantiler Minderwert* – Diese Schadensfolgen gehören zum Ersatzanspruch nach § 635 BGB a. F.[324] und §§ 634 Nr. 4, 636, 280 BGB.
- *Verkehrswertminderung* – kann trotz erfolgter Nachbesserung zusätzlich verlangt werden[325].
- *Der Vorbehalt nach § 640 Abs. 2 BGB ist entbehrlich* – Bei der Klage nach § 635 BGB a. F., §§ 634 Nr. 4, 636, 280 BGB kommt es auf den Vorbehalt nach § 640 Abs. 2 BGB nicht an, weil der in der Vorschrift genannte Rechtsverlust sich nur auf die Ansprüche nach §§ 633, 634 BGB a. F., §§ 634 Nr. 1–3 BGB bezieht[326].
- *Vorschuss* – Der Kostenvorschussanspruch nach §§ 633 Abs. 3 BGB a. F., §§ 634 Nr. 2, 637 Abs. 3 BGB ist auf Zahlung eines Betrages gerichtet, der dazu verwandt werden soll, die in dem Kostenvoranschlag kalkulierten Mängel zu beseitigen. Nach Durchführung der Arbeiten muss über den Kostenvorschuss abgerechnet werden. Neben dem Schadensersatzanspruch kann der Kostenvorschussanspruch nicht geltend gemacht werden[327]; das gilt auch dann, wenn der Architekt nach dem Vertrag verlangen kann, selbst mit der Beseitigung des Schadens beauftragt zu werden[328]. Im Übrigen zählt der Kostenvorschussanspruch zum Erfüllungsbereich, der jedoch gerade durch die Fristsetzung mit Ablehnungsandrohung (nach altem Recht) bzw. die Fristsetzung zur Nacherfüllung (nach neuem Recht) als Voraussetzung für den Schadensersatzanspruch verlassen wurde. Klagt der Bauherr gegen den Architekten ausdrücklich Kostenvorschuss ein, kann dieses Klagebegehren aber im Rahmen der Auslegung als Schadensersatzklage zu verstehen sein.[329]

323 BGH, BauR 1973, 112.
324 BGH, BauR 1995, 388 f.
325 BGH, Schäfer/Finnern, Z 2.510 Bl. 12; BGH, Schäfer/Finnern/Hochstein, Nr. 4 zu § 634 BGB.
326 BGH, BauR 1975, 344; OLG Rostock, BauR 1997, 654; OLG Düsseldorf, Schäfer/Finnern, Z 2.414 Bl. 84.
327 BGH, BauR 2001, 425; BGH, BauR 1981, 395.
328 BGH, BauR 1987, 348.
329 Dogmatisch nur schwer nachvollziehbar, aber so: BGH, BauR 2001, 425.

maßgeblicher Zeitpunkt für die Berechnung des Schadens: die letzte mündliche Verhandlung

- *Zeitpunkt der Schadenberechnung* – Macht der Bauherr Schadensersatz wegen mangelhafter Erfüllung (kleiner Schadensersatz) geltend, sind grundsätzlich »die zum Zeitpunkt der Sanierung tatsächlich erforderlichen Kosten oder der mangelbedingte Minderwert« für die Schadenberechnung maßgeblich[330]. Kommt es zum Rechtsstreit, ist für die Schadenberechnung der Zeitpunkt der letzten mündlichen Verhandlung maßgeblich[331]. Das gilt auch für Schäden im Zusammenhang mit Bausummenüberschreitungen. Hier wird allerdings vertreten, maßgeblicher Zeitpunkt für die Wertermittlung sei der Abschluss des Bauvorhabens[332] oder die Fälligkeit von Baurechnungen[333]. Dem ist aber nicht zuzustimmen. Im Zivilrecht ist der Zeitpunkt der letzten mündlichen Tatsachenverhandlung im Allgemeinen für die Ermittlung der Schadenhöhe maßgeblich. Irgendwelche besonderen Umstände, die eine andere Sichtweise rechtfertigen, sind bei dem Schaden des Bauherrn aufgrund Bausummenüberschreitung nicht ersichtlich. Durch die Grundsätze des Vorteilsausgleichs ist im Übrigen ein hinreichendes Korrektiv vorhanden. Von daher ist auch bei Bausummenüberschreitungen der Zeitpunkt der letzten mündlichen Tatsachenverhandlung für die Schadenberechnung ausschlaggebend[334].
- *Kein Zurückbehaltungsrecht* – Da der Schadensersatz regelmäßig durch Geldausgleich und nur in Ausnahmefällen durch Naturalrestitution geleistet wird, kommt auch nur ein Aufrechnungsrecht des Bauherrn wegen Schadensersatzansprüchen gegen den Honoraranspruch in Betracht bzw. eine Verrechnung[335].

1.1.4 Rechte des Architekten

1.1.4.1 Bis zur Abnahmereife oder Abnahme des geschuldeten Werkes

197 Der Architekt hat bis zur Abnahmereife oder Abnahme einen Erfüllungsanspruch. Im Rahmen dieses Erfüllungsanspruches hat der Architekt ein Mängelbeseitigungsrecht, weil Mängelbeseitigung die Herstellung eines vertragsgemäßen Zustandes bedeutet. Auch der Män-

330 Werner/Pastor, Rn. 1681 m. w. N.
331 BGH, BauR 1997, 335.
332 Löffelmann/Fleischmann, Rn. 1719.
333 Bindhardt/Jagenburg, § 6, Rn. 195.
334 BGH, BauR 1997, 335.
335 Aufrechnung: OLG Köln, NJW 1978, 429; Verrechnung: BGH, BauR 2001, 1616; OLG Köln, ZfBR 2001, 550; OLG Düsseldorf, BauR 1984, 309.

gelbeseitigungsanspruch nach § 633 Abs. 2 BGB a. F. bzw. § 633 Abs. 1 BGB ist daher Erfüllungsanspruch und gilt primär für die Zeit vor der Abnahme und nur sekundär – im Rahmen der Gewährleistung – nach der Abnahme[336]. Der Nachbesserungsanspruch bzw. Nacherfüllungsanspruch erlischt mit dem Verlust des Erfüllungsanspruches. Kein Nachbesserungsanspruch bzw. Nacherfüllungsanspruch besteht dann, wenn dem Bauherrn eine Nachbesserung unzumutbar ist (vgl. § 282 BGB)[337]. Unzumutbarkeit wird bejaht, wenn die Nachbesserung zu grundlegenden Änderungen der Planung führt, die praktisch eine andere Planung zur Folge haben.

1.1.4.2 Nach der Abnahme bzw. Abnahmereife

Wenn sich die mangelhafte Architektenleistung noch nicht im Bauwerk verwirklicht hat und sie daher nachbesserungsfähig ist, steht dem Mängelbeseitigungsanspruch des Bauherrn ein Nachbesserungsrecht bzw. Nacherfüllungsanspruch des Architekten gegenüber. Wie der Nachbesserungsanspruch des Bauherrn, so erlischt auch das Nachbesserungsrecht des Architekten grundsätzlich dann, wenn die Architektenleistung nicht mehr korrigierbar ist. Ferner erlischt der Nachbesserungsanspruch unter den Voraussetzungen des § 633 Abs. 3 BGB a. F., § 637 Abs. 1 BGB. 198

1.1.4.3 Nach der Realisierung des Mangels im Bauwerk

1.1.4.3.1 Grundsätzlich kein Nachbesserungsrecht

Wie oben schon ausgeführt, erlischt das Nachbesserungsrecht des Architekten, wenn sich der Mangel im Bauwerk realisiert hat. Eine Nachbesserung ist nun grundsätzlich nicht mehr möglich. 199

1.1.4.3.2 Ausnahmsweise Nachbesserungsrecht aus dem Gesichtspunkt der Schadenminderungspflicht

In Ausnahmefällen kann trotz Realisierung des Mangels am Bauwerk ein Nachbesserungsrecht des Architekten bestehen. Dieses Nachbesserungsrecht des Architekten gibt aber dem Bauherrn nicht etwa einen Nachbesserungsanspruch, den er einklagen könnte; vielmehr handelt es sich um das einseitige Recht des Architekten zur Nachbesserung. Rechtsprechung und Schrifttum haben zwei Ausnahmefälle herausgebildet. 200

Den ersten Ausnahmefall hat der BGH aus dem Rechtsgedanken des § 254 Abs. 2 BGB entwickelt. Nimmt der Bauherr den Architekten 201

336 Vgl. Dähne, BauR 1972, 136, 138.
337 OLG München, BauR 1992, 534; OLG Düsseldorf, BauR 1986, 469.

auf Schadensersatz in Anspruch, ohne ihm zuvor die Möglichkeit gegeben zu haben, unmittelbar selbst die Mängelbeseitigung zu organisieren und durchzuführen, verstößt der Bauherr gegen die Schadenminderungspflicht, wenn dem Architekten der Nachweis gelingt, dass er (der Architekt) in der Lage gewesen wäre, die Baumängel mit einem wesentlich geringeren Kostenaufwand zu beseitigen[338].

202 Ein zweiter Ausnahmefall wird dann bejaht, wenn der Architekt seine Gewährleistungspflicht anerkennt, sich zudem bereit erklärt, für die Nachbesserung des Mangels Sorge zu tragen und außerdem aufzeigen kann, dass er einen Handwerker zur Verfügung hat, der die Mängel ordnungsgemäß und preiswert beseitigen kann[339].

203 In beiden Ausnahmefällen spielt freilich die Zumutbarkeit einer solchen Nachbesserung durch den Architekten für den Bauherrn eine ganz entscheidende Rolle. Hat sich der Architekt im Vorfeld als unzuverlässig und unqualifiziert erwiesen, so ist es für den Bauherrn unzumutbar, dem Architekten dennoch die Möglichkeit der Nachbesserung einzuräumen. Zudem muss in beiden von der Rechtsprechung entwickelten Fällen die vom Architekten vorgeschlagene Nachbesserungsmaßnahme Erfolg versprechend sein[340].

Beide Ausnahmefälle gelten auch für den Nacherfüllungsanspruch nach § 634 Nr. 1 BGB.

1.1.4.3.3 Vertragliche Vereinbarung des Nachbesserungsrechts

204 *Zumutbarkeit* Das Nachbesserungsrecht bzw. Nacherfüllungsrecht des Architekten lässt sich grundsätzlich auch vertraglich vereinbaren. Geschieht dies im Rahmen einer Individualvereinbarung, bestehen gegen die Wirksamkeit in den Grenzen des § 138 BGB keine Bedenken.

205 Häufig wird das Nachbesserungsrecht des Architekten allerdings in allgemeinen Geschäftsbedingungen oder in Formularverträgen geregelt. So bestimmt beispielsweise der von der Bundesarchitektenkammer empfohlene Einheitsarchitektenvertrag (1994):

> »Wird der Architekt wegen eines Schadens am Bauwerk auf Schadensersatz in Anspruch genommen, kann er vom Bauherrn verlangen, dass ihm die Beseitigung des Schadens übertragen wird. Wird der Architekt wegen eines Schadens in Anspruch genommen, den auch ein Dritter zu vertreten hat, kann er vom Bauherrn verlangen, dass der Bauherr sich außergerichtlich erst bei dem Dritten ernsthaft um die Durchsetzung seiner Ansprüche auf Nachbesserung und Gewährleistung bemüht.«

338 BGH, BauR 1996, 735; Werner/Pastor, Rn. 1642.
339 BGH, VersR 1968, 152; Werner/Pastor, Rn. 1642.
340 BGH, BauR 1972, 62.

206 Diese Klausel hat zwei Regelungsinhalte: Sie enthält zunächst den Vorbehalt eines Nachbesserungsrechts des Architekten für von ihm verursachte Baumängel. Zum Zweiten wird eine subsidiäre Haftung des Architekten konstruiert, indem dem Bauherrn die Pflicht auferlegt wird, im Fall einer gesamtschuldnerischen Haftung des Architekten mit einem Dritten erst außergerichtlich die Durchsetzung der Ansprüche gegen den Dritten zu versuchen.

Vorbehalt des Nachbesserungsrechts zugunsten des Architekten

207 Im allgemeinen sind solche Regelungen durchaus möglich, wenn die Voraussetzungen der §§ 11 Nr. 10 b, 9 AGBG a. F., §§ 309 Nr. 8 b) bb), 307 BGB berücksichtigt werden. Danach ist eine Beschränkung der Nachbesserungsansprüche bzw. der Nacherfüllung gegen den Verwender insgesamt oder bezüglich einzelner Teile auf ein Recht auf Nachbesserung oder Ersatzlieferung bzw. Nacherfüllung unwirksam, sofern dem anderen Vertragsteil nicht ausdrücklich das Recht vorbehalten wird, bei Fehlschlagen der Nachbesserung oder Ersatzlieferung bzw. Nacherfüllung eine Herabsetzung der Vergütung oder, wenn nicht eine Bauleistung Gegenstand der Gewährleistung ist, nach seiner Wahl Rückgängigmachen des Vertrages zu verlangen. Das gilt über §§ 24 S. 2, 9 AGBG a. F., § 310 Abs. 1 BGB auch im kaufmännischen Verkehr[341].

208 Die oben wiedergegebene Klausel des Einheitsarchitektenvertrages ist hiernach AGB-widrig. Sie enthält nämlich gerade nicht den Vorbehalt zugunsten des Bauherrn, im Fall berechtigter Gründe eine Nachbesserung durch den Architekten zu verweigern.

209 Der zweite Regelungsinhalt, nämlich die Pflicht des Bauherrn, im Fall einer gesamtschuldnerischen Haftung des Architekten mit einem Dritten erst außergerichtlich die Durchsetzung der Ansprüche gegen den Dritten zu versuchen, ist hingegen in AGB-rechtlicher Hinsicht unbedenklich. Der Architekt muss aber, vereinbart er eine solche Klausel, bedenken, dass sich der Verjährungsbeginn auf den Zeitpunkt des Fehlschlagens dieser außergerichtlichen Bemühung verschiebt (§ 203 BGB).

subsidiäre Haftung

210 Das Nachbesserungsrecht des Architekten gibt dem Bauherrn nicht die Befugnis, selbst die Schadenbeseitigung durch den Architekten fordern zu können mit den sich aus § 633 Abs. 3 BGB a. F., § 637 Abs. 1 BGB ergebenden Folgen[342].

211 Etwas anderes gilt, wenn der Architekt wesentliche Mängel zu verantworten hat. Eine vertragsgemäße Leistungserbringung liegt dann erst vor, wenn die Mängel beseitigt sind, der Architekt sein Werk also in einen abnahmefähigen Zustand versetzt hat. Kommt allerdings keine Nachbesserung mehr in Betracht oder hat der Bauherr die Leistungen des Architekten sogar abgenommen, ist das Honorar sofort fällig;

341 BGHZ 93, 62; BGH, NJW 1981, 1501 zum AGBG.
342 BGH, BauR 1987, 343, 348.

der Bauherr hat nach altem Recht nur noch Minderungs- und Schadensersatzansprüche[343]; nach neuem Recht kann der Bauherr zusätzlich – auch neben dem Anspruch auf Schadensersatz (§ 325 BGB) – vom Vertrag zurücktreten gem. §§ 634 Nr. 3, 636, 323 BGB (vgl. dazu näher Rn. 170 f.).

1.1.5 Mitverschulden

212 »Mitwirkendes Verschulden« bedeutet ein Außer-Acht-Lassen derjenigen Aufmerksamkeit und Sorgfalt, die nach Lage der Sache zur Wahrnehmung eigener Angelegenheiten jeder verständliche Mensch ausübt, um sich selbst vor Schaden zu bewahren[344]. Solches ist beispielsweise gegeben, wenn der Bauherr seine Schadenminderungspflicht i. S. d. § 254 Abs. 2 BGB nicht beachtet. Trifft den Bauherrn eine eigene Mitverantwortlichkeit an der Entstehung des Schadens (§ 254 Abs. 1 BGB), hinsichtlich der Schadenhöhe (§ 254 Abs. 2 S. 1 2. Alt. BGB) oder muss der Bauherr sich eine Mitverursachung durch Dritte gem. § 278 BGB zurechnen lassen, ist sein gegen den Architekten gerichteter Schadensersatzanspruch zu kürzen.

213 § 254 BGB ist nach der Rechtsprechung des BGH[345] eine Ausprägung des Grundsatzes von Treu und Glauben; die Beurteilung, ob und ggfs. welches Maß an Verantwortung dem Bauherrn zuzurechnen ist, hängt vom konkreten Einzelfall ab.

214 Folgende Einzelprobleme sind von Interesse:

- § 254 BGB findet nicht nur auf Schadensersatzansprüche Anwendung, sondern ist auch bei der Bemessung eines Minderungsanspruchs nach § 634 BGB a. F., §§ 634 Nr. 3, 638 BGB zu berücksichtigen[346]. Ferner wird § 254 BGB analog angewandt, wenn der Bauherr sich wegen Verstoßes gegen Mitwirkungspflichten in Annahmeverzug befindet[347]. Ferner wird § 254 BGB auf den Nachbesserungsanspruch des Bauherrn angewandt[348].
- Ein Mitverschulden muss von Amts wegen gewürdigt werden, weil es sich um eine Einwendung und nicht etwa eine Einrede handelt. Im Prozess braucht der Architekt daher nur ganz pauschal vorzutragen, er leite aus der Verhaltensweise des geschädigten Bauherrn Einwände ab[349].

343 BGH, BauR 1982, 290.
344 Werner/Pastor, Rn. 2444 m. w. N.
345 BGH, NJW 1982, 168.
346 BGH, Schäfer/Finnern, Z 2.401 Bl. 21.
347 LG Hannover, MDR 1980, 227; Werner/Pastor, Rn. 2449.
348 BGH, BauR 1972, 112.
349 Werner/Pastor, Rn. 2450 m. w. N.

- Der Schädiger ist für ein mitwirkendes Verschulden des anderen beweispflichtig.
- Die Abwägung, wem welches Maß an Verantwortung zuzurechnen ist, fällt in den Bereich der tatrichterlichen Würdigung. Neben dem insoweit gem. § 254 BGB allein zu berücksichtigenden beiderseitigen Verschulden spielen Gesichtspunkte, wie wirtschaftliche Folgen oder Vermögensverhältnisse grundsätzlich keine Rolle.
- Die Würdigung durch das Gericht kann zum Ergebnis haben, dass bei mehreren Beteiligten, wie z. B. Architekt, Unternehmer, Fachingenieur, Projektsteuerer den Schädiger oder einzelne Beteiligte überhaupt keine Ersatzpflicht trifft, ein bestimmter Beteiligter in voller Höhe haftet oder der Schädiger den Schaden selbst zu tragen hat[350]. Ist das Mitverschulden des Bauherrn oder eines Beteiligten nur gering, kann es hinter dem Verschulden der übrigen Beteiligten voll zurücktreten; in einem Einzelfall hat das OLG Hamm[351] entschieden, dies sei bei einem Mitverschulden von 10–20 % der Fall. Ist dem Geschädigten nur fahrlässiges Mitverschulden vorzuwerfen, dem Schädiger aber Vorsatz, so kann das Mitverschulden des Geschädigten regelmäßig unberücksichtigt bleiben[352].

1.1.5.1 Eigenes Mitverschulden des Bauherrn

1.1.5.1.1 Handeln auf eigene Gefahr

Ein eigenes Mitverschulden des Bauherrn kommt vor allen Dingen in Form des Handelns auf eigene Gefahr in Betracht. Ein Handeln des Bauherrn auf eigene Gefahr liegt vor, wenn er sich in Kenntnis der Tragweite seiner Entscheidung – was im Verhältnis zum Architekten regelmäßig eine eingehende Aufklärung über alle wesentlichen Faktoren voraussetzt – für eine bestimmte, mit Risiken behaftete Vorgehensweise entscheidet[353]. Das ist beispielsweise der Fall, wenn der Bauherr eine genehmigungsriskante Planung oder eine Bauausführung mit noch nicht erprobten, neuen Baustoffen verlangt[354]. 215

350 OLG Köln, OLGR 1998, 226.
351 OLG Hamm, VersR 1971, 914.
352 Werner/Pastor, Rn. 2454.
353 Löffelmann/Fleischmann, Rn. 1589.
354 Vgl. dazu näher Rn. 26.

1.1.5.1.2 Haftungsbegründende Kausalität

216 *keine Einwilligung, sondern Haftungsverzicht*

Mitverschulden wegen haftungsbegründender Kausalität liegt vor, wenn eine Schadenursache im Bereich der Eigenverantwortung des Geschädigten entstanden ist und dieser diejenige Sorgfalt außer Acht gelassen hat, die nach der Sachlage erforderlich erschien, um sich selbst vor Schaden zu bewahren[355].

217 Folgende Fälle kommen in Betracht:

- Der Bauherr bemerkt einen Fehler des Architekten, weist den Architekten aber nicht auf den Fehler hin.
- Ein Planungs- bzw. Überwachungsfehler des Architekten ist offenkundig; gleichwohl bemerkt der Bauherr den Fehler nicht oder will ihn nicht bemerken.
- Der Bauherr kommt seiner Pflicht zur Mitteilung notwendiger Vorgaben nicht nach und trägt dadurch zur Entstehung des Schadens bei[356].
- Der Bauherr beauftragt einen Unternehmer, obgleich der Architekt Bedenken hinsichtlich dessen Fachkunde und Zuverlässigkeit geäußert hat[357].

1.1.5.1.3 Haftungsausfüllende Kausalität

218 Im Rahmen der haftungsausfüllenden Kausalität kommt es in der Praxis häufig zu einem Mitverschulden des Bauherrn. Ist ein Schaden durch fehlerhafte Planung des Architekten eingetreten, so ist der Bauherr verpflichtet, alles ihm Zumutbare zu unternehmen, um den Schaden möglichst gering zu halten. Bei einer schon absehbaren, vom Architekten zu vertretenden längeren Fertigstellungsverzögerung eines Geschäftshauses muss der Bauherr beispielsweise von der kostengünstigeren Anmietung von Ersatzräumen Gebrauch machen, anstatt entgangenen Gewinn zu fordern. Bei einer fehlerhaft zu niedrigen Kostenschätzung und einer dadurch später erforderlichen Nachfinanzierung darf der Bauherr insoweit keine unnötig hohen Zinsverpflichtungen eingehen[358].

355 BGH, NJW 1998, 1486.
356 BGH, BauR 1998, 397 f.
357 BGH, BauR 1999, 681.
358 Löffelmann/Fleischmann, Rn. 1591.

1.1.5.2 Mitverschulden Dritter

Der Bauherr muss sich ein eventuelles Mitverschulden seines Vertreters oder Erfüllungsgehilfen wie eigenes Verschulden zurechnen lassen (§§ 254, 278 BGB). **219** *Erfüllungsgehilfe*

Erfüllungsgehilfe ist nach der Legaldefinition der gesetzliche Vertreter oder Personen, deren sich der Bauherr zur Erfüllung seiner Verbindlichkeit bedient. Ein Baubeteiligter ist hiernach unter folgenden Voraussetzungen Erfüllungsgehilfe des Bauherrn: **220**

- Der Baubeteiligte muss im Pflichtenkreis des Bauherrn tätig werden.
- Die schadenverursachende Verhaltensweise muss noch in einem inneren Zusammenhang zu dem übertragenen Geschäft stehen[359].
- Zwischen dem Bauherrn und dem durch die Verhaltensweise des Erfüllungsgehilfen des Bauherrn Geschädigten muss ein Schuldverhältnis bestehen; hingegen ist die Art der zwischen dem Bauherrn und seinem Erfüllungsgehilfen bestehenden rechtlichen Beziehung gleichgültig[360].

Während § 831 BGB (Verrichtungsgehilfe) grundsätzlich auf selbstständige Unternehmer unanwendbar ist[361], der Nachunternehmer also z. B. nicht Verrichtungsgehilfe des Generalunternehmers sein kann, kann Erfüllungsgehilfe des Bauherrn nach § 278 BGB auch ein selbstständiger Unternehmer sein bzw. eine Person, die in ihrem Verhalten keinem Weisungsrecht des Bauherrn unterliegt[362]. Auch wenn das Rechtsverhältnis zwischen Bauherr und Erfüllungsgehilfe nichtig ist, bleibt § 278 BGB anwendbar. Es kommt auch nicht darauf an, ob der Bauherr die tatsächliche Möglichkeit hatte, den Erfüllungsgehilfen zu kontrollieren und zu überwachen[363]. **221** *Verrichtungsgehilfe*

Gerade bei größeren Bauvorhaben ist es Pflicht des Bauherrn, dem Architekten Fachingenieurleistungen zur Verfügung zu stellen, wie z. B. Bodengutachten, die Tragwerksplanung etc. Dazu beauftragt der Bauherr auf Empfehlung des Architekten unmittelbar die geeigneten Sonderfachleute. Diese werden sonach im Pflichtenkreis des Bauherrn tätig und sind damit seine Erfüllungsgehilfen im Verhältnis zum Architekten[364]. Der Bauherr muss sich damit im Verhältnis zum Archi- **222**

359 Werner/Pastor, Rn. 2456.
360 BGHZ 50, 35.
361 BGH, WM 1998, 257.
362 BGHZ 62, 124.
363 BGHZ 58, 211.
364 OLG Frankfurt, NJW-RR 1990, 1497; OLG Celle, BauR 1985, 244; Werner/Pastor, Rn. 2463 m. w. N.

tekten die Fehler der von ihm beauftragten Sonderfachleute als Mitverschulden zurechnen lassen.

223 Das gilt namentlich auch bei mangelhafter Leistung des Projektsteuerers, der nach § 31 HOAI klassische Bauherrenaufgaben wahrnimmt. Insofern ist der Projektsteuerer Erfüllungsgehilfe des Bauherrn im Verhältnis zu den anderen Baubeteiligten, wie dem Architekten, sonstigen Sonderfachleuten und den ausführenden Unternehmen[365]. Vor allem bei Koordinationsverschulden des Projektsteuerers kommt ein solches Mitverschulden häufig zum Tragen[366].

224 Folgende Einzelprobleme sind noch von Interesse:

- *Subunternehmer im Verhältnis zum Hauptunternehmer bei Planungsfehlern des Architekten* – Der Subunternehmer kann regelmäßig das Planungsverschulden des Architekten seinem Auftraggeber – also dem Hauptunternehmer – entgegenhalten[367].

- *Vorunternehmer im Verhältnis Nachfolgeunternehmer zum Bauherrn bei Mängeln des Unternehmers* – Streitig ist, ob der Vorunternehmer im Verhältnis zum Nachfolgeunternehmer Erfüllungsgehilfe des Bauherrn ist mit der Folge, dass der Nachfolgeunternehmer dem Bauherrn ein Mitverschulden des Vorunternehmers am Schaden entgegenhalten kann. Der BGH hat die Stellung des Vorunternehmers als Erfüllungsgehilfe des Bauherrn mit der Begründung verneint, der Bauherr wolle sich dem einzelnen Unternehmer gegenüber nicht zur Erbringung der notwendigen Vorarbeiten verpflichten; der mit der Vorleistung befasste Unternehmer sei nicht in den werkvertraglichen Pflichtenkreis des Bauherrn gegenüber den anderen Baubeteiligten miteinbezogen[368]. Demgegenüber vertritt das OLG Celle[369] und das OLG Düsseldorf[370], der Vorunternehmer sei Erfüllungsgehilfe des Bauherrn im Verhältnis zwischen Bauherrn und Nachfolgeunternehmer: Die Beurteilung des OLG Düsseldorf und des OLG Celle wird den Verhältnissen des Baugewerbes eher gerecht als die Rechtsauffassung des BGH. Es ist nicht einzusehen, das Risiko mangelhafter Vorleistungen auf den Nachfolgeunternehmer zu verlagern, der keinerlei Einfluss auf die Ausführung der Vorunternehmerleistungen hat. Entscheidend ist, dass der Bauherr gegenüber dem Nachfolgeunternehmer verpflichtet ist, ein bebau-

365 Locher/Koeble/Frik, § 31, Rn. 17; Löffelmann/Fleischmann, Rn. 1592.
366 Locher/Koeble/Frik, § 31, Rn. 17.
367 BGH, BauR 1987, 88.
368 BGH, BauR 1985, 561 f.; BGH, NJW 1978, 1157; BGH, DB 1971, 1764, 1765.
369 OLG Celle, BauR 1994, 269.
370 OLG Düsseldorf, OLGR 1999, 483 f.

ungsreifes Grundstück zur Verfügung zu stellen. Das ergibt sich aus § 645 BGB. Nach dem Regelungszweck des § 645 BGB soll der Bauherr unabhängig von einem Verschulden das Vergütungsrisiko tragen, wenn die Beeinträchtigungen des Werkes allein auf seine Vorgaben zurückzuführen sind. Da der Nachfolgeunternehmer seine Arbeiten am Bauobjekt nur durchführen kann, wenn das ihm überlassene Bauobjekt mangelfrei ist, gehört es zu den Vorgaben des Bauherrn, dieses mit ordnungsgemäß ausgeführten Vorleistungen zur Verfügung zu stellen. Richtigerweise muss sich der Bauherr daher ein Mitverschulden des Vorunternehmers im Verhältnis zum Nachfolgeunternehmer zurechnen lassen.

- *Bedeutung der gesamtschuldnerischen Haftung von Unternehmer und Architekt für das Verhältnis Unternehmer/Bauherr* – Es spielt keine Rolle, dass Unternehmer und Architekt dem Bauherrn gegenüber gesamtschuldnerisch haften. Der Unternehmer braucht sich deshalb nicht auf seinen Ausgleichsanspruch gegenüber dem Architekten verweisen zu lassen, sondern kann gegenüber dem Bauherrn dessen Mitverschulden bzw. das Mitverschulden des Architekten am Baumangel geltend machen[371]. Verklagt der Bauherr nur den Unternehmer auf Schadensersatz, ist die Klage bei einem Mitverschulden des Architekten in Höhe der Quote, die auf den Architekten entfällt, von vorneherein unbegründet und insoweit abzuweisen[372]. Das gilt jedoch nicht, wenn dem Architekten ein Bauaufsichtsfehler vorzuwerfen ist; denn der Unternehmer hat gegenüber dem Bauherrn keinen Anspruch auf Überwachung; insoweit fehlt es also am Mitverschulden des Bauherrn[373]. Verklagt der Bauherr den Unternehmer auf Nachbesserung und besteht ein Mitverschulden des Architekten am Mangel, kann der Unternehmer gem. § 242 BGB in Höhe der auf den Architekten entfallenden Haftungsquote einen Zuschussanspruch geltend machen[374]; das gilt grundsätzlich auch beim Pauschalpreisvertrag[375]. Der Architekt kann sich nicht gegenüber dem Bauherrn auf ein Mitverschulden des Unternehmers berufen, etwa weil dieser es verabsäumt habe, auf eine mangelhafte Planung hinzuweisen; denn der Unternehmer ist nicht Erfüllungsgehilfe des Bauherrn[376] mit der Folge, dass dieser dem Bauherrn gegenüber nicht haftet. Dem Bauherrn steht es im Übrigen frei, wen er in Anspruch nimmt, wenn

Unternehmer hat keinen Anspruch auf Überwachung

371 BGH, BauR 1970, 57, 59.
372 OLG Düsseldorf, BauR 1994, 281.
373 BGH, BauR 1997, 1021.
374 BGH, BauR 1980, 284.
375 Dazu näher: BGH, BauR 1984, 395.
376 OLG Düsseldorf, BauR 1974, 357 f.

Architekt und Unternehmer als Gesamtschuldner ersatzpflichtig sind; er verstößt nicht gegen die Schadenminderungspflicht aus § 254 BGB, wenn er sogleich den Architekten haftbar macht[377].

- *Abwägung des jeweiligen Verschuldensbeitrages* – Es gelten die Grundsätze über die Haftungsverteilung. Die Höhe der Quote, mit der am Schaden beteiligte Planer bzw. das ausführende Unternehmen haften, richtet sich nach dem Umfang der Pflichtverletzung[378]. Das Maß der Verantwortlichkeit für den Schaden und die jeweilige Zuordnung sind im Einzelfall vorzunehmen und unterliegen tatrichterlicher Würdigung. Im Ergebnis ist jede Konstellation möglich. Insbesondere kann ein Beteiligter in voller Höhe haften, während die übrigen Beteiligten von der Haftung frei werden[379].

Quotelung des Schadens

Generell lässt sich sagen, dass Ausführungsfehler vom Unternehmer und Planungsfehler vom Architekten bzw. Fachingenieuren zu vertreten sind. Hier ist aber eine Vielzahl von Ausnahmefällen denkbar[380].

- *Haftung des Unternehmers bei Planungs- und Ausschreibungsfehlern* – Hier gilt generell, dass der Unternehmer im Verhältnis zum Bauherrn nur dann aus der Haftung entlassen ist, wenn er auf die Richtigkeit der Planungs- und Ausführungsunterlagen vertraut hat und auch vertrauen durfte[381]. Hat der Unternehmer tatsächlich die Fehlerhaftigkeit der Planungs- und Ausführungsunterlagen nicht erkannt, hätte er die Fehlerhaftigkeit aber erkennen können, haftet er zumindest mit einem Anteil[382]. Erkennt der Unternehmer die Fehlerhaftigkeit des Ausführungsplans oder der Ausschreibungsunterlagen und die Konsequenzen für das Bauwerk, führt er die Arbeiten aber dennoch nach diesen Unterlagen aus, ohne Bedenken gem. § 4 Nr. 3 VOB/B anzumelden, haftet er in voller Höhe[383]. Nur wenn der Unternehmer seiner Hinweispflicht nach § 4 Nr. 3 VOB/B fahrlässig nicht nachgekommen ist, kommt ein Mitverschulden des Bauherrn, der für den Fehler des Architekten einzustehen hat, in Betracht[384].

- *Haftung des Unternehmers bei Objektüberwachungsfehlern* – Bei Ausführungsfehlern des Unternehmers, die der Architekt

377 BGH, BauR 1971, 60.
378 Vgl. Einzelfälle, Rn. 234 f.
379 Werner/Pastor, Rn. 1992 m. w. N.
380 Dazu näher unter Rn. 233 f.
381 BGH, BauR 1991, 79.
382 OLG Hamm, BauR 1992, 78; weitere Beispiele bei Wussow, NJW 1974, 9, 15.
383 BGH, BauR 1991, 79; BGH, BauR 1978, 222.
384 BGH, BauR 1991, 79.

wegen mangelhafter Objektüberwachung nicht erkannt hat, haftet der Unternehmer dennoch in aller Regel in voller Höhe, weil der Bauherr nicht verpflichtet ist, ihn zu überwachen; demgemäß kann auch ein Fehler bei der Objektüberwachung durch den Architekten dem Bauherrn nicht als Mitverschulden zugerechnet werden. Eine andere Beurteilung kommt in Betracht, wenn es der Architekt schuldhaft unterlassen hat, auf schwer erkennbare Gefahren des an sich fehlerhaften Plans hinzuweisen[385]. Ferner ist eine andere Bewertung bei einer vom Auftragnehmer nicht zu erwartenden besonderen Sachkunde, die aber der Aufsichtsführende hat, denkbar: Das OLG Braunschweig[386] hat hierzu Folgendes festgestellt:

> »Eine andere Bewertung kommt auch in Betracht, wenn der Aufsichtsführende kraft einer besseren, von dem Auftragnehmer nicht zu erwartenden Sachkunde die Mangelhaftigkeit allein oder jedenfalls besser feststellen konnte als dieser, was vor allem für den Bereich der Ausführung von für die Gesamtbaumaßnahme wichtigen, besonders schadenanfälligen Bauteilen gilt.«

- Im *Innenverhältnis des Architekten zum Sonderfachmann* ist dieser für seine fehlerhafte Leistung in der Regel allein verantwortlich und dem Architekten gegenüber voll ausgleichspflichtig[387]. Der Architekt braucht im Allgemeinen nicht zu überprüfen, ob die Berechnungen des Sonderfachmanns zutreffend sind und haftet deshalb auch nicht. Vielmehr kann sich der Architekt auf die speziellere Fachkenntnis des Sonderfachmanns verlassen[388]. Dementsprechend braucht der Architekt die Daten des Sonderfachmanns auch nicht dahingehend zu überprüfen, ob dieser die an ihn gestellte Aufgabe richtig gelöst hat. Es ist Aufgabe z. B. des Statikers, die Konstruktion und die Stärken aller tragenden Teile im Rahmen der Architektenpläne verbindlich festzulegen und rechnerisch nachzuweisen[389]. Für die Einhaltung der Stahlbedarfsangabe haftet der Statiker[390]. Demgegenüber ist es Sache des Architekten, die Voraussetzungen für die Statik zu schaffen, insbesondere was die Untersuchung der Baugrundverhältnisse betrifft[391]. So zählt die Klärung der Grundwasserverhältnisse zu den der Genehmigungsplanung vorausgehenden Leistungs-

385 Löffelmann/Fleischmann, Rn. 547.
386 OLG Braunschweig, BauR 1991, 355.
387 OLG Köln, BauR 1988, 241 – Statiker.
388 BGH, BauR 1971, 265, 267 m. w. N.; OLG Stuttgart, BauR 1988, 241.
389 OLG Stuttgart, BauR 1973, 64.
390 BGH, WM 1972, 424.
391 OLG Celle, BauR 1983, 483.

phasen[392] – spätestens ist diese Leistung im Rahmen der Entwurfsplanung zu erbringen, weil hier die endgültige Lösung der Planungsaufgabe geschuldet wird; die Genehmigungsplanung ist lediglich noch die Umsetzung der Entwurfsplanung in einen für die Baubehörde bestimmten Genehmigungsantrag (vgl. § 15 Abs. 2 Nr. 3 und 4 HOAI). Die Erfüllung dieser Pflicht erbringt der Architekt in der Regel dadurch, dass er dem Bauherrn empfiehlt, einen Baugrundgutachter einzuschalten. Geschieht dies, dann ist wiederum der Baugrundgutachter als Sonderfachmann für die Feststellung in Bezug auf den Baugrund allein verantwortlich. Kommt der Architekt seiner Verpflichtung zur Untersuchung des Baugrunds nicht nach bzw. verabsäumt er es, den Bauherrn über die Erforderlichkeit der Einschaltung eines Baugrundgutachters zu beraten und kommt es später zu Schaden, weil die vom Statiker vorgenommene statische Berechnung nicht den tatsächlichen Besonderheiten des Baugrundes gerecht wird, besteht zumindest eine Mithaftung des Architekten. Für das Maß der Mithaftung ist die Frage entscheidend, ob auch der Statiker erkennen konnte und erkennen musste, dass ein Baugrundgutachten zur Klärung der Bodenverhältnisse erforderlich ist[393].

- *Haftung des Architekten gegenüber dem Bauherrn für Fehler des Sonderfachmanns* – Der Sonderfachmann ist, wurde er vom Bauherrn beauftragt, dessen Erfüllungsgehilfe. Der Architekt braucht die Planung des Sonderfachmanns nur insoweit zu überprüfen, als er über die erforderlichen fachspezifischen Kenntnisse verfügt bzw. verfügen muss und sich ihm Bedenken aufdrängen müssen. Ausnahmsweise ist der Architekt dann Gesamtschuldner neben dem Sonderfachmann.[394]
- *Haftung des Architekten gegenüber dem Bauherrn für Fehler des Schnittstellenkoordinators* – Gerade bei größeren Bauvorhaben werden in der Regel mehrere Sonderfachleute eingeschaltet. Oftmals entscheidet sich der Bauherr aus den verschiedensten Gründen dazu, bestimmte Leistungsphasen ein und desselben Fachgebiets (z. B. Tragwerksplanung) von dem einen Sonderfachmann erbringen zu lassen und die weiteren Leistungen von einem anderen Sonderfachmann. Gerade in solchen Fällen besteht das große Risiko, dass später die Verantwortlichkeiten der Sonderfachleute nicht mehr festzustellen sind, weil nicht aufgeklärt werden kann, ob in der Schnittstelle der Leistungen des einen und des anderen Sonderfachmanns tatsächlich alle Daten weitergegeben wurden. Zwar ist

392 OLG Celle, BauR 1983, 493.
393 BGH, BauR 1971, 265.
394 OLG Naumburg, IBR 2001, 320.

es grundsätzlich Aufgabe des Architekten, im Rahmen seiner Koordinierungspflicht dafür Sorge zu tragen, dass der eine Sonderfachmann die erforderlichen Daten und Pläne des anderen Sonderfachmanns erhält. Es sind aber Fallgestaltungen denkbar, in denen dies dem Architekten, der die Fachbereiche der Sonderfachleute eben gerade nicht beherrscht, gar nicht möglich ist. Oftmals entscheiden sich daher Bauherren, wegen der Schnittstellenproblematik einen so genannten Schnittstellenkoordinator einzuschalten. Geschieht dies, ist der Schnittstellenkoordinator in Bezug auf die Koordination im Bereich der Schnittstellen gegenüber dem Architekten Sonderfachmann. In aller Regel scheidet damit die Haftung des Architekten wegen eines Fehlers bei der Koordination im Bereich der Schnittstelle aus. Es gilt insoweit das, was oben zur Haftung des Architekten gegenüber dem Bauherrn für Fehler des Sonderfachmanns gesagt wurde.

- *Haftung des Architekten gegenüber dem Bauherrn für Fehler des Projektsteuerers* – Der Projektsteuerer nimmt Bauherrenaufgaben wahr, weshalb er im Verhältnis zu den übrigen Baubeteiligten als dessen Erfüllungsgehilfe anzusehen ist. Dies bedeutet, dass der Bauherr sich das Mitverschulden des Projektsteuerers gegenüber dem Architekten, den Sonderfachleuten und den ausführenden Unternehmen anrechnen lassen muss[395]. Vor allem bei Planungs- und Koordinationsverschulden des Projektsteuerers ist ein solches Mitverschulden des Bauherrn von Bedeutung.

- *Haftung des planenden und bauleitenden Architekten gegenüber dem Bauherrn* – Es kommt gelegentlich vor, dass Bauherren ein bestimmtes Büro mit den reinen Planungsleistungen einschließlich der Vorbereitung und der Mitwirkung bei der Vergabe beauftragen und ein anderes Büro mit der Objektüberwachung. Der planende und der bauleitende Architekt können in diesem Fall Gesamtschuldner sein[396]. Verklagt der Bauherr beide Architekten, stellt sich die Frage, ob der mit der Objektüberwachung beauftragte Architekt bei Mängeln der Ausführungsplanung, die später zum Schaden führen, dem Bauherrn ein Mitverschulden des planenden Architekten vorhalten kann, der bauplanende Architekt also Erfüllungsgehilfe des Bauherrn im Verhältnis zum bauleitenden Architekten ist. An sich liegt es nahe, solches anzunehmen: Man wird nur schwerlich vom bauleitenden Architekten verlangen können, dass er die vom Bauherrn vorgelegte Ausführungsplanung auf alle denkbaren Mängel untersucht. Genau dies fordert aber die

395 Locher/Koeble/Frik, § 31, Rn. 17.
396 BGH, BauR 1989, 97.

Rechtsprechung[397] mit der Begründung, der Bauherr sei nicht verpflichtet, dem bauleitenden Architekten mangelfreie Pläne zur Verfügung zu stellen; es sei vielmehr die eigentliche Aufgabe des bauleitenden Architekten, für die mangelfreie Errichtung des Bauwerks zu sorgen; in diesem Zusammenhang müsse der bauleitende Architekt die Ausführungsplanung auf Mängel untersuchen. Der planende Architekt sei daher nicht Erfüllungsgehilfe des Bauherrn im Verhältnis zum bauleitenden Architekten.

überzogene Haftung des leitenden Architekten

Diese Rechtsprechung wird zu Recht kritisiert[398]. Die Verpflichtungen des bauleitenden Architekten werden eindeutig überzogen. Richtig ist sicherlich, vom bauleitenden Architekten zu erwarten, dass er die Ausführungsplanung durchsieht und den Bauherrn auf Mängel hinweist, damit sodann der planende Architekt die Gelegenheit erhält, vor Realisierung des Mangels im Bauwerk seine Ausführungsplanung nachzubessern. Diese Hinweis- und Prüfungspflicht darf sich aber nur auf solche Mängel erstrecken, die vom bauleitenden Architekten ohne weiteres bei der geschuldeten Durchsicht erkannt werden; wie oben dargestellt, sieht die Rechtsprechung das aber anders.

- *Haftungsbegünstigung eines gesamtschuldnerisch haftenden Baubeteiligten* – Rechtliche Schwierigkeiten in Bezug auf den Gesamtschuldnerausgleich treten auf, wenn der Bauherr gegenüber dem Architekten und den ausführenden Firmen unterschiedlich haftungsbefreiende oder haftungserleichternde Abreden trifft. Es stellt sich dann die Frage, wie sich solche Abreden mit einem der Gesamtschuldner auf den Ausgleichsanspruch des anderen, nicht begünstigten Gesamtschuldners auswirken.

225 Folgende Klauseln kommen häufig in Architektenverträgen vor:

- Der Architekt haftet gegenüber dem Bauherrn nur *subsidiär* (Subsidiaritätsklausel).
- Die Haftung des Architekten beschränkt sich auf den *Ersatz* des *unmittelbaren Schadens* am Bauwerk.
- Die Haftung des Architekten beschränkt sich auf Schäden, die der Architekt dem Grund und der Höhe nach durch Versicherung seiner gesetzlichen Haftpflicht gedeckt hat oder innerhalb der von der Versicherungsaufsichtsbehörde genehmigten allgemeinen Versicherungsbedingungen bei einem deutschen Versicherer zu tarifmäßigen, nicht auf außergewöhnliche Ver-

397 OLG Köln, BauR 1997, 505; OLG Düsseldorf, BauR 1998, 582.
398 Löffelmann/Fleischmann, Rn. 553; Werner/Pastor, Rn. 1975.

hältnisse abgestellten Prämien und Prämienzuschläge hätte decken können.

- Die Haftung des Architekten ist in Bezug auf Schäden, die nicht versicherbar sind, bis zur Höhe des Honorars für die Leistungsphase beschränkt, in der die fehlerhafte Leistung, die den Schaden verursachte, erfolgte.

- Der Architekt hat in all diesen Fällen gegenüber gesamtschuldnerisch haftenden Baubeteiligten, wie dem ausführenden Unternehmen, Haftungsvorteile durch die Absprache mit dem Bauherrn. Nach der Rechtsprechung des BGH sollen solche Absprachen zwischen Bauherr und Architekt bzw. zwischen Bauherr und Bauunternehmen den Ausgleichsanspruch des zahlenden Gesamtschuldners nach § 426 Abs. 1 BGB nicht berühren[399]. Diesen Grundsatz hat der BGH ausdrücklich auf folgende Fallgestaltung angewandt[400]: Verjährungseintritt bei einem Gesamtschuldner[401], nachträglicher Erlass gegenüber einem Gesamtschuldner[402], Vergleiche mit einem Gesamtschuldner[403], im Voraus getroffene Abreden über den Haftungsverzicht oder eine Haftungsbeschränkung[404]. Solche Abreden entfalten also nur Wirkungen im Verhältnis der Vertragsparteien, die die Abrede getroffen haben. Im Innenverhältnis der Gesamtschuldner wirken sie sich dagegen nicht aus.

Anders ist die Sachlage natürlich zu beurteilen, wenn die Gesamtschuldner untereinander selbst Haftungsbegrenzungen ausgehandelt haben[405].

§ 639 BGB untersagt im Übrigen jetzt Vereinbarungen, durch die die Rechte des Bestellers wegen eines Mangels ausgeschlossen oder beschränkt werden, wenn der Unternehmer den Mangel arglistig verschwiegen oder eine Garantie für die Beschaffenheit des Werkes übernommen hat. Handelt es sich um Vereinbarungen in Allgemeinen Geschäftsbedingungen, sind zudem §§ 307, 309 Nr. 8 b) aa) BGB zu berücksichtigen.

399 BGH, BauR 1972, 246.
400 Vgl. dazu ausführlich: Werner/Pastor, Rn. 2008.
401 BGH, WM 1971, 101.
402 BGHZ 47, 376, 379.
403 BGH, Schäfer/Finnern, Z 3.01 Bl. 325.
404 BGH, NJW 1972, 942.
405 OLG Hamm, BauR 1990, 638; OLG Düsseldorf, ZfBR 1983, 92.

1.1.6 Ausgleichsansprüche der Baubeteiligten

226 Häufig ist ein Baumangel nicht nur einem Baubeteiligten zuzurechnen, sondern gleich von mehreren Baubeteiligten zu vertreten. Die verantwortlichen Baubeteiligten haften dem Bauherrn dann als Gesamtschuldner i. S. d. § 421 BGB. Dem Bauherrn steht es bei Gesamtschuldnerschaft völlig frei, wen er in Anspruch nimmt. Er ist auch nicht etwa aus dem Gesichtspunkt der Schadenminderungspflicht (§ 254 Abs. 2 S. 1 BGB) verpflichtet, zunächst den Unternehmer auf Nachbesserung in Anspruch zu nehmen, bevor er gegen den Architekten auf Zahlung von Schadensersatz vorgeht[406].

227 Der in Anspruch genommene Gesamtschuldner kann nach Befriedigung des Gläubigers den anderen Baubeteiligten – ggfs. im Wege der Rückgriffsklage nach § 426 BGB – in Anspruch nehmen; er kann aber auch schon vorher von dem oder den anderen Gesamtschuldnern im Wege der Freistellung die Beteiligung an der Befriedigung des Bauherrn fordern und das auch ggfs. mithilfe einer Freistellungsklage erzwingen. Dazu muss allerdings die Forderung des Bauherrn fällig sein[407].

228 *erforderlich: inhaltliche Gleichheit der Haftungsverhältnisse*

Die Haftungsverhältnisse der Gesamtschuldner gegenüber dem Bauherrn können durchaus unterschiedlich sein; Voraussetzung ist lediglich, dass sie »hart an der Grenze zur inhaltlichen Gleichheit« liegen[408]. So kann der Bauherr den Architekten auf Schadensersatz wegen Nichterfüllung bzw. auf Schadensersatz anstatt Leistung in Anspruch nehmen und den Unternehmer wegen desselben Mangels auf Nachbesserung nach § 633 BGB a. F., §§ 634 Nr. 3, 635 BGB bzw. §§ 4 Nr. 7, 13 Nr. 5 VOB/B. Im Ergebnis kann der Bauherr sich bei einer Gesamtschuldnerhaftung mehrerer Baubeteiligter aussuchen, ob er es vorzieht, Schadensersatz wegen des Mangels zu beanspruchen (dann muss er gegen den Architekten oder den Sonderfachmann vorgehen), oder ob er sich für die Nachbesserung entscheidet (dann muss er gegen den Unternehmer vorgehen).

229 Geht der Bauherr nur gegen den Architekten oder Sonderfachmann vor, verliert der Unternehmer im Ergebnis sein Nachbesserungsrecht, weil der Architekt in dem anschließenden Ausgleichsprozess nach § 426 BGB von dem Unternehmer Zahlung in Höhe der auf den Unternehmer entfallenden Quote verlangen kann; der Anspruch nach § 426 BGB richtet sich auf Zahlung.

230 *Verjährung*

Der Ausgleichsanspruch nach § 426 Abs. 1 BGB verjährt nach altem Recht in 30 Jahren[409] und nach neuem Recht gem. § 193 BGB nach

406 Werner/Pastor, Rn. 1966.
407 BGH, NJW 1986, 978.
408 BGH, BauR 1971, 60.
409 BGH, BauR 1972, 246.

drei Jahren. Für Ausgleichsansprüche, die nach altem Recht abzuwickeln sind, hat das zur Folge, dass der Ausgleichsanspruch zwischen Gesamtschuldnern auch dann besteht, wenn die kurze Verjährungsfrist des § 638 BGB und des § 13 Nr. 4 VOB/B abgelaufen ist, also der Bauherr den Unternehmer wegen Verjährung nicht mehr in Anspruch nehmen könnte[410]. Eine Abtretung des Ausgleichsanspruchs zugunsten des Bauherrn mit dem Ziel der Umgehung der kurzen Verjährung nach §§ 638 BGB, 13 Nr. 4 VOB/B ist allerdings nicht möglich (§ 399 BGB analog[411]).

Die Beweislast für die Voraussetzungen des Ausgleichsanspruchs trägt derjenige, der den Ausgleichsanspruch gegen den anderen Gesamtschuldner geltend gemacht[412]. 231

Gesamtschuldnerschaft kommt in folgenden Konstellationen in Betracht: 232

- *Architekt und Sonderfachmann* – Der Sonderfachmann plant fehlerhaft und der Architekt, der zwar nicht die erforderlichen Spezialkenntnisse besitzt, verabsäumt es, in die Unterlagen des Sonderfachmanns Einblick zu nehmen zwecks Feststellung, ob dieser von den gegebenen tatsächlichen Verhältnissen und den technischen Vorgaben ausgegangen ist oder er übersieht einen offenkundigen Fehler des Sonderfachmanns.
- *Architekt und Unternehmer* – Plant der Architekt mangelhaft und arbeitet der Unternehmer in Kenntnis dieses Mangels oder in schuldhafter Unkenntnis nach der Architektenplanung, so ist eine gesamtschuldnerische Haftung gegeben (§ 4 Nr. 3 VOB/B[413], der beim BGB-Bauvertrag analog heranzuziehen ist). Hier ist allerdings eine Besonderheit zu berücksichtigen:

  Nimmt der Bauherr nur den Architekten wegen des Mangels auf Schadensersatz in Anspruch, kann sich dieser in dem Ausgleichsprozess nach § 426 BGB später zwar an den Unternehmer halten; er ist aber dem Bauherrn gegenüber in voller Höhe zum Schadensersatz verpflichtet. Wird hingegen der Unternehmer vom Bauherrn auf Schadensersatz in Anspruch genommen, entsteht das Problem der Ausgleichspflicht nach § 426 BGB nicht. Denn der Unternehmer kann dem Bauherrn gegenüber einwenden, dass dieser sich das Mitverschulden seines Erfüllungsgehilfen, also des Architekten, nach §§ 254, 278 anrechnen lassen muss. Das heißt, der Unternehmer kann von vornherein nur mit einem Teil des Schadens zur Verantwortung gezogen werden; seine Schadensersatzpflicht ist also

410 BGH, BauR 1972, 246.
411 Werner/Pastor, Rn. 1989.
412 BGH, VersR 1965, 804.
413 BGH, BauR 1991, 79.

um die Haftungsquote reduziert, die dem Architekten zuzuweisen ist. Zu einem Ausgleichsprozess zwischen Unternehmer und Architekt nach § 426 BGB kann es also gar nicht kommen[414]. Stattdessen muss sich der Bauherr wegen seines weiteren Schadens an den Architekten halten.

Werden beide – also Architekt und Unternehmer – von dem Bauherrn in ein und demselben Verfahren als Gesamtschuldner verklagt, muss das Gericht im Urteil eine Quote bilden.

- *Architekt, Unternehmer und Sonderfachmann* – Gesamtschuldnerschaft ist denkbar, wenn der verursachte Mangel aus dem Verantwortungsbereich aller drei Beteiligter stammt[415]. Solches ist beispielsweise denkbar, wenn der Statiker offenkundig mangelhaft geplant hat, der Architekt dies gleichwohl nicht erkennt, obwohl er es hätte erkennen können und auch der Unternehmer dies erkennt, aber dem Bauherrn keinen Hinweis erteilt. Für die wechselseitigen Ansprüche gilt das Vorgesagte.
- *Planender und bauleitender Architekt* – Gerade bei Großbauvorhaben ist es heute durchaus gängige Praxis, dass Bauherren z. B. nach vorangegangenem Wettbewerb ein junges, kreatives Architekturbüro mit den reinen Planungsleistungen bis zur Ausführungsplanung beauftragen, aber darauf drängen, dass für die Objektüberwachung und die Objektbetreuung ein erfahrenes, evt. am Wettbewerb gar nicht beteiligtes renommiertes Büro eingeschaltet wird. Geht das junge, kreative Büro mit dem erfahrenen Büro eine Zweckgemeinschaft in Form einer Arbeitsgemeinschaft ein zur Abwicklung des Architektenauftrages, so haften beide Büros nach außen hin gesamtschuldnerisch für alle in Auftrag gegebenen Architektenleistungen.

  Erteilt der Bauherr dagegen dem planenden und dem bauleitenden Architekten jeweils separate Verträge, kommt eine gesamtschuldnerische Haftung dann in Betracht, wenn ein Planungsfehler vorliegt, weil der bauleitende Architekt nach der Rechtsprechung die Planung des planenden Architekten überprüfen muss (vgl. dazu näher Rn. 181).[416]
- *Architekt und vom Architekten nachbeauftragte Fachingenieure* – In dieser Konstellation kommt eine gesamtschuldnerische Haftung nicht in Betracht, weil die Haftung des nachbeauftragten Fachingenieurs sich nur im Verhältnis zum Architekten auswirkt. Der Bauherr kann mangels eines vertraglichen Vertragsverhältnisses dagegen nicht gegen den vom Architekten nachbeauftragten Fachingenieur vorgehen.

414 OLG Bremen, BauR 1988, 744.
415 BGH, BauR 1989, 97.
416 OLG Düsseldorf, BauR 1998, 582.

- *Architekt und Rechtsanwalt* – Eine gesamtschuldnerische Haftung kommt in Betracht, wenn der Bauherr den Rechtsanwalt z. B. im Zusammenhang mit Fragen der Genehmigungsfähigkeit befasst hat und dieser zu dem Ergebnis gelangt ist, eine bestimmte Art der Planung sei genehmigungsfähig, was der Architekt sodann umsetzte. Das Maß der jeweiligen Haftung hängt davon ab, ob es sich um schwierige Rechtsfragen handelte, die der Architekt nicht mehr beherrschen konnte. Hat der Architekt bei schwierigen rechtlichen Fragen in Bezug auf die Genehmigungsfähigkeit den Bauherrn rechtzeitig auf die Grenzen seiner Erkenntnisfähigkeit hingewiesen und empfohlen, einen Baurechtlicher einzuschalten, kann Gesamtschuldnerschaft zu verneinen sein. In diesem Fall haftet der Rechtsanwalt dem Bauherrn gegenüber alleine[417]. Nach der neueren Rechtsprechung sind die Anforderungen in rechtlicher Hinsicht an die Erkenntnisfähigkeit eines Architekten allerdings ausgesprochen hochgeschraubt; so ist der Architekt insbesondere auch verpflichtet, schwierige rechtliche Bewertungen im Zusammenhang mit unbestimmten Rechtsbegriffen (im entschiedenen Fall: § 34 Abs. 1 BauGB) zutreffend zu lösen[418]. Der mit eingeschaltete Rechtsanwalt haftet aber ganz überwiegend; ggfs. tritt das Mitverschulden des Architekten hinter dem Verschulden des Rechtsanwalts völlig zurück.

Oftmals ist es schwierig, im Rahmen der Ausgleichsklage eine quo- 233
tenmäßige Haftungsverteilung zwischen den Gesamtschuldnern vorzunehmen. Die Rechtsprechung hat in folgenden Fällen wegen besonders schwerwiegender Pflichtverletzung die Alleinverantwortlichkeit eines der Gesamtschuldner festgestellt:

- Erkennt der Unternehmer, dass der ihm vom Architekten vorgelegte Plan fehlerhaft ist oder dass das vom Architekten erstellte Leistungsverzeichnis Mängel enthält, und erkennt er weiter, dass die mangelhafte Planung bzw. der Fehler des Leistungsverzeichnisses zu einem Mangel des Bauwerks führen muss, ohne dem Bauherrn einen Hinweis erteilt zu haben, so trägt er im Innenverhältnis Architekt/Unternehmer die alleinige, zumindest aber die überwiegende Schadensersatzverpflichtung[419].
- Im Verhältnis Architekt/Statiker ist im Innenverhältnis der Statiker für Mängel der Statik, die zu einem Baumangel führen, in der Regel voll verantwortlich[420]. Gleiches gilt für den Schnittstellenkoordinator.

417 Löffelmann/Fleischmann, Rn. 235 m).
418 BGH, BauR 1999, 1195.
419 BGH, BauR 1991, 79.
420 OLG Köln, BauR 1988, 241.

- Das gilt auch im Verhältnis des Architekten zu anderen Sonderfachleuten. So haftet beispielsweise der Architekt grundsätzlich nicht für die Richtigkeit eines hydrologischen Gutachtens[421]. Der Bodengutachter trägt vielmehr die Alleinverantwortlichkeit[422].

234 In folgenden Fällen ist die Rechtsprechung zu einer Quotelung der Haftung gekommen:

- Bei einer fehlenden Dehnungsfuge hat das LG Stuttgart[423] den Schaden zwischen dem Bauunternehmer, dem Architekten und dem Statiker quotenmäßig wie folgt geteilt: Statiker 70 %, Architekt 15 %, Unternehmer 15 %. Das Landgericht stellte fest, dass der Statiker in erster Linie verantwortlich sei, weil es zu seinem Aufgabenbereich zähle, die Dehnungsfugen zu zeichnen.

  Die Verantwortlichkeit des Architekten ergebe sich daraus, dass es kein spezielles Fachwissen erfordert habe, festzustellen, dass Dehnfugen anzubringen waren; vielmehr gehöre dies zum Allgemeinwissen eines Architekten, weshalb fest stehe, dass diesem bei einer Sichtprüfung der vom Statiker gefertigten Unterlagen das Fehlen der Dehnfugen hätte auffallen müssen.

  Der Rohbauunternehmer hafte ebenfalls, weil er Bedenken hätte anmelden müssen; es zähle zu den elementaren Kenntnissen eines Rohbauunternehmers, dass große Flächen nur unter bestimmten – im konkreten Fall nicht vorliegenden – Voraussetzungen fugenlos verlegt werden könnten. Der Rohbauunternehmer habe daher unbedingt dem Bauherrn einen Hinweis erteilen müssen.

  Da der Bauherr in dem entschiedenen Fall nur den Statiker und den Bauunternehmer verklagt hatte, wurde die Klage in Höhe der dem Architekten anzulastenden Quote von 15 % abgewiesen, weil der Bauherr sich das Mitverschulden des Architekten nach § 254 BGB zurechnen lassen musste.

- Bei einer eingestürzten Spundwand wurde vom OLG Stuttgart[424] zwischen Bodengutachter, Statiker und Architekt die Haftung wie folgt gequotelt: Bodengutachter 40 %, Statiker 40 %, Architekt 20 %. Das OLG begründete die Haftungsverteilung damit, der Bodengutachter sei gerade mit der Untersuchung der Bodenverhältnisse beauftragt gewesen, wes-

421 OLG Köln, BauR 1999, 429.
422 BGH, BauR 1998, 812; auch OLG Köln, NJW-RR 1998, 1476.
423 LG Stuttgart, BauR 1997, 137.
424 OLG Stuttgart, BauR 1996, 748.

halb sich seine Haftung von selbst verstehe und mit 40 % geschätzt werde.

Der Statiker hafte ebenfalls mit 40 %, weil diesem die Fehlerhaftigkeit des Bodengutachtens aufgrund nachgewiesener Kenntnisse der örtlichen Gegebenheiten ebenfalls hätte auffallen müssen.

Auch den Architekten treffe eine Verantwortlichkeit, weil er unter Verstoß gegen die Koordinierungspflicht den Zeitabschnitt zwischen Durchführung der Probebohrung zu kurz vorgegeben habe, was zu einer gewissen Hektik geführt habe und damit – nach Ansicht des vom Gericht eingeschalteten Sachverständigen – zur falschen Einschätzung der Bodenverhältnisse beigetragen habe. Die Verantwortlichkeit des Architekten sei allerdings deutlich geringer einzustufen, als die des Bodengutachters und des Statikers, nämlich nur mit 20 %.

1.1.7 Vorteilsausgleichung

»Vorteilsausgleichung« bedeutet, dass ein durch das schadenstiftende Ereignis verursachter Vorteil mit dem Schadeneratzanspruch auszugleichen ist[425]. Im Ergebnis sind also Vorteile, die dem Bauherrn im Rahmen der Schadenbeseitigung zufließen, vom Schaden wertmäßig abzuziehen[426]. Das Prinzip der Vorteilsausgleichung ist allerdings nicht nur auf Schadensersatzansprüche anwendbar, sondern auch Wandelungs-, Minderungs-, Nachbesserungs- und Kostenerstattungsansprüche[427]. Eine Vorteilsausgleichung ist aber nur unter folgenden Voraussetzungen durchzuführen: **235**

Faktor der Schadensberechnung

- Der Vorteil muss adäquat durch das schädigende Ereignis verursacht worden sein[428].
- Der Kausalzusammenhang muss jedoch qualifiziert sein; diesbezüglich kommt es entscheidend auf einen nahen zeitlichen Zusammenhang und die Wertung nach Risikosphären an[429].
- Die Anrechnung des Vorteilsausgleichs muss für den Geschädigten zumutbar sein[430] und darf nicht zu einer unbilligen Entlastung des Schädigers führen[431].

425 Werner/Pastor, Rn. 2469.
426 BGH, BauR 1997, 335.
427 BGH, BauR 1984, 510.
428 BGHZ 81, 275.
429 BGH, ZfBR 1982, 63.
430 BGH, BauR 1994, 776.
431 BGH, BauR 1997, 335.

236 Im Rahmen der Vorteilsausgleichung sind auch »Sowieso-Kosten« und ein Abzug »alt für neu« zu berücksichtigen.

237 Unter »Sowieso-Kosten« sind nach der Definition des BGH[432] Mehrkosten zu verstehen, um die das Werk bei ordnungsgemäßer Ausführung von vornherein teurer geworden wäre. Solche Kosten sind nicht erstattungsfähig. Dazu ein Beispiel: Der BGH[433] hat im Rahmen eines Schadensersatzprozesses gegen einen Architekten festgestellt, dass der Bauherr die Kosten einer erforderlichen Hangbefestigung, die der Architekt fehlerhafterweise nicht geplant hatte, nicht erstattet verlangen kann und dies wie folgt begründet:

> ➢ »Nach ständiger Rechtsprechung des Senats darf der Anspruchsgegner eines Schadensersatzanspruches wie auch der Auftragnehmer im Rahmen eines Gewährleistungsanspruchs nicht mit Kosten belastet werden, um die das Werk bei ordnungsgemäßer Ausführung von vornherein teurer geworden wäre. Das sind hier die Kosten, die für eine ordnungsgemäße Sicherung des in dieser Form vorgesehenen und geplanten Steinhangs angefallen wären. Dazu gehören neben den hier notwendigen Baukosten die darauf entfallenden Statikerkosten, denn auch diese sind Kosten der neuen Konstruktion, so wie sie bei sachgerechtem Verhalten des Beklagten ohnehin erforderlich gewesen wären.«

238 *Vorteilsausgleich beim Festpreisvertrag*

Ein Vorteilsausgleich findet ausnahmsweise auch dann nicht statt, wenn der Bauherr mit dem ausführenden Unternehmen für einen bestimmten Werkerfolg einen Festpreis vereinbart hatte; in diesem Fall bleibt das ausführende Unternehmen an seine Zusage selbst dann gebunden, wenn sich die beabsichtigte Ausführungsart nachträglich als unzureichend erweist und aufwendigere Maßnahmen erforderlich werden[434].

239 *Abzug »neu für alt«*

Der Abzug »neu für alt« ist dann zu beachten, wenn der Architekt beispielsweise Schadensersatz für eine ältere Sache leisten muss bzw. dem Bauherrn im Zuge der Sanierung die Vorteile hinsichtlich einer längeren Lebensdauer des bestimmten Bauteils zugute kommen. Dazu ein Beispiel: Kurz vor Ablauf der fünfjährigen Verjährungsfrist tauchen Undichtigkeiten im Bereich einer Terrasse auf; die Undichtigkeiten sind auf Planungs- und Aufsichtsfehler des Architekten zurückzuführen, der deshalb schadensersatzpflichtig ist. Im Zuge der Sanierung wird die Terrasse neu abgedichtet. Der Sachverständige stellt fest, dass die übliche Lebensdauer der Abdichtung einer solchen Terrasse 20 Jahre beträgt. Das heißt also, für den Bauherrn hat sich bezogen auf den ursprünglichen Fertigstellungstermin die Lebensdauer der

432 BGH, BauR 1984, 512.
433 BGH, NJW-RR 1990, 728.
434 BGH, BauR 1990, 84; BGH, BauR 1994, 776, 779.

Terrasse auf 25 Jahre verlängert. Das ist im Wege des Vorteilsausgleichs zu berücksichtigen. In einem vergleichbaren Fall – es ging um die Sanierung eines Flachdaches – hat das OLG Frankfurt[435] einen Abzug »neu für alt« von 25 % von den Sanierungskosten vorgenommen.

Ein solcher Abzug ist aber nicht in jedem Fall gerechtfertigt. Der Auftragnehmer darf nicht dadurch, dass der Vertragszweck nicht sogleich, sondern erst später im Rahmen der Gewährleistung erreicht wird, eine Besserstellung erfahren, weil dieses dem Gesetzeszweck der Gewährleistung im Werkvertragsrecht widerspräche[436]. Im Ergebnis kann dem Bauherrn nur der Zeitraum zwischen Fertigstellung und Verzug des Gewährleistungspflichtigen (mit Nachbesserungs- oder Schadensersatzleistungen) als Vorteilsausgleich gegengerechnet werden; ab dem Zeitpunkt des Verzuges widerspräche ein solcher Abzug nach der Rechtsprechung des BGH dem Gesetzeszweck der Gewährleistung, weil der Verpflichtete – also hier der Architekt – anderenfalls Vermögensvorteile aus dem Verzug mit der Schadensersatzleistung ziehen könnte.

240

1.2 Gewährleistung für Mangelfolgeschäden nach altem Recht

1.2.1 Abgrenzung zum Bauwerksmangel

Die Abgrenzung zwischen Bauwerksmängeln und Mangelfolgeschäden ist fließend. Taugliche abstrakte Kriterien gibt es nicht[437]. In jedem Einzelfall muss – findet noch altes Recht Anwendung[438] – der enge und unmittelbare Zusammenhang zwischen Baumangel und Schaden geprüft werden[439]. Zu der Problematik, wie dieser enge Zusammenhang zu ermitteln ist, hat der BGH[440] auf die Notwendigkeit einer die Eigenart des jeweiligen Sachverhalts berücksichtigenden Begründung und Wertung verwiesen; wie auch sonst bei Generalklauseln kann sich im Verlauf der Rechtsprechung eine Typenbildung nach Tatbestandsgruppen ergeben. Entscheidend sei eine an dem Leistungsobjekt sowie der Schadenart orientierte Güter- und Interessen-

241
Güter- und Interessen-abwägung

---

435 OLG Frankfurt, BauR 1987, 322.
436 BGH, BauR 1984, 513; OLG Köln, BauR 1993, 255.
437 BGHZ 37, 341, 343; BGH, NJW 1991, 2418.
438 Heute ist § 280 BGB die zentrale Anspruchsgrundlage, die sämtliche Pflichtverletzungen (Haupt- und Nebenpflichtverletzungen) erfaßt, weshalb die Unterscheidung zwischen Schaden und Mangelfolgeschaden keine Bedeutung mehr spielt.
439 BGH, BauR 1976, 354; BGH, BauR 1979, 321; BGH, BauR 1981, 482; OLG Düsseldorf, BauR 1975, 68.
440 BGH, BauR 1982, 489.

abwägung, die das Verjährungsrisiko für Mangelfolgeschäden angemessen zwischen Besteller und Werkunternehmer verteilt[441].

242 Nicht nur um einen Mangelschaden, der dem hergestellten Werk »unmittelbar« anhaftet, sondern um einem dem Besteller aus p. V. V. – und § 823 BGB – zu ersetzenden Schaden handelt es sich, wenn andere Rechtsgüter des Auftraggebers im Zusammenhang mit dem Hinzutreten eines weiteren Ereignisses verletzt werden. Das ist in folgenden Fällen gegeben:

- Bei Aufwendungen wegen eindringenden Wassers aufgrund mangelhafter Bauleistungen (a. A. aber OLG München, BauR 1990, 736: § 635 BGB a. F. findet Anwendung bezüglich der Kosten der Beseitigung des durch auslaufendes Öl verunreinigten Erdreichs).
- Bei Schäden aufgrund eines Diebstahls, der durch eine mangelhafte Überwachungsanlage ermöglicht wurde (OLG Hamm, OLGR 1992, 98).
- Bei Schäden, die nur gelegentlich bei der Ausführung der vertraglichen Leistung entstehen. Das ist beispielsweise der Fall, wenn der Architekt dem Bauherrn die Baustelle zeigt, dieser in einen nicht abgedeckten Treppenschacht[442] stürzt und sich hierbei verletzt oder in den aufgrund eines Planungsfehlers mangelhaft isolierten Wohnräumen Möbel und Teppiche[443] verschimmeln.
- Bei Brandschäden aufgrund mangelhafter Werkleistung an einem Haus, das nicht Gegenstand der Bauleistung war[444].

1.2.2 Voraussetzungen und Rechtsfolgen nach altem Recht

243 *positive Vertragsverletzung*

So schwierig die Abgrenzung zwischen Bauwerksmängeln und Mangelfolgeschäden nach altem Recht[445] ist, umso bedeutsamer sind die Unterschiede in den Rechtsfolgen. Handelt es sich bei dem vom Architekten verursachten Schaden um einen entfernten Mangelfolgeschaden, so ergibt sich die Haftung aus positiver Vertragsverletzung des Architektenvertrages. Bei Ansprüchen aus positiver Vertragsverletzung (p. V. V.) gilt nicht die kurze Verjährung des § 638 BGB a. F. und es müssen auch nicht die strengen Voraussetzungen des § 634 BGB a. F. beachtet werden (Aufforderung zur Nachbesserung unter

441 BGH, NJW 1976, 1502 f.
442 Schmalzl, Rn. 80.
443 Schmalzl, Rn. 80.
444 BGH, BauR 1982, 469.
445 Die Abgrenzung spielt nach der Schuldrechtsreform keine Rolle mehr (vgl. Rn. 151 f.).

Fristsetzung mit Ablehnungsandrohung). Besonders wichtig ist zudem, dass die Schadensersatzansprüche aus positiver Vertragsverletzung im Gegensatz zu den Ansprüchen aus § 635 BGB a. F. unter die allgemeine Haftpflicht- und Bauwesenversicherung fallen[446]. Da § 634 a. F. BGB nicht gilt, braucht der Bauherr dem Architekten keine Nachbesserungsmöglichkeit einzuräumen; auf der anderen Seite hat der Architekt aber auch kein Nachbesserungsrecht.

Voraussetzung für den Anspruch aus positiver Vertragsverletzung ist **244**
ein ursächlicher Zusammenhang zwischen dem Werkmangel und dem Schaden, ferner ein Verschulden des Architekten, wobei zum Verschulden die gleichen Voraussetzungen wie bei § 635 BGB a. F. gelten. Der Bauherr hat die haftungsbegründende Handlung des Architekten darzulegen und zu beweisen, die den Mangelfolgeschaden verursacht hat[447].

446 BGH, NJW 1983, 1780; Eiselt/Trapp, NJW 1984, 899 f.
447 OLG Düsseldorf, OLGR 1998, 317 – zur Bausummenüberschreitung.

2 Haftung als Sachwalter

2.1 Voraussetzungen

Wegen des besonderen Vertrauens, das der Bauherr dem Architekten schon im Hinblick auf seine weitreichenden Funktionen entgegenbringen muss, wird der Architekt im Schrifttum und in der Rechtsprechung als Sachwalter des Bauherrn bezeichnet[448]. Je nach dem Umfang der übernommenen Vertragspflichten erwachsen dem Architekten weit gefächerte Beratungspflichten. Stets hat er dafür Sorge zu tragen, dass dem Bauherrn keine vermeidbaren wirtschaftlichen Nachteile entstehen. Je nach Auftragsumfang erstrecken sich die Beratungspflichten aber auch auf Finanzierungs- und Steuerfragen, auf Besonderheiten des sozialen Wohnungsbaus, auf die Geltendmachung von Mängelrügen gegenüber dem Bauunternehmer etc. Eine allgemeine Verpflichtung des Architekten, in jeder Hinsicht die Vermögensinteressen des Bauherrn wahrzunehmen und alle Möglichkeiten einer kostengünstigen Durchführung des Bauvorhabens auszuschöpfen, besteht allerdings nicht; der Architekt ist weder Vermögens- noch Steuerberater des Bauherrn[449]. Die Sachwalterfunktion bedeutet ferner nicht, dass der Architekt für das Bauvorhaben objektiv die bestmögliche Lösung liefern müsse[450]. Vielmehr erfüllt der Architekt seine Aufgabe schon dadurch, dass er einen nach vernünftiger Auffassung durchführbaren Plan fertigt, der den wirtschaftlichen Vorstellungen des Bauherrn entspricht. **245**

Exkurs: Der Bauherr kann keineswegs beliebig in die Planung des Architekten hineinfunken und von vornherein seinen privaten Geschmack, sei er noch so geschmackvoll, durchsetzen: Es entspricht dem Wesen des Architektenvertrages, dass der Architekt in der künstlerischen Gestaltung seiner Pläne grundsätzlich frei ist. Der Bauherr muss das respektieren[451]. Er muss daher das Architektenwerk nach dem genehmigten Entwurf ausführen lassen. Allerdings kann der Bauherr diese grundsätzliche Gestaltungsfreiheit des Architekten vertraglich einengen; lässt sich der Architekt darauf ein, ist er auch an die Vorgabe des Bauherrn gebunden und muss sie umsetzen. Auch hat die künstlerische Gestaltungsfreiheit des **246** *künstlerische Gestaltungsfreiheit*

448 Vgl. BGH, BauR 1978, 235; Schmalzl, Rn. 5 m. w. N.
449 BGH, BauR 1975, 434.
450 BGH, BauR 1973, 120.
451 Schmalzl, Rn. 5.

Architekten, die diesem grundsätzlich zusteht, hat Grenzen. Der künstlerische Freiraum des Architekten gewährt ihm nicht das Recht, ästhetische Gestaltungsmöglichkeiten oder modische Entwicklungen, die weder in den vom Bauherrn genehmigten Entwürfen vorgesehen sind noch mit dem Bauherrn abgesprochen wurden, ohne dessen Erlaubnis auszuführen. Enthalten beispielsweise die vom Bauherrn genehmigten Entwürfe keine Angaben über die Farbgestaltung des Außenanstrichs und gibt es auch keine Vereinbarung (z. B. im Architektenvertrag), derzufolge der Architekt in allen Fragen der künstlerischen Gestaltung entscheidet, so ist der Bauherr befugt, den Außenanstrich nach seinen Wünschen zu wählen[452]. Ganz allgemein kann man sagen, dass der Architekt dem Bauherrn grundsätzlich nicht eine Form oder Gestaltung aufzwingen darf, die dieser ausdrücklich oder erkennbar nicht haben will[453]. In jedem Einzelfall ist aber zu prüfen, ob der Architekt nicht ausnahmsweise doch seine Vorstellungen durchsetzen kann. Das ist beispielsweise der Fall, wenn der Bauherr nachweislich den Architekten beauftragt hat, weil dieser für eine bestimmte Stilrichtung steht. Wer einen Bauhaus-Architekten für die Planung auswählt, darf trotz aller Einschränkungen keinen Jugendstil erwarten. Dem Architekten ist kraft seines Berufes ein künstlerischer Freiraum zuzugestehen; dem widerspricht es, wenn der Bauherr von ihm fordert, dass der Architekt sklavisch seine Vorstellungen umsetzt[454].

247 *Qualifizierung des Architekten als Sachwalter ist kein Vorzug*

Die Qualifizierung des Architekten und Ingenieurs als Sachwalter des Bauherrn stellt – anders als man glauben könnte – keinen besonderen Vorzug dar. Vielmehr dient diese Qualifizierung ausschließlich der Anknüpfung an eine besondere Haftung, die erheblich über die werkvertraglichen Leistungspflichten hinausgeht. Allein aus der Qualifizierung als Sachwalter ergibt sich – ohne dass es einer besonderen Vereinbarung zwischen Bauherr und Architekt bedarf – ein umfangreicher Pflichtenkreis, der durch folgende Grundsätze gekennzeichnet ist:

- Grundsatz der objektbezogenen und auftraggeberbezogenen Aufklärung und Beratung (BGH, BauR 1998, 356)
- Pflicht zur ordnungsgemäßen Erfüllung von Pflichten, die der Architekt in Durchführung des Vertrages ausdrücklich über-

452 BGH, BauR 1971, 135.
453 Schmalzl, Rn. 6.
454 BGH, BauR 1975, 363; Herding/Schmalzl, S. 309 f. m. w. N.

nommen hat (BGH, BauR 1996, 570 – Beschaffung von Fördermitteln)

- vorvertragliche, vertragliche und nachvertragliche Aufklärungs- und Beratungspflichten
- Verpflichtung zur Herausgabe von Provisionen (Schmiergeldern)
- der Eintritt eines Schadens

Die Voraussetzungen einer Schadensersatzverpflichtung des Architekten nach altem und nach neuem Recht lassen sich wie folgt zusammenfassen: 248

- eine objektive Pflichtverletzung
- Verschulden

Anspruchsgrundlage ist nach altem Recht p. V. V. des Architektenvertrages und nach neuem Recht §§ 634 Nr. 4, 636, 280 Abs. 1 BGB. 249

Neben der Pflicht des Architekten zum Ersatz des dem Bauherrn entstandenen Schadens hat der Bauherr im Fall schwerwiegender oder wiederholter Pflichtverletzungen die Möglichkeit der Kündigung des Vertrages aus wichtigem Grund[455] bzw. zum Rücktritt vom Vertrag (§§ 634 Nr. 3, 636, 323 und 326 Abs. 5 BGB). Kündigt der Bauherr berechtigt aus wichtigem Grund oder tritt er berechtigt vom Vertrag zurück, steht dem Architekten nur dann Honorar für die erbrachten Leistungen zu, wenn diese Leistungen vom Bauherrn als brauchbar verwandt worden sind bzw. verwandt werden können. 250 *künstlerischer Freiraum*

2.2 Typische Pflichten des Architekten als Sachwalter

2.2.1 Auswahl der Sonderfachleute und Bauhandwerker

Mit seiner Beratung hinsichtlich der Auswahl der einzuschaltenden Sonderfachleute und Bauhandwerker hat der Architekt dem in der Regel unerfahrenen Auftraggeber alle sachdienlichen Entscheidungshilfen zur Verfügung zu stellen. Im Rahmen des Möglichen muss der Architekt Angaben zur Person und zur Leistungsfähigkeit der Sonderfachleute bzw. der Bauhandwerker sowie zum voraussichtlichen Umfang der von diesen zu erbringenden Leistungen und der hierfür aufgrund von Erfahrungswerten zu erwartenden Honorar- und Vergütungsansprüchen machen[456]. Zur Bereitstellung der erforderlichen 251

455 BGH, BauR 1999, 1319.
456 Vgl. Locher/Koeble/Frik, § 15, Rn. 8; siehe auch Rn. 81 f.

Vertragsunterlagen ist der Architekt dagegen nicht verpflichtet[457]; es genügt, wenn der Architekt den Bauherrn auf die gängigen Vertragsmuster für Vertragsabschlüsse mit Sonderfachleuten und Bauhandwerkern hinweist[458].

252 *wichtige Rolle: §§ 23, 25 VOB/A für Prüfung und Wertung*

Insbesondere bei der Auswahl der Bauhandwerker ist es eine besonders verantwortungsvolle Aufgabe des Architekten, eingehende Angebote zu prüfen und zu werten, weil er mit seinem Urteil häufig den Ausschlag für die anschließenden Vertragsabschlüsse gibt. Bei privaten Auftraggebern hat sich die Prüfung der Angebote wie bei öffentlichen Auftraggebern an den Kriterien des § 23 VOB/A, die Wertung an denen des § 25 VOB/A zu orientieren[459]. So ist nach § 25 VOB/A nicht nur auf den Preis abzustellen, sondern »zunächst die Eignung des Bieters nach erforderlicher Fachkunde, Leistungsfähigkeit, Zuverlässigkeit, ausreichenden technischen und wirtschaftlichen Mitteln« zu prüfen und zu bewerten. Erst die Gesamtbetrachtung von Preis und Qualität lässt die Beurteilung zu, welches Angebot für den Auftraggeber das günstigste ist.

2.2.2 Belehrung über das Risiko bei der Verwendung neuartiger, nicht erprobter Baustoffe und Baukonstruktionen

253 *Risiken: Beratungspflicht*

Die Planung des Architekten muss Konstruktionen und Baustoffe vorsehen, die den neuesten bereits anerkannten Regeln der Technik entsprechen[460]. In diesem Zusammenhang muss der Architekt ggfs. die verwendeten Materialien auf Brauchbarkeit hin überprüfen oder überprüfen lassen und eventuelle Bedenken dem Bauherrn anzeigen. Beabsichtigt der Architekt, noch nicht erprobte Techniken oder Baustoffe zu planen und später bei der Realisierung der Planung einzusetzen, so ist dies nicht etwa ausgeschlossen. sondern im Interesse der Fortentwicklung der Bauwissenschaft und Technik zu begrüßen. Allerdings muss sich der Architekt mit ganz besonderer Sorgfalt der Eignung der gewählten Konstruktion und der Baustoffe vergewissern. Darüber hinaus muss der Architekt seinen Auftraggeber genauestens darüber informieren, welche Planung er anstrebt und welche Alternativen es gibt jeweils mit Vor- und Nachteilen sowie den Risiken[461]. Seine eigenen wirtschaftlichen, künstlerischen und sonstigen Interessen muss der Architekt hierbei hintanstellen, um den Auftraggeber in seiner Entschließungsfreiheit nicht zu beeinträchtigen; er muss deshalb vor und nach Abschluss des Architektenvertrages alle Umstände

457 Zu weitgehend: Hesse/Korbion/Mantscheff/Vygen, § 15 HOAI, Rn. 34.
458 So zutreffend: Löffelmann/Fleischmann, Rn. 74.
459 Ebenso: Hesse/Korbion/Mantscheff/Vygen, § 15 HOAI, Rn. 140; Löffelmann/Fleischmann, Rn. 359.
460 OLG Hamm, BauR 1983, 175; OLG Hamm, BauR 1997, 859.
461 OLG Saarbrücken, NJW-RR 1998, 93.

offenbaren, die nach der Verkehrsanschauung für die Willensbildung des Auftraggebers entscheidend sind. Dazu gehört auch die Verpflichtung des Architekten, den Auftraggeber aufzuklären, wenn ihm selbst Spezialkenntnisse für die Bauaufgabe fehlen oder wenn es gesicherte bautechnische Erkenntnisse für die vorgeschlagene Planung und Ausführung nicht gibt[462]. Nur wenn der Bauherr in dieser Weise beraten und belehrt wurde, kann er frei entscheiden, ob er den Architekten gleichwohl mit der Bauaufgabe betraut oder ob er nicht – ggfs. zusätzlich – einen Spezialisten beauftragen will. Die Abwägung, ob er seinen Anspruch nach den vorgeschlagenen Planungen überhaupt noch weiterverfolgt oder ob er – etwa wegen der Neuartigkeit der Planung und der damit verbundenen Risiken – lieber Abstand nehmen und einer konventionellen Bauweise den Vorzug geben möchte, ist dem Bauherrn ebenfalls erst nach dieser umfassenden Aufklärung möglich[463]. Die Beratungs- und Aufklärungspflicht des Architekten hat aber auch Grenzen. Weist der Architekt den Bauherrn nachdrücklich auf die in einer bestimmten (meist kostengünstigeren) Konstruktion liegenden Risiken hin, besteht der Bauherr dann aber gleichwohl auf dieser Ausführung des Bauvorhabens, sind die nachteiligen Folgen nicht auf den Architekten abzuwälzen[464].

2.2.3 Vorverhandlungen mit Behörden über die Genehmigungsfähigkeit

In Vorverhandlungen mit Behörden muss der Architekt schon in einem sehr frühen Planungsstadium in Erfahrung bringen, ob das in Aussicht genommene Bauvorhaben zumindest eine Genehmigungschance hat. Weisen die Vorverhandlungen mit den Behörden Genehmigungsrisiken auf, ist der Architekt verpflichtet, den Bauherrn auf die Zweckmäßigkeit einer Bauvoranfrage hinzuweisen. Gegenstand einer Bauvoranfrage können Einzelfragen bauplanungs- und/oder bauordnungsrechtlicher Art sein. Im Unterschied zu bloßen Meinungsäußerungen der Behörde – wie sie bei normaler Vorverhandlung mit der Behörde zu erzielen sind – hat der Bauvorbescheid bindende Wirkung; z. B. ist eine im Bauvorbescheid erteilte Ausnahme oder Befreiung für das Baugenehmigungsverfahren ebenso bindend wie eine Aussage über Art und Weise der Bebauung[465]. Klärt der Architekt den Bauherrn nicht über die Möglichkeit und evt. die Erforderlichkeit der Bauvoranfrage auf und wird später keine Baugenehmigung erteilt, so sind seine Planungsleistungen mit Wirkung ab der theoretisch möglichen Bauvoranfrage nicht nur für den Bauherrn unbrauchbar,

254 *Bauvoranfrage*

462 OLG Saarbrücken, NJW-RR 1998, 93.
463 OLG Saarbrücken, NJW-RR 1998, 93.
464 Werner/Pastor, Rn. 1488 m. w. N.
465 Löffelmann/Fleischmann, Rn. 121.

sondern er kann auch Schadensersatz von dem Architekten verlangen (z. B. wegen angefallener Finanzierungskosten, der Kosten eingeschalteter Fachingenieure etc.)[466].

2.2.4 Beratungspflicht hinsichtlich der Kosten

255 *Kostenrahmen abstecken* Schon im Rahmen der Vorplanung ist der Architekt verpflichtet, den Kostenrahmen abzuklären, also zu hinterfragen, welche wirtschaftlichen Möglichkeiten der Bauherr hat bzw. in welchem Umfang er wirtschaftliche Mittel für das Bauvorhaben einsetzen will. Geschieht das nicht und plant der Architekt im Zuge der weiteren Planungsleistungen an den wirtschaftlichen Mitteln, die dem Bauherrn zur Verfügung stehen, vorbei, kann er seinen Honoraranspruch verlieren[467]; das gilt aber nur für die zukünftigen Planungsleistungen[468]. Die Beratungspflicht erfasst auch die Verpflichtung des Architekten, auf drohende Kostenüberschreitung durch Sonderwünsche des Bauherrn hinzuweisen[469]. Ist die Verteuerung für den Bauherrn erkennbar bzw. ergibt sie sich bereits aus den Gesamtumständen, sind weitere Hinweise des Architekten entbehrlich[470]. Ist eine im Einzelfall gebotene Aufklärung durch Hinweise oder Warnungen unterblieben, haftet der Architekt. Etwas anderes gilt nur ausnahmsweise dann, wenn er dartun und beweisen kann, dass der Bauherr trotz einer entsprechenden Aufklärung weitergebaut und nicht auf die Sonder- und Änderungswünsche verzichtet hätte[471].

2.2.5 Berücksichtigung steuerlicher Fragen bei der Planung

256 Zwar ist der Architekt grundsätzlich nicht verpflichtet, zur Erlangung oder Erhaltung von Steuervorteilen ohne besonderen Auftrag zu beraten[472]. Andererseits kann der Architekt durchaus verpflichtet sein, auch steuerliche Aspekte bei seiner Planung zu berücksichtigen. Das gilt immer dann, wenn der Architekt weiß, dass der Bauherr eine steuerliche Vergünstigung in Anspruch nehmen will, welche nur bei Einhaltung bestimmter Baumaßnahmen gewährt wird. In einem solchen Fall muss der Architekt in seiner Planung und bei der Bauaus-

466 OLG Düsseldorf, BauR 1986, 469.
467 OLG Hamm, BauR 1987, 464.
468 OLG Frankfurt, BauR 1993, 628.
469 Werner/Pastor, Rn. 1794.
470 OLG Köln, NJW-RR 1993, 986.
471 Werner/Pastor, Rn. 1794.
472 BGH, NJW 1973, 237.

führung dafür sorgen und darauf achten, dass die Voraussetzungen für die steuerlichen Vergünstigungen gegeben sind[473].

2.2.6 Berücksichtigung der vom Bauherrn vorgesehenen Nutzung in technischer und rechtlicher Hinsicht

Es ist eine Sachwalterpflicht des Architekten, in seiner Planung die vom Bauherrn gewünschte Nutzung in technischer und rechtlicher Hinsicht zu gewährleisten. Umfasst der Architektenauftrag die Vorgabe, eine Garage zu planen, so muss diese z. B. der Fläche nach auch als Garage nutzbar sein[474]. Ist eine vom Bauherrn gewünschte Nutzung aus rechtlicher Sicht nicht möglich, muss der Architekt – wenn dies für ihn erkennbar war – auch insoweit beraten. Auch wenn der Architekt kein »Bauanwalt« ist, obliegt ihm durchaus auch eine rechtsbesorgende Tätigkeit. Er muss die einschlägigen öffentlich-rechtlichen Bestimmungen, die Grundzüge des Werkvertragesrechts des BGB- und des VOB-Rechts ebenso kennen wie die einschlägigen nachbarrechtlichen Bestimmungen[475]. 257

auch geschuldet: rechtsbesorgende Tätigkeit in gewissem Umfang

2.2.7 Berücksichtigung von Nachbarrechtsverhältnissen

Auch insoweit ist darauf hinzuweisen, dass der Architekt durchaus eine rechtsbesorgende Tätigkeit schuldet. Er muss die einschlägigen öffentlich-rechtlichen Bestimmungen kennen und daher auch auf Nachbarrechtsverhältnisse und die öffentlich-rechtlichen Auswirkungen (z. B. Abstandsflächen) hinweisen. Bei komplizierten Rechtsfragen genügt es aber sicher, wenn der Architekt dem Bauherrn den Rat erteilt, einen Fachmann (Rechtsanwalt) aufzusuchen[476]. 258

2.2.8 Beratung des Bauherrn vor und nach der Abnahme

Der Architekt ist vor der Abnahme zur Prüfung der Leistungen auf Mangelhaftigkeit bzw. der gelieferten Baustoffe auf Fehlerhaftigkeit verpflichtet[477]. Zerkratzte Thermopenscheiben, schadhafte Natursteinplatten, verzogene Türen muss der Architekt beanstanden und die Lieferung zurückweisen. Kleberzement, Holzfeuchte oder sonsti- 259

Stichproben

473 BGH, BauR 1972, 120; OLG Köln, BauR 1993, 756; OLG Düsseldorf, BauR 1990, 493.

474 BGH, NJW 1962, 1764; auch BGH, MDR 1971, 1271 – Nutzung eines Gebäudes als Lagerhalle.

475 Vgl. Locher/Koeble/Frik, Einl., Rn. 77 f.; ausführlich: Rn. 345 f.

476 Ausführlich: Rn. 345 f.

477 BGH, Schäfer/Finnern, Z 3.01 Bl. 156.

ge Werkstoffe und Materialien, die sich nur entweder mit Spezialkenntnissen oder Spezialgerät überprüfen lassen, braucht der Architekt dagegen keiner näheren Kontrolle zu unterziehen. Überhaupt führt die allgemeine Prüfungspflicht des Architekten nicht dazu, dass er bei jeder Materiallieferung zugegen sein muss und sämtliches Material, das geliefert und eingebaut wird, zu checken hat. Vielmehr genügen grundsätzlich Stichproben. Etwas anderes kann sich dann ergeben, wenn das ausführende Unternehmen bzw. der Lieferant dem Architekten als unzuverlässig bekannt ist.

260 *Architekt schuldet die technische Abnahme, nicht die rechtsgeschäftliche*

Der Architekt schuldet nur die technische Abnahme, nicht die rechtsgeschäftliche. Diese ist allein Sache des Bauherrn[478]. »Technische Abnahme« bedeutet die Überprüfung der abgeschlossenen Leistungen auf ihre Vertragsgemäßheit, d. h. auf Übereinstimmung mit den Leistungsbeschreibungen und Planungsunterlagen sowie auf technische Mängelfreiheit. Dazu sollte der Architekt ggfs. auch die jeweils zuständigen Fachingenieure hinzuziehen. Die technische Abnahme gibt dem Bauherrn sodann die Grundlage für die Entscheidung über die rechtsgeschäftliche Abnahme. Erst die rechtsgeschäftliche Abnahme bewirkt die Fälligkeit der Unternehmervergütung, den Gefahrübergang, den Beginn der Gewährleistungsverjährung die Umkehr der Beweislast hinsichtlich von Mängeln, den Verlust des Wandelungs- und Minderungsrechts für nicht vorbehaltene Mängel sowie den Untergang nicht vorgehaltener Vertragsstrafeansprüche. Über alle diese Rechtsfolgen muss der Architekt den Bauherrn allerdings belehren, bevor dieser die rechtsgeschäftliche Abnahme durchführt[479]. Verlangt wird vom Architekten sogar der Hinweis an den Bauherrn, dass bei Mängeln und deshalb vorbehaltenem Gewährleistungsrecht hinsichtlich der Vergütung ein Zurückbehaltungsrecht in Höhe mindestens von 300 % der tatsächlichen Mängelbeseitigungskosten besteht. Versäumt der Architekt diesen Hinweis, bleibt das aber jedenfalls dann folgenlos, wenn der Vergütungsanspruch des Unternehmers der Höhe nach unstreitig ist, weil nach dem Gesetz zur Beschleunigung offener Vergütungsansprüche der Unternehmer im Prozess ein Vorbehaltsurteil ohne Sicherheitsleistung beantragen kann und nach entsprechendem Antrag auch zugesprochen erhalten muss[480].

261 Der Architekt haftet, wenn er sich bei der rechtsgeschäftlichen Abnahme nicht die Geltendmachung der Vertragsstrafe für den Bauherrn vorbehält (vgl. § 640 Abs. 2 BGB), die Vertragsstrafe deshalb verwirkt und der Bauherr den Schaden auch nicht durch tatsächlich eingetretenen Schaden kompensieren kann[481].

478 Locher/Koeble/Frik, § 15, Rn. 187; Löffelmann/Fleischmann, Rn. 445.
479 BGH, BauR 1979, 345.
480 OLG Düsseldorf, BauR 2001, 290.
481 BGH, BauR 1979, 345.

Nach erfolgter Abnahme kann sich der Architekt Schadensersatzpflichtig machen, wenn er den Bauherrn bei mangelhaften und nicht fristgerecht nachgebesserten Leistungen nicht auf die Voraussetzungen einer Ersatzvornahme hinweist (beim BGB-Bauvertrag z. B. nach altem Recht Fristsetzung mit Ablehnungsandrohung, § 634 BGB a. F. – nach neuem Recht *nur* angemessene Frist zur Nacherfüllung, § 637 BGB). **262**

Auch muss er den Bauherrn über dessen Zurückbehaltungsrecht hinsichtlich der Vergütung bei dem Vorliegen von Mängeln nach der Abnahme hinweisen[482]. **263**

2.2.9 Maßnahmen zur Durchsetzung von Mängelbeseitigungsansprüchen

Der Architekt hat nicht nur die Auftraggeberrechte gegenüber den Bauunternehmern im Rahmen der ihm übertragenen Objektüberwachung zu wahren; ihm obliegt auch die objektive Klärung der Mängelursachen, selbst wenn hierzu eigene Planungs- oder Aufsichtsfehler gehören[483]. Er schuldet die unverzügliche und umfassende Aufklärung der Ursachen sichtbar gewordener Baumängel sowie die sachkundige Unterrichtung des Bauherrn vom Ergebnis der Untersuchung und von der sich daraus ergebenden Rechtslage[484]. **264**

Ende der Pflicht: mit fortschreitender Beratung und schriftlicher Aufforderung zur Nachbesserung

Der Architekt ist darüber hinaus verpflichtet, den betreffenden am Bau Beteiligten, der den Mangel verursacht hat, zur Mängelbeseitigung aufzufordern. Wird diese Aufforderung nicht beachtet, so muss der Architekt Rücksprache mit seinem Auftraggeber halten und ihn umfassend über die technischen Gegebenheiten und Möglichkeiten unterrichten. **265**

Es ist jedoch nicht Aufgabe des Architekten, die rechtlichen Möglichkeiten vorzuschlagen oder gar selbst rechtsgeschäftliche Erklärungen gegenüber den am Bau Beteiligten abzugeben, etwa (nach altem Recht) eine Fristsetzung mit Ablehnungsandrohung vorzunehmen oder Kündigungserklärungen auszusprechen[485], den Rücktritt vom Vertrag zu erklären (§§ 634 Nr. 3, 636, 323, 326 Abs. 5 BGB). **266**

Ebenso wenig darf der Architekt Aufträge an andere Handwerker bzw. Unternehmer erteilen. Das muss der Architekt vielmehr mit dem Bauherrn abstimmen. **267**

Bezüglich einer erforderlichen Ersatzvornahme durch ein Drittunternehmen endet die Pflicht des Architekten in der sachgerechten Vorbe- **268**

482 Vgl. Löffelmann/Fleischmann, Rn. 584 f.
483 BGH, BauR 1986, 112.
484 BGH, BauR 1985, 97.
485 Vgl. dazu Locher/Koeble/Frik, § 15, Rn. 214.

reitung der Ersatzvornahme, beispielsweise durch Anfertigung eines Leistungsverzeichnisses.

269 Die Tätigkeit des Architekten im Zusammenhang mit dem Herbeiführen der Nachbesserung vor oder nach der Abnahme ist ausgesprochen haftungsrelevant[486]. So macht sich der Architekt in Höhe der Ersatzvornahmekosten des Drittunternehmens Schadensersatzpflichtig, wenn er bei einem VOB-Vertrag den Bauherrn nicht darauf hinweist, dass vor Fertigstellung der Arbeiten und vor der Abnahme die bloße Fristsetzung des Unternehmers zur Nachbesserung nicht ausreicht, sondern dem Unternehmer zusätzlich zunächst die Kündigung des Vertrages anzudrohen und diese sodann auch zu erklären ist (§§ 4 Nr. 7, 8 Nr. 3 VOB/B). Beim BGB-Bauvertrag muss der Architekt den Bauherrn auf das Erfordernis der Fristsetzung zur Nacherfüllung hinweisen (nach altem Recht: Fristsetzung mit Ablehnungsandrohung).

270 In diesem Zusammenhang kommt auch eine Haftung wegen Verzögerung der Nachbesserung in Betracht, etwa wenn der Architekt beim VOB-Vertrag den Bauherrn nicht auf die Erforderlichkeit der Fristsetzung zur Nachbesserung mit Kündigungsandrohung hingewiesen hat und deshalb die Kündigungsandrohung nachzuholen ist.

2.2.10 Rechnungsprüfung: Abschlagsrechnungen, Schlussrechnungen, Nachträge

271 Es ist Sachwalterpflicht des Architekten, à-Konto- und Schlussrechnungen des Unternehmers insbesondere darauf zu überprüfen, ob die eingesetzten Preise mit den vereinbarten übereinstimmen, die eingesetzten Mengen mit den ausgeführten bzw. denen des Aufmaßes im Einklang stehen, zusätzlich berechnete Leistungen nicht bereits vom Hauptauftrag erfasst sind[487] und Sonderkonditionen wie Rabatte, Skonti usw. berücksichtigt wurden[488]. Abschlagsrechnungen sind daraufhin zu prüfen, ob sie der vertraglichen Vereinbarung entsprechen, ob sie fachtechnisch und rechnerisch richtig und ob die zugrundegelegten Leistungen erbracht sind[489].

486 Vgl. auch Rn. 259, 120 f.
487 BGH, BauR 1982, 185; BGH, BauR 1981, 482.
488 Vgl. Werner/Pastor, Rn. 1509.
489 BGH, BauR 1998, 869.

Zum Streit zwischen Bauherrn und Architekten kommt es oftmals im Zusammenhang mit der Frage, welche Prüfungspflichten der Architekt bei Nachträgen des Unternehmers schuldet; Bauherrn verlangen vom Architekten, dass er entscheidet, ob Nachträge berechtigt sind oder nicht. Das geschieht indes zu Unrecht: Bei Nachträgen gilt hinsichtlich der Prüfungspflichten im Prinzip das Gleiche wie zum Umfang der Prüfungspflicht bei Abschlags- und Schlussrechnungen. Das heißt, der Architekt braucht Nachträge nur fachtechnisch und rechnerisch zu überprüfen. Im Rahmen der fachtechnischen Überprüfung muss er durch Vergleich des Auftragsleistungsverzeichnisses mit den Positionen des Nachtrags abgleichen, ob die im Nachtrag aufgeführten Leistungen bereits vom Auftrag umfasst sind; ferner muss der Architekt die im Nachtrag angebotenen oder mit dem Nachtrag abgerechneten Preise dahingehend überprüfen, ob sie den Grundlagen der Preisermittlung für die vertragliche Leistung und den besonderen Kosten der geforderten Leistung entsprechen. Schwierige Auslegungsfragen oder komplizierte rechtliche Wertungen zum Auftragsumfang, wie sie bei Vereinbarung eines Pauschalpreisvertrages auftreten können, schuldet der Architekt dagegen nicht. Er ist nicht Rechtsberater des Bauherrn[490]. Allerdings wird in diesen Fällen vom Architekten zu verlangen sein, dass er die Grenzen seiner eigenen Erkenntnisfähigkeit erkennt und den Bauherrn auf die Notwendigkeit der Einschaltung eines Rechtsanwalts hinweist[491]. **272**

nicht geschuldet: rechtliche Wertungen bei schwierigen Auslegungsfragen

Hinweis auf Grenzen der Erkenntnisfähigkeit

Vor einer Inanspruchnahme des Architekten wegen fehlerhafter Rechnungsprüfung ist grundsätzlich eine Aufforderung zur Mängelbeseitigung unter Fristsetzung erforderlich[492], weil es sich insoweit um eine Verletzung einer vertraglichen Hauptpflicht handelt und der Mangel – jedenfalls wenn er vom Bauherrn entdeckt wird – nachbesserungsfähig ist. Etwas anderes gilt natürlich, wenn der Bauherr den Mangel nicht entdeckt und auszahlt, bevor sich die Rechnung als unzutreffend erweist. **273**

Voraussetzung: Fristsetzung

490 Zum Pauschalpreisvertrag vgl. auch Putzier, Rn. 34, 101, 108, 164, und ausführlich Putzier, Rn. 2 ff., 17 ff.

491 Rn. 345 f.

492 OLG Düsseldorf, BauR 1973, 255.

3 Haftung gegenüber Dritten

3.1 Vertrag mit Schutzwirkung zugunsten Dritter

Die Rechtsprechung hat als besondere Art der Drittberechtigung den Vertrag mit Schutzwirkung zugunsten Dritter herausgebildet[493]. Schutzwirkungen zugunsten Dritter können sich aus schuldrechtlichen Verpflichtungsverträgen jeder Art ergeben, insbesondere auch aus Architektenverträgen. Ob die Vertragsparteien einen rechtsgeschäftlichen Willen in Bezug auf die Einbeziehung Dritter in den Vertrag hatten, ist nach allgemeinen Auslegungsgrundsätzen im Einzelfall zu ermitteln[494]. Ist ein Dritter in den Vertrag mit einbezogen, kann er zwar nicht vom Architekten als Vertragsschuldner die Hauptleistung fordern; diese steht allein dem Auftraggeber des Architekten zu. Der Dritte kann jedoch den Architekten auf Schadensersatz in Anspruch nehmen[495]. 274

Damit die Haftung des Architekten nicht uferlos ausgedehnt wird, sind an die Einbeziehung von Dritten in den vertraglichen Schutz des Vertrages strenge Anforderungen zu stellen[496]. Folgende Voraussetzungen müssen erfüllt sein: 275

- *Leistungsnähe* – Der Dritte muss bestimmungsgemäß mit der Architektenleistung in Berührung kommen und den Gefahren von Schutzpflichtverletzungen durch den Architekten ebenso ausgesetzt sein, wie der Vertragsgläubiger, also der Auftraggeber des Architekten[497]. Das bedeutet, dass es sich um eine Leistung handeln muss, die inhaltlich drittbezogen ist[498].
- *Gläubigernähe* – Nach der früheren Rechtsprechung[499] wurde eine Schutzwirkung zugunsten Dritter nur bejaht, wenn der Gläubiger für das »Wohl und Wehe« des Dritten mit verantwortlich war. Nach neuerer Rechtsprechung ist der Kreis der in den Vertragsschutz einbezogenen Dritten ausgedehnt; Drittschutz besteht nunmehr auch dann, wenn der Gläubiger an der Einbeziehung des Dritten in den Schutzbereich des Vertrages ein bestimmtes Interesse hat und der Vertrag dahin

493 BGH, NJW 1984, 355.
494 BGH, NJW 1987, 1759.
495 BGH, NJW 1959, 1676; Palandt-Heinrichts, § 328, Rn. 13.
496 BGH, NJW 1976, 1844.
497 BGHZ 129, 168.
498 Palandt-Heinrichs, § 328, Rn. 16.
499 BGHZ 51, 96; BGHZ 56, 273.

ausgelegt werden kann, dass der Vertragsschutz in Anerkennung dieses Interesses auf den Dritten ausgedehnt werden soll[500].

- *Erkennbarkeit* – Der Schuldner haftet nur, wenn die Drittbezogenheit der Leistung und die Gläubigernähe des Dritten für ihn erkennbar sind[501]. Name und Anzahl der zu schützenden Dritten brauchen ihm jedoch nicht bekannt zu sein[502].
- *Schutzbedürftigkeit* – Der Dritte muss schutzbedürftig sein[503]. Nach Treu und Glauben muss ein Bedürfnis für die Ausdehnung des Vertragsschutzes auf den Dritten bestehen; ein zusätzlicher Drittschutz ist ausgeschlossen, wenn der Dritte wegen des Sachverhalts, aus dem er seinen Anspruch herleitet, einen inhaltsgleichen Anspruch gegen den Gläubiger hat[504].

276 *Vorteile gegenüber deliktischen Ansprüchen*

Für den Dritten hatte es ganz erhebliche Vorteile, wenn er Ansprüche aufgrund Vertrages mit Schutzwirkung zugunsten Dritter – genauer: Ansprüche aus positiver Forderungsverletzung des Vertrages mit Schutzwirkung zugunsten Dritter (nach altem Recht), Ansprüche nach § 280 Abs. 1 BGB (nach neuem Recht) – geltend machen kann, anstatt ausschließlich Ansprüche nach § 823 BGB (aus Delikt). Das wirkt sich nach altem Recht zunächst auf die Verjährung aus. Diese beträgt nach § 195 BGB a. F. 30 Jahre[505]. Nach neuem Recht beträgt die maßgebliche Regelverjährung (§§ 634a Abs. 1 Nr. 3, 195 BGB) nur noch drei Jahre, für den Anspruch aus Delikt aber zehn Jahre (§ 852 BGB). Dem geschädigten Dritten kommt aber die Beweislastumkehrregelung in § 282 BGB zugute[506]. Zudem findet § 278 BGB Anwendung; insoweit ist aber eine Besonderheit zu berücksichtigen:

277 Auch der geschädigte Dritte muss sich natürlich sein eigenes Mitverschulden zurechnen lassen. Zusätzlich muss er sich aber auch das eventuelle Mitverschulden desjenigen Vertragspartners anrechnen, über den er in den vertraglichen Schutzbereich einbezogen wurde[507] Insoweit ist jedoch eine weitere Ausnahme zu berücksichtigen, die den Hauptfall des Vertrages mit Schutzwirkung für Dritte im Zusammenhang mit Architektenverträgen und der Haftung eines Architekten dem Dritten gegenüber betrifft:

500 BGHZ 128, 168; BGH, NJW 1985, 489.
501 BGHZ 75, 323; BGH, NJW 1996, 2929.
502 BGH, NJW 1995, 292.
503 Palandt-Heinrichts, § 328, Rn. 18.
504 BGH, NJW 1996, 2929; Palandt-Heinrichs, § 328, Rn. 18.
505 OLG Düsseldorf, Schäfer/Finnern, Z 5.1 Bl. 31; Werner/Pastor, Rn. 1741.
506 Vgl. zu den Beweislasterleichterungen bei §§ 823 f. BGB: Rn. 293 f.
507 BGH, NJW 1961, 211.

Der Hauptfall der Haftung des Architekten aus dem Gesichtspunkt des Vertrages mit Schutzwirkung für Dritte ist der Gutachterauftrag. Der Gutachterauftrag hat Schutzwirkung für diejenigen Dritten, die für den Architekten erkennbar mit dem Gutachten geschäftlich in Kontakt kommen und es zur Grundlage eigener Entscheidungen machen könnten[508]. Mangels gegenteiliger Erklärungen des Bauherrn muss der Architekt damit rechnen, dass ein Verkehrswertgutachten auch als Finanzierungsgrundlage verwendet, zu diesem Zweck Kreditinstituten vorgelegt und von diesen zur Grundlage einer Darlehensgewährung gemacht wird[509]. Kreditinstitute sind selbst dann in den Schutzbereich eines Verkehrswertgutachtens einbezogen, wenn das Gutachten vor einem Grundstückskauf eingeholt wurde und zunächst für die Kaufentscheidung von Bedeutung sein sollte[510]. Unerheblich ist, ob das später eingeschaltete Kreditinstitut dem Architekten bekannt oder vom Bauherrn im Zeitpunkt der Beauftragung des Gutachtens überhaupt schon ausgewählt war[511]. Das OLG Düsseldorf hat allerdings die Schutzwirkung des Gutachtens zugunsten des Käufers der begutachteten Immobilie verneint, wenn das Gutachten 4,5 Jahre nach der Erstellung im Rahmen der Kaufvertragsverhandlung vorgelegt wird und der Gutachter damit nicht rechnen musste[512]. 278

Gutachterauftrag
Gutachter

Erweist sich im Nachhinein die Bewertung des Grundstücks durch den Architekten als überhöht und entsteht dem Kreditgeber hierdurch ein wirtschaftlicher Schaden, z. B. bei einer Zwangsversteigerung nicht alle zur Kreditsicherung eingetragenen Grundpfandrechte realisieren zu können, hat der Architekt den Schaden auszugleichen. 279

Fraglich ist, ob sich das Kreditinstitut ein Mitverschulden des Bauherrn an der Fehlerhaftigkeit des Gutachtens z. B. wegen (bewusst) unrichtiger Angaben gegenüber dem Architekten nach den Rechtsgedanken der §§ 334, 846 BGB anrechnen lassen muss. Das hatte der BGH z. B. im Zusammenhang mit dem Abschluss eines Mietvertrages zwischen einem nicht rechtsfähigen Verein und dem Vermieter bejaht, wenn im Prozess eines geschädigten Vereinsmitglieds gegen den Vermieter dieser zu Recht ein Verschulden des Vereinsvorstandes bei Vertragsabschluss einwendet[513], Anders beurteilt der BGH die Rechtslage jedoch, wenn der Architekt ein fehlerhaftes Verkehrswertgutachten erstellt, weil sein Auftraggeber ihm arglistig unzutreffende Angaben machte. Ansprüche des Auftraggebers gegen den Architekten scheiden in diesem Fall eindeutig aus. Dennoch kann aber der Dritte Ansprüche aus dem unzutreffenden Verkehrswertgutachten herleiten. Es 280

Mitverschulden

508 OLG Frankfurt, NJW-RR 1989, 337 f.; BGH, NJW 1987, 1758 f.; OLG Hamm, NJW-RR 1989, 600.
509 OLG Frankfurt, NJW-RR 1989, 337 f.
510 OLG Frankfurt, NJW-RR 1989, 337 f.
511 OLG Frankfurt, NJW-RR 1989, 338.
512 OLG Düsseldorf, OLGR 2002, 23.
513 BGH, NJW 1965, 1757.

entspricht – so der BGH – dem offenkundigen Interesse des möglichen Käufers, dass sein Vertrauen auf die Richtigkeit des Gutachtens gerade in den Fällen richtig geschützt wird, in denen der Verkäufer die tatsächliche Beschaffenheit des Kaufgegenstandes in unredlicher Weise zu verschleiern sucht. Deshalb sei der Dritte auch dann zu schützen, wenn die Unrichtigkeit durch den Auftraggeber mit veranlasst wurde und zwar unabhängig davon, welche Auswirkungen diese Veranlassung auf die Haftung des Architekten gegenüber dem Auftraggeber habe.

281 Zu dem geschützten Personenkreis bei fehlerhaftem Wertgutachten zählen u. a.[514]:

- der Kreditgeber (BGH, BauR 1998, 189)
- der den Kredit absichernde Bürge (BGH, BauR 1998, 189)
- der Käufer des Grundstücks bzw. des Gebäudes und dementsprechend auch ein Erwerber im Bauherrenmodell (BGH, ZfBR 1995, 75; Werner/Pastor, Rn. 1747)

282 Bei Architektenverträgen kommt ganz allgemein als geschützter Personenkreis in Betracht:

- Familienangehörige des Auftraggebers, wenn sie gerade als Angehörige mit der Architektenleistung in Berührung kommen (BGH, NJW 1994, 2231) oder die Familienangehörigen Eigentümer der zu bearbeitenden Sache sind.
- Nutzer des Gebäudes, z. B. wenn der Architekt im Rahmen der Objektüberwachung von Umbauarbeiten eines benutzten Gebäudes Verkehrssicherungspflichten verletzt und dadurch Nutzer des Gebäudes Schaden nehmen (vgl. Löffelmann/Fleischmann, Rn. 1650).

3.2 Ansprüche aus unerlaubter Handlung

3.2.1 Voraussetzungen

3.2.1.1 Mangelhafte Architektenleistung als Eigentumsverletzung

283 Ein durch fehlerhafte Planung und fehlerhafte Objektüberwachung mangelhaft errichtetes Bauwerk stellt keine Eigentumsverletzung im Sinne des § 823 BGB dar[515]; es handelt sich vielmehr nur um einen Vermögensschaden. Aufgabe des Deliktsrechts ist es nicht, Verkehrs-

514 Vgl. hierzu mit weiteren Fundstellen: Werner/Pastor, Rn. 1747.
515 BGH, BauR 1992, 388.

erwartungen insbesondere Nutzungs- und Werterwartungen, zu schützen (so genanntes Nutzungs- und Äquivalenzinteresse)[516]. Deckt sich der geltend gemachte Schaden mit dem Unwert, welcher der Sache wegen ihrer Mangelhaftigkeit von Anfang an schon bei ihrem Erwerb anhaftet, dann ist dieser Schaden allein auf enttäuschte Vertragserwartungen zurückzuführen; für deliktische Schadensersatzansprüche ist insoweit kein Raum. In einem solchen Fall besteht vielmehr zwischen dem Schaden und der im Mangel verkörperten Entwertung der Sache Stoffgleichheit[517].

In der Praxis hat die Anwendung der vom BGH aufgestellten Grundsätze für die Ansprüche Dritter keine große Bedeutung, weil deren Rechtsgüter regelmäßig nicht in das mangelhafte Bauwerk einbezogen sind und deshalb ohne weiteres abgegrenzt werden können. Anders ist das, wenn der Auftraggeber selbst gegen den Architekten nach § 823 BGB vorgehen will. 284

3.2.1.2 Verkehrsicherungspflichten des Architekten

Haben sich durch Fehler der Planung Mängel im Bauwerk realisiert und führen die von dem Bauwerk ausgehenden Gefahren zu einer Schädigung, haftet der Architekt grundsätzlich nicht nur seinem Auftraggeber gegenüber, sondern auch Dritten. Der BGH[518] hat dazu ausgeführt: 285

> »...Deshalb kann ein Architekt aus unerlaubter Handlung für Körper- und Sachschäden einzustehen haben, die auf seinem Planungs- oder Aufsichtsfehler beruhen, wie z. B. für Schäden durch das Herabstürzen einer mangelhaft erstellten Dachkonstruktion oder Decke; Gleiches gilt für Schäden durch ungesicherte Glaswände oder für die Folgen eines Sturzes auf einer fehlerhaft konstruierten Wendeltreppe. In diesen Fällen findet die deliktische Haftung des Architekten ihre innere Rechtfertigung in dem von ihm mit verursachten Gefahr bringenden Zustand des von dem Bauherrn dem Verkehr zugänglich gemachten Gebäudes, das heißt in dem Umstand, dass sich infolge mangelhafter Architektenleistungen unmittelbar aus dem Bauwerk selbst Gefahren für die Schutzgüter dritter Personen ergeben haben.«

Nach diesen Grundsätzen kann ein Architekt also sowohl dann verkehrssicherungspflichtig sein, wenn er lediglich Planungsleistungen erbracht hat, als auch dann, wenn er die Objektüberwachung in Auftrag hatte. Ist der Architekt als verantwortlicher Bauleiter im Sinne 286

516 BGH, BauR 1992, 388.
517 BGH, BauR 1992, 388.
518 BGH, BauR 1987, 118.

der Landesbauordnung tätig, liegt keineswegs eine gesteigerte Verkehrssicherungspflicht vor[519].

287 *Gefahrenlage* Verkehrssicherungspflicht ist die allgemeine Rechtspflicht, im Verkehr Rücksicht auf die Gefährdung anderer zu nehmen. Dies beruht auf dem Gedanken, dass jeder, der Gefahrenquellen schafft, die notwendigen Vorkehrungen zum Schutz Dritter zu treffen hat[520]. Die Verkehrssicherungspflicht besteht neben der Verpflichtung, die vielfach durch vertragliche Schutzpflichten oder Schutzgesetze gem. § 823 Abs. 2 BGB zusätzlich auferlegt ist. Eine Verkehrssicherungspflicht scheidet allerdings gegenüber Dritten aus, die sich unbefugt in den Gefahrenbereich begeben[521].

288 In folgenden Fällen wurde eine Schadensersatzpflicht des Architekten gegenüber einem Dritten nach § 823 Abs. 1 BGB wegen fehlerhafter Planung bejaht:

- Aufgrund Planungsfehlers des Architekten kam es zu Regenwassereinbrüchen in die Räume des Mieters eines Einkaufszentrums und beschädigte in den Mieträumen befindliche Ausstellungsstücke des Mieters[522].
- Der Architekt plant eine Grundstücksvertiefung. Infolge von Erschütterungen entstehen am Nachbarhaus Schäden. Dem Nachbarn steht in diesem Fall auch gegen den Architekten ein Schadensersatzanspruch nach § 823 Abs. 1 BGB zu wegen fahrlässiger Eigentumsverletzung[523].

289 Im Rahmen der Objektüberwachung können sich Dritten gegenüber ebenfalls Schadensersatzpflichten des Architekten wegen Verletzung einer Verkehrssicherungspflicht ergeben. Generell haftet der Architekt allerdings nur für die Einhaltung von solchen Verkehrssicherungspflichten, die auch dem Bauherrn als demjenigen obliegen, der die Baustelle unmittelbar selbst eröffnet hat[524] und der daher primär haftet[525]. Der Bauherr überträgt meist dem Unternehmer die Verkehrssicherungspflicht; der Unternehmer haftet dann in erster Linie. Es kommt aber auch vor, dass der bauleitende Architekt im Verhältnis zum Bauherrn die Verkehrssicherungspflicht übernimmt; in diesem Fall haftet auch er Dritten gegenüber nach § 823 BGB.

290 Weitere Fälle, in denen der Architekt ausnahmsweise die Verkehrssicherungspflicht hat, sind:

519 BGH, BauR 1977, 428.
520 Palandt-Thomas, § 823, Rn. 58.
521 BGH, NJW 1957, 409.
522 BGH, BauR 1987, 116.
523 BGH, NJW 1983, 873.
524 OLG Köln, VersR 1969, 810.
525 BGH, NJW-RR 1989, 394.

- Der Architekt erteilt auf der Baustelle Anweisungen, die Gefahren für Dritte eröffnen[526].
- Der Architekt wird als verantwortlicher Bauleiter im Sinne der Landesbauordnung tätig[527].
- Der Architekt gewinnt Anhaltspunkte dafür, dass dem Unternehmer die Sachkunde fehlt oder er in Bezug auf die Sicherheit der Baustelle unzuverlässig ist[528]. Gleiches gilt, wenn der Architekt diese Erkenntnisse zumindest hätte gewinnen können und müssen. Diese Wahrnehmungspflicht steht aber nur in Bezug auf die Einhaltung der maßgeblichen technischen Regeln und behördlichen Vorschriften wie z. B. bauordnungsrechtliche Vorschriften und Unfallverhütungsvorschriften[529]. So haftet beispielsweise der Architekt dem Mieter seines Auftraggebers gegenüber, der durch einen Wassereinbruch infolge mangelhafter Isolierung Schaden an eingebrachten Gegenständen erleidet, auf Schadensersatz nach § 823 BGB, wenn die fehlerhafte Isolierung auf einen Objektüberwachungsfehler zurückzuführen ist. Der BGH[530] hat dazu Folgendes ausgeführt:

  »Denn diese (die Dritten) können im Regelfall darauf vertrauen, dass der Architekt seine auch ihrem zukünftigen Schutz dienenden Aufgaben ordnungsgemäß wahrgenommen hat. Das gilt auch für den Mieter eines Gebäudes. Dass dieser unter Umständen weniger schutzwürdig sein mag als andere Dritte, die mit dem Bauwerk nur gelegentlich in Berührung kommen, steht einer Verantwortlichkeit des Architekten nicht entgegen. Zwar hat der Mieter bei den in Rede stehenden Schadensereignissen in aller Regel gegen den Vermieter einen Anspruch auf Ersatz seines Schadens. Das muss die Verkehrssicherungspflicht des Architekten jedoch nicht berühren. Auch für den Bauherrn sind grundsätzlich deliktische Ansprüche nicht durch gleichzeitig bestehende vertragliche Ansprüche ausgeschlossen. Ebenso wenig ist der Mieter daran gehindert, deliktische Ansprüche gegenüber dem Architekten zu verfolgen, obwohl ihm ein vertraglicher Anspruch gegen den Vermieter zusteht. Die vertragliche Haftung des Vermieters hat nicht den Zweck, deliktische Ansprüche gegen andere Schädiger auszuschließen.«

526 Vgl. Schmalzl, BauR 1981, 505.
527 BGH, BauR 1984, 77.
528 Werner/Pastor, Rn. 1861.
529 Werner/Pastor, Rn. 1861.
530 BGH, BauR 1991, 111.

3.2.1.3 Haftung nach § 823 Abs. 2 BGB

291 *Verletzung von Schutzgesetzen* Hat der Architekt Verkehrssicherungspflichten verletzt, ist stets zu prüfen, ob ihm auch eine Verletzung von Schutzgesetzen vorzuwerfen ist, er also nach § 823 Abs. 2 i. V. m. dem Schutzgesetz haftet. Praxisrelevant ist in diesem Zusammenhang § 909 BGB. Nach dieser Vorschrift darf ein Grundstück nicht in der Weise vertieft werden, dass der Boden des Nachbargrundstücks die erforderliche Stütze verliert, es sei denn, dass für eine genügende anderweitige Befestigung gesorgt ist. Häufig treten bei Aushub der Baugrube an dem benachbarten Gebäude – vor allem, wenn es sich um Reihenhäuser handelt – Rissbildungen auf, deren Ursachen in der Vertiefung zu sehen sind. Der BGH hat in einem solchen Fall dem Dritten, also dem Nachbarn, Schadensersatzansprüche nach § 823 Abs. 2 BGB i. V. m. § 909 BGB gegenüber dem Architekten zugesprochen und ausgeführt[531]:

> »Das Verbot der unzulässigen Vertiefung richtet sich nicht nur an den Eigentümer oder Benutzer des vertieften Grundstückes. § 909 BGB gilt vielmehr für jeden, der ein Grundstück vertieft oder daran mitwirkt, somit auch für den vom Bauherrn mit der Bauplanung und Bauleitung beauftragten Architekten. Aufgrund seiner Fachkenntnisse trägt dieser in besonderem Maße Verantwortung dafür, dass die nachbarrechtlichen Verpflichtungen aus § 909 BGB eingehalten werden. Verstößt der Architekt gegen diese gesetzlichen Pflichten, so ist § 823 Abs. 2 i. V. m. § 909 BGB Haftungsgrundlage für einen Schadensersatzanspruch gegen ihn.«

292 *Immissionen* Kommt es hingegen beim Ausheben der Baugrube zu Immissionen, also zu Erschütterungen, die Schäden am Nachbargrundstück auslösen, steht dem Nachbarn ein Anspruch nach § 823 Abs. 2 i. V. m. § 909 BGB nicht zu[532]. Bodenerschütterungen werden nämlich von § 909 BGB nicht erfasst. Bei Immissionen im Zusammenhang mit Grundstücksvertiefungen kann der Nachbar aber Ansprüche nach § 823 Abs. 1 BGB geltend machen, weil solche Bodenerschütterungen von der allgemeinen Verkehrssicherungspflicht auch des bauleitenden Architekten erfasst werden, der diese zu verhindern hat, wenn sie Schaden bewirken[533].

531 BGH, BauR 1987, 717.

532 Zu den Anspruchsgrundlagen des Nachbarn gegen den anderen Eigentümer und die am Bau Beteiligten: vgl. OLG Düsseldorf, OLGR 1995, 133 f.

533 BGH, NJW 1983, 873.

3.2.2 Darlegungs- und Beweislast

Der geschädigte Dritte, der gegenüber dem Architekten Schadensersatzansprüche geltend macht, muss den Planungsfehler und dessen Ursächlichkeit für den erlittenen Schaden darlegen und beweisen. Wirft er dem Architekten keinen Planungsfehler vor, sondern einen Objektüberwachungsfehler, gilt das Gleiche; d. h., der Dritte muss die Verletzung der Objektüberwachungspflicht und die Ursächlichkeit dieser Verletzung für den erlittenen Schaden darlegen und beweisen[534]. Ferner muss der Dritte beweisen, dass er einen Schaden erlitten hat. 293

Allerdings kommen Beweislasterleichterungen zugunsten des Dritten in Betracht: 294

- *Beweislasterleichterung bezüglich der Kausalität* – Zunächst sind die Grundsätze des Anscheinsbeweises zu nennen. Diese Grundsätze werden herangezogen, wenn ein Sachverhalt nach der Lebenserfahrung auf einen bestimmten Geschehensablauf, den typischen Geschehensablauf, hindeutet. Von diesem typischen Geschehensablauf ist dann auszugehen. Der Architekt muss nun seinerseits Tatsachen behaupten und beweisen, aus denen sich ein anderer Geschehensablauf ergibt[535]. Der BGH[536] hat beispielsweise die Haftung eines Unternehmers für Verfärbungen eines Parkettbodens nach den Grundsätzen des Anscheinsbeweises bejaht, nachdem ein vom Berufungsgericht beauftragter Gutachter festgestellt hatte, dass Teerpappe unterhalb des Estrichs eingebaut worden war, weil die Verwendung von Teerpappe im Gegensatz zu Bitumenpappe mit dem Risiko von Verfärbungen verbunden ist.
- *Beweislasterleichterung nach § 830 Abs. 1 S. 2 BGB* – Lässt sich nicht ermitteln, wer von mehreren Beteiligten den Schaden durch seine Handlung verursacht hat, so ist nach dieser Vorschrift jeder für den Schaden verantwortlich. Beruhen hiernach die Beweisprobleme darauf, dass mehrere Bauvorhaben in der Umgebung auf das Hausgrundstück des Dritten eingewirkt haben, haften grundsätzlich alle beteiligten Unternehmer bzw. Architekten. Der BGH[537] hat dazu ausgeführt:

  > »Für die Beurteilung, ob die einzelnen Gefährdungshandlungen als Teil eines Vorgangs zu betrachten sind, kommt es nicht so sehr auf das räumliche oder zeitliche Zusammentreffen als auf die Gleichartigkeit des gefährdungsbedrohten Rechtsguts an. Die Schwierigkeit, den Kausalitäts-

534 Für alle: Werner/Pastor, Rn. 1839 f.
535 Löffelmann/Fleischmann, Rn. 565.
536 BGH, BauR 1975, 346.
537 BGH, NJW 1987, 2810.

verdacht (Verursachungs- oder Anteilszweifel) zu klären, muss auf die Gleichartigkeit der Ereignisse und der Ähnlichkeit der Folgen beruhen. ....«

- *Beweislasterleichterung in Bezug auf die Objektüberwachungspflicht des Architekten* – Auch hier finden die Grundsätze der Beweislasterleichterung Anwendung, wenn der typische Geschehensablauf für einen Verstoß gegen die Überwachungspflicht des Architekten spricht. Wird beispielsweise durch ein Gutachten festgestellt, dass die Betondichte und -härte viel zu gering ist und entsteht hierdurch einem Dritten ein Schaden, spricht der Beweis des ersten Anscheins für einen Objektüberwachungsfehler[538]. Der Dritte braucht in diesem Fall keine besonderen Ausführungen zur fehlerhaften Objektüberwachung zu machen; hingegen genügt die bloße Behauptung des Architekten, er habe die Betonarbeiten ordnungsgemäß überwacht, nicht aus. Der Architekt muss den Beweis des ersten Anscheins vielmehr dadurch ausräumen, dass er seinerseits darlegt, was er oder sein Erfüllungsgehilfe an Überwachungsmaßnahmen geleistet hat[539].

maßgeblich: die Intensität der Überwachungspflicht

Der Architekt muss aber nicht in jedem Fall die Beweislasterleichterung wegen eines behaupteten Objektüberwachungsfehlers hinnehmen. Stets ist zu prüfen, welche Überwachungsintensität vom Architekten überhaupt geschuldet war. So braucht der Architekt bei handwerklichen Selbstverständlichkeiten die Arbeiten des ausführenden Unternehmers gar nicht zu überwachen. Demzufolge kann auch nicht über den Beweis des ersten Anscheins davon ausgegangen werden, dass sozusagen jeder Ausführungsfehler zugleich ein Aufsichtsfehler sei.

- *Verschuldensvermutung nach § 282 BGB* – Bei deliktischen Schadensersatzansprüchen findet diese Vorschrift keine Anwendung[540].
- *Beweislasterleichterung bezüglich der Schadenhöhe* – Der Geschädigte hat grundsätzlich Anspruch auf Ersatz des so genannten negativen Interesses. Er ist also so zu stellen, wie er ohne das haftungsbegründende Ereignis stünde[541]. Ersatz des positiven Interesses kommt nur in Betracht, wenn die für den Schadeneintritt ursächliche unerlaubte Handlung zugleich die Voraussetzung für einen vertraglichen Gewährleistungsanspruch erfüllt[542]. In jedem Fall kommt den geschädigten Dritten die Möglichkeit nach § 287 ZPO durch das Gericht zugute.

538 BGH, BB 1973, 1191; Löffelmann/Fleischmann, Rn. 566.
539 BGH, BB 1973, 1191.
540 Vgl. Palandt-Thomas, § 823, Rn. 170 a.
541 BGH, WM 2000, 1596.
542 BGH, NJW 1998, 993.

4 Verjährungsfristen

4.1 Verjährungsfrist für werkvertragliche Gewährleistungspflichten

4.1.1 Dauer der Verjährungsfrist

Sofern zwischen Bauherrn und Architekten keine Absprachen über die Verjährung von Ansprüchen getroffen werden, verjähren die Gewährleistungsansprüche des Bauherrn gegen den Architekten gem. § 638 BGB a. F. bzw. § 634a BGB. Nach altem Recht (§ 638 BGB a. F.) sind verschiedene Fälle zu unterscheiden: 295

- Wirkt sich der Mangel des Architektenwerks in dem Bauwerk selbst aus, beträgt die Verjährungsfrist fünf Jahre[543].
- Dagegen gilt die Verjährungsfrist von einem Jahr bei mangelhaften Plänen, die ausschließlich Arbeiten am Grundstück dienten[544].
- Ist dem planenden und/oder bauleitenden Architekten ein arglistiges Verhalten oder ein Organisationsverschulden vorzuwerfen, beträgt die Verjährungsfrist 30 Jahre.
- Ferner gilt eine Verjährungsfrist von 30 Jahren, wenn der Architekt im Rahmen eines Dienstvertrages tätig wird, zum Beispiel als Projektsteuerer und dem Architekten eine positive Vertragsverletzung des Dienstvertrages vorzuwerfen ist[545].

Die Verjährungsfristen sind im Rahmen der Schuldrechtsmodernisierung neu geregelt. Für Verträge ab dem 01.01.2002 gilt Folgendes: 296

Die regelmäßige Verjährungsfrist beträgt nicht mehr 30 Jahre, sondern nach § 195 BGB nunmehr drei Jahre. Diese regelmäßige Verjährungsfrist beginnt aber erst zu laufen

- am Ende des Jahres, in dem der Anspruch entstanden ist und
- wenn der Gläubiger die den Anspruch begründenden Umstände kennt oder ohne grobe Fahrlässigkeit kennen musste (§§ 195, 199 Abs. 1 BGB).

543 BGH, NJW 1960, 1198.
544 BGH, BauR 1993, 219.
545 OLG Hamm, BauR 1995, 579.

297 Wie auch nach altem Recht ist die regelmäßige Verjährungsfrist auf alle Ansprüche anzuwenden, sofern keine spezielle Verjährungsfrist gesetzlich oder vertraglich geregelt ist. Das Werkvertragsrecht sieht spezielle Verjährungsfristen in § 634a BGB vor, der die Regelung nach altem Recht (§ 638 BGB a. F.) abgelöst hat. Danach gilt Folgendes:

- Wirkt sich der Mangel des Architektenwerks in dem Bauwerk selbst aus, beträgt die Verjährungsfrist – wie bisher – fünf Jahre (§ 634a Abs. 1 Nr. 2 BGB).
- Betrifft das Architektenwerk ausschließlich Arbeiten am Grundstück, verjähren die Gewährleistungsansprüche in zwei Jahren. Als Beispiel ist der Architekt zu nennen, der eine Freianlagenplanung für ein Grundstück erstellt[546].
- Im Übrigen in der regelmäßigen Verjährungsfrist (§ 634a Abs. 1 Nr. 3 BGB). Damit sind Ansprüche wegen sonstiger Pflichtverletzung gemeint, die nicht zu Mängeln der Werkleistung führen. Das sind beispielsweise Ansprüche gegen den Architekten als Verkehrswertgutachter. Hingegen gilt für die Leistungen des Bodengutachters, des Vermessungsingenieurs, des Gutachters im Bereich Haustechnik die fünfjährige Verjährungsfrist nach § 634a Abs. 1 Nr. 2 BGB, wenn diese Gutachten als Erfolg Planungs- und Überwachungsleistungen für ein Bauwerk zum Gegenstand haben[547].
- Ist dem Architekten arglistiges Verhalten oder ein Organisationsverschulden vorzuwerfen, so gilt für die Verjährungsfrist § 634a Abs. 3 BGB, also die regelmäßige Verjährungsfrist, wobei die Verjährung jedoch nicht vor Ablauf der Fünf-Jahres-Frist nach § 634a Abs. 1 Nr. 2 BGB eintritt.

298 *Organisationsverschulden*

Die Rechtsprechung des BGH zum Organisationsverschulden[548] läuft darauf hinaus, den Unternehmer bzw. Architekten, der die Werkleistung ohne Mitarbeiter ausführt, haftungsmäßig nicht schlechter zu stellen, als den arbeitsteilig organisierten Unternehmer, also z. B. das Architekturbüro mit mehreren Architekten. Der arbeitsteilig operierende Architekt muss für die fehlende oder unzureichende Organisation seines Betriebes einstehen, die bewirkt, dass ein schwerer Mangel nicht entdeckt wird. Der BGH hat in seiner Entscheidung vom 12.03.1992[549] betont, dass sich der Unternehmer seiner vertraglichen Offenbarungspflicht bei Ablieferung des fertigen Werkes nicht dadurch entziehen kann, dass er sich unwissend hält oder sich keiner

546 Vgl. Schmidt-Räntsch, Rn. 1005.
547 Locher/Koeble/Frik, Einl., Rn. 287.
548 BGH, BauR 1992, 500; auch OLG Celle, NJW-RR 1995, 1486 – mangelhafte Aufsicht durch Architekten; OLG Köln, BauR 1995, 107; OLG Oldenburg, BauR 1995, 105; OLG Stuttgart, BauR 1997, 317.
549 BGH, BauR 1992, 500.

Gehilfen bei der Pflicht bedient, Mängel zu offenbaren[550]. Sorgt der Unternehmer bei der Herstellung des Werkes nicht für eine den Umständen nach angemessene Überwachung und Prüfung der Leistung und damit auch nicht dafür, dass er oder seine insoweit eingesetzten Erfüllungsgehilfen etwaige Mängel erkennen können, handelt er vertragswidrig. Der Unternehmer ist verpflichtet, den Herstellungsprozess angemessen zu überwachen und das Werk vor der Abnahme zu prüfen. Er muss jedenfalls die organisatorischen Voraussetzungen schaffen, damit der Bauherr sachgerecht beurteilen kann, ob das fertig gestellte Werk bei Ablieferung keinen Fehler aufweist. Weiter hat der BGH festgestellt, dass es allein Sache des Unternehmers ist, wie er seinen Betrieb organisiert. Ist die Organisation arbeitsteilig, hat der Unternehmer dafür einzustehen, wenn er die Überwachung und Prüfung des Werkes nicht oder nicht richtig organisiert hat und der Mangel bei richtiger Organisation entdeckt worden wäre. Der Bauherr ist dann so zu stellen, also wäre der Mangel dem Unternehmer bei Ablieferung des Werkes bekannt gewesen, also wie bei einer arglistigen Täuschung.

Für die Darlegungslast ergibt sich daraus Folgendes: **299**

Der Bauherr hat grundsätzlich die Voraussetzungen darzulegen, die zur regelmäßigen Verjährungsfrist nach § 638 Abs. 1 S. 1 BGB a. F. bzw. § 634 Abs. 3 BGB führen[551]. Dieser Darlegungslast genügt der Bauherr, wenn er Tatsachen vorträgt, nach denen entweder der Unternehmer selbst oder die von diesem zur Erfüllung seiner Offenbarungspflicht eingesetzten Gehilfen den Mangel erkannt, aber nicht offenbart haben. Gegebenenfalls ist schon der Vortrag ausreichend, der Unternehmer habe die Überwachung des Herstellungsprozesses nicht oder nicht richtig organisiert, so dass der Mangel nicht erkannt worden sei. Der BGH hebt in diesem Zusammenhang hervor, dass an die Substantiierung nur geringe Anforderungen zu stellen seien, weil der Bauherr regelmäßig keine Kenntnis über die Organisation des Herstellungsprozesses habe. Die Art des Mangels sei ein so überzeugendes Indiz für eine fehlende oder nicht richtige Organisation, dass es meist weiterer Darlegung hierzu nicht bedürfe[552]. Ein gravierender Mangel an besonders wichtigen Gewerken könne ebenso den Schluss auf eine mangelhafte Organisation von Überwachung und Überprüfung zulassen, wie ein besonders augenfälliger Mangel an weniger wichtigen Bauteilen. Der Unternehmer müsse nunmehr seinerseits vortragen, wie er seinen Betrieb im Einzelnen organisiert habe, um den Herstellungsprozess zu überwachen und das Werk vor Ablieferung zu überprüfen.

550 Auch schon: BGH, BauR 1976, 131.
551 BGH, BauR 1975, 419.
552 BGH, BauR 1992, 500, 501; aA jedenfalls bei Planungsfehlern soll der Auftraggeber darlegungs- und beweispflichtig für das Vorlegen eines Organisationsverhaltens sein: OLG Düsseldorf, OLGR 2002, 317.

300 Diese Grundsätze gelten in vollem Umfang auch für den Architekten, der »Unternehmer« der Planung ist.

4.1.2 Beginn der Verjährungsfrist

4.1.2.1 Bei Planungsleistungen für ein Bauwerk oder ein Grundstück

301 Zu den Planungsleistungen für ein Bauwerk oder ein Grundstück zählen vor allem auch die Nebenleistungen, die der Architekt erbringt, wie Beratungsleistungen, Auskunftsleistungen etc. Auch eine gutachterliche Tätigkeit z. B. des Heizungsingenieurs fällt hierunter, sofern es um Planungs- und Überwachungsleistungen für ein Bauwerk geht. Dazu zählen auch alle besonderen und zusätzlichen Leistungen, soweit sie der Errichtung des Bauwerks dienen[553].

302 *Abnahme* Maßgebender Zeitpunkt für den Beginn der Verjährung ist die Abnahme. Abnahme bedeutet grundsätzlich die körperliche Hinnahme im Wege der Besitzübertragung, verbunden mit der Billigung des Werkes als in der Hauptsache vertragsgemäße Leistung[554]. Grundsätzlich ist auch eine Abnahme des Werkes des Architekten durch Hinnahme möglich, obgleich die Werkleistung des Architekten eine geistige Leistung ist[555]. Erforderlich ist jedoch, dass vom Architekten eine körperliche Leistung, wie z. B. das Anfertigen von Plänen oder ein Gutachten geschuldet ist und diese sozusagen verkörperte geistige Leistung auch tatsächlich übergeben werden kann[556]. Sind vom Architekten darüber hinaus weitere Leistungen zu erbringen, wie § 15 HOAI dies vorsieht (z. B. die Objektüberwachung und im Rahmen der Objektüberwachung die Rechnungsprüfung), kommt eine körperliche Entgegennahme nicht mehr in Betracht. Vielmehr reicht nun als Abnahme die Erklärung des Auftraggebers gegenüber dem Architekten, er billige die Leistung als vertragsgemäß. Ein Abnahmeanspruch des Architekten besteht aber immer erst dann, wenn die in Auftrag gegebenen Leistungen im Großen und Ganzen (in der Hauptsache, im Wesentlichen) dem Vertrag entsprechend hergestellt sind und demgemäß vom Besteller auch gebilligt werden können[557]. Dies folgt aus der Regelung in § 640 Abs. 2 BGB. Danach schließt das Vorhandensein, die Kenntnis und selbst die Rüge von Mängeln die Abnahme grundsätzlich nicht aus[558]. Ein wirklich vollständiges Er-

553 Locher/Koeble/Frik, Einl., Rn. 287.
554 BGH, NJW 1993, 1972; vgl. auch Rn. 135 f.
555 BGHZ 48, 257.
556 BGH, NJW-RR 1992, 1078; Palandt-Sprau, § 640, Rn. 2.
557 BGH, BauR 1972, 251.
558 BGHZ 54, 352, 354.

bringen aller beauftragten Architektenleistungen und vor allem Mängelfreiheit ist also für den Anspruch auf Abnahme nicht erforderlich.

Die Rechtsprechung nimmt beispielsweise in folgenden Fällen die Abnahme des Architektenwerks durch den Bauherrn an: 303

konkludente Abnahme

- Der Bauherr nimmt die Architektenentwürfe als vertragsgemäße Leistung entgegen[559].
- Der Bauherr zahlt die Schlussrechnung des Architekten[560].
- Der Bauherr verwertet die Architektenleistungen[561].
- Die Inbenutzungnahme des Gebäudes durch den Auftraggeber, wenn zu diesem Zeitpunkt alle geschuldeten Architektenleistungen erbracht sind[562]. Freilich wird man nur ausnahmsweise davon ausgehen können, dass bei Einzug bzw. Inbenutzungnahme des Gebäudes alle in Auftrag gegebenen Leistungen erbracht sind; das gilt selbst dann, wenn die Leistungsphase 9 nicht mit beauftragt wurde. Denn Grundleistung der Leistungsphase 8 ist unter anderem auch die Rechnungsprüfung und die Überwachung der Mängel, die bei der Abnahme festgestellt wurden. Beide Leistungen werden in der Praxis meist erst nach Einzug des Bauherrn oder der Nutzer in das Gebäude erbracht.
- Die Inbenutzungnahme des Gebäudes, wenn der Auftraggeber sich hiernach längere Zeit nicht meldet, also weder auf die Abnahme zurückkommt, noch Restleistungen abruft wie z. B. die Rechnungsprüfung und deshalb davon auszugehen ist, dass er das Werk jedenfalls stillschweigend als im Wesentlichen vertragsgemäß anerkannt hat[563].

Die bloße Abnahme des Bauwerks gegenüber dem Bauunternehmer ist hingegen nur Indiz für die Abnahme des Architektenwerks. 304

Ausnahmsweise tritt der Verjährungsbeginn auch ohne Abnahme ein und zwar dann, wenn der Bauherr den Architektenvertrag vorzeitig gekündigt hat. Die Kündigung ersetzt die Abnahme[564]. Lehnt der Bauherr die Abnahme endgültig ab, beginnt die Verjährung mit der entsprechenden Erklärung des Bauherrn zu laufen[565]. 305

559 BGH, NJW 1999, 2113; BGH, BB 1992, 950.
560 BGHZ 72, 257.
561 Palandt-Sprau, § 640, Rn. 5.
562 BGH, BauR 1982, 292.
563 Vgl. zur »vergessenen« förmlichen Abnahme: BGH, BauR 1979, 56; auch Ganten/Jagenburg/Motzke-Jagenburg, § 12 Nr. 4 VOB/B, Rn. 11.
564 Werner/Pastor, Rn. 2401 m. w. N.
565 BGH, NJW 1971, 1840.

306 *Anspruch auf Abnahme, wenn die Planung in quantitativer und qualitativer Hinsicht ordnungsgemäß ist*

Der Architekt hat erst dann einen Anspruch auf Abnahme, wenn er die ihm in Auftrag gegebenen Leistungen in quantitativer und in qualitativer Hinsicht ordnungsgemäß erbracht hat, der geschuldete Werkerfolg also eingetreten ist[566]. Das führt dazu, dass der Architekt beim so genannten Vollarchitekturvertrag die Abnahme seiner Architektenleistungen erst nach Ablauf der für die ausführenden Unternehmen maßgeblichen Gewährleistungsfrist geltend machen kann. Denn im Rahmen der Objektbetreuung muss er vor Ablauf der Verjährungsfristen der Gewährleistungsansprüche gegenüber den bauausführenden Unternehmen noch eine Objektbegehung durchführen. Fallen bei dieser Objektbegehung Mängel auf, ist der Architekt verpflichtet, den Unternehmer zur Mängelbeseitigung aufzufordern und die Mängelbeseitigung zu überwachen. Wird beispielsweise durch klageweise Geltendmachung der Gewährleistungsrechte gegenüber ausführenden Unternehmen die Gewährleistung gehemmt, wirkt sich dies entsprechend auf die Abnahmefähigkeit der Architektenleistungen aus. In der Praxis kommt es durchaus vor, dass die Abnahme der Architektenleistungen und damit der Beginn der Verjährungsfrist trotz Abnahme alle Werkleistungen der ausführenden Unternehmer noch jahrelang in der Schwebe bleibt. Das OLG Köln[567] weist darauf hin, dass dieser für Architekten ausgesprochen unbefriedigende Zustand hinzunehmen sei, weil es der Architekt selbst bestimmen kann, durch Vereinbarung einer Teilabnahmeverpflichtung des Bauherrn nach Baufertigstellung oder durch Abschluss eines gesonderten Objektbetreuungsvertrages – also durch Ausgliedern der Leistungsphase 9 in einen separaten Vertrag – die Verlängerung der Gewährleistungspflicht zu umgehen.

4.1.2.2 Bei sonstigen Planungsleistungen

307 Auf alle Leistungen, deren Werkerfolg nicht in der Herstellung oder Veränderung eines Bauwerks oder Grundstücks besteht, findet die regelmäßige Verjährungsfrist Anwendung. Gemeint sind damit z. B. Leistungen, die nur gelegentlich während des Planungs- oder Bauvorgangs erbracht werden, wie etwa die Anfertigung eines Verkehrswertgutachtens, das zur Finanzierung dienen soll. Der Beginn der regelmäßigen Verjährung ist in § 199 BGB geregelt. Nach Abs. 1 der Vorschrift beginnt die Verjährung mit dem Schluss des Jahres, in dem kumulativ der Anspruch entstanden ist und der Gläubiger von den den Anspruch begründenden Umständen und der Person des Schuldners Kenntnis erlangt oder ohne grobe Fahrlässigkeit erlangen müsste. Die Regelung knüpft damit an die Merkmale des § 252 Abs. 1 BGB an, erweitert diese aber um »die grob fahrlässige Unkenntnis«. Grobe Fahrlässigkeit liegt vor, wenn die im Verkehr erforderliche Sorgfalt in

566 BGH, NJW 1983, 871.
567 OLG Köln, BauR 1992, 803.

ungewöhnlich großem Maße verletzt worden ist, ganz nahe liegende Überlegungen nicht angestellt oder beiseite geschoben wurden und dasjenige unbeachtet geblieben ist, was im gegebenen Fall jedem hätte einleuchten müssen[568].

4.1.3 Verjährungsbeginn bei Vereinbarung von Subsidiaritätsklauseln

Da eine formularmäßige Abkürzung der Gewährleistungsfrist gegen das Klauselverbot des § 11 Nr. 10 f. bzw. § 309 Nr. 8 b) ff. BGB verstößt, finden sich häufig in Architektenverträgen so genannte Subsidiaritätsklauseln in Bezug auf die Haftung. **308**

Sind solche Subsidiaritätsklauseln in Architekten-Formularverträgen oder in den dem Architektenvertrag beigefügten Allgemeinen Geschäftsbedingungen geregelt, ist § 11 Nr. 10a AGBG bzw. § 309 Nr. 8 b) aa) BGB zu berücksichtigen: Nach dieser Vorschrift ist es unzulässig, die Haftung des Architekten von einer vorherigen gerichtlichen Inanspruchnahme eines Dritten abhängig zu machen. Ob das auch im kaufmännischen Verkehr gilt, ist streitig[569] In Individualverträgen sind Subsidiaritätsklauseln in Bezug auf die Haftung des Architekten im Verhältnis zum Unternehmer in den Grenzen von § 138 BGB wirksam[570]. **309**

Unbedenklich – auch in Formularverträgen – ist hingegen eine Subsidiaritätsklausel dahin gehend, dass der Bauherr verpflichtet ist, seine Forderung zunächst außergerichtlich gegenüber dem Unternehmer geltend zu machen[571]. **310**

Liegt eine wirksame Vereinbarung einer subsidiären Haftung des Architekten vor, beginnt die Verjährungsfrist für etwaige Gewährleistungsansprüche des Bauherrn gegen den Architekten, wenn das Unvermögen des Unternehmers feststeht. Der Anspruch gegen den Architekten – da subsidiär – ist aufschiebend bedingt. **311**

568 BGH, NJW 1992, 3235, 3236.
569 Bejahend: Staudinger-Schlosser, § 9 AGBG, Rn. 39; verneinend: Werner/Pastor, Rn. 2269; auch BGH, BauR 1999, 670 für den Ingenieurvertrag
570 BGH, BauR 1971, 270; Bindhardt, BauR 1970, 202; vgl. ausführlich, Rn. 478 f.
571 Werner/Pastor, Rn. 2267.

4.1.4 Sonderfall: Teilabnahme

312 Eine formularmäßige Teilabnahme sieht beispielsweise § 7.5 des Einheits-Architektenvertrages 1994[572] vor. In der Klausel heißt es im 2. Absatz:

> »Die Verjährung beginnt mit der Abnahme der nach diesem Vertrag zu erbringenden Leistungen, spätestens mit Abnahme der in Leistungsphase 8 (Objektüberwachung) zu erbringenden Leistungen (Teilabnahme). Für Leistungen, die danach noch zu erbringen sind, beginnt die Verjährung mit Abnahme der letzten Leistung.«

313 Die Vereinbarung einer Teilabnahme in Formularverträgen verstößt gegen § 11 Nr. 10 f AGBG bzw. § 309 Nr. 8 b) ff. BGB, weil dies auf eine mittelbare Fristverlängerung hinausläuft. Der gesetzliche Fristbeginn findet im Normalfall erst nach Erbringung der Leistungen der Leistungsphase 9 statt; erst hiernach kann das Architektenwerk abgenommen werden.

314 Eine solche Vorverlegung des Fristbeginns ist nur aufgrund einer Individualabsprache möglich und auch wirksam[573].

315 *Konkludente Teilabnahme*

Fraglich ist, ob eine konkludente Teilabnahme in Betracht kommt. Daran ist zu denken, wenn es an der Vereinbarung einer Teilabnahme fehlt, ein bestimmtes Verhalten aber auf eine Teilabnahme schließen lassen könnte, so z. B., wenn der Bauherr nach Prüfung der Genehmigungsplanung den Bauantrag unterzeichnet. Der BGH[574] hat klargestellt, dass es keine Vermutung dafür gibt, ein bestimmtes Verhalten des Bauherrn lasse auf seinen Willen zur Teilabnahme schließen. Vielmehr müsse der Wille des Bauherrn zur Teilabnahme wegen der gravierenden Folgen, die die Teilabnahme rechtlich zugunsten des Architekten bewirkt, klar zum Ausdruck bringen. Der Architekt ist beweispflichtig dafür, dass die Teilabnahme, ggfs. konkludent, erfolgt ist[575]. Bei einer erst teilweise ausgeführten Leistung kommt eine Abnahme durch konkludentes Verhalten des Bauherrn regelmäßig nicht in Betracht[576]. In dem Unterzeichnen des Bauantrages ist ebenfalls noch nicht der Wille des Bauherrn zu erkennen, die bis dahin erbrachten Leistungen teilabzunehmen[577].

572 Abgedruckt in: DAB 1994, 1635 – zwischenzeitlich von der Bundesarchitektenkammer zurückgezogen.
573 BGH, BauR 1994, 392.
574 BGH, BauR 1994, 394.
575 BGH, BauR 1994, 394.
576 BGH, BauR 1994, 394.
577 OLG Düsseldorf, BauR 1986, 472; Löffelmann/Fleischmann, Rn. 1440.

4.1.5 Verkürzung der Verjährungsfrist

Wird zwischen Bauherr und Architekt in einem Formularvertrag oder in Allgemeinen Geschäftsbedingungen eine zeitliche Begrenzung der Gewährleistungsfrist vereinbart, so verstößt das gegen § 11 Nr. 10f AGBG[578], § 309 Nr. 8 b) ff. BGB. Das gilt auch für den kaufmännischen Verkehr. 316

Eine Verkürzung der Verjährungsfrist lässt sich ebenso wenig über die Vereinbarung der VOB/B auf das Verhältnis zwischen Architekt und Bauherrn herbeiführen. Die VOB/B kann nämlich in einem Architekten- oder Ingenieurvertrag nicht wirksam vereinbart werden; die Ausnahmeregelung des § 23 Abs. 2 Nr. 5 AGBG bzw. § 309 Nr. 8 b) ff. BGB greift nicht[579]. 317

Vereinbarung der VOB/B beim Architektenvertrag

In Individualverträgen ist eine Verkürzung der Gewährleistungsfrist hingegen in den Grenzen des § 138 BGB möglich[580]. 318

4.2 Verjährungsfrist für Ansprüche aus positiver Vertrags- bzw. Beratungspflichtverletzung

Der Architekt haftet nach altem BGB 30 Jahre für Mangelfolgeschäden, soweit der Bauherr einen Anspruch aus positiver Vertragsverletzung hat. Das ist bei Beratungs- und Hinweispflichtverletzungen, also bei Verletzung von Nebenpflichten der Fall. 319

Ob allerdings im Einzelfall die Haftung aus Nebenpflichtverletzung tatsächlich nach positiver Vertragsverletzung zu beurteilen ist oder nach Gewährleistungsrecht (§ 635 BGB a. F.), ist eine im Einzelfall schwierig zu beantwortende Frage (vgl. dazu Rn. 33). Eine höchstrichterliche Entscheidung zur der Frage, ob zum Beispiel eine Bausummenüberschreitung zu Mängelansprüchen führt und damit eine fünfjährige Verjährungsfrist auslöst (§ 638 BGB a. F., § 634a BGB) oder aber ob Mangelfolgeschäden entstehen, die Verjährungsfrist also 30 Jahre beträgt, existiert nicht. Das OLG Stuttgart[581] geht von Mangelfolgeschäden aus (vgl. hierzu ausführlich Rn. 241 f.). 320

Für Verträge seit dem 01.01.2002 ist die Unterscheidung zwischen Mangelschaden und Mangelfolgeschaden nicht mehr von Bedeutung; nach § 634a Abs. 1 Nr. 2 BGB gilt für alle Schäden einheitlich eine Verjährungsfrist von fünf Jahren. 321

578 BGH, BauR 1987, 113.
579 BGH, BauR 1987, 702.
580 Vgl. Werner/Pastor, Rn. 2239.
581 OLG Stuttgart, BauR 2000, 1893.

4.3 Verjährungsfrist für Ansprüche aus Delikt

322 Die Ansprüche gegen den Architekten nach § 823 BGB verjähren nach altem Recht gem. § 852 BGB a. F. in drei Jahren von dem Zeitpunkt an, zu dem der Verletzte von dem Schaden und der Person des Ersatzpflichtigen Kenntnis erlangt, spätestens in 30 Jahren von der Begehung der Handlung an.

323 *Kenntnis* Zur Kenntnis der Person des Ersatzpflichtigen gehört auch die Kenntnis von Tatsachen, die auf ein schuldhaftes Verhalten des Schädigers hinweisen, der den Schaden verursacht haben kann, wobei jedoch Kenntnis von Einzelheiten des schädigenden Verhaltens nicht erforderlich ist. Die Kenntnis muss aber so weit gehen, dass der Geschädigte in der Lage ist, eine Schadensersatzklage Erfolg versprechend, wenn auch nicht risikolos zu begründen[582]. Vermutet der Bauherr, dass mehrere Baubeteiligte – u. a. auch der Architekt – Schadensersatzpflichtig sind, so liegt Kenntnis von der Person auch dann vor, wenn er irrtümlich einen anderen Beteiligten für den eigentlich Verantwortlichen hält[583].

324 Die Kenntnis vom Schaden ist nicht gleichbedeutend mit der Kenntnis vom Umfang des Schadens. Erforderlich ist, dass der Geschädigte Kenntnis vom Eintritt irgendeines Schadens hat[584]; unnötig ist dagegen die volle Übersehbarkeit von Umfang und Höhe[585]. Es genügt, wenn der geschädigte Bauherr zur Erhebung der Feststellungsklage in der Lage ist[586].

325 *fortdauernde oder sich wiederholende Schadenfolgen* Bei späteren, fortdauernden oder sich wiederholenden Schadensfolgen ist zu unterscheiden: Sind sie durch eine Dauerhandlung, die abgeschlossen ist, verursacht, beginnt die Verjährungsfrist auch für nachträglich auftretende Schadensfolgen (Verschlimmerung), die im Zeitpunkt der Kenntnis vom Gesamtschaden als möglich voraussehbar waren, mit diesem Zeitpunkt[587]. Solche Schadensfolgen, die nicht voraussehbar waren, sind von der Kenntnis des Gesamtschadens nicht erfasst; für sie läuft eine besondere Verjährung vom Tag ihrer Kenntnis und der Kenntnis ihres ursächlichen Zusammenhangs mit der unerlaubten Handlung[588].

326 Nach neuem Recht kommt es auf die Kenntnis oder grob fahrlässige Unkenntnis nicht mehr entscheidend an. Nach § 199 Abs. 3 Nr. 1 BGB verjähren Ansprüche auf Schadensersatz wegen anderer Rechts-

582 BGH, NJW 1988, 1146.
583 BGH, NJW-RR 1990, 222.
584 BGH, VersR 1990, 277.
585 BGH, NJW 1960, 380.
586 BGH, WM 1960, 885.
587 BGH, WM 1978, 331.
588 BGH, VersR 1968, 1163.

güter als der Verletzung des Lebens, des Körpers, der Gesundheit oder der Freiheit sowie diesen Rechtsgütern gleichgestellter höchst persönlicher Rechtsgüter ohne Rücksicht auf die Kenntnis oder grob fahrlässige Unkenntnis in zehn Jahren von der Fälligkeit an. Damit sind unter anderem Schadensersatzansprüche wegen der Verletzung des Eigentums gemeint.

Der Beginn der Verjährung setzt den Eintritt des Schadens voraus, 327
wenn nicht ausnahmsweise die Grundsätze der Schadenseinheit greifen[589]. Der Schaden kann sehr spät eintreten. Dies berücksichtigt § 199 Abs. 3 Nr. 2 BGB. Danach beträgt die Verjährung 30 Jahre ohne Rücksicht auf ihre Entstehung oder die Kenntnis oder grob fahrlässige Unkenntnis, wobei die 30-Jahres-Frist mit der Begehung der Handlung der Pflichtverletzung oder dem sonstigen, den Schaden auslösenden Ereignis beginnt.

4.4 Verjährungsfrist für Ausgleichsansprüche unter Gesamtschuldnern

Bei dem Ausgleichsanspruch nach § 426 Abs. 1 BGB handelt es sich 328
um einen selbstständigen Anspruch, der nach altem BGB auch eine eigene 30-jährige Verjährung hat[590] und nach neuem BGB in drei Jahren verjährt (§ 195 BGB). Nach § 426 BGB haften die Gesamtschuldner untereinander grundsätzlich zu gleichen Teilen. Im Einzelfall kommt aber auch eine quotenmäßige Haftung je nach Verantwortlichkeit in Betracht; § 254 BGB ist bei der Quotelung heranzuziehen.

nach altem Recht 30 Jahre
nach neuem Recht 3 Jahre

Wegen der Selbstständigkeit des Ausgleichsanspruchs sind im Innen- 329
verhältnis der Gesamtschuldner eventuelle Haftungsausschlüsse und Haftungsbegünstigungen, die ein Gesamtschuldner vereinbart hat, unbeachtlich; das gilt auch für gesetzliche Haftungsausschlüsse[591].

Der BGH hat folgende Fallkonstellationen in diesem Sinne entschie- 330
den:

- Der Bauunternehmer hat mit dem Bauherrn eine geringere als die gesetzliche Verjährungsfrist vereinbart, so dass zu dem Zeitpunkt der Geltendmachung des Schadens durch den Bauherrn dessen Ansprüche gegen den Bauunternehmer verjährt waren und der Bauherr daher nur den Architekten in Anspruch nehmen konnte wegen eines Ausführungsfehlers, der zugleich auch Objektüberwachungsfehler war. Im anschließenden Ausgleichsprozess nach § 426 Abs. 1 BGB konnte der

589 Schmidt-Räntsch, Rn. 100.
590 BGHZ 58, 218; Palandt-Heinrichs, § 426, Rn. 3.
591 Werner/Pastor, Rn. 2008.

Bauunternehmer dem Architekten gegenüber nicht geltend machen, dass er im Verhältnis zum Bauherrn wegen Verjährung nicht mehr hafte[592]. Gleiches gilt, wenn zwischen Bauherr und Bauunternehmer ein VOB-Vertrag und die kurze Verjährung von zwei Jahren vereinbart wurde und sich der Bauherr deshalb wegen Zeitablaufs mit seinen Gewährleistungsansprüchen nur noch an den Architekten wenden kann; dies führt letztendlich dazu, dass der Bauunternehmer trotz kurzer Verjährungsfrist rein theoretisch noch Jahre nach Ablauf seiner Gewährleistungsfrist im Innenverhältnis haftet.

- Der Bauherr vereinbart mit einem der Gesamtschuldner einen Haftungserlass. Auf diesen Haftungserlass kann sich der insoweit begünstigte Gesamtschuldner im Ausgleichsprozess nach § 426 BGB nicht berufen[593].

- Der Bauherr schließt mit einem der Gesamtschuldner einen Vergleich; im anschließenden Ausgleichsprozess kann sich der begünstigte Gesamtschuldner nicht auf den Vergleich mit dem Bauherrn berufen[594].

- Zwischen Architekt und Bauherr wird – was häufig der Fall ist – der Höhe nach eine Haftungsbegrenzung vereinbart auf die Deckungssumme der Berufshaftpflichtversicherung. Im anschließenden Ausgleichsprozess z. B. Fachingenieur und Architekt kann sich der Architekt auf diese Haftungsbegrenzung nicht berufen[595].

- Gewährleistungsansprüche des Bauherrn gegen den Bauunternehmer sind verjährt, weshalb sich der Bauherr von einem anderen Schuldner dessen interne Ausgleichsansprüche nach § 426 Abs. 1 BGB gegen den Bauunternehmer, die noch nicht verjährt sind, abtreten lässt. Wegen des Rechtsgedankens aus § 399 BGB soll das nach einer Auffassung[596] nicht möglich sein; dem ist aber nicht zuzustimmen: Wegen der Selbstständigkeit des Ausgleichsanspruchs muss dieser auch abtretbar sein und dazu führen, dass der Bauherr aus abgetretenem Recht den noch nicht verjährten Ausgleichsanspruch geltend machen kann.

331 Wegen der erheblichen Verkürzung der Verjährung (von 30 Jahren auf drei Jahre) ist dem Architekten zu raten, eventuellen Ausgleichsschuldnern (z. B. dem Bauunternehmer oder Sonderfachleuten) in dem vom Bauherrn gegen ihn eingeleiteten Haftungsprozess den

592 BGH, BauR 1972, 246.
593 BGHZ 47, 376.
594 Werner/Pastor, Rn. 2008 m. w. N.
595 BGHZ 58, 216.
596 Werner/Pastor, Rn. 1989.

Streit zu verkünden. Durch die *Zustellung* der Streitverkündungsschrift wird die Hemmung der Verjährung erreicht (§ 204 Abs. 1 Nr. 6 BGB).

5 Besondere Haftungsrisiken des Architekten

5.1 Haftung des Architekten für die Genehmigungsfähigkeit der Planung

5.1.1 Umfang der Pflichten

Der Architekt schuldet grundsätzlich eine genehmigungsfähige Planung[597]. Die Verpflichtung des Architekten gegenüber dem Bauherrn zur Herstellung einer genehmigungsfähigen Planung bedeutet, dass die Genehmigungsplanung sowohl den anerkannten Regeln der Technik entsprechen muss, als auch den geltenden bauordnungsrechtlichen und bauplanungsrechtlichen Vorschriften[598]. 332

5.1.1.1 Baugenehmigung wird zu Recht versagt

Wird die Baugenehmigung zu Recht versagt, ist die Haftung des Architekten an sich offenkundig. Es gibt dennoch Ausnahmefälle, die nachfolgend dargestellt werden. 333

5.1.1.1.1 Bauherr hat Kenntnis vom Genehmigungsrisiko

Zum einen sind Fälle denkbar, in denen Architekt und Bauherr in Kenntnis der Genehmigungsproblematik von vornherein vereinbaren, dass der Architektenauftrag nur den Versuch zur Erlangung einer Baugenehmigung beinhaltet. 334

335 *Bauvoranfrage*

Auch im Rahmen eines solchen Auftragsverhältnisses kann der Architekt nicht ohne weiteres alle Architektenleistungen bis zur Baugenehmigung erbringen, um dann durch den Bescheid des Bauaufsichtsamtes zu erfahren, dass seine Planung nicht genehmigungsfähig ist. Er muss den Bauherrn vielmehr bereits bei Auftragserteilung auf die Möglichkeit der Bauvoranfrage hinweisen[599]. Das ergibt sich schon aus dem allgemeinen Grundsatz, dass der Architekt nur diejenigen Leistungen erbringen darf, die nach dem Stand der Planung und des Bauvorhabens erforderlich sind[600].

597 BGH, BauR 1999, 1195; OLG Düsseldorf, BauR 2000, 1515.
598 OLG Düsseldorf, BauR 1996, 287.
599 OLG Düsseldorf, BauR 1996, 287; OLG Köln, BauR 1993, 358.
600 So darf der Architekt mit der Vorplanung z. B. erst dann beginnen, wenn etwaige ihm bekannte Bedenken hinsichtlich des Baugrunds im Rahmen der Grundlagenermittlung wie etwa durch ein Bodengutachten ausge-

336 Ein Hinweis auf die Möglichkeit der Bauvoranfrage ist dagegen entbehrlich, wenn dem Bauherrn die Planungsrisiken bekannt sind und er aus Zeit- oder Kostengründen das Risiko auf sich nimmt, die Genehmigungsfähigkeit erst im Rahmen des Baugesuchs zu erproben[601]. In der Praxis kommt es durchaus nicht selten vor, dass ein Bauherr auf die Bauvoranfrage verzichtet.

337 *Nachteile der Bauvoranfrage* Die Bauvoranfrage verursacht nicht unerhebliche zusätzliche Kosten[602]. Auch führt das Einreichen einer Bauvoranfrage zu einer Verlängerung der Planungszeit, was beispielsweise bei Steuervergünstigungen, die nur bei Einreichen eines Bauantrages binnen bestimmter Frist gewahrt werden können, unerwünscht sein kann. Nicht zuletzt kann der Verzicht auf die Bauvoranfrage aber auch in der Sache selbst Vorteile bringen; im Einzelfall ist es durchaus denkbar, dass das spätere Baugesuch im Gegensatz zur Bauvoranfrage zu einem günstigeren Resultat führt, insbesondere wenn es um Befreiungen oder die Ausschöpfung behördlicher Beurteilungsspielräume geht[603].

338 Ferner ist zu berücksichtigen, dass ein Vorbescheid nicht alle im Zusammenhang mit einem Bauantrag denkbaren Fragen lösen kann. Vielmehr lassen sich nur einzelne Fragen, die für die Genehmigungsfähigkeit eines Bauvorhabens von Bedeutung sind, im Vorgriff auf die spätere Baugenehmigung klären. Der Vorbescheid wird deshalb auch als »Ausschnitt aus dem feststellenden Teil der Baugenehmigung« verstanden[604]. Mit einem Bauvorbescheid lassen sich letztlich nur grundsätzliche Fragen klären, z. B. ob ein Grundstück überhaupt bebaubar ist, die Baugrenze, eine vorgeschriebene Bauhöhe oder die Grund-/Geschossflächenzahl überschritten werden darf. Weniger bedeutsame Fragen des Bauplanungs- und Bauordnungsrechts können dagegen mit einer Bauvoranfrage nicht geklärt werden.

339 Eine positiv entschiedene Bauvoranfrage entfaltet für die später beantragte Baugenehmigung auch nur insoweit Bindungswirkung, als die Fragen im Bauvorbescheid bestandskräftig entschieden sind; Fragen, die zwar gestellt, aber nicht entschieden wurden, bleiben ein Genehmigungsproblem[605].

340 Im Ergebnis bedeutet dies, dass trotz eines positiven Bauvorbescheids keine absolute Planungssicherheit gegeben ist.

räumt sind (OLG Hamm, BauR 1997, 1069) oder Probleme hinsichtlich notwendiger Einwilligungen von Nachbarn oder der Finanzierung des Bauvorhabens geklärt sind (vgl. Werner/Pastor, Rn. 791).

601 OLG Köln, BauR 1993, 358; OLG Stuttgart, BauR 1997, 681.

602 Es handelt sich um eine besondere Leistung, für die dem Architekten unter den Voraussetzungen des § 5 HOAI zusätzliches Honorar zusteht; zudem ist eine Verwaltungsgebühr zu entrichten.

603 Vgl. dazu OLG Köln, BauR 1993, 358; OLG Stuttgart, BauR 1997, 681.

604 Vgl. Maser, BauR 1994, 180 ff.

605 Vgl. Maser, BauR 1994, 184.

Völlig ungeeignet ist die früher übliche Methode, dass der Architekt zweifelhafte Rechtsfragen im Gespräch mit der Behörde abklärt. Der BGH hat entschieden, dass selbst der Hinweis des zuständigen Sachbearbeiters auf die unterschriftsreife, schon im Entwurf vorliegende Baugenehmigung noch kein ausreichendes Vertrauen auf die Erteilung einer positiven Entscheidung rechtfertige, weil sich schon aus dem Hinweis auf die fehlende Unterschrift ergebe, dass der eigentlich Zuständige sich zur Genehmigungsfähigkeit des Projektes noch nicht geäußert habe[606]. 341 *mündliche Absprachen zur Genehmigungsfähigkeit*

Der Architekt ist allerdings beweispflichtig dafür, dass sein Auftraggeber bewusst die Risiken der Genehmigungsfähigkeit in Kauf genommen hat und auch dafür, dass er bewusst auf die Bauvoranfrage verzichtet hat[607]. Nur in Ausnahmefällen kann dies angenommen werden[608]. 342

5.1.1.1.2 Bauherr verlangt die Planung nicht erprobter Baustoffe und Techniken

Eine Haftung des Architekten scheidet ferner aus, wenn der Bauherr trotz Aufklärung durch den Architekten den Einsatz nicht erprobter Baustoffe und Techniken fordert und dies zur Versagung der Baugenehmigung führt. Erforderlich ist aber, dass der Architekt den Bauherrn über die Risiken vor allem auch in Bezug auf die Erteilung der Baugenehmigung hingewiesen hat. Der Architekt muss den Bauherrn durch Beratung in die Lage versetzen, zwischen der Sicherheit des Bewährten und dem Risiko einer neuen Bauweise abzuwägen. 343

Der Architekt ist im Streitfall darlegungs- und beweispflichtig dafür, dass er ausreichend beraten und ggfs. vor dem Einsatz der nicht erprobten Technologie oder des nicht erprobten Baustoffes gewarnt hat[609]. 344

5.1.1.1.3 Schwierige Rechtsfragen im Zusammenhang mit der Genehmigungsfähigkeit

Grundsätzlich entlastet den Architekten des Weiteren, falls die Beurteilung der Genehmigungsfähigkeit des Bauvorhabens rechtlich sehr kompliziert war. 345

Der BGH setzt voraus, dass der Architekt ein »im Bauwesen und Baurecht erfahrener Berater und Treuhänder des Bauherrn« ist[610]. 346

606 BGH, ZfBR 1992, 131.
607 OLG Düsseldorf, BauR 1986, 469; OLG Düsseldorf, BauR 2000, 1515.
608 BGH, BauR 1999, 1195.
609 Vgl. dazu oben Rn. 26.
610 BGH, Schäfer/Finnern, Z 3.00, Bl. 52.

Aufgrund seiner beruflichen Ausbildung und Praxis muss der Architekt die zur Lösung der übernommenen Planungs- und Bauaufgabe erforderlichen Kenntnisse und Fähigkeiten besitzen[611]. Die Klärung schwieriger Rechtsfragen kann von dem Architekten allerdings nicht erwartet werden, da er einem Rechtsberater des Bauherrn nicht gleichgestellt werden darf[612].

347 Diese Thesen bereiten in der Praxis ganz erhebliche Schwierigkeiten: Was muss ein Durchschnittsarchitekt nun tatsächlich wissen?

348 *Grundprinzipien Planungs-/ Bauordnungsrecht*

Sicherlich müssen ihm die Grundprinzipien des Planungsrechts (BauGB, BauNVO, BauGB-MaßnahmenG, Investitionserleichterungs- und WohnbaulandG) und vor allem das Bauordnungsrecht des Landes vertraut sein. Auch muss er einen Bebauungsplan lesen und die unterschiedlichen Genehmigungserfordernisse nach Planungsrecht sowie nach Bauordnungsrecht beurteilen können. Mehr ist aber nicht zu fordern. Insbesondere ist vom Architekten nicht zu verlangen, dass er schwierige Abgrenzungsprobleme, wie sie beispielsweise § 34 BauGB (z. B. Rücksichtnahmegebot, Nachbarschutz etc.), beurteilen kann. Die Rechtsprechung des Bundesgerichtshofes ist insoweit allerdings nicht eindeutig:

349 *auch schwierige Rechtsfragen?*

In ständiger Rechtsprechung vertritt der 3. Zivilsenat (Amtshaftungssenat) die Auffassung[613], dass der Architekt zwar die zur Lösung seiner Aufgabe, nämlich der Erstellung einer genehmigungsfähigen Planung, notwendigen Kenntnisse auf dem Gebiet des Bauplanungs- und des Bauordnungsrechts besitzen muss, von ihm indes die Beantwortung schwieriger Rechtsfragen nicht verlangt werden dürfe, da er einem Rechtsberater des Bauherrn nicht gleichgestellt sei.

350 Der 7. Zivilsenat sieht dies sehr viel enger: Mit Urteil vom 25.03. 1999[614] hat der 7. Senat bezüglich eines Vorhabens i. S. d. § 34 BauGB herausgestellt, dass allein die Unsicherheit der Beurteilung der bauplanungsrechtlichen Chancen eines Vorhabens bei der Genehmigung, die aus den in § 34 Abs. 1 BauGB verwendeten Rechtsbegriffen resultiert, es nicht rechtfertige, den Architekten im Verhältnis zum Bauherrn von vornherein von seiner eingegangenen vertraglichen Pflicht zur Erbringung einer genehmigungsfähigen Planung freizustellen; vielmehr müsse ein Architekt, der für ein Vorhaben i. S. d. § 34 BauGB eine genehmigungsfähige Planung verspreche, seine Planung so erstellen, dass sie als zulässig i. S. d. § 34 Abs. 1 BauGB beurteilt werden könne, also innerhalb eines etwaigen Beurteilungsspielraums liege. Erst dann sei seine vertragliche Pflicht erfüllt.

611 BGH, NJW 1980, 2576.
612 BGH, NVwZ 1992, 911; BGH, NJW 1985, 1692 f.; vgl. auch Rn. 257 f.
613 BGH, VersR 1992, 698–700; BGH, NJW 1995, 1692.
614 BGH, BauR 1999, 1195.

Stellt sich für den Architekten das Problem, dass von ihm Wissen abverlangt wird, welches er nicht besitzt, schuldet er dem Bauherrn zumindest einen entsprechenden Hinweis. Das setzt aber voraus, dass er die Grenzen seiner Erkenntnisfähigkeit tatsächlich erkennt. Gelingt dies und empfiehlt der Architekt dem Bauherrn die Einschaltung eines Fachmannes (z. B. Rechtsanwaltes), lässt der Bauherr aber dennoch weiter planen, so übernimmt er bewusst das Risiko der Genehmigungsfähigkeit und kann daher dem Architekten später die fehlende Genehmigungsfähigkeit nicht mehr ohne weiteres entgegenhalten. **351**

notwendig: Hinweis auf die Grenzen eigener Erkenntnisfähigkeit

In den Bereich dieser Informationspflicht fällt vor allem auch die Pflicht des Architekten, den Bauherrn bei einer riskanten Planung auf die Möglichkeit der Bauvoranfrage hinzuweisen[615]. Versäumt der Architekt diesen Hinweis, verliert er automatisch seine Honoraransprüche für die Leistungen, die er nach der Leistungsphase 2 noch erbracht hat. **352**

5.1.1.2 Baugenehmigung wird erteilt, aber dann wieder zurückgenommen

Diese Fallgruppe ist letztlich ein Unterfall der versagten Baugenehmigung. Kann der Architekt nicht nachweisen, dass der Bauherr Kenntnis von dem Genehmigungsrisiko hatte, haftet er für die nachträglich versagte Baugenehmigung[616]. **353**

Wegen des Verweisungsprivilegs des § 839 BGB kommt der Behörde in einem solchen Fall zugute, dass der Bauherr zunächst den Architekten auf Schadensersatz in Anspruch nehmen muss[617]. Die zivilrechtliche Verantwortung des Architekten wird durch das Hinzutreten eines Fehlverhaltens der Behörde nicht aufgehoben. Es ist nicht ungewöhnlich, dass ein Schaden erst durch das rechtswidrige oder auch rechtmäßige Dazwischentreten eines Dritten eintritt[618]. **354**

5.1.1.3 Baugenehmigung wird zu Unrecht versagt

Versagt die Behörde zu Unrecht die Baugenehmigung, stellt sich die Frage, ob der Architekt einen Anspruch gegen den Bauherrn auf Ausnutzung der gegebenen Rechtsmittel hat oder ob sich der Bauherr gegenüber dem Architekten auf den Standpunkt stellen kann, das Ar- **355**

615 BGH, Streitpunkt 01 Bl. 493; OLG Köln, BauR 1993, 358.
616 BGH, BauR 1999, 934.
617 BGH, VersR 1983, 980; OLG München, BauR 1993, 534 – Nichtannahmebeschluss des BGH vom 14.11.1991 – II ZR 25/91; wegen des Schadensersatzanspruches des Bauherrn gegen die Behörde vgl. BGH, BauR 2002, 292.
618 OLG München, BauR 1993, 534.

chitektenwerk sei mangels erzielten Werkerfolges (Baugenehmigung) mangelhaft:

356 Für die Beantwortung der Frage wird man zwischen offensichtlich rechtswidrigen Behördenentscheidungen und zweifelhaften Behördenentscheidungen einen Unterschied treffen müssen.

357 *offensichtlich rechtswidrig*

Ist die Rechtswidrigkeit der negativen Behördenentscheidung offensichtlich, ist man sich im Schrifttum darin einig, dass der Bauherr versuchen muss, die Erteilung der Baugenehmigung unter Ausnutzung der ihm gegebenen Rechtsmittel zu erstreiten. Unterlässt der Bauherr dies, kann er sich auf die Mangelhaftigkeit des Architektenwerkes nicht berufen[619].

358 *Anspruch auf Ausnutzung von Rechtsmitteln?*

Fraglich ist dagegen, ob der Architekt gegen den Bauherrn auch dann einen Anspruch darauf hat, dass dieser die Baugenehmigung durch Einlegung von Rechtsmitteln erstreitet, wenn nicht ohne weiteres feststellbar ist, ob die Entscheidung der Baugenehmigungsbehörde zutreffend ist oder nicht. Eine solche Situation ergibt sich beispielsweise bei schwierigen tatsächlichen Fragen oder bei Rechtsfragen, die in der Literatur und der Rechtsprechung kontrovers beurteilt werden.

359 Teilweise wird vertreten, der Architekt habe in einem solchen Fall keinen Anspruch auf Ausnutzung der Rechtsmittel durch den Bauherrn[620]. Zur Begründung wird darauf hingewiesen, dass der Architekt eine zweifelsfreie genehmigungsfähige Planung schulde; er müsse stets den sicheren Weg gehen und sei verpflichtet, den Bauherrn auf etwaige Bedenken der Genehmigungsbehörde – seien sie auch unbegründet – rechtzeitig hinzuweisen. Der Bauherr habe daher einen Schadensersatzanspruch gegen den Architekten, ohne dass dieser verlangen könne, dass der Bauherr zunächst alle Rechtsmittel zur Erlangung der Baugenehmigung ausschöpfe.

360 Nach a. A.[621] ist zu differenzieren: Hat der Architekt gegen seine Aufklärungspflicht verstoßen, das heißt, hat er den Bauherrn nicht rechtzeitig über die Bedenken der Behörde gegen die Genehmigungsfähigkeit informiert und hätte der Bauherr noch die Möglichkeit gehabt, den Bedenken der Behörde ggfs. durch eine Planänderung Rechnung zu tragen, könne der Architekt später nicht verlangen, dass der Bauherr alle Rechtsmittel ausnutzt, um die verweigerte Genehmigung zu erhalten. In allen übrigen Fällen einer zweifelhaften Behördenentscheidung sei es hingegen nicht nachvollziehbar, warum der Architekt das Risiko einer negativen Behördenentscheidung allein trage.

Der BGH hat sich zu dieser Problematik bisher noch nicht geäußert.

619 Bindhardt/Jagenburg, § 6, Rn. 76, 78; Maser, BauR 1994, 180 ff.
620 Bindhardt/Jagenburg, § 6, Rn. 77, 78; Wussow, BauR 1970, 65 ff., 71.
621 Maser, BauR 1994, 180, 185.

Die zuletzt genannte Auffassung ist zutreffend. Der Architekt schuldet eine genehmigungsfähige Planung. Entscheidend ist also, ob die Planung objektiv genehmigungsfähig ist oder nicht. Der Architekt haftet nur dann, wenn seine Planung tatsächlich mangelhaft ist, wobei die Mängelfreiheit, das heißt die Genehmigungsfähigkeit der Planung bis zur Abnahme vom Architekten, zu beweisen ist. Gelingt ihm dieser Beweis, weil das Gericht im Haftungsprozess, in dem inzidenter auch die öffentlich-rechtliche Frage der Genehmigungsfähigkeit zu prüfen ist, zu dem Ergebnis gelangt, dass die Planung genehmigungsfähig war, so kann der Architekt nicht in Anspruch genommen werden. Daran ändern auch wirtschaftliche Überlegungen nichts. Es mag zwar sein, dass es aus der Sicht eines Bauherrn wirtschaftlich sinnvoller ist, eine Umplanung durch den Architekten vornehmen zu lassen, als einen evt. langjährigen Verwaltungsrechtsstreit wegen der Frage der Genehmigungsfähigkeit zu führen. Auf der anderen Seite dürfen solche wirtschaftlichen Gesichtspunkte des Bauherrn nicht zu einer Verwässerung des Mangelbegriffs führen. Entweder ist das Architektenwerk genehmigungsfähig oder nicht. Der Architekt hat einen Anspruch auf Klärung dieser Frage. Im Übrigen ist es dem Bauherrn freigestellt, dem Architekten zur Vermeidung eines Verwaltungsrechtsstreits eine Umplanung in Auftrag zu geben; diese Umplanung löst dann allerdings grundsätzlich einen zusätzlichen Honoraranspruch aus (vgl. § 20 HOAI). 361

Vereinzelt wird vertreten[622], der Architekt habe eine »zweifelsfreie« genehmigungsfähige Planung zu erbringen. Das steht aber im Widerspruch zu der Rechtsprechung des BGH[623], der darauf hinweist, dass der Architekt zwar Treuhänder des Bauherrn, aber kein Rechtsberater sei und schwierige Rechtsfragen nicht von ihm, sondern von der Genehmigungsbehörde zu entscheiden sind, die auch das Risiko etwaiger falscher Beurteilungen trage. 362

geschuldet: Genehmigungsfähigkeit, nicht Erhalt der Baugenehmigung

Hat hiernach der Architekt seine Informationspflicht in dem oben ausgeführten Sinne erfüllt, so ist es Sache des Bauherrn zu entscheiden, ob er sein Recht »erkämpfen will« oder ob er sich aus wirtschaftlichen Gründen zu einer Umplanung entscheidet. Der Architekt schuldet nur die Genehmigungsfähigkeit, nicht den Erhalt der Baugenehmigung. Daher trägt nur der Bauherr, nicht der Architekt das Risiko einer unrechtmäßigen Genehmigungsverweigerung[624]. Entscheidet sich der Bauherr für eine Umplanung, obwohl die ursprüngliche Planung genehmigungsfähig gewesen wäre, scheiden Schadensersatzansprüche gegen den Architekten aus. Im Gegenteil: Der Architekt hat grundsätzlich einen Anspruch auf zusätzliche Vergütung für die Umplanung, allerdings unter den Voraussetzungen des § 20 HOAI 363

622 Wussow, BauR 1970, 65 ff., 71.
623 BGH, NJW 1985, 1992, 1993.
624 So auch Löffelmann/Fleischmann, Rn. 213.

(mehrere Vor- und Entwurfsplanungen nach grundsätzlich verschiedenen Anforderungen).

364 Geht der Bauherr gegen den Bescheid der Baubehörde vor, unterliegt aber in dem Rechtsstreit, weil die Verweigerung der Baugenehmigung sich als rechtmäßig erweist, so steht dem Bauherrn ein Schadensersatzanspruch gegen den Architekten zu, der insbesondere auch den Schaden infolge der Bauzeitverzögerung umfasst.

365 Die Schadensersatzansprüche des Bauherrn im Fall der Realisierung des Mangels im Bauwerk ergeben sich aus §§ 634, 635 BGB a. F. bzw. §§ 634 Nr. 4, 636, 280 BGB; denn die Planung ist mangelhaft, wenn ihr die Genehmigungsfähigkeit fehlt[625]. Bei Realisierung des Bauwerks ist die mangelhafte Architektenleistung bereits in das Bauwerk eingeflossen und daher in der Regel nicht mehr nachbesserungsfähig (§ 634 Abs. 2 BGB a. F., § 275 Abs. 1 BGB). Der Bauherr kann also grundsätzlich ohne Aufforderung zur Nachbesserung Schadensersatz nach § 635 BGB a. F., §§ 634 Nr. 4, 636, 280 BGB fordern.

366 Der Bauherr kann von dem Architekten verlangen, so gestellt zu werden, als wenn eine korrekte, also genehmigungsfähige Planung vorgelegen hätte[626]. Das bedeutet, dass der Architekt dem Bauherrn zunächst einmal hinsichtlich der nutzlosen Aufwendungen Ersatz leisten muss. »Nutzlos« sind beispielsweise alle Planungskosten, vor allem die Planungskosten von Sonderfachleuten. Ferner hat der Architekt evt. eingetretene Zinsschäden für verlängerte Grundstücksvorhaltung und evt. höhere Baukosten infolge gestiegener Baupreise zu bezahlen. Ferner ist denkbar der Anspruch auf Mietausfall, falls der Bauherr bereits Mietverträge mit Nutzern abgeschlossen hatte, was heute nicht selten ist[627]. Als weitere Schadenposten kommen in Betracht:

- die Kosten teilweise erstellter Bauvorhaben
- die Abbruchkosten
- Zahlungen an Baubeteiligte für die Aufhebung von Werkverträgen
- eventueller Mindererlös für das Grundstück

625 OLG München, BauR 1992, 534 – Revision wurde nicht zugelassen; OLG Düsseldorf, BauR 1996, 287; OLG Düsseldorf, BauR 1986, 469, 470; BGH, NVwZ 1992, 911.

626 OLG Düsseldorf, BauR 1996, 287.

627 Professionelle Bauherren schließen schon vor Baubeginn mit Nutzern langfristige Verträge, weil auf der Grundlage dieser Verträge die Finanzierung des Bauvorhabens meist ohne Mühe zu bewerkstelligen ist. Diese Vorgehensweise kommt in der Praxis sehr häufig vor, wenn es um Immobilien an interessanten Standorten geht.

Auf den Honoraranspruch des Architekten wirkt sich die fehlende Genehmigungsfähigkeit selbstverständlich ebenfalls aus. Der Architekt verliert seinen Honoraranspruch, soweit die Planung für den Bauherrn unbrauchbar ist. Das wird regelmäßig in Bezug auf die Leistungsphase 1 und 2 nicht der Fall sein. Der Architekt kann insoweit argumentieren, dass er bei pflichtgemäßer Beratung dem Bauherrn empfohlen hätte, eine Bauvoranfrage wegen der Risiken in Bezug auf die Genehmigungsfähigkeit zu stellen. Wäre das geschehen und hätte die Genehmigungsbehörde schon mit einem Vorbescheid das Bauvorhaben als nicht genehmigungsfähig eingestuft, könnte der Architekt die Leistungsphasen 1 und 2 abrechnen. Da der Bauherr von dem Architekten nur verlangen kann, so gestellt zu werden, wie wenn der Architekt korrekt geplant hätte, ist es also nur folgerichtig, dem Architekten auch bei insgesamt nicht genehmigungsfähiger Planung den Honoraranspruch für die Leistungsphase 1 und 2 grundsätzlich zu belassen[628]. **367** *Auswirkung auf Honoraranspruch*

5.1.2 Art und Umfang der Haftung

5.1.2.1 Rechte des Bauherrn vor Baubeginn

Streitig ist nach altem BGB, ob vor Baubeginn, also vor Realisierung des Architektenwerks im Bauwerk, der Bauherr bei Unmöglichkeit der Nachbesserung nach § 325 BGB a. F. vom Vertrag zurücktreten muss, oder ob ihm die Ansprüche nach § 635 BGB a. F. auf Wandelung, Minderung oder Schadensersatz zustehen. Ein Fall der Unmöglichkeit der Nachbesserung ist nicht nur in dem sicherlich nur selten vorliegenden Fall gegeben, dass der Bauherr nach der nicht genehmigungsfähigen Planung bereits gebaut hat, sondern vor allem auch dann, wenn die Nachbesserung auf eine Neuplanung hinausliefe; solche Änderungen sind dem Bauherrn regelmäßig nicht zumutbar[629]. **368**

Gegen die Anwendbarkeit des § 325 BGB a. F. in Fällen fehlender Genehmigungsfähigkeit spricht, dass eine Baugenehmigung und damit die Frage der Genehmigungsfähigkeit nicht unmittelbar in die zivilrechtlichen Verhältnisse der Parteien eingreift, d. h., die Nichterteilung der Baugenehmigung hat keinen unmittelbaren Einfluss auf die zivilrechtliche Durchführbarkeit des Architektenvertrages. Soweit ersichtlich geht die Rechtsprechung bei Verträgen, die vor dem 01.01.2002 zustande kamen, in Fällen der fehlenden Genehmigungsfähigkeit und Unmöglichkeit der Nachbesserung durchweg von § 635 BGB a. F. als Anspruchsgrundlage aus. **369**

628 Vgl. OLG Düsseldorf, BauR 1996, 287; OLG Düsseldorf, BauR 1986, 469; LG Essen, MDR 1969, 220.

629 OLG Düsseldorf, BauR 1986, 469; OLG München, BauR 1992, 534.

370 Für Verträge, die nach dem 01.01.2002 zustande gekommen sind, spielt der oben dargestellte Meinungsstreit keine Rolle: Dem Bauherrn steht bei Unmöglichkeit der Nachbesserung, die der Architekt zu vertreten hat, ein Anspruch auf Minderung des Honorars (§§ 634 Nr. 3, 638 BGB), ein Anspruch auf Schadensersatz (§§ 634 Nr. 3, 636 BGB) und das Recht zum Rücktritt vom Vertrag (§§ 634 Nr. 3, 636 BGB) zu.

371 Ist die Nachbesserung bzw. Nacherfüllung zwar möglich, wird sie jedoch vom Architekten verweigert oder bleibt erfolglos, so löst dies gleich mehrere Folgen aus[630]:

- Der Architekt muss nach § 635 BGB a. F., §§ 634 Nr. 4, 636 280 f. BGB dem Bauherrn Schadensersatz leisten. Hierzu zählt beispielsweise der Zinsschaden für verlängerte Grundstücksvorhaltung, unnötige Planungskosten anderer fachlich Beteiligter (Sonderfachleute), höhere Baukosten infolge gestiegener Baupreise durch die mit der fehlenden Genehmigungsfähigkeit verbundene Bauzeitverzögerung etc.

  Macht der Bauherr den so genannten großen Schadensersatz geltend, kann er zusätzlich die Architektenleistungen insgesamt zurückweisen, was zum Wegfall des Honoraranspruchs führt; der Bauherr ist so zu stellen, als wäre der Vertrag nicht zustande gekommen[631]. Allerdings kommt der so genannte große Schadensersatz nach neuem Recht nur in Betracht, wenn die vom Architekten bereits erbrachten Teilleistungen für den Bauherrn kein Interesse mehr haben (§ 281 Abs. 1 BGB), er das Architektenwerk wegen Unbrauchbarkeit also insgesamt zurückweisen kann; das wird nur in Ausnahmefällen in Betracht kommen.

  Der Bauherr kann aber auch den so genannten kleinen Schadensersatz geltend machen, was im Ergebnis bedeutet, dass er unter weiterer Ausnutzung der Planung des Architekten die Nachbesserung auf Kosten des Architekten durch einen anderen Architekten durchführen lässt. In diesem Fall behält der Architekt grundsätzlich seinen Honoraranspruch, allerdings gemindert um die Nachbesserungskosten.

- Der Bauherr kann aber auch nach §§ 634 Nr. 2, 637 BGB den Mangel selbst im Wege der Ersatzvornahme beseitigen lassen und Ersatz der erforderlichen Aufwendungen verlangen. In diesem Zusammenhang hat er nach § 637 Abs. 3 BGB auch die Möglichkeit, wegen der Ersatzvornahmekosten vom Architekten einen Vorschuss zu verlangen. Gegebenenfalls kann der Bauherr Vorschussklage erheben.

630 Vgl. ausführlich, Rn. 150 f.
631 Werner/Pastor, Rn. 1680.

- Ferner kann der Bauherr nach §§ 634 Nr. 3, 638 BGB das Honorar mindern (vgl. näher Rn. 176 f.).

- Schließlich besteht für den Bauherrn die Möglichkeit des Rücktritts vom Vertrag nach §§ 634 Nr. 3, 636 BGB. Dem Bauherrn ist aber zu raten, genau zu überlegen, ob er von diesem Gestaltungsrecht Gebrauch macht. Hat er einmal den Rücktritt erklärt, besteht nicht die Möglichkeit, auf ein anderes Recht zurückzugreifen. Der Rücktritt führt zu einem Rückabwicklungsverhältnis und wirkt ex tunc[632]. Damit entfallen auch vertragliche Ansprüche auf Gewährleistung wegen Mängeln.

  Teilweise wird vertreten[633], dieser Wegfall der Gewährleistungsrechte erfasse alle Gewährleistungsansprüche auch in Bezug auf solche Teilleistungen des Architekten, die für den Bauherrn nach § 323 Abs. 5 BGB noch von Interesse seien, die er also verwerten könne. Das kann aber nicht richtig sein. Nach § 323 Abs. 5 BGB erstreckt sich der Vertragsrücktritt eben nicht auf solche Teilleistungen, die für den Bauherrn verwertbar sind und die er bezahlen muss. Wenn aber insoweit der Rücktritt ausgeschlossen ist, können sich die Rechtsfolgen des Rücktritts auch nicht auf erbrachte Leistungen auswirken, weshalb Gewährleistungsansprüche für erbrachte Leistungen, die für den Bauherrn verwertbar sind, auch im Fall des Rücktritts erhalten bleiben.

  Zu berücksichtigen ist bei einem geplanten Vertragsrücktritt, dass der Rücktritt nicht in Betracht kommt, wenn dem Architekten lediglich unerhebliche Pflichtverletzungen bzw. ein unerheblicher Mangel vorgeworfen werden kann (§ 323 Abs. 5 BGB).

- Ferner kann der Bauherr dem Architekten den Vertrag aus wichtigem Grund kündigen; das bietet sich an, wenn dem Architekten über die Leistungsphase 4 (Genehmigungsplanung) hinaus noch weitere Leistungen in Auftrag gegeben waren.

  Die Kündigung aus wichtigem Grund hat zur Folge, dass dem Architekten nach § 649 S. 2 BGB für die noch nicht erbrachten Leistungen kein Honorar zusteht[634]. Allerdings ist der Bauherr für das Vorliegen des wichtigen Grundes beweispflichtig[635]. Nach einer Kündigung aus wichtigem Grund behält der Architekt grundsätzlich seinen Honoraranspruch für

632 Locher/Koeble/Frik, Einl., Rn. 282.
633 Locher/Koeble/Frik, Einl., Rn. 282.
634 OLG Düsseldorf, BauR 1986, 472.
635 BGH, BauR 1990, 634.

die erbrachten Leistungen[636]. Macht der insoweit darlegungs- und beweispflichtige Bauherr allerdings mit Erfolg geltend, dass die Planung für ihn wertlos ist, entfällt auch der Honoraranspruch für die erbrachten Leistungen. Die Rechtsfolgen einer Kündigung aus wichtigem Grund entsprechen daher denen des Teil-Rücktritts nach § 323 Abs. 5 BGB.

5.1.2.2 Rechte des Architekten vor Baubeginn

372 *Nachbesserungsrecht* Der Architekt hat grundsätzlich das Recht zur Erfüllung bzw. Nachbesserung der nicht genehmigungsfähigen Planung. Der Bauherr muss ihn unter Fristsetzung zur Nachbesserung bzw. Nacherfüllung auffordern. Dieses Nachbesserungsrecht/Nacherfüllungsrecht besteht jedenfalls in den Fällen, in denen eine Nachbesserung ohne grundlegende Änderung der Planung möglich ist[637]. Die Grenzen des Nachbesserungsrechts bzw. Nacherfüllungsrechts liegen in der Zumutbarkeit von Änderungen für den Auftraggeber[638]. Ein Nachbesserungsrecht bzw. Nacherfüllungsrecht ist daher abzulehnen, wenn Änderungen praktisch ein anderes Gebäude zur Folge hätten[639]; solches muss der Bauherr nicht hinnehmen.

5.1.2.3 Rechte des Bauherrn und Architekten nach Baubeginn

373 In seltenen Fällen wird mit der Ausführung des Bauvorhabens bereits begonnen, obgleich die Baugenehmigung noch nicht vorliegt, möglicherweise aber schon eine Abrissverfügung erteilt oder vorab die Genehmigung erteilt wurde, die Baugrube auszuheben. Stellt sich in diesen Fällen dann später heraus, dass die Planung des Architekten nicht genehmigungsfähig ist und eine Nachbesserung für den Bauherrn nicht zumutbar, kann der Bauherr vom Vertrag zurücktreten oder den Vertrag aus wichtigem Grund kündigen[640]. Der Architekt hat nicht nur evt. an ihn gezahlte Honorare – zumindest für die Leistungsphase 3 und 4 – zurückzuzahlen. Außerdem ist er dem Bauherrn Schadensersatzpflichtig für die bereits aufgewandten Kosten, ggfs. auch für die Kosten der Wiederherstellung des ursprünglichen Zustandes. Wegen der Leistungsphasen 1 und 2 wird der Architekt in aller Regel einwenden können, dass seine Planung insoweit von Interesse für den Bauherrn ist (§ 323 Abs. 5 BGB) bzw. für ihn verwertbar ist, so dass der Honoraranspruch insoweit – trotz fehlender Genehmigungsfä-

636 OLG Hamm, NJW-RR 1986, 764.
637 OLG München, BauR 1991, 650 ff.
638 OLG Düsseldorf, BauR 1986, 469.
639 OLG München, BauR 1992, 534.
640 Zum Verhältnis Kündigung aus wichtigem Grund/Rücktritt vgl. Rn. 591 f.

higkeit und Unzumutbarkeit der Nachbesserung bzw. Nacherfüllung – bestehen bleibt[641].

Ein Nachbesserungsanspruch bzw. Nacherfüllungsanspruch des Ar- 374
chitekten scheidet aus.

Ist dem Bauherrn hingegen die Nachbesserung bzw. Nacherfüllung 375
zumutbar, weil z. B. die Planung nicht wesentlich verändert werden muss, muss er dem Architekten die Möglichkeit der Nachbesserung bzw. Nacherfüllung einräumen. Einen evt. bereits eingetretenen Schaden muss der Architekt ersetzen.

5.1.3 Rechtsprechung des Amtshaftungssenates des BGH zur Haftung des Architekten bei schwierigen Rechtsfragen und zur Subsidiarität der Amtshaftung

Der 3. Senat des BGH (Amtshaftungssenat) hat zuletzt in seiner Ent- 376
scheidung vom 25.10.1994[642] hervorgehoben, dass der Architekt zwar die zur Lösung seiner Aufgabe, nämlich der Erstellung einer genehmigungsfähigen Planung, notwendigen Kenntnisse auf dem Gebiet des Bauplanungs- und des Bauordnungsrechts besitzen muss, von ihm aber die Beantwortung schwieriger Rechtsfragen nicht verlangt werden darf, da er einem Rechtsberater des Bauherrn nicht gleichgestellt ist[643].

widersprüchliche Rechtsprechung: 3. und 7. Zivilsenat

Die Rechtsprechung des 3. Senates steht damit im Widerspruch zur 377
Rechtsprechung des 7. Senates, der den Architekten nicht ohne weiteres von seiner eingegangenen vertraglichen Pflicht zur Erbringung einer genehmigungsfähigen Planung freistellt, nur weil die planungsrechtliche Situation schwierig zu beurteilen ist[644]. Zum Subsidiaritätsprinzip nach § 839 BGB vertritt der 3. Senat die Auffassung[645], dass dieses Prinzip auch bei Amtshaftungsansprüchen des Bauherrn wegen rechtswidrig erteilter oder nicht erteilter Baugenehmigung gilt. Konkret muss der Bauherr in dem Verfahren gegen die Stadt dartun und unter Beweis stellen, dass ausnahmsweise sich ein Schadensersatzanspruch gegen den Architekten nicht durchsetzen lässt. Dazu muss aufgezeigt werden, dass keine Pflichtwidrigkeit des Architekten vorliegt, beispielsweise weil es sich bezüglich der Genehmigungsfähigkeit umso schwierige Rechtsfragen handelte, deren Beantwortung der Architekt nicht schuldete.

641 OLG Düsseldorf, BauR 1996, 287; OLG München, BauR 1992, 534.
642 BGH, NJW 1995, 1692.
643 Vgl. auch BGH, VersR 1992, 698.
644 BGH, BauR 1999, 1195.
645 BGH, NVwZ 1993, 602.

5.2 Haftung des Architekten wegen Bausummenüberschreitung

5.2.1 Derzeitiger Stand der Rechtsentwicklung

378 *Toleranzrahmen* Der Rechtsprechung fehlt eine Systematisierung der denkbaren Arten von Bausummenüberschreitungen. Eine exakte Zuordnung zu einzelnen Anspruchsgrundlagen ist ebenfalls nicht ersichtlich. Einzelfallentscheidungen des Bundesgerichtshofes werden teilweise in unzulässiger Weise generalisiert. Ein gutes Beispiel dafür ist die Diskussion um Toleranzrahmen[646].

379 So wird im Schrifttum die Meinung vertreten, Prozesse wegen Baukostenüberschreitungen und/oder fehlerhafter Kostenermittlung durch den Architekten würden für den Bauherrn hohe Prozessrisiken beinhalten[647]. In diesem Zusammenhang wird auch von dem stumpfen Damokles-Schwert des Schadensersatzanspruchs des Bauherrn gegen den Architekten gesprochen[648]. Das Institut der Vorteilsausgleichung soll in aller Regel dazu führen, dass der Bauherr dem Grunde nach bestehende Schadensersatzansprüche gegenüber dem Architekten nicht durchsetzen könne.

380 Diese Sicht der Dinge ist viel zu pauschal und daher falsch. Dies soll nachfolgend aufgezeigt werden. Dazu wird der Versuch einer systematischen Darstellung aller denkbaren Fälle einer Haftung des Architekten wegen Bausummenüberschreitung unternommen.

5.2.2 Formen der Bausummenüberschreitung

5.2.2.1 Überschreitung einer Bausummengarantie

381 Verspricht der Architekt nicht nur, dass er eine bestimmte Bausumme einhalten werde, sondern erklärt darüber hinaus auch, dass er bei Überschreitung dieser Bausumme den Mehrbetrag selbst tragen werde, liegt eine Bausummengarantie vor, wenn diese Erklärungen des Architekten sich auf ein ganz konkretes Bauvorhaben und eine ganz konkrete Bausumme beziehen[649]. Erforderlich ist also, dass

Garantieversprechen

- der Architekt bezüglich einer ganz bestimmten Bausumme und ganz bestimmter Baukosten zusagt, dass er diese nicht überschreiten werde;

646 Vgl. Hartmann, BauR 1995, 151 m. w. N.
647 Vgl. Miegel, BauR 1997, 923 m. w. N.
648 Werner, Die Haftung der Architekten und Ingenieure wegen Baukostenüberschreitung, S. 36.
649 BGH, BauR 1987, 225; BGH, BauR 1974, 347; OLG Düsseldorf, BauR 1995, 411.

- er darüber hinaus verspricht, im Fall der Überschreitung die Mehrkosten selbst zu übernehmen.

Zu unterscheiden ist zwischen einer totalen Garantie und einer beschränkten Garantie[650]: 382

- Bei der *totalen* Bausummengarantie verpflichtet sich der Architekt zur Einhaltung der genannten Bausumme selbst bei atypischen Geschehensabläufen. Er trägt also sogar das mögliche Preissteigerungsrisiko während der Durchführung der Baumaßnahme.
- Bei der *beschränkten* Bausummengarantie verpflichtet sich der Architekt, die Bausumme für typische Geschehensabläufe einzuhalten.

Ein Verschulden des Architekten an der Kostenüberschreitung ist 383
nicht erforderlich. Wird die garantierte Bausumme aufgrund von Umständen überschritten, die der Architekt nicht zu vertreten hat, muss er dennoch für die übersteigenden Kosten aufkommen. Der Anspruch des Bauherrn gegen den Architekten bei Überschreitung der garantierten Bausumme ist ein Erfüllungsanspruch[651], weshalb die Grundsätze über den Vorteilsausgleich dem Architekten nicht zugute kommen. Aufgrund der weitreichenden Folgen – der Architekt haftet sogar für die von Dritten (z. B. Unternehmer, Fachingenieure etc.) verursachten Kostenerhöhungen – hat die Bausummengarantie in der Praxis nur eine geringe Bedeutung. Fehlt es an einer klaren und schriftlichen Garantieerklärung, ist im Zweifel nicht von einer Baukostengarantie auszugehen[652].

Eine ausnahmsweise vom Architekten erklärte Bausummengarantie 384
verliert ihre rechtliche Wirksamkeit, wenn der Bauherr Änderungen der ursprünglichen Planung selbst veranlasst[653]. Dies ist insbesondere der Fall, wenn der Bauherr erhebliche Grundrissänderungen und Änderungen der Raumaufteilung durch Verlegung von Küche und Bad durchgeführt haben will und zusätzliche Sanitärräume und einen Wintergarten vom Architekten geplant werden sollen[654].

Die Haftung des Architekten bei Überschreitung einer garantierten 385
Bausumme entfällt auch dann, wenn der Bauherr sich mit den höheren Baukosten einverstanden erklärt, oder wenn er selbst durch kostenerhöhende Maßnahmen zur Überschreitung der garantierten Bausumme beigetragen hat.

Honorarbemessungsgrundlage ist nur die vereinbarte Bausumme

650 Werner/Pastor, Rn. 1778.
651 BGH, BauR 1987, 226.
652 OLG Düsseldorf, BauR 1996, 293.
653 OLG Düsseldorf, BauR 1995, 411.
654 OLG Düsseldorf, BauR 1995, 411.

386 *Kündigung aus wichtigem Grund* Wird die Überschreitung der garantierten Baukosten frühzeitig, also noch in der Planungsphase festgestellt, kann der Bauherr den Architektenvertrag aus wichtigem Grund kündigen. Da die Planung in aller Regel für den Bauherrn unbrauchbar sein wird, steht dem Architekten kein Honorar zu. Ist die Planung dagegen ausnahmsweise brauchbar und lässt der Bauherr auf der Grundlage der Planung von einem anderen Architekten weiterplanen, steht dem Architekten, der die Garantieerklärung abgegeben hat, jedenfalls nur ein auf der Grundlage der Garantiesumme ermitteltes Honorar zu. Ferner hat er die Differenz zwischen dem garantierten Betrag und den tatsächlichen Baukosten zu übernehmen.

387 Bei Vereinbarung einer Bausummengarantie verliert der Architekt den Versicherungsschutz.

5.2.2.2 Überschreiten eines vereinbarten Kostenlimits

5.2.2.2.1 Umfang der Pflichten

388 *auch mündliche Vereinbarungen sind wirksam* Die Abgrenzung zwischen einer Bausummengarantie und der Vereinbarung eines Baukostenlimits – also einer festen Kostenobergrenze – kann im Einzelfall schwierig sein, weil auch die Vereinbarung eines Kostenlimits einen erfolgsbezogenen und damit garantieähnlichen Aspekt hat[655]. In jedem Fall ist der Bauherr darlegungs- und beweispflichtig dafür, dass er mit dem Architekten einen Baukostenbetrag verbindlich vereinbart hat[656]. Ein solches Kostenlimit kann mündlich und auch schriftlich vereinbart werden. Die Bezeichnung »Baukostenlimit« ist nicht erforderlich. Es muss sich aber aus dem Gesamtzusammenhang eindeutig und unmissverständlich ergeben, dass Baukosten in einer bestimmten Höhe verbindlich einzuhalten sind.

389 In folgenden Fällen wird die wirksame Vereinbarung eines Baukostenlimits bejaht:

- Im Architektenvertrag heißt es, dass dem Bauherrn »verfügbare Mittel für den Hausbau von € X« zustehen[657].
- Der Bauherr erteilt dem Architekten den Auftrag, ein Haus mit einer bestimmten Wohnfläche zu einem maximalen Preis von € X zu planen[658].
- Die gemeinsame Kostenvorstellung manifestiert sich in der Korrespondenz zwischen dem Architekten und dem Bau-

655 Werner/Pastor, Rn. 1786.

656 OLG Düsseldorf, OLGR 1998, 317; BGH, BauR 1997, 494; a. A.: OLG München, BauR 1996, 417 – wonach der Architekt eine substantiiert behauptete Kostenvorgabe widerlegen müsse.

657 BGH, BauR 1980, 84.

658 OLG Düsseldorf, BauR 1988, 237.

herrn[659]; erforderlich ist jedoch eine klare und eindeutige Regelung in Bezug auf die Kosten[660].

- Der Bauherr stimmt einer Vorplanung des Architekten mit entsprechender Kostenschätzung zu; auf dieser Basis – also auch auf der Grundlage der Kostenschätzung – wird dann der Architektenauftrag abgeschlossen[661].

Für die Annahme eines Baukostenlimits ist es dagegen *nicht* ausrei- 390
chend,

- wenn der Architekt dem Bauherrn ein Honorarangebot unterbreitet, in dem die Baukosten im Einzelnen angegeben sind und der Bauherr ihm auf dieser Grundlage den Auftrag zur Durchführung der Objektplanung erteilt[662].
- wenn der Architekt im Bauantrag eine bestimmte Bausumme nennt und der Bauherr diesen Bauantrag gegenzeichnet. Die Unterschrift des Bauherrn besagt schon deshalb nichts, weil die Unterschrift des Bauherrn unter dem Bauantrag Voraussetzung für die Bearbeitung durch die Behörde ist und die im Bauantrag genannte Bausumme andere Zwecke verfolgt, als ein Baukostenlimit. Häufig wird gerade die Bausumme im Bauantrag auch wegen der Genehmigungsgebühren niedrig gehalten[663].
- wenn im Bauvertrag lediglich ein Circabetrag hinsichtlich der Baukosten genannt wird. Es handelt sich auch insoweit nur um einen Kostenrahmen und nicht um ein verbindlich vereinbartes Baukostenlimit.

Ein anfänglich verbindlich vereinbartes Kostenlimit kann aber im Zu- 391
ge der Planung entfallen. Dies ist beispielsweise denkbar, wenn der Architekt dem Bauherrn vertragsgemäß Kostenermittlungen vorlegt und diese aufzeigen, dass das anfänglich vereinbarte Kostenlimit überschritten wird, der Bauherr aber gleichwohl in Kenntnis dieser Kostenüberschreitung weiterplanen lässt und evt. sogar noch weitere kostenauslösende Maßnahmen veranlasst[664]. Durch eine solche Verhaltensweise billigt der Bauherr den vom Architekten aufgezeigten neuesten Stand der Baukostenentwicklung[665] und kann später nicht mehr

659 OLG Naumburg, BauR 1996, 889; BGH, BauR 1994, 268.
660 OLG Stuttgart, BauR 2000, 1893.
661 Werner/Pastor, Rn. 1781.
662 So OLG Düsseldorf, BauR 1993, 357 – allerdings wird nicht differenziert zwischen Baukostenlimit und Baukostengarantie; Löffelmann/Fleischmann, Rn. 1702; a. A.: Werner/Pastor, Rn. 1781.
663 Vgl. BGH, BauR 1997, 494; OLG Stuttgart, BauR 2000, 1893.
664 OLG Stuttgart, BauR 2000, 1893; OLG Düsseldorf, NJW-RR 1999, 1696.
665 OLG Karlsruhe, BauR 1993, 110.

die Einhaltung des ursprünglich vorgegebenen Kostenlimits geltend machen. Der Beispielsfall macht erneut die besondere Bedeutung von Kostenermittlungen auch zum Schutz des Architekten deutlich; legt der Architekt dem Bauherrn keine ordnungsgemäßen Kostenermittlungen in den einzelnen Leistungsphasen, also in der Leistungsphase 2, der Leistungsphase 3, der Leistungsphase 7 und der Leistungsphase 8, vor, schneidet er sich selbst die Möglichkeit ab, dem Bauherrn bei Überschreitung der Kostenvorgabe entgegenzuhalten, dieser habe den jeweils neuesten Stand der Kosten durch seine Verhaltensweise akzeptiert. Ein vereinbartes Kostenlimit kann konkludent auch dadurch vom Bauherrn später wieder aufgegeben werden, dass er einem Generalunternehmer einen Auftrag mit höheren Kosten erteilt[666].

5.2.2.2.2 Art und Umfang der Haftung

5.2.2.2.2.1 Rechte des Auftraggebers vor der Realisierung des Bauvorhabens

392 Nach der älteren Rechtsprechung des Bundesgerichtshofs begründet die Zusicherung einer bestimmten Bausumme keinen Erfüllungsanspruch auf Einhaltung der versprochenen Baukosten[667]. Auch die Kostenlimitentscheidung des BGH vom 16.12.1993[668] vermittelt noch den Eindruck, dem Architekten stehe selbst bei Vereinbarung eines Kostenlimits ein Toleranzrahmen zur Verfügung.

393 *kein Toleranzrahmen, aber Erfüllungsanspruch des Bauherrn*

In neuerer Rechtsprechung hat der BGH sich dann eindeutig geäußert: Die Vereinbarung eines Kostenlimits bzw. Kostenrahmens stellt eine Beschaffenheitsvereinbarung des Architektenwerkes dar und ist Grundlage für einen Erfüllungsanspruch[669] mit der Folge, dass der Architekt verpflichtet ist, die vereinbarte Bausumme einzuhalten; ein Toleranzrahmen steht ihm nicht zur Verfügung.

394 Zu weiterer Klarheit konnte sich der BGH bisher allerdings nicht durchringen.

- Rechtslage für Verträge, die vor dem 01.01.2002 zustande gekommen sind:

  Der BGH hat offen gelassen, ob bei Überschreitung eines verbindlich vereinbarten Baukostenlimits die Vorschriften über die Unmöglichkeit (§§ 324, 325 BGB a. F.) Anwendung finden oder diese Fälle, gleich ob die Baukostenüberschreitung vor oder nach der Realisierung des Bauvorhabens auffällt, nur über Werkvertragsrecht (§§ 634, 635 BGB a. F.) zu regeln sind:

666 Locher/Koeble/Frik, Einl., Rn. 107.
667 BGH, WM 1970, 1139; OLG Stuttgart, BauR 1977, 424.
668 BGH, BauR 1994, 268.
669 BGH, BauR 1997, 494; auch Brandenburgisches OLG, BauR 1999, 1202.

Wohl überwiegend wird generell, also sowohl für den Zeitraum vor der Realisierung des Bauvorhabens als auch nach der Realisierung des Bauvorhabens, Werkvertragsrecht herangezogen[670]. Der Bauherr müsse vor der Geltendmachung der Rechte nach § 635 BGB dem Architekten nach § 634 Abs. 1 BGB eine Frist zur Nachbesserung (mit Ablehnungsandrohung) setzen; dem Architekten sei also stets die Gelegenheit zu geben, durch neue planerische Bemühungen die Baukosten auf den vorgegebenen oder ins Auge gefassten Betrag zu senken. Das OLG Düsseldorf hat hervorgehoben, dass die Überschreitung eines vereinbarten Kostenlimits noch keinen so schwerwiegenden Mangel darstelle, dass die Nachbesserungsaufforderung durch den Bauherrn entbehrlich werde[671]. Für die Unmöglichkeit der Nachbesserung sei vielmehr der Bauherr stets darlegungs- und beweispflichtig. Im Schrifttum[672] wird darauf hingewiesen, dass Kosteneinsparungen durch verschiedene Maßnahmen erreicht werden können, nämlich durch Umplanungen, Einholung anderer Kostenangebote und vor allem durch Verzicht auf eine aufwendige Ausstattung.

Die Lösung über Werkvertragsrecht ist aber nicht systematisch. Ist das Bauvorhaben noch nicht realisiert, sondern befindet es sich in der Planung, dann wird bei Überschreitung des vereinbarten Kostenlimits der Vertrag nicht erfüllt. Es liegt ein Fall der nachträglichen Unmöglichkeit vor[673]. Der Architekt kann das Baukostenlimit ohne Veränderung der Planung nicht mehr erreichen. Das hat der Architekt in der Regel auch zu vertreten (§ 276 BGB). Weist er nach, z. B. durch Einholung eines zweiten Kostenangebotes, dass die vorgegebenen Kosten doch eingehalten werden können, liegt keine Kostenüberschreitung vor. **395**

Nichterfüllung: Überschreiten des Baukostenlimits

In dem Ausnahmefall, dass die Überschreitung des Baukostenlimits von dem Bauherrn zu vertreten ist, was der Architekt nach § 282 BGB zu beweisen hat, findet § 324 BGB a. F. Anwendung mit der Folge, dass der Architekt den Anspruch auf sein Honorar behält, er sich jedoch die ersparten Aufwendungen anrechnen lassen muss (§ 324 Abs. 1 BGB a. F.). **396**

Anderenfalls kann der Bauherr nach § 325 BGB a. F. bei Nichteinhaltung des Baukostenlimits ohne weiteres Schadensersatz wegen Nichterfüllung vom Architekten fordern oder vom Vertrag zurücktreten. **397**

670 OLG Stuttgart, BauR 2000, 1893; OLG München, BauR 2000, 437; OLG Düsseldorf, BauR 1988, 237; OLG Hamm, BauR 1995, 413; OLG Düsseldorf, BauR 1994, 133; Werner/Pastor, Rn. 1791 m. w. N.
671 OLG Düsseldorf, BauR 1994, 133.
672 Werner/Pastor, Rn. 1791.
673 A. A.: Werner/Pastor, Rn. 1791.

398 *kein Nachbesserungsrecht* Das Recht der Nachbesserung steht dem Architekten *nicht* zu[674]. Vor allem kann er vom Bauherrn nicht verlangen, dass dieser in dem Interesse, das Baukostenlimit doch noch zu erzielen, Eingriffe in die Planung duldet.

399 *Schadensersatz wegen Nichterfüllung nach der Abnahme* Fraglich kann nur sein, ob dem Bauherrn die Rechte nach § 325 BGB a. F. auch noch nach der Abnahme des Architektenwerks, aber vor der Realisierung des Bauvorhabens zustehen. Das ist im Ergebnis zu bejahen. Zwar findet grundsätzlich § 325 BGB a. F. nur bis zur Abnahme Anwendung[675]. Für die Anwendung des § 325 BGB a. F. ist aber ausnahmsweise auch noch nach der Abnahme Raum, wenn die Mängelbeseitigung unmöglich ist; in diesem Fall ist nämlich kein Grund ersichtlich, der einen Verzicht auf die Anwendung des § 325 BGB a. F. rechtfertigen könnte[676].

400 *Kündigung aus wichtigem Grund* Neben den Rechten aus § 325 BGB a. F. steht dem Bauherrn auch die Möglichkeit der Kündigung aus wichtigem Grund wegen Überschreitung des vereinbarten Kostenlimits zu. Da die Planung für den Bauherrn nicht brauchbar ist, steht dem Architekten auch für die erbrachten Leistungen kein Honorar zu. Folgt man dagegen der Meinung, die die Überschreitung eines vereinbarten Baukostenlimits über Werkvertragsrecht löst, so steht dem Bauherrn zwar ebenfalls die Möglichkeit der Kündigung aus wichtigem Grund zu. Zuvor muss er dem Architekten aber die Möglichkeit der Nachbesserung einräumen, es sei denn, es liegen die Voraussetzungen des § 634 Abs. 2 BGB677 a. F. vor.

➢ Rechtslage bei Verträgen, die nach dem 01.01.2002 zustande gekommen sind:
Wird ein vereinbartes Baukostenlimit überschritten, ist das Architektenwerk nach § 633 Abs. 2 BGB mangelhaft, weil es nicht die vereinbarte Beschaffenheit hat. Ist die Nacherfüllung möglich, muss der Bauherr dem Architekten nach §§ 634 Nr. 1, 635 BGB die Möglichkeit der Nacherfüllung einräumen. Nur wenn der Architekt die vom Bauherrn gesetzte Frist zur Nacherfüllung fruchtlos verstreichen lässt, er die Nacherfüllung ablehnt oder ausnahmsweise eine Fristsetzung zur Nacherfüllung entbehrlich war, kann der Bauherr die weiteren Rechte geltend machen, nämlich Ersatz der erforderlichen Aufwendungen und Kostenvorschuss (§§ 634 Nr. 2, 637 BGB), Minderung (§§ 634 Nr. 3, 638 BGB), Rücktritt vom Vertrag (§§ 634 Nr. 3, 636 BGB) und Schadensersatz (§§ 634 Nr. 4,

674 A. A.: OLG Düsseldorf, BauR 1988, 237; OLG Hamm, BauR 1995, 413; OLG Düsseldorf, BauR 1994, 133; Werner/Pastor, Rn. 1791 m. w. N.
675 BGH, NJW 1974, 551.
676 Vgl. MüKo-Emmerich, § 325 BGB, Rn. 9.
677 OLG Düsseldorf, BauR 1988, 237; OLG Hamm, BauR 1987, 464; Werner/Pastor, Rn. 1792.

636 BGB). Entschließt sich der Bauherr zum Vertragsrücktritt, muss geprüft werden, ob und ggfs. welche Teilleistungen der Architektenplanung für ihn nach § 323 Abs. 5 BGB noch von Interesse sind. Bei Nachbesserungsfähigkeit der Planung ist davon auszugehen, dass die erbrachten Leistungen überwiegend für den Bauherrn brauchbar sind; er wird daher letztendlich auch bei einem Vertragsrücktritt die erbrachten Leistungen abzüglich der Kosten für die Nachbesserung bezahlen müssen. Zudem kann der Bauherr den Vertrag – wie nach altem Recht – aus wichtigem Grund kündigen (vgl. näher Rn. 590f.).

5.2.2.2.2.2 Rechte des Auftraggebers nach der Realisierung des Bauvorhabens

Hat der Architekt die Überschreitung des vereinbarten Kostenlimits zu vertreten, so ist er nach § 635 BGB a. F., §§ 634 Nr. 4, 636 BGB Schadensersatzpflichtig[678]. Einer Aufforderung zur Nachbesserung nach § 634 Abs. 1 BGB bedarf es nicht mehr, weil sich der Mangel im Bauvorhaben realisiert hat. Zudem kann der Bauherr vom Vertrag zurücktreten (§§ 634 Nr. 3, 636, 323 BGB). Wegen § 323 Abs. 5 BGB erfasst der Rücktritt aber grundsätzlich nur die noch nicht erbrachten Leistungen. 401

Kann dem Architekten dagegen ausnahmsweise kein Verschulden zur Last gelegt werden, steht dem Bauherrn nach § 634 Abs. 1 BGB a. F., §§ 634 Nr. 3, 638 BGB ein Anspruch auf Minderung des Honorars zu. Der Bestimmung einer Frist zur Nachbesserung bedarf es nicht, weil diese wegen Realisierung des Mangels im Bauvorhaben unmöglich ist. 402

5.2.2.3 Überschreitung eines nicht vereinbarten Kostenlimits

Ist zwischen Bauherr und Architekt kein Kostenlimit vereinbart worden, wird eine Pflichtverletzung und damit Schadensersatzpflicht des Architekten angenommen, wenn er Erstens entweder gegen seine allgemeine Pflicht, wirtschaftlich zu planen, verstößt, Zweitens das Bauwerk entgegen einer ersten fehlerhaften Kostenaussage später erheblich teurer wird[679], oder drittens der Architekt es versäumt, den Bauherrn auf Mehrkosten bedingt durch Sonder- und Änderungswünsche hinzuweisen. Erforderlich ist aber eine schuldhafte Vertragspflichtverletzung des Architekten und ein gerade durch diese Pflichtverletzung verursachter Schaden[680]. Folgende Fälle sind zu unterscheiden: 403

678 Brandenburgisches OLG, BauR 1999, 1202.
679 BGH, WM 1970, 1139.
680 BGH, BauR 1997, 1067.

5.2.2.3.1 Allgemeine Pflicht zur wirtschaftlichen Planung

404 *beachten: wirtschaftliche Belange des Bauherrn*

Der Architekt darf auch ohne ausdrückliche Vereinbarung eines Kostenrahmens oder eines Kostenlimits in wirtschaftlicher Hinsicht nicht drauflos planen, sondern er hat die allgemeine Pflicht, die wirtschaftlichen Interessen des Bauherrn zu wahren und dementsprechend die Planung dessen Bedürfnissen und Kostenvorstellungen entsprechend zu erstellen. § 15 HOAI nennt als 1. Grundleistung der Grundlagenermittlung das Klären der Aufgabenstellung. Zum Klären der Aufgabenstellung zählt auch das Abstecken der Baukosten, also die Nachfrage beim Bauherrn, welche finanziellen Mittel dieser überhaupt zur Verfügung stellen kann und will[681]. Wird hierbei deutlich, dass der Bauherr sich ein Renditeobjekt vorstellt, muss der Architekt den Kosten seine erhöhte Aufmerksamkeit widmen[682]. Das OLG Naumburg[683] weist zu Recht darauf hin, dass sich aus der allgemeinen Verpflichtung des Architekten, die Planung nach den wirtschaftlichen Vorstellungen des Bauherrn auszurichten, auch die Pflicht ergebe, die Kosten des Bauvorhabens sorgfältig zu ermitteln und den Bauherrn fortlaufend über den aktuellen Stand der Kosten zu informieren.

405 Nach § 15 HOAI sind in den Leistungsphasen insgesamt 4 Kostenermittlungen nach DIN 276 vorzulegen, nämlich

- die Kostenschätzung im Rahmen der Vorplanung
- die Kostenberechnung im Rahmen der Entwurfsplanung
- der Kostenanschlag bei der Mitwirkung der Vergabe und
- die Kostenfeststellung im Rahmen der Objektüberwachung.

406 Hält der Architekt sich an dieses System, ist sichergestellt, dass der Bauherr fortlaufend über den aktuellen Stand der Kosten informiert ist und er die Möglichkeit hat, Kostenkorrekturen zu verlangen. Geschieht das nicht, lässt der Bauherr also in Kenntnis der jeweiligen Kostenermittlung weiterplanen, hat der Architekt seine allgemeine Pflicht zur wirtschaftlichen Planung erfüllt; der Bauherr kann später nicht einwenden, die Planung sei zu teuer bzw. der Architekt müsse kostenlos umplanen. Selbst im Fall der Vereinbarung eines Kostenlimits wird diese anfängliche Kostenvorgabe durch die erste dem Bauherrn überreichte, höhere Baukosten ausweisende Kostenermittlung abgelöst, wenn der Bauherr in Kenntnis der jeweils aktuellen Kostenermittlung nicht unverzüglich die Kostenüberschreitung rügt, sondern durch sein Schweigen den Eindruck vermittelt, er habe gegen eine Planung mit den zuletzt genannten Kosten nichts einzuwenden[684].

681 BGH, BauR 1991, 366.
682 BGH, BauR 1984, 420; OLG Naumburg, BauR 1996, 889.
683 OLG Naumburg, BauR 1996, 889.
684 Löffelmann/Fleischmann, Rn. 1704.

Widerspricht der Bauherr nicht, billigt er den jeweils neuesten Stand der aufgezeigten Baukostenentwicklung[685]. Folglich dient es insbesondere auch dem Selbstschutz des Architekten, zeitnah und ordnungsgemäß die Kostenermittlung durchzuführen, weil dieser sich sonst den Einwand abschneidet, der Bauherr habe in Kenntnis der jeweils aktuellen Kosten weiterplanen lassen.

Weiter sieht § 15 HOAI seit der 5. Änderungsverordnung als Grundleistung die Kostenkontrolle vor; diese Kostenkontrolle ist in folgenden Leistungsphasen vom Architekten durchzuführen: 407

Leistungsphase 3 (Entwurfsplanung)	Kostenkontrolle durch Vergleich der Kostenberechnung mit der Kostenschätzung
Leistungsphase 7 (Mitwirkung bei der Vergabe)	Kostenkontrolle durch Vergleich des Kostenanschlags mit der Kostenberechnung
Leistungsphase 8 (Objektüberwachung)	Kostenkontrolle durch Überprüfung der Leistungsabrechnungen der bauausführenden Unternehmen im Vergleich zu den Vertragsparteien und dem Kostenanschlag

Durch die Aufnahme dieser neuen Grundleistung »Kostenkontrolle« wird die Verpflichtung des Architekten, die Kostenentwicklung während des Planungsablaufs kontinuierlich zu kontrollieren, die Planung und Bauausführung nach den Kosten auszurichten, die wirtschaftlichen Belange des Auftraggebers also fortlaufend zu beachten, ebenfalls deutlich. 408

Kostenkontrolle

Allerdings braucht der Architekt immer nur die zum Zeitpunkt der Kostenermittlung realistischen Kosten zu ermitteln[686]. Aus diesem Grund ist den Absprachen zwischen den Baubeteiligten, insbesondere also den Planungsvorgaben des Bauherrn (z. B. Ausbaustandards, Raumprogramm etc.), ein besonderes Gewicht beizumessen[687]. Diese Planvorgaben muss der Architekt wie oben schon ausgeführt aber schon zum Zeitpunkt der Grundlagenermittlung (Analyse der Grundlagen und Abstimmung der Zielvorstellungen) abklären[688]. Das wird häufig nicht von dem Architekten bedacht und führt vor allem dann regelmäßig zu einer Pflichtverletzung, wenn der Architekt dem Bauherrn keine Kostenermittlungen nach DIN 276 vorlegt und die Kostenkontrolle vernachlässigt. Der Bauherr kann dann später einwenden, dass der Architekt ins Blaue hinein geplant hat. 409

Kostenvorgabe kann durch spätere Kostenermittlung abgeklärt werden

Die allgemeine Pflichtverletzung des Architekten, wirtschaftlich zu planen, ergibt sich in der Praxis häufig aus folgenden Versäumnissen: 410

685 OLG Karlsruhe, BauR 1996, 889 ff.; Löffelmann/Fleischmann, Rn. 1704.
686 BGH, BauR 1991, 366; BGH, ZfBR 1991, 104.
687 BGH, BauR 1991, 366; OLG Düsseldorf, BauR 1995, 411.
688 BGH, BauR 1991, 366.

- Der Architekt unterlässt es pflichtwidrig, schon während der Grundlagenermittlung, spätestens aber zum Zeitpunkt der Vorplanung den Kostenrahmen abzustecken[689].
- Der Architekt schließt im Auftrag des Bauherrn ungünstige Verträge mit Unternehmen ab[690].
- Der Architekt lässt allein aus gestalterischen Gründen eine teurere Ausführung durchführen, ohne die Verteuerung mit dem Bauherrn abzuklären[691].
- Der Architekt führt keine Ausschreibung durch, holt keine Vergleichsangebote ein und schließt dadurch einen zu teuren Bauvertrag für den Bauherrn ab.
- Der Architekt vergisst Einzelpositionen im Leistungsverzeichnis und verursacht dadurch beim Pauschalpreisvertrag Nachträge, die zu einer nicht einkalkulierten Verteuerung führen[692]; die gleiche Problematik besteht bei sonstigen Ausschreibungsfehlern.
- Der Architekt unterlässt die Kostenermittlung und/oder die Kostenkontrolle[693].
- Der Bauherr äußert Änderungs- oder Sonderwünsche; der Architekt weist nicht darauf hin, dass dies zu einer Verteuerung führt.
- Der Architekt ermittelt die Kosten fehlerhaft, z. B. wegen zu niedrig angesetzter Kubikmeterpreise[694] oder wegen falsch berechneten Volumens[695].
- Der Architekt empfiehlt dem Bauherrn nicht, eine Bodenanalyse durchzuführen, obgleich Anhaltspunkte für eine Kontaminierung vorlagen (z. B. wurde früher auf dem Grundstück eine Tankstelle betrieben); das führt zu Mehrkosten z. B. für den Bodenaustausch oder für eine Tiefergründung[696]; der Architekt berücksichtigt nicht geländebedingte Schwierigkeiten, z. B. rutschgefährdete Hanglage[697].

689 OLG Hamm, BauR 1987, 464.
690 Werner/Pastor, Rn. 1785.
691 Werner/Pastor, Rn. 1785.
692 Werner/Pastor, Rn. 1785.
693 Werner/Pastor, Rn. 1785.
694 BGH, BauR 1997, 494.
695 OLG Köln, NJW-RR 1994, 981.
696 Werner/Pastor, Rn. 1785.
697 Werner/Pastor, Rn. 1785.

5.2.2.3.2 Fehlerhafte Kostenermittlung

Die Kostenschätzung, die Kostenberechnung und der Kostenanschlag stellen fortschreitende Kostenermittlungen mit einem immer konkreter werdenden und verfeinerten Aussagegehalt dar[698]. Je früher das Stadium der Planung bzw. Realisierung, umso weniger genau lassen sich die Baukosten absehen, weshalb die Ergebnisse aller Kostenermittlungen nur als Kostenrahmen zu verstehen sind, der mit fortschreitendem Kostenermittlungsverfahren immer enger wird. Diesem Rahmencharakter muss der Bauherr bei seiner Entscheidung Rechnung tragen. Jedes Bauvorhaben ist mit vielen Unsicherheitsfaktoren und Unwägbarkeiten verbunden. Schon der meist längere Zeitablauf bei einem Bau kann zu unvermeidbaren Mehrkosten führen: So können z. B. DIN-Vorschriften aufgrund eines Bauvorhabens geändert werden und einen aufwendigeren Bau notwendig machen. Verteuerungen können sich auch durch unvorhergesehene Mehr- und Lohnsteigerungen, aber auch durch Steuererhöhungen (z. B. Ökosteuer) ergeben, ebenso wie durch Streiks, ungünstige Wetterverhältnisse oder nachbarrechtliche Probleme und eine dadurch bedingte Unterbrechung der Bauausführung mit entsprechender Kostenfolge nach sich ziehen. **411** *Kostenermittlungen nach DIN 276*

Eine Kostenermittlung ist nicht schon deshalb fehlerhaft, weil die tatsächliche Kostenentwicklung der Baumaßnahme die vorausgegangene Kostenermittlung übersteigt. Neben den vorgenannten Unwägbarkeiten, die der Architekt nicht vorhersehen kann, kommt es häufig auch zu nachträglichen Änderungswünschen, die sich auf die Kosten auswirken oder sonstige, für den Architekten unvorhersehbare Entwicklungen wie Bauzeitverzögerungen, die er nicht zu vertreten hat, die aber die Baukosten erhöhen (z. B. Mehrvergütungsanspruch des Unternehmers für die längere Vorhaltung der Baustelleneinrichtung). Aus diesem Grund ergibt sich die Fehlerhaftigkeit einer Kostenermittlung nicht schon aus dem unmittelbaren Vergleich zwischen der letzten Kostenermittlung und den tatsächlichen Baukosten. Vielmehr ist maßgeblich der Vergleich zwischen der jeweiligen Kostenermittlung und den Kosten, die objektiv zum Zeitpunkt der Kostenermittlung realistisch gewesen wären[699]; diese objektiv realistischen Kosten sind regelmäßig durch einen Sachverständigen zu ermitteln. **412**

In Rechtsprechung und Literatur ist man sich einig, dass Kostenermittlungen des Architekten bis zu einer gewissen Grenze überschritten werden dürfen, ohne dass von einer Fehleinschätzung des Architekten gesprochen werden kann[700]. Wo diese angemessene Grenze liegt, bleibt stets der Prüfung des Einzelfalles vorbehalten. Es kann **413** *Toleranzrahmen*

698 BGH, NJW-RR 1986, 1148.
699 OLG Köln, NJW-RR 1993, 986.
700 So auch BGH, BauR 1988, 734, 736.

durchaus sein, dass aufgrund der Besonderheiten des Einzelfalles dem Architekten jeglicher Toleranzrahmen abgesprochen werden muss[701].

414 Bei einer auch für den Bauherrn ganz offensichtlich nur überschlägigen Schätzung der Kosten hat der BGH dem Architekten dagegen einen Toleranzrahmen von 27,7 % eingeräumt[702]: in einem anderen Fall hat der BGH eine Fehleinschätzung bis zu 16 % noch als hinnehmbar bezeichnet[703]. Dagegen soll bei einer Bausummenüberschreitung von 104 % eine Pflichtverletzung des Architekten gegeben sein[704]. Das OLG Zweibrücken sieht eine Kostenüberschreitung von etwa 35 % gegenüber der von dem Architekten im Rahmen der Vorplanung erstellten Kostenschätzung bei einer Altbausanierung noch innerhalb der Toleranzgrenze[705]. Derselben Auffassung ist das OLG Hamm[706] bei einer Bausummenüberschreitung von 14,86 %.

415 Es wäre absolut unzulässig und würde zu falschen Ergebnissen führen, wenn man den Versuch unternähme, hieraus Faustregeln zu bilden. Jede der vorgenannten Entscheidungen ist einzelfallbezogen und lässt sich auch nur anhand des Einzelfalles begründen. Von daher sollen nachfolgend auch nur Anhaltspunkte für die Festlegung der Toleranzgrenze aufgezeigt werden:

- Zunächst gilt der Grundsatz, dass bei der Festlegung der Toleranzgrenze immer darauf abgestellt werden muss, mit welchem Verbindlichkeitsanspruch sich der Architekt zur Kostenvoraussicht geäußert hat[707]. Eine vorvertragliche Kostenprognose (Kostenüberschlag), der noch keine konkrete Planung zugrunde liegt, kann ersichtlich die Kosten nur sehr grob angeben. Der Architekt kann und will nur eine Größenordnung nennen.

- Zweites Kriterium für die Festlegung eines Toleranzrahmens ist der Bauplanungsfortschritt. Der Genauigkeitsgrad der Kostenermittlungsart nimmt entsprechend dem Planungsfortschritt zu. So wird die Kostenschätzung, also die 1. Kostenermittlungsart nach DIN 276, in einem frühen Planungsstadium erstellt und dient in erster Linie als vorläufige Grundlage für Finanzierungsüberlegungen. Über konkrete Plandaten und natürlich auch Kostendaten verfügt der Architekt zu diesem Zeitpunkt noch nicht. Gerade bei größeren Bauvorhaben werden die Sonderfachleute z. B. für Haustechnik, Statik etc. erst zu einem späteren Zeitpunkt eingeschaltet, weshalb deren

701 BGH, BauR 1997, 335 ff.
702 BGH, NJW-RR 1987, 337.
703 BGH, BauR 1994, 268.
704 BGH, VersR 1971, 1041 f.
705 OLG Zweibrücken, BauR 1993, 375.
706 OLG Hamm, BauR 1991, 246.
707 Vgl. Werner/Pastor, Rn. 1788.

Kostendaten ebenfalls noch nicht Berücksichtigung finden können. Der Architekt ist auf bloße Schätzungen anhand von Erfahrungswerten angewiesen.

- Drittes Kriterium ist die Art des Bauvorhabens. Bei einem Großbauvorhaben wird man in aller Regel einen höheren Toleranzrahmen als bei einem Einfamilienhaus zubilligen können, und bei einem Neubauvorhaben wird der Toleranzrahmen grundsätzlich niedriger liegen, als bei einer Sanierungsmaßnahme bzw. einem Umbau, weil die Unwägbarkeiten bei Sanierung und Umbau deutlich höher liegen[708].
- Schließlich spielt die Schwere der vom Architekten zu vertretenden Pflichtverletzung eine Rolle: In einem Einzelfall hat der BGH[709] festgestellt, dass z. B. vergessene Mehrwertsteuer und unrealistisch hohe Kubikmeterpreise grobe Fehler des Architekten darstellen und ihm deshalb auch schon bei der Kostenschätzung kein Toleranzrahmen zugute kommen könne.

Fehler bei der Kostenfeststellung wirken sich für den Bauherrn allerdings nicht mehr aus; sie haben daher außer Betracht zu bleiben, weil mit der Kostenfeststellung die entstandenen Baukosten nur noch dokumentiert werden, die Kostenfeststellung aber nicht mehr Grundlage für Entscheidungen des Bauherrn über die Bauausführung sein kann. **416**

erforderlich: Kausalität zwischen fehlerhafter Kostenermittlung und Schaden

Die Pflichtverletzung muss für den eingetretenen Schaden kausal geworden sein[710]. Ein Schaden des Bauherrn bei fehlerhafter Kostenermittlung ist nur denkbar, wenn der Bauherr darlegen kann, dass er nicht bzw. billiger gebaut hätte, wenn ihm die zum Schadenzeitpunkt realistischen Kosten mitgeteilt worden wären[711]. Gegenstand des erforderlichen Nachweises ist ein hypothetischer Ablauf: Welche Einwendungen zur Gestaltung des Bauvorhabens hätte der Bauherr bei früherer Information über die voraussichtlichen Kosten durch den Architekten getroffen?[712] **417**

Der Bauherr trägt insoweit die Beweislast. Auf die Rechtsprechung des Bundesgerichtshofs zur Beweislasterleichterung für denjenigen, der einen anderen wegen des besonderer Sachkunde um Rat fragt, kann nicht zurückgegriffen werden[713]. **418**

Der Schaden des Bauherrn besteht nicht in der Höhe der Differenz zwischen den tatsächlichen und den ermittelten Kosten. Der Bauherr **419**

708 Werner/Pastor, Rn. 1790.
709 BGH, BauR 1997, 335.
710 BGH, BauR 1997, 494, 497.
711 BGH, BauR 1997, 494, 497; BGH, WM 1970, 1139.
712 BGH, BauR 1997, 494, 497.
713 BGH, BauR 1997, 494; Miegel, BauR 1997, 923, 925.

kann lediglich verlangen, so gestellt zu werden, wie er stünde, wenn der Architekt die realistischen Kosten richtig ermittelt hätte. Mithin bleibt der Schaden des Bauherrn bei der fehlerhaften Kostenermittlung entweder in der Belastung mit den gesamten bis dato angefallenen Kosten, weil er bei richtiger Ermittlung überhaupt nicht gebaut hätte, oder aber darin, dass es ihm wegen der fehlerhaften Kostenermittlung verwehrt war, billiger zu bauen. Hätte der Bauherr billiger gebaut, dann wären ihm geringere Kosten entstanden[714].

420 Die zugeflossenen Vorteile in Form von Wertsteigerungen des Gebäudes muss der Bauherr sich nach den Regeln der Vorteilsausgleichung anrechnen lassen[715]. Zumindest bei offenkundiger Wertsteigerung muss der geschädigte Bauherr darlegen, dass diese Steigerung hinter den nachweislich aufgewendeten Baukosten zurückbleibt[716]. Ein Schaden des Bauherrn liegt nicht vor, wenn der Mehraufwand zu einer Werterhöhung des Gebäudes geführt hat und der Mehraufwand dadurch ausgeglichen wurde. Maßgeblicher Zeitpunkt für die im Rahmen des Vorteilsausgleichs vorzunehmende Bestimmung der Werterhöhung durch zusätzliche Aufwendungen ist der Schluss der letzten mündlichen Tatsachenverhandlung[717]; dies ist auch sonst bei der Ermittlung des Schadens der entscheidende Zeitpunkt. Ein Vorteilsausgleich findet dort seine Grenze, wo das Ergebnis dem Zweck des Ersatzanspruchs zuwiderläuft, dass heißt dem Geschädigten nicht mehr zuzumuten ist und den Schädiger unangemessen entlastet[718].

5.2.2.3.3 Mehrkosten – bedingt durch Sonder- und Änderungswünsche des Bauherren

421 *Hinweis- und Warnpflicht*

Verlangt der Bauherr verteuernde Sonder- und Änderungswünsche, ist der Architekt verpflichtet, auf die Konsequenzen hinzuweisen, insbesondere darüber aufzuklären, ob und ggfs. in welchem Umfange die bisher von ihm ermittelten Kosten überschritten werden. Diese Hinweispflicht entfällt ausnahmsweise nur dann, wenn der Bauherr ohne weiteres die Konsequenzen seiner Sonder- und Änderungswünsche erkennen kann, z. B. weil sich dies aus den Gesamtumständen ergibt[719]. Ein weiterer Ausnahmefall wird bejaht, wenn der Architekt beweisen kann, dass der Bauherr auch nach einem entsprechenden Hinweis auf die Konsequenzen der Sonder- und Änderungswünsche

714 BGH, NJW 1994, 856 ff.; Miegel, BauR 1997, 925.
715 BGH, BauR 1997, 494 ff.; BGH, BauR 1997, 335 ff.; Miegel, BauR 1997, 925.
716 BGH, BauR 1997, 494, 496 ff.; Miegel, BauR 1997, 925.
717 BGH, BauR 1997, 335; Miegel, BauR 1997, 926.
718 BGH, BauR 1997, 335 f.; BGH, BauR 1994, 510 m. w. N.; Miegel, BauR 1997, 926.
719 OLG Köln, NJW-RR 1993, 896.

auf die Kosten auf seine Zusatzwünsche nicht verzichtet, sondern sie realisiert hätte[720].

Verstößt der Architekt gegen diese Beratungs- und Hinweispflichten, haftet er grundsätzlich für Schaden, der dem Bauherrn entsteht. Insoweit ist zu berücksichtigen, dass der Bauherr durch die Beratung des Architekten zur Kostenentwicklung jedenfalls vor der Realisierung der Planung in der Lage sein muss, jederzeit abzuspecken oder sogar auf die Realisierung des Bauvorhabens ganz zu verzichten. 422

5.2.2.3.4 Art und Umfang der Haftung

Kernbereich des Architektenwerkes

Die Pflichtverletzung durch fehlerhafte Kostenermittlung oder Beratung im Vorfeld stellt eine Nebenpflichtverletzung dar[721]. Dennoch löst die Nebenpflichtverletzung auch nach altem Recht keine Ansprüche aus positiver Vertragsverletzung aus[722], sondern ist nach Gewährleistungsrecht zu beurteilen. Denn die Beratung zu Kosten und die Verpflichtung zur ordnungsgemäßen und fehlerfreien Kostenermittlung berührt den Kernbereich des Architektenwerks[723]. Der BGH problematisiert – auch in neueren Entscheidungen – diesen Punkt allerdings nicht, sondern beurteilt grundsätzlich die allgemeine Pflicht des Architekten, zu den Kosten und der Kostenentwicklung zu beraten nach den Grundsätzen der positiven Vertragsverletzung[724]. Abgesehen von der längeren Verjährungsfrist, die nach altem Recht bei positiver Vertragsverletzung 30 Jahre beträgt, sind die Rechtsfolgen nicht wesentlich anders als bei § 635 BGB a. F., weil bei Verletzung der allgemeinen Beratungspflicht die Möglichkeit der Nachbesserung nach § 634 Abs. 2 BGB a. F. ausscheidet; die Beratung lässt sich nicht nachholen. 423

Nach neuem Recht spielt diese Differenzierung keine Rolle mehr, weil mit § 280 BGB, auf den § 634 Nr. 4 BGB verweist, eine zentrale Anspruchsgrundlage für alle Pflichtverletzungen vorhanden ist. 424

Neben dem Recht, Schadensersatz oder Minderung geltend zu machen, kann der Auftraggeber zusätzlich noch aus wichtigem Grund den Architektenvertrag kündigen. 425

720 Werner/Pastor, Rn. 1794.

721 BGH, BauR 1997, 394, 396; Brandenburgisches OLG, BauR 1999, 1202.

722 A. A.: OLG Stuttgart, BauR 2000, 1893: Einerseits wird zu der Entscheidung auf die herausragende Bedeutung der Pflicht des Architekten zur Kostenkontrolle und Kostenermittlung verwiesen, andererseits darin eine bloße Nebenpflicht gesehen, was widersprüchlich ist.

723 OLG Düsseldorf, OLGR 1998, 317 und BauR 1994, 133; zutreffend auch Werner/Pastor, Rn. 1775; vgl. auch Rn. 28 f., 255.

724 BGH, BauR 1997, 1067.

5.2.3 Berechnung des Schadens bei Überschreiten eines vereinbarten und eines nicht vereinbarten Kostenlimits vor und nach Realisierung des Bauvorhabens

5.2.3.1 Berechnung des Schadens vor der Realisierung des Bauvorhabens

426 *Bausummenüberschreitung* Wird der Bauherr z. B. durch Vorlage der Kostenermittlung auf die Überschreitung des vereinbarten Baukostenlimits aufmerksam und kündigt deshalb den Vertrag mit dem Architekten aus wichtigem Grund[725], verursacht die Schadenberechnung keine nennenswerten Schwierigkeiten. Wegen der Unbrauchbarkeit der Planung braucht der Bauherr an den Architekten kein Honorar zu zahlen und hat wegen bereits erfolgter Zahlungen einen Rückzahlungsanspruch. Ferner kann er vom Architekten evt. aufgewandte weitere Kosten wie z. B. Honorare für Fachingenieure ersetzt verlangen, wenn deren Planungsergebnisse für den Bauherrn ebenfalls nicht mehr verwertbar sind, weil er sich z. B. dazu entschließt, das Bauvorhaben überhaupt nicht mehr zu realisieren. Entscheidend sind die tatsächlich eingetretenen Vermögenseinbußen des Bauherrn, weil das positive Interesse zu ersetzen ist[726].

427 Bei Überschreitung eines nicht vereinbarten Kostenlimits in Gestalt einer allgemeinen Verletzung der Beratungspflicht zu Baukosten oder durch fehlerhafte Kostenermittlungen bzw. wegen fehlender Beratung zu kostenerhöhenden Maßnahmen kann der Bauherr unter Umständen ebenfalls den Vertrag vorzeitig aus wichtigem Grund kündigen Ein solches Recht hat er beispielsweise, wenn der Architekt sich weigert, eine fehlerhafte Kostenermittlung nachzubessern oder die Planung, die mangels Beratung in Bezug auf Baukosten zu teuer ist, abzuspecken. Erfolgt die Kündigung und ist ausnahmsweise die Planung für den Bauherrn nicht mehr verwertbar, z. B. weil sie zu teuer ist und sich auch nur noch durch nicht mehr zumutbare Maßnahmen abspecken lässt, gilt für die Schadensersatzansprüche das oben Gesagte.

5.2.3.2 Berechnung des Schadens nach der Realisierung des Bauvorhabens

428 Schwierige Fragen ergeben sich im Zusammenhang mit der Feststellung des Schadens nach Realisierung des Bauvorhabens.

429 Bei fehlerhafter Kostenermittlung oder sonst falscher Beratung des Architekten zur Kostenentwicklung kommt ein Schadensersatzanspruch des Bauherrn überhaupt nur dann in Betracht, wenn der Bauherr die Ursächlichkeit der Vertragsverletzung für den Schaden nach-

725 Vgl. zu den Voraussetzungen Rn. 590 f.
726 BGH, NJW-RR 1997, 654.

weist. Der Bauherr kann in diesem Fall nicht auf die Rechtsprechung des BGH zu Beweislasterleichterungen für denjenigen, der einen anderen wegen dessen besonderer Sachkunde um Rat fragt, zurückgreifen[727]. Er ist vielmehr in vollem Umfange darlegungs- und beweispflichtig dafür, dass er nicht oder jedenfalls billiger gebaut hätte, wenn ihm die realistischen Kosten bekannt gewesen wären[728].

Bei Überschreitung eines vereinbarten Kostenlimits liegt zwar die Schlechterfüllung auf der Hand. Gleiches gilt für den Schaden: Dieser besteht in der Differenz zwischen dem vereinbarten Kostenlimit und der am Ende erreichten Bausumme, wobei die am Ende erreichte Bausumme um diejenigen Beträge zu bereinigen ist, welche auf Sonderwünsche, spätere Änderungen durch den Bauherrn und dergleichen zurückzuführen sind[729]. 430

Freilich ist der so ermittelte Betrag noch unter dem Gesichtspunkt der Vorteilsausgleichung zu bewerten. Entspricht das erstellte Werk trotz Überschreitung des Baukostenlimits dem Wert der aufgewandten Baukosten, hat der Bauherr einen Gegenwert erhalten und damit keinen Schaden erlitten[730]. Die Grundsätze des Vorteilsausgleichs[731] sind aus Treu und Glauben entwickelt worden[732]. Ein Vorteilsausgleich findet dort seine Grenze, wo das Ergebnis dem Zweck des Ersatzanspruchs zuwiderläuft, das heißt dem Geschädigten nicht mehr zuzumuten ist und den Schädiger unangemessen entlastet[733]. Bei einer infolge der Kostenüberschreitung notwendig gewordenen Mehrfinanzierung liegt ein solcher Ausnahmefall in der Regel nicht vor; es wird gefordert, dass der Bauherr durch eine notwendig gewordene Mehrfinanzierung »in einer die Opfergrenze übersteigenden Weise persönlich eingeschränkt« sein müsse[734]. 431

Für die Wertberechnung ist die so genannte Differenzmethode maßgeblich. Es ist die Differenz zwischen dem Verkehrswert des Grundstückes ohne und unter Berücksichtigung der schadenrelevanten Überschreitung zu bilden. 432 *Differenzmethode*

»Verkehrswert« ist der Erlös, der bei einem Verkauf unter normalen Umständen für das Grundstück erzielt werden kann. Dieser Erlös wird ermittelt nach dem Sach- oder Ertragswertverfahren je nach Nutzung des Gebäudes. 433 *Verkehrswert*

727 BGH, BauR 1997, 494.
728 BGH, BauR 1997, 494.
729 BGH, BauR 1997, 494.
730 BGH, BauR 1997, 494.
731 BGH. BauR 1970, 246.
732 BGH, BauR 1973, 260.
733 BGH, BauR 1984, 510; BGH, BauR 1997, 335.
734 Werner/Pastor, Rn. 1800 mit Hinweis auf OLG Hamm, NJW 1994, 211 und OLG Köln, NJW-RR 1993, 986.

Sachwert
- Bei eigengenutzten Gebäuden ist in der Regel der *Sachwert* maßgeblich[735]. Das gilt auch für ein eigengenutztes Betriebsgebäude[736].

Ertragswert
- Bei einem gewerblich genutzten bzw. vermieteten Objekt wird hingegen auf den *Ertragswert* abgestellt[737].

Sach- und Ertragswert
- Für gemischt genutzte Objekte ist eine Mischung aus *Sach- bzw. Ertragswert* anzusetzen[738].

Nutzungsdauer
- Bei Umbauten ist die erhöhte *Nutzungsdauer* zu berücksichtigen.

434 *Zuschläge* Während das Ertragswertverfahren vom dem erzielbaren jährlichen Reinertrag ausgeht, sind beim Sachwertverfahren die Herstellungskosten Bezugsgröße. Vor allem bei neuen Gebäuden, bei denen der Herstellungswert nicht wegen Alters usw. zu mindern ist, kann der Sachwert dem Errichtungsaufwand entsprechen[739]. Beim Ertragswertverfahren kann die Berechnung ergeben, dass der anhand des jährlichen Reinertrag ermittelte Rentabilitätswert deutlich niedriger liegt, als der Herstellungswert und zwar selbst dann, wenn feststeht, dass das Gebäude nicht kostengünstiger hätte errichtet werden können; als Beispiel ist ein zum Zweck der Vermietung errichtetes Verwaltungsgebäude zu nennen, das zu aufwendig und damit zu teuer ausgestattet wurde.

435 *Zinsdienst* Neben der Differenz zwischen dem Verkehrswert ohne und unter Berücksichtigung der schadenrelevanten Überschreitung kann der Bauherr zusätzlich noch einen evt. erhöhten Zinsdienst (nicht die Tilgung) geltend machen[740]. Allerdings sind die durch die Bauleistungen erzielten Vorteile, z. B. Steuervorteile und Mieteinkünfte, schadenmindernd zu berücksichtigen[741]. Im Ergebnis wird der Bauherr seinen Schaden nur unter Darlegung einer Art Gesamtbilanz begründen können.

436 *Notverkauf* Im Fall des Notverkaufs oder der Zwangsversteigerung ist die Differenz zwischen dem Verkehrswert und dem tatsächlich erzielten Erlös maßgeblich, wobei der Bauherr zusätzlich den Ersatz der nutzlosen Aufwendungen ersetzt verlangen kann[742]; bei einer Zwangsversteigerung ist abzustellen auf die Verkehrswerterhöhung in diesem Verfah-

735 BGH, BauR 1970, 246; BGH, BauR 1979, 74.
736 BGH, BauR 1979, 74; OLG Stuttgart, BauR 2000, 1893; OLG Celle, BauR 1998, 1030.
737 OLG Düsseldorf, BauR 1974, 354; BGH, BauR 1979, 74.
738 OLG Hamm, BauR 1993, 628.
739 BGH, BauR 1979, 74.
740 OLG Köln, NJW-RR 1994, 981.
741 BGH, BauR 1994, 268.
742 OLG München, BauR 2000, 437.

ren[743]. Bei Notverkauf bzw. Zwangsversteigerung muss der Bauherr darlegen und beweisen, dass die Liquiditätsbeengung durch die Bausummenüberschreitung verursacht wurde und auch ursächlich für den Notverkauf bzw. die Zwangsversteigerung war[744].

Streitig ist, ob für die Wertermittlung auf den Zeitpunkt des Abschlusses der Bauwerkserrichtung[745] oder die letzte mündliche Tatsachenverhandlung[746] abzustellen ist. 437

Zeitpunkt der Schadenberechnung

Stellt man auf den Zeitpunkt der letzten mündlichen Verhandlung ab, 438
so kann wegen der Wertsteigerung des Gebäudes, die meist durch bloßen Zeitablauf eintritt, ein ursprünglich vorhandener Schaden »auf null« sinken[747]. Auch der BGH[748] sieht dieses Problem, nimmt es aber ausdrücklich in Kauf unter Hinweis darauf, dass sich bei jeder Schadenberechnung mit Vorteilsausgleich die am Ende verbleibende Schadensumme im Verlauf eines Gerichtsverfahrens vergrößern oder verkleinern könne.

Ist zwischen Bauherr und Architekt unstreitig, dass der Bauherr sich 439
eine Wertsteigerung zurechnen lassen muss, hat er die Möglichkeit, darzulegen und zu beweisen, dass die tatsächlichen Baukosten höher liegen als die Wertsteigerung und damit insoweit eine Vorteilsausgleichung ausscheidet[749]. Außerdem ist der Bauherr darlegungs- und beweispflichtig für das Vorliegen eines Planungs- oder Beratungsfehlers, also für die Pflichtwidrigkeit des Architekten und hierneben für die Ursächlichkeit dieser Pflichtwidrigkeit[750]. Das bringt den Bauherrn in ganz erhebliche Schwierigkeiten, weil er einen zumindest teilweise hypothetischen Ablauf darlegen und beweisen muss, nämlich seine tatsächlich nicht getroffenen Entscheidungen zur Gestaltung des Bauvorhabens bei rechtzeitiger Information über die voraussichtlichen Kosten. Der BGH fordert aber dennoch, dass der Bauherr »spezifiziert vortragen und den Beweis hierüber erbringen muss« und konstatiert, dass dem Bauherrn die Grundsätze der Rechtsprechung zu Beweislasterleichterungen für denjenigen, der einen anderen wegen dessen besonderer Sachkunde um Rat fragt, nicht zugute kommen. Im konkreten Fall dürften Plausibilitätsüberlegungen hilfreich sein.[751]

743 Locher/Koeble/Frik, Einl., Rn. 101.
744 Locher/Koeble/Frik, Einl., Rn. 101.
745 So OLG Stuttgart, Urteil vom 24.06.1980 – 6 U 111/79; auch Löffelmann/Fleischmann, Rn. 1510.
746 So BGH, BauR 1997, 335.
747 Werner/Pastor, Rn. 1804.
748 BGH, BauR 1997, 494.
749 BGH, BauR 1997, 494.
750 BGH, BauR 1997, 494.
751 Werner/Pastor, Rn. 1804.

6 Möglichkeiten der Haftungsfreizeichnung

6.1 Grundsätzliche Wirksamkeit

Ob eine vertraglich vereinbarte Haftungsfreizeichnung, durch die eine für den Architekten günstige, aber vom Gesetz abweichende Haftungslage geschaffen wird, wirksam ist, hängt vorrangig davon ab, wie die Haftungsfreizeichnung vereinbart wurde. In Betracht kommt eine Individualvereinbarung oder eine Formularvereinbarung bzw. Vereinbarung in Allgemeinen Geschäftsbedingungen. Grundsätzlich lässt sich aber sagen, dass auch formularmäßige Haftungsfreizeichnungen bzw. solche in Allgemeinen Geschäftsbedingungen wirksam sein können. 440

6.2 Haftungsfreizeichnung durch Individualvereinbarung

Im Rahmen der Vertragsfreiheit sind Haftungsfreizeichnungen immer zulässig, wenn sie die gesetzlichen Grenzen, die z. B. durch die §§ 138, 242, 276 Abs. 2, 278 S. 2, 826 BGB vorgegeben werden, berücksichtigen. Hierzu einige Beispiele: 441

- Eine der Summe nach begrenzte Haftung für fahrlässig verursachte Schäden ist wirksam. Das gilt auch dann, wenn Bezug genommen wird auf die Deckungssumme der Haftpflichtversicherung[752].
- Die Verkürzung der fünfjährigen Gewährleistungsfrist nach § 638 BGB a. F., § 634a Abs. 1 Nr. 2 BGB auf zwei Jahre ist wirksam[753].
- Der Ausschluss der gesamtschuldnerischen Haftung und stattdessen die Vereinbarung einer Eigenhaftung des Architekten nur in Höhe des auf ihn entfallenden Anteils der Verantwortung ist wirksam[754]; mit dieser Klausel wird übrigens erreicht, dass der Architekt bzw. sein Berufshaftpflichtversicherer nicht das Konkursrisiko gesamtschuldnerisch Mithaftender trägt. Architekten und vor allem Haftpflichtversicherern ist daher zu raten, bei Abschluss von Architektenverträgen auf eine solche Klausel hinzuwirken.

752 BGH, NJW-RR 1986, 1147.
753 Vgl. Löffelmann/Fleischmann, Rn. 1693 m. w. N.
754 Löffelmann/Fleischmann, Rn. 1694.

442 Häufig werden Haftungsbegrenzungen in Allgemeinen Geschäftsbedingungen oder in Formularverträgen geregelt. Für die Abgrenzung, ob eine Individualvereinbarung oder eine Regelung in einem Formularvertrag vorliegt, ist § 1 AGBG bzw. § 305 Abs. 1 BGB von maßgeblicher Bedeutung.

443 Nach § 1 Abs. 1 S. 1 AGBG bzw. § 305 Abs. 1 BGB sind Allgemeine Geschäftsbedingungen alle für eine Vielzahl von Verträgen vorformulierten Vertragsbedingungen, die eine Vertragspartei (Verwender) der anderen Vertragspartei bei Abschluss eines Vertrages stellt. Gleichgültig ist, ob die Bestimmungen einen äußerlich gesonderten Bestandteil des Vertrages bilden oder in die Vertragsurkunde selbst aufgenommen werden, welchen Umfang sie haben, in welcher Schriftart sie verfasst sind und welche Form der Vertrag hat. Eine Negativabgrenzung nimmt § 1 Abs. 2 AGBG bzw. § 305 Abs. 1 S. 3 BGB vor: Allgemeine Geschäftsbedingungen liegen danach nicht vor, soweit die Vertragsbedingungen zwischen den Vertragsparteien im Einzelnen ausgehandelt sind. Voraussetzung ist also:

- Dass Regelungen vorliegen, die den Vertragsinhalt gestalten (Vertragsbedingungen); Art und Rechtsnatur des Vertrages sind gleichgültig; Inhalt der Vertragsbedingungen können Regelungen jeglicher Art sein, erfasst werden auch Regelungen über den Vertragsabschluss[755] und einseitige Rechtsgeschäfte des Kunden, die auf einer Vorformulierung des Verwenders beruhen[756], ebenso einseitige Rechtsgeschäfte des Verwenders[757].
- Die Vertragsbedingungen müssen vorformuliert sein. Diese Voraussetzung liegt vor, wenn die Vertragsbedingungen für eine mehrfache Verwendung schriftlich aufgezeichnet oder in sonstiger Weise fixiert sind, z. B. auf Tonband oder im Programm eines Schreibautomaten; selbst ein Speichern im Kopf des Verwenders soll ausreichen[758], auch die mit Wiederholungsabsicht handschriftlich oder maschinenschriftlich in den Formulartext eingefügte Regelung[759]; solche mit Wiederholungsabsicht hand- oder maschinenschriftlich eingefügte Regelungen sind selbst dann Allgemeine Geschäftsbedingungen, wenn sie gelegentlich unterbleiben[760] oder sprachlich unterschiedlich gefasst sind[761].

755 BGHZ 104, 99.
756 BGHZ 98, 28.
757 Palandt-Heinrichs, § 1 AGBG, Rn. 4a.
758 Palandt-Heinrichs, § 1 AGBG, Rn. 5.
759 BGHZ 115, 391.
760 BGH, NJW 1999, 2180.
761 OLG Düsseldorf, NZG 1998, 353.

vorformulierte Bedingungen

- Die Vertragsbedingungen müssen für eine Vielzahl von Verträgen aufgestellt worden sein; vorformulierte Bedingungen für einen bestimmten Vertrag fallen nicht unter § 1 AGBG[762] bzw. § 305 BGB, wohl aber unter § 24a AGBG bzw. § 310 Abs. 3 BGB (Verträge zwischen Unternehmer und einem Verbraucher). Es braucht auch nicht eine unbestimmte Vielzahl von Verwendungsfällen vorzuliegen; die untere Grenze der Verwendung liegt aber bei 3–5 Fällen[763]. Bei Benutzung eines von anderen formulierten Formulars (z. B. der von der Bundesarchitektenkammer aufgestellte Einheits-Architektenvertrag) ergibt sich die erforderliche Mehrverwendung aus der Zweckbestimmung des Aufstellers, d. h., es ist nicht erforderlich, dass der Verwender selbst eine mehrfache Verwendung beabsichtigt[764]. Eine Mehrfachverwendung wird selbst dann angenommen, wenn der Verwender das Formular zu seinen Gunsten abändert[765]. Ausnahmsweise sind die §§ 5, 6 und 12 AGBG bzw. die §§ 305 c) Abs. 2, 306 und 307–309 BGB auch bei nur zur einmaligen Verwendung bestimmten vorformulierten Vertragsbedingungen anwendbar, wenn der Verbraucher auf ihre Formulierung keinen Einfluss nehmen konnte. Diese Ausnahme ist für Architekten und Ingenieure von Bedeutung, die mit privaten Bauherren Verträge abschließen.

- Eine Partei muss die Einbeziehung der vorformulierten Bedingungen in den Vertrag verlangen, die Vertragsbedingungen also »stellen«. Diese Voraussetzung ist auch dann erfüllt, wenn der Kunde zwischen verschiedenen Regelungsalternativen, die vorgegeben sind, wählen kann oder der Formulartext die Aufforderung zu Änderungen oder Streichungen enthält[766], Der BGH hat sich in der Vergangenheit wiederholt mit solchen Regelungsalternativen bzw. Leerräumen in Formularverträgen befasst und festgestellt, dass es sich grundsätzlich bei solchen Regelungsalternativen und Leerräumen um Allgemeine Geschäftsbedingungen handelt[767]. Kann der Kunde jedoch die freie Stelle nach seiner freien Entscheidung ausfüllen, ohne dass vom Verwender Entscheidungsvorschläge vorformuliert sind, so ist dieser Formularanteil in der Regel keine Allgemeine Geschäftsbedingung[768]; etwas anderes gilt, wenn der Mitarbeiter des Verwenders die Lücke in einer Viel-

762 BGH, NJW-RR 1988, 57.
763 BGH, NJW 1998, 2286.
764 BGH, NJW 1991, 843.
765 Palandt-Heinrichs, § 1 AGBG, Rn. 6.
766 BGH, NJW 1987, 2011.
767 BGH, NJW 1992, 803; BGH, NJW 1996, 1676; BGH, NJW-RR 1997, 1000.
768 BGH, NJW 1998, 1066.

zahl von Fällen in einem bestimmten Sinne ausfüllt[769] oder darauf hinwirkt, dass der Kunde den Text ohne individuelles Aushandeln in einem bestimmten von ihm vorgegebenen Sinne ergänzt[770].

444 Werden die Vertragsbedingungen zwischen den Parteien im Einzelnen ausgehandelt, liegen nach § 1 Abs. 2 AGBG bzw. § 305 Abs. 1 S. 3 BGB keine Allgemeinen Geschäftsbedingungen vor.

445 In jedem Einzelfall ist zu prüfen, wer Verwender des Formulars bzw. der Allgemeinen Geschäftsbedingungen ist, ob also der Architekt oder der Bauherr die Allgemeinen Geschäftsbedingungen gestellt hat. Denn das AGBG bzw. die §§ 305 f. BGB greift nur zu Lasten des Verwenders, schützt also nur den anderen Vertragspartner[771].

446 Die Darlegungs- und Beweislast für das Vorliegen von Allgemeinen Geschäftsbedingungen bzw. Formularen und damit für die Geltung des AGBG trägt immer derjenige, der sich auf die für ihn günstigen Regelungen des AGBG bzw. der §§ 305 f. BGB beruft[772]; das ist zwingend der Kunde, weil der Verwender sich – wie oben ausgeführt – ohnehin nicht auf das AGBG bzw. §§ 305 f. BGB berufen kann.

447 *Verwender der AGB und Beweis des ersten Anscheins*

Ist streitig, wer Verwender der Allgemeinen Geschäftsbedingungen war, greift ein Beweis des ersten Anscheins dahingehend, dass derjenige Verwender ist, von dem das Formular ursprünglich stammt[773] oder der durch die Regelung im Formular begünstigt wird[774]. Beim Einheits-Architektenvertrag, der ohne Zweifel den Architekten begünstigt, kann dieser prima-facie-Beweis aber nicht angenommen werden, weil das Formular im Handel frei zugänglich ist und in der Praxis häufig auch vom Bauherrn verwandt wird; bei Verwendung des Einheits-Architektenvertrages bleibt es also bei dem Grundsatz, dass derjenige Verwender ist, auf dessen einseitigen Willen die Benutzung dieses vorformulierten Vertragstextes zurückgeht, was von demjenigen, der sich gestützt auf das AGBG bzw. §§ 305 f. BGB auf die Unwirksamkeit der einen oder anderen Klausel im Einheits-Architektenvertrag beruft, dargelegt und bewiesen werden muss[775]. Behauptet der Bauherr oder Architekt als Verwender des Formulars bzw. der Allgemeinen Geschäftsbedingungen, die Vertragsbedingungen seien im Einzelnen ausgehandelt worden, trägt er dafür die Darlegungs- und Beweislast[776]; die bloße Vorlage einer schriftlichen Erklärung, in der

769 BGH, NJW 1999, 2180.
770 BGH, NJW 1998, 1066.
771 BGH, BauR 1998, 866; BGH. BauR 1994, 617.
772 BGH, NJW 1992, 2162.
773 BGH, NJW 2000, 1110.
774 Löffelmann/Fleischmann, Rn. 1675.
775 So auch Löffelmann/Fleischmann, Rn. 1669.
776 BGH, NJW-RR 1987, 144.

der Kunde des Verwenders bestätigt, die Klauseln seien ausgehandelt, sollen nicht ausreichen[777].

6.2.1 Vollständiger Haftungsausschluss

Ein vollständiger Haftungsausschluss in Allgemeinen Geschäftsbedingungen oder Formularverträgen ist nach § 11 Nr. 7 AGBG bzw. § 309 Nr. 7 b) BGB unwirksam. Nach dieser Vorschrift kann die Haftung für vorsätzliche und grob schuldhafte Vertragsverletzungen des Verwenders, seines gesetzlichen Vertreters oder Erfüllungsgehilfen nicht ausgeschlossen oder eingeschränkt werden. In jedem Fall ist auch der Haftungsausschluss bei zugesicherten Eigenschaften bzw. Garantieversprechen oder arglistigem Verschweigen von Mängeln bzw. arglistigem Vorspiegeln von Eigenschaften ausgeschlossen. Auch gegenüber Kaufleuten ist der völlige Ausschluss von Gewährleistungsansprüchen einschließlich der Nachbesserungsrechte gem. § 9 AGBG bzw. § 307 BGB nicht zulässig[778]. **448** *Vorsatz/ grobe Fahrlässigkeit/ arglistiges Verhalten*

6.2.2 Haftungsausschluss für leichte Fahrlässigkeit

Wird formularmäßig vereinbart, dass der Architekt bei nur leicht fahrlässig verursachten Schäden nicht haftet, verstößt dies gegen § 9 Abs. 1, 2 Nr. 2 AGBG[779] bzw. § 307 BGB. **449**

Ein völliger Haftungsausschluss für leichte Fahrlässigkeit – darauf läuft die Klausel hinaus – ist nach Auffassung des BGH nicht mit der Sachwalterstellung des Architekten und dem daraus resultierenden besonderen Vertrauensverhältnis verträglich. Die Haftung für leichte Fahrlässigkeit kann deshalb nur dann beschränkt werden, wenn es zumindest bei einer Haftung in Höhe der Deckungssumme der Berufshaftpflichtversicherung verbleibt. Auch insoweit ist aber die Generalklausel des § 9 AGBG bzw. § 307 BGB von Bedeutung. Unwirksamkeit liegt hiernach vor, wenn die Begrenzung auf die Deckungssumme der Berufshaftpflichtversicherung eine im Verhältnis zum Bauvorhaben völlig unzureichende Haftungssumme bedeutet und der Bauherr praktisch schutzlos gestellt ist; die Haftungssumme muss stets – entsprechend dem Umfang des Bauvorhabens – angemessen sein und einem voraussehbaren Schaden entsprechen[780]. Dies erhellt, wie schwierig es ist, eine solche Haftungsbegrenzung wirksam zu vereinbaren. Von dem Architekten bzw. seinem Rechtsberater wird etwas fast Unmögliches verlangt, nämlich ein hellseherischer Blick in die **450**

777 Werner/Pastor, Rn. 2169.
778 BGH, BauR 1985, 317; OLG Saarbrücken, NJW-RR 1995, 117.
779 BGH, NJW-RR 1986, 271.
780 Vgl. näher, Rn. 459 f.

Zukunft: Bei der Bemessung der Höhe der Deckung muss abgeschätzt werden, was als Haftungssumme angemessen sein soll[781].

6.2.3 Beschränkung auf Nachbesserung

451 Eine formularmäßige Beschränkung der Gewährleistungsansprüche auf Nachbesserung ist nach § 11 Nr. 10 b AGBG bzw. § 309 Nr. 8 b) bb) BGB grundsätzlich verboten.

452 *wirksam nur ausnahmsweise*

Etwas anderes gilt nur dann, wenn für den Fall des Fehlschlagens der Nachbesserung die Minderungs- oder Wandelungsrechte bzw. Rücktrittsrecht bestehen. Ist das in der Klausel nicht vorgesehen, so ist sie unwirksam[782], auch im kaufmännischen Geschäftsverkehr[783]. Die bloße Vereinbarung eines Rücktrittsrechts bei Fehlschlagen der Nachbesserung reicht nicht aus[784].

453 *Entscheidungskriterium: die Zumutbarkeit der Nachbesserung für den Bauherrn*

Fehlgeschlagen ist die Nachbesserung, wenn sie unmöglich ist[785], ernsthaft und endgültig verweigert wird[786], unzumutbar verzögert wird[787] oder vergeblich versucht worden ist[788], ferner, wenn sie dem Bauherrn wegen der Vielzahl der Mängel nicht zumutbar ist[789]. Macht der Architekt die Nachbesserung davon abhängig, dass der Bauherr ihm einen honorarpflichtigen Auftrag erteilt, so kommt das einer Verweigerung der Pflicht zur Nachbesserung gleich[790]. Unzumutbarkeit der Verzögerung wird angenommen, wenn der Architekt als Verwender des Formulars trotz Aufforderung nicht in angemessener Frist nachgebessert hat; was angemessen ist, ist im Einzelfall unter Abwägung der beiderseitigen Interessen zu entscheiden[791]. Streitig ist oftmals, ob der Bauherr dem Architekten mehrere Nachbesserungsversuche gestatten muss. Die Beantwortung dieser Frage hängt von der Art des Mangels und einer Abwägung der beiderseitigen Interessen ab. Entscheidend kommt es auf den Gesichtspunkt der Zumutbarkeit weiterer Nachbesserungsversuche für den Bauherrn an[792]. Abzustellen ist auch auf die Zuverlässigkeit des Architekten; hatte er sich in der Vergangenheit bereits als unzuverlässig erwiesen, reicht ein Nachbesserungsversuch; das gilt auch, wenn der Bauherr dringend auf

781 Vgl. auch Ziffer 459 f.
782 BGH, NJW 1994, 1004.
783 BGH, ZfBR 1991, 262.
784 BGH, ZfBR 1991, 262.
785 BGH, NJW 1994, 1005.
786 BGHZ 93, 62.
787 BGHZ 93, 62.
788 BGH, NJW 1994, 1005.
789 BGHZ 93, 63.
790 OLG Köln, NJW-RR 1986, 151.
791 LG Köln, NJW-RR 1993, 437.
792 BGH, NJW 1960, 667.

die Fertigstellung angewiesen ist[793]. Wird in Allgemeinen Geschäftsbedingungen die Anzahl der dem Architekten gestatteten Nachbesserungen festgelegt, ist eine solche Klausel unwirksam[794]. Allerdings trägt der Bauherr die Beweislast für das Fehlschlagen der Nachbesserung[795].

Die Kosten der Nachbesserung treffen nach § 633 Abs. 2 S. 2 BGB a. F. bzw. § 635 Abs. 2 BGB den Unternehmer – also den Architekten. Nach § 11 Nr. 10 c AGBG bzw. § 309 Nr. 8 b) cc) BGB lässt sich das in Allgemeinen Geschäftsbedingungen nicht abändern oder beschränken[796]. Das gilt auch im kaufmännischen Verkehr[797]. 454

Die Vereinbarung des Nachbesserungsrechts des Architekten auch für den Fall, dass sich der Planungsfehler im Bauwerk realisiert hat, ist sowohl individualvertraglich, als auch in Allgemeinen Geschäftsbedingungen grundsätzlich zulässig. 455

Die Regelung in § 5 Abs. 5 des Einheits-Architektenvertrages (1992, 1994) ist wirksam; die Klausel lautet: 456

> »Wird der Architekt wegen eines Schadens am Bauwerk auf Schadensersatz in Anspruch genommen, kann er vom Bauherrn verlangen, dass ihm die Beseitigung des Schadens übertragen wird.«

Das verstößt nicht gegen § 11 Nr. 10 b AGBG bzw. § 309 Nr. 8 b) bb) BGB, weil es sich nicht um eine Nachbesserung des Architektenwerkes handelt; vielmehr geht es um einen Schadensersatzanspruch im Wege der Naturalrestitution[798]. 457

6.2.4 Zurückbehaltungsrecht bezüglich der Nachbesserungspflicht

Nach § 11 Nr. 10 d AGBG bzw. § 309 Nr. 8 b) dd) BGB sind Klauseln, die vorsehen, dass der Architekt die Mängelbeseitigung von der Schlusszahlung abhängig macht, also das Recht des Bauherrn auf Einbehalt der Vergütung bis zur mängelfreien Erstellung der Planung ab- 458

793 Palandt-Heinrichs, § 11 AGBG, Rn. 57a m. w. N.
794 BGH, NJW 1998, 677.
795 BGH, NJW-RR 1990, 888.
796 BGH, BauR 1981, 378.
797 BGH, BauR 1981, 378.
798 OLG Hamm, BauR 1992, 800; a. A.: Ulmer/Brandner/Hensen, Anh. §§ 9–11 AGBG, Rn. 115.

bedingen, unwirksam. Ein solches Zurückbehaltungsrecht kann der Architekt aber über § 648a BGB erreichen[799].

6.2.5 Haftungsbegrenzung der Höhe nach

459 *generell zulässig bei leichter Fahrlässigkeit*

In beschränktem Rahmen sind Haftungsbegrenzungen der Höhe nach in Allgemeinen Geschäftsbedingungen oder Formularverträgen zulässig. Nicht möglich ist eine Pauschalierung von Schadensersatzansprüchen (§ 11 Nr. 5 AGBG bzw. § 309 Nr. 5 BGB), eine Haftungsbegrenzung auch in Fällen grober Fahrlässigkeit (§ 11 Nr. 7 AGBG bzw. § 309 Nr. 7 b) BGB) sowie bei zugesicherten Eigenschaften (§ 11 Nr. 11 AGBG). Was bleibt, sind die Fälle leichter Fahrlässigkeit (vgl. dazu auch Rn. 451). Für die Beurteilung der Wirksamkeit einer Haftungsbegrenzungsklausel für leichte Fahrlässigkeit ist die Generalklausel des § 9 AGBG bzw. § 307 BGB maßgeblich. Danach sind Bestimmungen in Allgemeinen Geschäftsbedingungen unwirksam, wenn sie den Vertragspartner des Verwenders entgegen den Geboten von Treu und Glauben unangemessen benachteiligen, wobei eine unangemessene Benachteiligung im Zweifel anzunehmen ist, wenn eine Bestimmung mit den wesentlichen Grundgedanken der gesetzlichen Regelung, von der abgewichen wird, nicht zu vereinbaren ist oder wesentliche Rechte oder Pflichten, die sich aus der Natur des Vertrages ergeben, so einschränkt, dass die Erreichung des Vertragszwecks gefährdet ist.

460 Meist sind Haftungsbegrenzungsklauseln für leichte Fahrlässigkeit in dreierlei Hinsicht bedenklich:

- wenn die bereitstehende Haftungssumme sich nicht eindeutig ermitteln lässt;
- wenn die Haftungsbegrenzungsklausel insgesamt nicht verständlich ist;
- wenn eine unzureichende Haftungssumme bereitgestellt wird.

461 Die Haftungssumme muss der Höhe nach im Verhältnis zum Umfang des Bauvorhabens angemessen sein und einem voraussehbaren Schaden entsprechen[800]. Da Klauseln bezüglich der Haftungsfreizeichnung in der Regel nur bei Vertragsabschluss durchsetzbar sind, wird schnell klar, wie schwierig es in tatsächlicher Hinsicht ist, eine wirksame formularmäßige Vereinbarung zu treffen. Von dem Architekten bzw. seinem Rechtsberater wird fast etwas Unmögliches verlangt,

799 BGH, BauR 2001, 386 f.; OLG Stuttgart, BauR 2000, 421 f.; OLG Dresden, BauR 1999, 1314; KG, BauR 2000, 738; OLG Hamm, NJW-RR 2001, 806 f.; OLG Naumburg, BauR 2001, 996.

800 Werner/Pastor, Rn. 2229.

nämlich im Vorfeld schon abzuschätzen, was als Haftungssumme angemessen sein soll.

Als Beispiel für eine nicht eindeutige, nicht hinreichend verständliche und vor allem unzureichende Haftungsbegrenzung für leichte Fahrlässigkeit sind die Allgemeinen Vertragsbedingungen (AVA) zum Einheits-Architektenvertrag (1992) zu nennen. § 5 Abs. 3 der AVA sieht für so genannte versicherbare Schäden eine Beschränkung im Fall leichter Fahrlässigkeit auf die zwischen den Parteien vereinbarte Deckungssumme, bei fehlender Vereinbarung auf die in § 5 Abs. 2 S. 2 der AVA genannten Deckungssummen vor (500.000,00 € für Personenschäden und 75.000,00 € für sonstige Schäden, bei honorarfähigen Herstellungskosten bis zu 750.000,00 €; 500.000,00 € für Personenschäden und 150.000,00 € für sonstige Schäden bei honorarfähigen Herstellungskosten von mehr als 750.000,00 €). 462

Diese Klausel wird jedoch teilweise als wirksam angesehen[801]. 463

entscheidend: Angemessenheit der Haftungssumme

Dem kann indes nicht gefolgt werden: Aus dem Vorgesagten ergibt sich, dass die Angemessenheit der Haftungssumme nur im Einzelfall beurteilt werden kann. Die Einzelfallbetrachtung kann im konkreten Fall durchaus zu dem Ergebnis führen, dass die Haftungssummen eben nicht angemessen sind. Insoweit ist vor allem auch zu berücksichtigen, dass nicht versicherbare Schäden wie Kostenüberschreitung und Überschreitung von Bauzeiten besonders schadenträchtig sind, die Klausel hierfür aber lediglich Summen von 75.000,00 € bzw. 150.000,00 € als Haftungsmasse vorsieht. Zudem ist die pauschale Unterscheidung in der Klausel zwischen versicherbaren Schäden und nicht versicherbaren Schäden nicht ausreichend transparent – also eindeutig und verständlich. Es ist eine Wissenschaft für sich, im Einzelfall festzustellen, welcher Schaden versicherbar ist und welcher nicht. Zu Recht hat das OLG Stuttgart daher in einer nicht veröffentlichten Entscheidung vom 10.10.1991[802] festgestellt, dass die Klausel schon deshalb unwirksam ist, weil aus ihr eben nicht deutlich wird, was versicherbar und nicht versicherbar ist. Es fehlt eine Aufzählung der versicherbaren Schäden. 464

6.2.6 Zeitliche Begrenzung der Haftung

Nach § 11 Nr. 10 f AGBG bzw. § 309 Nr. 8 b) ff. BGB dürfen die gesetzlichen Gewährleistungsfristen nicht verkürzt werden. Sinn und Zweck dieser Klausel ist es, sicherzustellen, dass dem Vertragspartner des Klauselverwenders hinreichend Zeit zur Geltendmachung seiner Gewährleistungsansprüche bleibt. Bemühungen des Architekten, sei- 465

801 Z. B. Budnik, S. 38 ff.; Beigel, BauR 1986, 34, 36 f.

802 OLG Stuttgart, Urteil 10.10.1991 – 13 U 190/90 – zitiert und besprochen von Morlock in: DAB 1992, 732; zutreffend: Werner/Pastor, Rn. 2230.

ne Haftung in einem Formularvertrag zu verkürzen, sind folglich AGB-widrig.

466 *auch mittelbare Verschlechterung ist unzulässig*

Unzulässig ist auch jede mittelbare Verschlechterung der Gewährleistungszeit wie z. B.

- die Vorverlegung des Verjährungsbeginns[803]
- die Nichtberücksichtigung von Hemmungs- und Unterbrechungstatbeständen[804]
- die Klausel, dass Kaufrecht Anwendung finden soll[805]
- die Klausel, dass die VOB/B als Ganzes gelten soll bzw. sich die Gewährleistungsansprüche nach § 13 VOB/B richten und hier insbesondere die zweijährige Verjährung nach § 13 Nr. 4 Abs. 1 VOB/B gelten soll.

467 Zwar bestimmt § 23 Abs. 2 Nr. 5 AGBG bzw. § 309 Nr. 8 b) ff. S. 2 BGB, dass das Klauselverbot bei Geltung der VOB keine Anwendung finde[806]. Im Rahmen von Architektenverträgen ebenso wie in Verträgen mit Fachingenieuren kann indes die VOB/B nicht vereinbart werden und damit auch nicht deren kurze Verjährungsfrist, weil solche Verträge nicht unter § 23 Abs. 2 Nr. 5 AGBG bzw. § 309 Nr. 8 b) ff. S. 2 BGB fallen[807]. Ist allerdings der Bauherr selbst Verwender des Architektenformularvertrages, wäre die Verkürzung der Gewährleistungszeit des Architekten auf zwei Jahre wirksam[808].

- die Klausel, dass sich die Verjährungsfristen durch Nachbesserungsarbeiten oder durch Garantieleistungen nicht verlängert[809];
- Klauseln, wonach die Gewährleistungsfrist für offensichtliche Mängel auf z. B. zwei Jahre verkürzt ist (aber streitig)[810].

803 BGH, NJW-RR 1987, 145.
804 BGH, NJW 1992, 1236.
805 BGHZ 74, 269.
806 Diese Regelung ist übrigens nicht mit der EG-Richtlinie 93/13 vereinbar, sodass in Verbraucherverträgen die Verkürzung der Gewährleistungszeit auf 2 Jahre trotz Vereinbarung der VOB/B unwirksam ist; vgl. Palandt-Heinrichs, § 11 AGBG, Rn. 71 m. w. N.
807 BGHZ 101, 378.
808 BGHZ 122, 245.
809 Verstoß gegen den Grundgedanken nach § 639 Abs. 2 BGB; vgl. Werner/Pastor, Rn. 2242.
810 für AGB-Widrigkeit: Werner/Pastor, Rn. 2243; dagegen: Palandt-Heinrichs, AGBG, Rn. 70 mit Hinweis auf § 11 Nr. 10 e), wonach für offensichtliche Mängel eine Ausschlussfrist bestimmt werden könne und deshalb auch eine Abkürzung der Verjährung möglich sei (Argument a maiore ad minus); Palandt-Heinrichs, § 11 AGBG, Rn. 71 f.

6.2.7 Vereinbarung der Teilabnahme

Ist ein Architekt mit dem vollen Leistungsbild, also auch mit der Leistungsphase 9 beauftragt, beginnt die fünfjährige Gewährleistungszeit wegen der im Rahmen der Leistungsphase 9 geschuldeten Leistungen frühestens nach Ablauf der mit den ausführenden Unternehmen vereinbarten Gewährleistungszeit. Da der Architekt im Rahmen der Leistungsphase 9 unter anderem verpflichtet ist, kurz vor Ablauf der Gewährleistungszeit der ausführenden Unternehmen das Objekt nochmals auf Mängel hin zu kontrollieren und diese ggfs. noch rechtzeitig vor der Verjährung namens des Bauherrn gegenüber dem verantwortlichen ausführenden Unternehmen zu rügen, und durch solche Mängelrügen die Gewährleistung des Unternehmers für den gerügten Mangel wieder von vorne beginnt (das gilt für den VOB-Vertrag, während beim BGB-Vertrag die Einleitung eines selbstständigen Beweisverfahrens erforderlich ist), haften die Architekten teilweise noch Jahre nach der Abnahme der eigentlichen Bauleistungen. Dies macht die Vereinbarung einer Teilabnahme nach Abschluss der Leistungsphase 8 interessant. Hierdurch wird bei wirksamer Vereinbarung erreicht, dass zumindest für die bis dahin vom Architekten erbrachten Leistungen die Verjährung beginnt und sie nach Ablauf von fünf Jahren abläuft. **468**

Grundsätzlich sind solche Regelungen in Allgemeinen Geschäftsbedingungen oder Formularverträgen möglich und wirksam **469**

Die Regelung im Einheits-Architektenvertrag wird unterschiedlich bewertet. Hier heißt es: **470**

> »Die Verjährung beginnt mit der Abnahme der nach diesem Vertrag zu erbringenden Leistungen, spätestens mit Abnahme der in Leistungsphase 8 (Objektüberwachung) zu erbringenden Leistungen (Teilabnahme).«

Im Schrifttum wird die Klausel teilweise für wirksam gehalten[811]. Nach Auffassung des OLG Schleswig soll die Klausel unwirksam sein[812]. Der BGH hält die Vereinbarung der Teilabnahme nach der Leistungsphase 8 für wirksam[813]. **471**

6.2.8 Haftung nur für schuldhaft verursachte Schäden

Nach § 11 Nr. 10a AGBG bzw. § 309 Nr. 8 b) aa) BGB ist ein völliger oder partieller Gewährleistungsausschluss in Allgemeinen Geschäftsbedingungen bzw. Formularverträgen unwirksam. Wird dagegen aus- **472** *nachweislich schuldhaft*

811 Löffelmann/Fleischmann, Rn. 1690.
812 OLG Schleswig, BauR 2001, 1286.
813 BGH, BauR 2001, 1616.

schließlich der Schadensersatzanspruch des Bauherrn gegen den Architekten – und nicht auch zugleich der Nachbesserungs- und Minderungsanspruch – von einem Verschulden abhängig gemacht, soll dies AGB-rechtlich nicht zu beanstanden sein, weil eine solche Regelung mit dem gesetzlichen Leitbild nach § 635 BGB a. F., §§ 634 Nr. 4, 636 BGB in Einklang steht[814].

473 Die häufig in Architekten-Formularverträgen enthaltene Klausel, dass der Architekt nur für schuldhaft verursachte Schäden haftet, ist aber dennoch unwirksam. Die Klausel zielt darauf ab, die Haftung auch für verschuldensunabhängige Ansprüche (Nachbesserung, Minderung) auszuschließen[815].

474 AGB-Widrigkeit besteht erst recht, wenn – wie z. B. noch im Einheits-Architektenvertrag von 1979 geregelt – eine weitere Haftungsbegrenzung auf nachweislich schuldhaft verursachte Schäden erfolgt. Hierin liegt eine Beweislastumkehr (vgl. §§ 282, 285 BGB) zum Nachteil des Bauherrn, die nach § 11 Nr. 15 AGBG bzw. § 309 Nr. 12 BGB unwirksam ist[816]. Die Beschränkung der Haftung auf Vorsatz und grobe Fahrlässigkeit ist ebenfalls nach § 11 Nr. 10a AGBG bzw. § 309 Nr. 7 b) BGB unwirksam[817].

6.2.9 Beweislastklauseln

475 *kein Schutz für den Verwender*

Beweislastregeln beruhen nicht auf bloßen Zweckmäßigkeitserwägungen, sondern sind Ausdruck von sachlogisch bedingten Gerechtigkeitsgeboten[818]. § 11 Nr. 15 AGBG bzw. § 309 Nr. 12 BGB verbietet daher Bestimmungen, durch die der Verwender die Beweislast zum Nachteil des anderen Vertragsteils ändert, insbesondere indem er diesem die Beweislast für Umstände auferlegt, die im Verantwortungsbereich des Verwenders liegen oder den anderen Teil bestimmte Tatsachen bestätigen lässt; Letzteres gilt allerdings nicht für gesondert unterschriebene oder gesondert qualifiziert elektronisch signierte Empfangsbekenntnisse.

476 Die Rechtsprechung versteht § 11 Nr. 15 AGBG – das gilt auch für § 309 Nr. 12 BGB – dahingehend, dass Klauseln betreffend die Beweislast schon dann AGB-widrig sind, wenn sie nur die Beweislastposition des Vertragspartners verschlechtern[819]. Verboten sind damit auch Erschwerungen der Beweisführung durch Beweismittelbeschränkung oder Änderung der Grundsätze über den Beweis des ers-

814 OLG München, BauR 1990, 471.
815 BGH, BauR 1990, 488.
816 BGH, BauR 1990, 488.
817 BGH, NJW 1993, 560.
818 Palandt-Heinrichs, § 11 AGBG, Rn. 90.
819 OLG Düsseldorf, BauR 1996, 112.

ten Anscheins[820]. Formularmäßig abstrakte Schuldanerkenntnisse sind hingegen zulässig, weil das Gesetz die Verwendung dieses Rechtsinstituts nicht verbieten will[821]. Das gilt auch für die Unterwerfung unter die Zwangsvollstreckung[822]. Von § 11 Nr. 15 AGBG bzw. § 309 Nr. 12 BGB werden nicht nur gesetzliche Beweislastregeln, sondern auch Beweislastregeln erfasst, die auf Richterrecht beruhen; ferner wird die Vermutung der Vollständigkeit und Richtigkeit von Urkunden geschützt.

Auch Bestätigungen durch den Kunden des Verwenders in Allgemeinen Geschäftsbedingungen, durch die die Beweislast umgekehrt oder sie praktisch zum Nachteil des Kunden verschoben wird, sind unwirksam, wie z. B. die Erklärung, 477

- die Vertragsbedingungen seien im Einzelnen ausgehandelt[823];
- der Verwendungsgegner habe die Allgemeinen Geschäftsbedingungen gelesen und verstanden[824];
- der Architekt oder Bauunternehmer habe genaue Kenntnis von der Baustelle[825];
- der Architekt bestätige die Richtigkeit aller Maßangaben[826].

6.2.10 Haftungsbeschränkung auf unmittelbare Schäden

In Architektenverträgen wird gelegentlich die Schadensersatzpflicht des Architekten auf unmittelbare Schäden beschränkt, also die Haftung für mittelbare Schäden ausgeschlossen. Solche Klauseln sind bereits nach § 11 Nr. 7 AGBG bzw. § 309 Nr. 7 b) BGB unwirksam, wenn die Beschränkung der Haftung pauschal erfolgt und damit auch für vorsätzlich und grob fahrlässig herbeigeführte Schäden gelten soll. 478

Aber selbst die Beschränkung der Haftung auf unmittelbare Schäden bei leichter Fahrlässigkeit wird meist wegen Verstoßes gegen das Transparenzgebot (§ 5 AGBG bzw. § 305 c) BGB) unwirksam sein. Ähnlich wie bei der Haftungsbegrenzung auf versicherbare Schäden ist es höchst kompliziert, mittelbare Schäden von unmittelbaren 479

Problem: Transparenz

820 BGH, NJW 1988, 258.
821 BGHZ 99, 282.
822 Palandt-Heinrichs, § 11 AGBG, Rn. 91 – Unwirksam sind aber die mit einem Nachweisverzicht verbundenen Unterwerfungsklauseln in Bauträgerverträgen wegen Verstoßes gegen die Makler- und Bauträgerverordnung, dazu: BGH, NJW 1999, 51.
823 BGHZ 99, 379.
824 BGH, NJW 1996, 1819.
825 OLG Frankfurt, NJW-RR 1986, 246.
826 BGH, NJW 1986, 2574.

Schäden abzugrenzen[827]. Die Wirksamkeit der Klausel ist daher nur dann sichergestellt, wenn der Verwender die Haftungsbegrenzung Erstens auf unmittelbare Schäden für Fälle leichter Fahrlässigkeit bestimmt und Zweitens die unmittelbaren Schäden, für die die Haftung bestehen bleiben soll, im Einzelnen aufführt.

6.2.11 Subsidiaritätsklauseln

480 *vorherige gerichtliche Geltendmachung*

Nach § 11 Nr. 10 a AGBG bzw. § 309 Nr. 8 b) aa) BGB sind Klauseln unzulässig, durch die die Haftung des Verwenders von der vorherigen gerichtlichen Inanspruchnahme Dritter abhängig gemacht werden. Grundsätzlich zulässig ist es dagegen, wenn der Verwender seinen Vertragspartner durch die Klausel verpflichtet, sich zunächst außergerichtlich an den Dritten zu wenden. In diesem Sinne heißt es im Einheits-Architektenvertrag (1994):

> »...Wird der Architekt wegen eines Schadens in Anspruch genommen, den auch ein Dritter zu vertreten hat, kann er vom Bauherrn verlangen, dass der Bauherr sich außergerichtlich erst bei dem Dritten ernsthaft um die Durchsetzung seiner Ansprüche auf Nachbesserung und Gewährleistung bemüht.«

Diese Klausel wird allgemein für zulässig erachtet[828].

481 Was die Durchsetzbarkeit der Honorarforderung betrifft, bringt eine solche Subsidiaritätsklausel für den Architekten aber keine Vorteile. Auch wenn der Bauherr aufgrund der Subsidiaritätsklausel seine Ansprüche zunächst gegenüber dem Dritten – meist dem Unternehmer – geltend machen muss, verbleibt ihm die Einrede des nicht erfüllten Vertrages gegenüber der Honorarforderung des Architekten[829]. Außerdem lässt die Subsidiaritätsklausel die Verjährung von Ansprüchen gegen den Architekten später beginnen. Maßgeblich für den Beginn der Verjährung ist das Scheitern der vorrangig gegenüber dem Dritten geltend zu machenden Ansprüche[830]; die Abnahme der Architektenleistungen ist in diesem Fall also nicht Ausgangspunkt für den Beginn der Verjährung[831].

827 Werner/Pastor, Rn. 2258.
828 Werner/Pastor, Rn. 2267.
829 Werner/Pastor, Rn. 2268 m. w. N.
830 BGH, BauR 1987, 343.
831 Auch BGH, BauR 1981, 469; BGH, BauR 1971, 270.

7 Versicherungsschutz

7.1 Allgemeine Versicherungsbedingungen

Grundlage der Haftpflichtversicherungen sind nach den Bestimmungen des Versicherungsvertragsgesetzes (VVG) die Allgemeinen Versicherungsbedingungen für die Haftpflichtversicherungen (AHB). Die AHB werden von der Mehrzahl der Versicherer angewendet und bilden das rechtliche Gerüst der Versicherungsverträge. **482**

7.2 Gegenstand der Versicherungen

Versicherungsnehmer und Mitversicherte

483 Was Gegenstand der Versicherungen ist, bestimmt § 1 Ziffer 1 AHB. Danach besteht Versicherungsschutz für den Fall, dass der Versicherungsnehmer aufgrund gesetzlicher Haftpflichtbestimmungen privatrechtlichen Inhalts von einem Dritten auf Schadensersatz in Anspruch genommen wird. Durch den Versicherungsvertrag geschützt wird also zunächst nur der Versicherungsnehmer selbst. Dem Versicherungsnehmer gleich stehen jedoch die mitversicherten Personen, nämlich vor allem seine Mitarbeiter. Durch besondere Vereinbarung kann der Kreis der mitversicherten Personen ausgedehnt werden auf andere Personen oder Betriebe, derer sich der Versicherungsnehmer zur Erfüllung seiner Vertragspflichten bedient (Erfüllungsgehilfen).

484 Zu den gesetzlichen Haftpflichtbestimmungen privatrechtlichen Inhalts gehören vor allem die des Bürgerlichen Gesetzbuches (Werkvertragsrecht, deliktische Haftung, positive Vertragsverletzung etc.). Durch den Versicherungsschutz werden dagegen nicht Verstöße gegen öffentlich-rechtliche Bestimmungen, z. B. Landesbauordnung, erfasst, die evt. mit Bußgeld belegt werden können. Versicherungsschutz besteht jedoch für die sich daraus ergebenden privatrechtlichen Schadensersatzansprüche des Bauherrn oder sonstiger Dritter.

485 Das Risiko des eigenen Schadens des Architekten bzw. der Selbstschädigung wird durch den Versicherer nicht gedeckt. Dem Bereich des Eigenschadens sind bei freiberuflicher oder gewerblicher Tätigkeit auch Ansprüche aus der Erfüllung von Verträgen oder aus vertraglicher Gewährleistung zuzurechnen (Ausschlüsse gem. § 416 Abs. 3 AHB und § 411 Ziffer 5 AHB). Die in Architektenverträgen übernommenen eigenen Vertragsleistungen bleiben wie der Wert entsprechender Ersatzleistungen immer in der Risikosphäre des Versicherungsnehmers. Es liegt in seiner (nicht versicherbaren) Verantwortung, nur solche Verträge zu übernehmen, die er fachlich, personell oder zeitlich bewältigen kann.

486 Der Versicherungsschutz erstreckt sich gem. § 1 Ziffer 2a AHB außerdem nur auf die gesetzliche Haftpflicht aus den im Versicherungsschein und seinen Nachträgen angegebenen Eigenschaften.

7.3 Rechtsverhältnisse und Tätigkeiten (versichertes Risiko)

487 *versichertes Risiko* Das versicherte Risiko ist die sachliche Umgrenzung des Versicherungsschutzes. Durch die Ergänzung in der Einleitung zu den Besonderen Bedingungen und Risikobeschreibungen für die Berufshaftpflichtversicherung von Architekten, Bauingenieuren und beratenden Ingenieuren (vgl. näher Rn. 399) wird die freiberufliche Architektentätigkeit angesprochen, die im Versicherungsantrag vollständig und alle Tätigkeiten umfassend beschrieben werden muss. Die richtige Beschreibung des versicherten Risikos ist die erste wichtige Aufgabe beim Abschluss einer Haftpflichtversicherung, da anderenfalls nicht gewährleistet ist, dass ausreichender Versicherungsschutz besteht.

7.4 Beginn und Umfang des Versicherungsschutzes

488 Zum Umfang des Versicherungsschutzes äußert sich die AHB in § 3 III. 1 wie folgt:

489 »Die Leistungspflicht des Versicherers umfasst:

> - die Prüfung der Haftpflichtfrage, den Ersatz der Entschädigung, welche der Versicherungsnehmer aufgrund eines von dem Versicherer abgegebenen oder genehmigten Anerkenntnisses, eines von ihm geschlossenen oder genehmigten Vergleiches oder einer gerichtlichen Entscheidung zu zahlen hat, sowie
> - die Abwehr unberechtigter Ansprüche.«

490 *Doppelfunktion der Haftpflichtversicherung* Damit wird die Doppelfunktion der Haftpflichtversicherung dargestellt: Die Befriedigung begründeter und die Abwehr unbegründeter Ansprüche.

491 Die Rechtsprechung knüpft an die Verpflichtung des Versicherers im Zusammenhang mit der Abwehr unberechtigter Ansprüche hohe An-

forderungen; der BGH[832] hat hierzu festgestellt, dass der Versicherer verpflichtet ist, die Interessen des Architekten so zu wahren, wie dies ein von diesem beauftragter Rechtsanwalt täte. Dies gilt selbst dann, wenn eine Kollision zwischen den Interessen des Versicherers und denen des Architekten besteht[833]. In diesem Fall muss der Versicherer – so der BGH – seine Interessen hintanstellen, weil nur so der mit der Haftpflichtversicherung bezweckte Schutz gewährleistet ist.

Um den Pflichten aus dem Versicherungsvertrag nachzukommen, ist der Versicherer naturgemäß auf Informationen durch den Versicherungsnehmer angewiesen. Zugleich liegt darin aber auch eine Obliegenheit des Versicherungsnehmers gem. § 5 AHB. Der Verstoß gegen Obliegenheitspflichten kann zum Wegfall des Versicherungsschutzes führen. In diesem Zusammenhang ist auch zu beachten, dass für die Meldung eines Schadensfalls eine Frist von einer Woche besteht (§ 5 Ziffer 2 AHB). Spätestens ist aber dem Versicherer der Schadensfall bei Einleitung eines gerichtlichen Beweis- oder Mahnverfahrens, bei Einreichung einer Klage oder bei Streitverkündung in einem Rechtsstreit anderer Beteiligter mitzuteilen. Wird das nicht beachtet, hat der Versicherer das Recht, sich auf § 6 AHB zu berufen, wonach diese Obliegenheitspflichtverletzung zum Verlust des Versicherungsschutzes führt. Zum Zweck des Nachweises sollte der Architekt derart wichtige Obliegenheiten, wie die rechtzeitige Mitteilung von einem Schadensfall, per Einschreiben/Rückschein erledigen. **492**

»Besondere Bedingungen für die Berufshaftpflicht«

Obliegenheit

Der Umfang des Versicherungsschutzes wird zudem in den Besonderen Bedingungen für die Berufshaftpflichtversicherung von Architekten und Ingenieuren geregelt. **493**

Die Berufshaftpflichtversicherung der Architekten und Ingenieure ist in den so genannten »Besonderen Bedingungen und Risikobeschreibungen für die Berufshaftpflichtversicherung von Architekten, Bauingenieuren und beratenden Ingenieuren« (nachfolgend: BBR) geregelt. Die BBR werden durch Erläuterungen zu den Besonderen Bedingungen und Risikobeschreibungen ergänzt, die für die Versicherer verbindlich sind. Die Bedingungen und Erläuterungen sind vom Bundesaufsichtsamt für das Versicherungswesen genehmigt worden. Die BBR wurden zuletzt im Jahr 2001 aktualisiert (BBR 2001). **494**

Der BBR 2001 gingen die Besonderen Bedingungen für die Haftpflichtversicherung von Architekten und Bauingenieuren in der Fassung von 1964, von 1981, von 1994, von 1998 und von 1999 voraus. Da eine Umsetzung von neuen Bedingungen in den Bestand wegen des Bestandschutzes der Versicherungsnehmer und der in diesem Deckungssystem bestehenden Verstoßtheorie einen sehr langen Zeitraum erfordert, spielt bei der Bearbeitung von Schadensfällen vor allem die BBR in älterer **495**

832 BGH, VersR 1992, 1504.
833 BGH, VersR 1992, 1504.

Fassung eine Rolle. Soweit nachfolgend auf die Bedingungen der BBR eingegangen wird, ist damit die BBR in der Fassung von 1998 gemeint; die BBR von 1999 und 2001 enthalten keine inhaltlichen Änderungen. Wo es sinnvoll erscheint, wird aber auch auf die BBR in der Fassung von 1981 und von 1994 eingegangen.

496 Die BBR gehen als Besondere Bedingungen den Allgemeinen Bedingungen der AHB vor. Sie ergänzen die AHB und schaffen erst dadurch den Rahmen für eine sachgerechte Versicherbarkeit. Weitere Anpassung für Einzelrisiken erfolgt durch zusätzliche oder geschriebene Bedingungen, die ihrerseits den Besonderen Bedingungen vorangehen. Die geschriebenen Bedingungen können je nach den Umständen des Einzelfalls Erweiterungen oder Einschränkungen des Versicherungsschutzes enthalten. Es besteht also eine Bedingungskette des Speziellen vor dem Besonderen und des Besonderen vor dem Allgemeinen[834]. Diese Reihenfolge ist beim Prüfen des Versicherungsschutzes zu beachten.

497 Die BBR (1981) bestimmen unter Ziffer II. Folgendes:

> »Beginn und Umfang des Versicherungsschutzes
>
> 1. Der Versicherungsschutz umfasst Verstöße, die zwischen Beginn und Ablauf des Versicherungsvertrages begangen werden, sofern sie dem Versicherer nicht später als fünf Jahre nach Ablauf des Vertrages gemeldet werden.
>
> 2. Beim erstmaligen Abschluss einer Berufshaftpflichtversicherung erstreckt sich der Versicherungsschutz auch auf solche Verstöße, die innerhalb eines Jahres vor Beginn des Versicherungsvertrages begangen wurden, wenn sie dem Versicherungsnehmer bis zum Vertragsabschluss nicht bekannt waren (Rückwärtsversicherung).
>
>   Als bekannt gilt ein Verstoß auch dann, wenn er auf einem Vorkommnis beruht, das der Versicherungsnehmer als Fehler erkannt hat oder das ihm gegenüber als Fehler bezeichnet wurde, auch wenn noch keine Schadensersatzansprüche erhoben oder angedroht wurden.
>
> 3. Eingeschlossen in den Versicherungsschutz ist der Schadensersatzanspruch wegen Nichterfüllung (§ 635 BGB), wenn es sich um einen Schaden am Bauwerk handelt.
>
> 4. Die Ausschlüsse gem. § 4 Ziffer 1.5 und § 4 Ziffer 1.6 b AHB finden keine Anwendung. Mit Ziffer II 1 und 2 BBR wird der zeitliche Rahmen des Versicherungsschutzes eingegrenzt.«

834 Ausführlich: Dittert, S. 104.

In der BBR (1994) wird der Beginn und der Umfang des Versicherungsschutzes unter Ziffer 2 wie folgt geregelt: 498

- »2. Beginn und Umfang des Versicherungsschutzes
- 2.1 Der Versicherungsschutz umfasst Verstöße, die zwischen Beginn und Ablauf des Versicherungsvertrages begangen werden, sofern sie dem Versicherer nicht später als fünf Jahre nach Ablauf des Vertrages gemeldet werden.
- 2.2 Beim erstmaligen Abschluss einer Berufshaftpflichtversicherung erstreckt sich der Versicherungsschutz auch auf solche Verstöße, die innerhalb eines Jahres vor Beginn des Versicherungsvertrages begangen wurden, wenn sie dem Versicherungsnehmer bis zum Vertragsabschluss nicht bekannt waren (Rückwärtsversicherung).

  Als bekannt gilt ein Verstoß auch dann, wenn er auf einem Vorkommnis beruht, das der Versicherungsnehmer als Fehler erkannt hat oder das ihm gegenüber als Fehler bezeichnet wurde, auch wenn noch keine Schadensersatzansprüche erhoben oder angedroht wurden.
- 2.3 Eingeschlossen in den Versicherungsschutz ist der Schadensersatzanspruch wegen Nichterfüllung (§ 635 BGB), wenn es sich um einen Schaden am Bauwerk handelt.
- 2.4 Die Ausschlüsse gem. § 4 Ziffer I. 5 und § 4 Ziffer I. 6 b AHB finden keine Anwendung.«

Die BBR (1998) regeln hierzu: 499

- »2. Beginn und Umfang des Versicherungsschutzes
- 2.1 Der Versicherungsschutz umfasst Verstöße, die zwischen Beginn und Ablauf des Versicherungsschutzes begangen werden, sofern sie dem Versicherer nicht später als fünf Jahre nach Ablauf des Vertrages gemeldet werden.
- 2.2 Sofern besonders vereinbart, gilt für den Fall, dass der Versicherungsnehmer seine Berufstätigkeit endgültig beendet und zu diesem Zeitpunkt die Berufshaftpflichtversicherung ebenfalls erlischt, Folgendes: In Abänderung von Ziffer 2.1 endet die Nachhaftung für versicherte Verstöße 30 Jahre nach Ablauf dieses Vertrages.

  Voraussetzung für die Erweiterung der Nachhaftung ist jedoch,

  2.2.1 dass bis zur Aufgabe der beruflichen Tätigkeit der Versicherungsvertrag ununterbrochen aufrechterhalten bleibt und mindestens fünf Jahre bestanden hat und

2.2.2 dass das Büro endgültig, nicht aber wegen der Zahlungsunfähigkeit aufgelöst wird.

Bei Übergang des Büros, z. B. durch Verkauf oder Umwandlung in eine GmbH, verliert diese Deckungserweiterung ihre Gültigkeit. Das gilt jedoch nicht, soweit Haftungsrisiken aus der Tätigkeit des Versicherungsnehmers vor der Übernahme von der Übertragung des Büros wirksam ausgegrenzt worden sind.

Bei einer auf 30 Jahre verlängerten Meldefrist gilt für Verstöße, die dem Versicherer erstmals im Verlängerungszeitraum gemeldet werden, eine gesonderte Deckungssumme, die der Höhe nach der vereinbarten Deckungssumme des letzten Versicherungsjahres vor dem Erlöschen der Berufshaftpflichtversicherung entspricht. Abweichende Deckungssummen aus etwaigen Objektversicherungen bleiben außer Betracht. Diese gesonderte Deckungssumme bildet zugleich die Höchstersatzleistung für alle im Verlängerungszeitraum erstmals gemeldeten Verstöße. Ziffer 1.3 bleibt unberührt.

➢ 2.3 Beim erstmaligen Abschluss einer Berufshaftpflichtversicherung erstreckt sich der Versicherungsschutz auch auf solche Verstöße, die innerhalb eines Jahres vor Beginn des Versicherungsvertrages begangen wurden, wenn sie dem Versicherungsnehmer bis zum Vertragsabschluss nicht bekannt waren (Rückwärtsversicherung).

➢ Sofern vereinbart, gilt: Wird nach Vertragsabschluss die Deckungssumme erhöht, so gilt die neue Deckungssumme auch für Verstöße, die vor der Deckungssummenerhöhung begangen, jedoch erst danach bekannt wurden. Voraussetzung hierfür ist, dass die Verstöße im Zeitraum des Bestehens dieses Vertrages begangen wurden.

➢ 2.4 Als bekannt gilt ein Verstoß auch dann, wenn er auf einem Vorkommnis beruht, das der Versicherungsnehmer als Fehler erkannt hat oder das ihm gegenüber als Fehler bezeichnet wurde, auch wenn noch keine Schadensersatzansprüche erhoben oder angedroht wurden.

➢ 2.5 Eingeschlossen in den Versicherungsschutz ist die gesetzliche Haftpflicht wegen eines Schadens am Bauwerk.

➢ 2.6 Die Ausschlüsse gem. § 4 Ziffer 1.5 und § 4 Ziffer 1.6 b) AHB finden keine Anwendung.

➢ 2.7 Eingeschlossen ist – abweichend von § 4 Ziffer 1.7 AHB und § 4 Ziffer 1.8 AHB – die gesetzliche Haftpflicht aus dem deckungsvorsorgefreien Umgang mit radioaktiven

Stoffen, Röntgeneinrichtungen und Störstrahlern sowie wegen Schäden, die in unmittelbarem oder mittelbarem Zusammenhang stehen mit Laseranlagen und Laserstrahlen.

Soweit der vorstehende Einschluss auch Schäden durch Umwelteinwirkungen umfasst, besteht kein Versicherungsschutz über die Umwelthaftpflicht-Basisversicherung.

Ausgeschlossen bleiben Haftpflichtansprüche

– wegen genetischer Schäden;

– aus Schadensfällen von Personen, die – gleichgültig für wen oder in wessen Auftrag – aus beruflichem oder wissenschaftlichem Anlass im Betrieb des Versicherungsnehmers eine Tätigkeit ausüben und hierbei die von energiereichen ionisierenden Strahlen oder Laserstrahlen ausgehenden Gefahren in Kauf zu nehmen haben. Dies gilt nur hinsichtlich der Folgen von Personenschäden.«

Die BBR (2001) entspricht inhaltlich der BBR (1998). 500

Ziffer II. 1 BBR (1981) ist hinsichtlich Art und Umfang des Versicherungsschutzes durch die aktuelle Fassung nicht abgeändert worden; sowohl Ziffer 2.2 BBR (1994) als auch Ziffer 2.3 BBR (1998) entsprechen der alten Fassung.

Der Versicherungsschutz bezieht sich auf Verstöße[835], die zwischen 501 *Vertragslaufzeit*
Beginn und Ablauf des Versicherungsvertrages begangen wurden, also während der prämienpflichtigen Vertragslaufzeit. Der Verstoßzeitpunkt ist oftmals nicht leicht zu bestimmen. Die genaue Datierung kann aber wichtig werden, weil sich die Inhalte der Versicherungsverträge und dabei besonders die Deckungssummen im Lauf der Jahre verändern können. Solche Änderungen können dazu führen, dass die Deckungssummen für den Verstoßzeitpunkt deutlich niedriger sind als nach dem aktuellen Stand. Sie reichen nach dem früheren Stand oftmals nicht aus, um den Schaden abzudecken, während sie nach dem aktuellen Stand ausreichend gewesen wären.

Für die Ermittlung des Verstoßzeitpunktes kommt es darauf an, wann 502 *Verstoßzeitpunkt*
der Verstoß (Ursachenereignis) begangen wurde. Unerheblich ist dagegen, ob zu einem späteren Zeitpunkt der Verstoß noch hätte korrigiert werden können (Zwischenergebnis).

Eine Ausnahme bildet nur der seltene Fall, dass eine Ereigniskette ab- 503
gebrochen wurde, dass der Verstoß (Ursachenereignis) nicht unmittelbar kausal i. S. d. adäquaten Kausalzusammenhangs zum Schadensereignis geführt hat. Das ist gegeben, wenn zwischen diesem Verstoß

835 Zu den Verstoßtheorien Vgl. Dittert, S. 108 f. m. w. N.

und dem Schadenereignis überhaupt kein sachlicher Zusammenhang mehr besteht und das Schadenereignis eben nicht mehr die logische Folge in der mit dem Verstoß beginnenden Kette ist[836]. Diese Verstöße sind dann völlig neu und bilden mit anderen Verstößen nur scheinbar eine Einheit.

504 *fällt nicht in die Vertragslaufzeit* In der Praxis kommt es nicht gerade selten vor, dass der Verstoßzeitpunkt nicht in die Laufzeit des bestehenden Versicherungsvertrages (bei dem jetzigen Versicherer) fällt, sondern in die Laufzeit eines früheren Versicherungsvertrages (bei einem anderen Versicherer). Übersieht das der Versicherungsnehmer und meldet den Schaden bei seinem jetzigen Versicherer, muss er den Fehler alsbald korrigieren. In diesem Zusammenhang bekommt der Halbsatz von II. 1 BBR (1982) eine besondere Bedeutung, wonach dem Versicherer der Schaden spätestens innerhalb von fünf Jahren gemeldet werden muss (so genannte Nachhaftung). Diese Nachhaftungsvereinbarung ist nur an die Beendigung des Versicherungsvertrages geknüpft. Bei einem ununterbrochen laufenden Vertragsverhältnis hat die Fünf-Jahres-Frist keine Bedeutung. Der offenkundige Zusammenhang zwischen der Verjährungsfrist von fünf Jahren nach § 638 BGB und der gleich langen Nachhaftungsfrist von fünf Jahren des Versicherungsvertrages muss vom Architekten erkannt werden. Das heißt, bei einem Versicherungswechsel muss der Architekt dem maßgeblichen Versicherer den Schaden spätestens innerhalb von fünf Jahren nach Ablauf des Vertragsverhältnisses melden. Gelingt das nicht, etwa weil der geschädigte Bauherr den Schaden erst am letzten Tag der Verjährungsfrist von fünf Jahren geltend macht – also im Verhältnis Bauherr/Architekt noch rechtzeitig –, entfällt der Versicherungsschutz.

505 Fällt der Verstoßzeitpunkt dagegen in die Laufzeit des bestehenden Versicherungsvertrages, gilt keine zeitliche Begrenzung für den Versicherungsschutz. Der Architekt muss aber den Schaden nach Kenntnisnahme binnen einer Woche (§ 5 Ziffer 2 AHB) melden, spätestens jedoch mit Einleitung eines gerichtlichen Verfahrens.

506 *Rückwärtsdeckung* Beim erstmaligen Abschluss der Versicherung wird nach Ziffer II 2 BBR (1981) eine Rückwärtsdeckung von einem Jahr geboten. Das heißt, dass auch für Verstöße innerhalb eines Zeitraums von einem Jahr vor Beginn des Vertrages Versicherungsschutz besteht, allerdings mit der Einschränkung, dass dem Versicherungsnehmer bei Vertragsabschluss Verstöße noch nicht bekannt sein dürfen.

507 Die Regelung hinsichtlich der Rückwärtsdeckung beim erstmaligen Abschluss der Versicherung (Rückwärtsdeckung) findet sich gleich lautend in Ziffer 2.2.3 BBR (1994) und 2.2.3 BBR (1998). In der BBR (1998) wird noch zusätzlich geregelt, dass und unter welchen Voraussetzungen eine Verlängerung der Nachhaftung bei Beendigung der

836 Dittert, S. 118.

Berufstätigkeit des Versicherungsnehmers und Erlöschen seiner Berufshaftpflichtversicherung möglich ist (Ziffer 2.2.1 und 2.2.2). Ferner regelt Ziffer 2.3 BBR (1998) über die Klauseln in den alten Fassungen hinausgehend, welche Auswirkung die Erhöhung der Deckungssumme auch für Verstöße hat, die vor der Deckungssummenerhöhung, aber noch im Zeitraum des Bestehens des Vertrages begangen, jedoch erst danach bekannt wurden.

Mit Ziffer II. 3 BBR (1981) wird bestimmt, dass der Versicherungsschutz auch den Schadensersatzanspruch wegen Nichterfüllung erfasst, wenn es sich um einen Schaden am Bauwerk handelt. Diese Regelung ist überflüssig, weil sich die Verpflichtung des Architekten oder Ingenieurs zur Vertragserfüllung nur auf das geistige Werk erstreckt, also von vornherein nicht auf das Bauwerk. In der BBR (1998) fehlt diese Formulierung; im Ergebnis ändert sich indes nichts. **508** *Schadensersatz wegen Nichterfüllung*

Nach Ziffer II. 4 BBR (1998) – insoweit übereinstimmend mit Ziffer II. 4 BBR (1981) und Ziffer 2.2.4 BBR (1994) – finden zwei ganz wesentliche Ausschlüsse der AHB für die Berufshaftpflichtversicherung keine Anwendung, nämlich der Ausschluss nach § 4 I 5 AHB (so genannte Allmählichkeitsschäden) und § 4 I 6 b AHB (so genannte Tätigkeitsschäden). **509**

Allmählichkeitsschäden sind Schäden durch allmähliche Einwirkung von Temperatur, Gasen, Dämpfen oder Feuchtigkeit, von Niederschlägen (Rauch, Ruß, Staub und dgl.) sowie Schäden durch Abwasser, Schwammbildung, Senkungen von Grundstücken, durch Erdrutschungen, Erschütterungen infolge Rammarbeiten, durch Überschwemmung stehender oder fließender Gewässer. Mit Tätigkeitsschäden sind solche Schäden gemeint, die an fremden Sachen durch eine gewerbliche oder berufliche Tätigkeit des Versicherungsnehmers an oder mit diesen Sachen (z. B. Bearbeitung, Reparatur, Beförderung, Prüfung und dgl.) entstanden sind. **510** *Allmählichkeitsschäden* *Tätigkeitsschäden*

Ziffer 2.7 der BBR (1998) geht allerdings über die Regelungen in der Fassung von 1981 und 1994 insofern hinaus; nunmehr sind auch die Ausschlüsse nach § 4 Ziffer I. 7 AHB und § 4 Ziffer I. 8 AHB, also der Umgang mit radioaktiven Stoffen, Röntgeneinrichtungen und Störstrahlern, Laseranlagen und Laserstrahlen in die Haftpflichtversicherung für Architekten und Ingenieure eingeschlossen mit Ausnahme von Haftpflichtschäden wegen genetischer Schäden und wegen Strahlenschäden unter bestimmten Voraussetzungen. **511**

Insgesamt wurde der Versicherungsschutz also mit der BBR (1998) verbessert. Wie oben schon ausgeführt, entspricht die BBR (1998) inhaltlich der BBR (2001). **512**

7.5 Ausschlussbestimmungen

513 *beschriebene Tätigkeit*

In der Haftpflichtversicherung gilt nach Ziffer I BBR (1981) und Ziffer 1.1.1 BBR (1994) »die gesetzliche Haftpflicht des Versicherungsnehmers für die Folgen von Verstößen bei der Ausübung der im Versicherungsschein beschriebenen Tätigkeit«. Ziffer 1.1.1 BBR (1998) stellt klar, dass versichert ist »die gesetzliche Haftpflicht des Versicherungsnehmers für die Folgen von Verstößen bei der Ausübung der im Versicherungsschein beschriebenen Tätigkeit«. Dieser Regelung entspricht A 1.1.1 der BBR (2001). Das ist die positive Definition. Hierneben gibt es aber eine Vielzahl von Ausnahmetatbeständen, die teils in den AHB, teils in den BBR geregelt sind.

7.5.1 Ausschlüsse nach den AHB

514 *Kein Versicherungsschutz für Vertragserfüllung und Gewährleistung*

Durch die Bestimmungen der AHB wird die unmittelbare Vertragserfüllung und die damit verbundene Gewährleistung aus dem Versicherungsschutz herausgenommen (§ 4 I 6 Abs. 3 AHB und § 4 II 5 AHB). Der Versicherungsnehmer trägt also das Risiko, ob er einen Auftrag übernimmt und mit welchen personellen und sachlichen Mitteln er ihn durchführt. Das gilt auch dann, wenn dem Architekten der Auftrag entzogen wird. Mit den wirtschaftlichen Folgen braucht sich der Versicherer nicht zu befassen.

515 *nur gesetzliche Ansprüche*

Durch § 1 Ziffer 1 AHB wird der Versicherungsschutz beschränkt auf gesetzliche Ansprüche. Er wird ergänzt durch die Bestimmungen des § 4 I Abs. 1 AHB. Lässt sich der Architekt beispielsweise auf eine Verlängerung der Verjährungsfrist ein oder auf eine Regelung, nach der der Beginn der Verjährungsfrist hinausgeschoben wird (spätere Abnahme), bleibt der Versicherer nur innerhalb der gesetzlichen Grenzen verpflichtet. Später als fünf Jahre nach Abnahme besteht kein Versicherungsschutz. Es kommt auch vor, dass Architekten durch vertragliche Vereinbarungen mit dem Bauherrn Verpflichtungen anderer Beteiligter bzw. solche des Bauherrn übernehmen (z. B. Koordinierungs- und Sicherungspflichten). In den vorgenannten Fällen hat der Versicherungsnehmer aber immer die Chance, durch eine rechtzeitige Vereinbarung mit dem Versicherer den vertraglichen Versicherungsschutz zu erweitern. In aller Regel wird ihm das natürlich zusätzliche Kosten verursachen.

516 *nicht Vertragsstrafe*

Eine vom Versicherungsschutz nicht umfasste Haftungserweiterung liegt auch in der vertraglichen Vereinbarung von Vertragsstrafen i. V. m. Fristen und Terminen. Solche Vertragsstrafen fallen schon deshalb nicht unter den Versicherungsschutz, weil sie die Folge einer Frist- oder Terminüberschreitung sind.

Anders liegt der Fall allerdings, wenn ein deckungspflichtiger Sachschaden vorangeht (Sachschaden mit einem Folgevermögensschaden, unechter Vermögensschaden). In diesem Fall dient die Vertragsstrafe nur zur vereinfachten abstrakten Bezifferung des Folgevermögensschadens. Der Versicherungsschutz bleibt dann insoweit bestehen, als der durch die Vertragsstrafe bezifferte Schaden nicht höher ist als der nachweisbare und nachgewiesene tatsächliche Schaden[837]. **517** *Ausnahme: deckungspflichtiger Sachschaden*

7.5.2 Ausschlüsse nach den Besonderen Bedingungen (BBR)

In den BBR finden sich folgende Regelungen zu Ausschlüssen: **518**

»IV. Ausschlüsse (1981)

Ausgeschlossen sind Ansprüche wegen Schäden

1. aus der Überschreitung der Bauzeit sowie von Fristen und Terminen,
2. aus der Überschreitung ermittelter Massen oder Kosten,
3. aus fehlerhaften Massen- oder Kostenermittlungen,
4. aus der Verletzung von gewerblichen Schutzrechten und Urheberrechten,
5. aus der Vergabe von Lizenzen,
6. aus dem Abhandenkommen von Sachen einschließlich Geld, Wertpapieren und Wertsachen,
7. die als Folge eines im Inland und Ausland begangenen Verstoßes im Ausland eingetreten sind,
8. die der Versicherungsnehmer oder ein Mitversicherter durch ein bewusstes gesetz-, vorschrifts- oder sonst pflichtwidriges Verhalten verursacht hat,
9. aus der Vermittlung von Geld-, Kredit-, Grundstücks- oder ähnlichen Geschäften,
10. aus Zahlungsvorgängen aller Art, aus der Kassenführung sowie wegen Untreue und Unterschlagung.«

837 Dittert, S. 132.

519 IV. Ausschlüsse (1994)

Ausgeschlossen sind Ansprüche wegen Schäden

4.1 aus der Überschreitung einer Bauzeit sowie von Fristen und Terminen;

4.2 aus der Überschreitung von Vor- und Kostenanschlägen;

4.3 aus der Verletzung von gewerblichen Schutzrechten und Urheberrechten;

4.4 aus der Vergabe von Lizenzen;

4.5 aus dem Abhandenkommen von Sachen einschließlich Geld, Wertpapieren und Wertsachen;

4.6 die als Folge eines im Inland oder Ausland begangenen Verstoßes im Ausland eingetreten sind;

4.7 die der Versicherungsnehmer oder ein Mitversicherter durch ein bewusst gesetz-, vorschrifts- oder sonst pflichtwidriges Verhalten verursacht hat;

4.8 aus der Vermittlung von Geld-, Kredit-, Grundstücks- oder ähnlichen Geschäften sowie aus der Vertretung bei solchen Geschäften;

4.9 aus Zahlungsvorgängen aller Art, aus Kassenführung sowie wegen Untreue und Unterschlagung.

520 IV. Ausschlüsse (1998)

Ausgeschlossen sind Ansprüche wegen Schäden

4.1 aus der Überschreitung der Bauzeit sowie von Fristen und Terminen;

4.2 aus der Überschreitung von Vor- und Kostenanschlägen;

4.3 aus der Verletzung von gewerblichen Schutzrechten und Urheberrechten;

4.4 aus der Vergabe von Lizenzen;

4.5 aus dem Abhandenkommen von Sachen einschließlich Geld, Wertpapieren und Wertsachen;

4.6 die als Folge eines im Inland oder Ausland begangenen Verstoßes im Ausland eingetreten sind;

4.7 die der Versicherungsnehmer oder ein Mitversicherter durch ein bewusst gesetz-, vorschrifts- oder sonst pflichtwidriges Verhalten verursacht hat. Der Versicherungsnehmer oder ein Mitversicherter behält, wenn dieser Ausschlussgrund nicht in seiner Person vorliegt, den Anspruch auf Versicherungsschutz;

4.8 aus der Vermittlung von Geld-, Kredit-, Grundstücks- oder ähnlichen Geschäften sowie aus der Vertretung bei solchen Geschäften;

4.9 aus Zahlungsvorgängen aller Art, aus Kassenführung sowie wegen Untreue und Unterschlagung;

4.10 von juristischen oder natürlichen Personen, die am Versicherungsnehmer beteiligt sind.

IV. Ausschlüsse (2001) **521**

Die Bestimmungen entsprechen – bis auf Ziffer 4.5 – wortgleich den Regelungen in der BBR (1998). Auf die Darstellung wird deshalb verzichtet. Zu Ziffer 4.5 heißt es:

- »4.5 aus dem Abhandenkommen von Sachen, auch z. B. von Geld, bargeldlosen Zahlungsmitteln, Wertpapieren, Sparbüchern, Urkunden, Schmucksachen und sonstigen Wertsachen.«

Die Regelung der Ausschlüsse hat sich seit der Fassung von 1981 nicht wesentlich geändert; Änderungen sind mehr oder weniger nur redaktioneller Natur. Aufgrund der Bedeutung der Versicherungsausschlüsse sollen diese nachfolgend im Einzelnen erläutert werden; soweit es zu Änderungen der BBR gekommen ist, werden diese Änderungen aufgezeigt. **522**

7.5.2.1 Überschreitung der Bauzeit, Fristen und Termine

Die Regelungen der BBR (1998) weichen insoweit nicht von den Regelungen der BBR (1994) und der BBR (1981) ab. **523** *kein Deckungsschutz*

Die Überschreitung der Bauzeit muss abstrakt gesehen werden. Unerheblich bleibt, ob die Bauzeit zu knapp angesetzt oder aus Gründen überschritten wurde, die sich aus dem Bauablauf ergeben haben (z. B. Streik, Schlechtwetter, Einsprüche von Nachbarn etc.). Ferner ist unerheblich, ob der Versicherungsnehmer die Überschreitung zu vertreten hat[838]. **524**

In keinem Fall besteht Versicherungsschutz.

Eine Ausnahme bilden allerdings Zeitüberschreitungen als Folge von Mängeln oder Schäden am Bauwerk (z. B. zeitaufwendige Schadenbehebung mit der Folge, dass das Bauwerk erst nach normalem Ablauf der Bauzeit vermietet oder genutzt werden kann). In diesen Fällen besteht Deckungsschutz[839]. **525**

838 Voit, in: Prölls/Martin, VVG, zu Arch Haftpflicht, Nr. 7, 1271.
839 Dittert, S. 133.

526 Soweit von Fristen und Terminen die Rede ist, sind damit die Termine des Versicherungsnehmers, also Architekten gemeint. In Betracht kommen insbesondere Koordinierungsfehler und Planungsfehler, die eine Bauzeitverzögerung verursacht haben[840]. Auch für die zeitgerechte Erfüllung seiner Vertragspflichten und die sich daraus ergebenden Folgen wird kein Versicherungsschutz geboten.

7.5.2.2 Überschreitung ermittelter Massen oder Kosten, fehlerhafte Massen- oder Kosten-Ermittlungen (BBR 1981); Überschreitung von Vor- und Kostenanschlägen (BBR 1994 und 1998)

kein Deckungsschutz bei Kostenüberschreitung

527 Inhaltlich gehören die Ausschlüsse in Ziffer IV. 2 und 3 BBR (1981) zusammen. In den Erläuterungen zu den BBR 1981 wird ausdrücklich Bezug genommen auf die Kostenermittlungen nach § 10 HOAI (Kostenschätzung, Kostenberechnung, Kostenanschlag und Kostenfeststellung)[841]. Dadurch ist klargestellt, dass der Ausschluss auch insoweit gilt.

528 Eine Ausnahme von dem Ausschluss besteht aber in folgenden Fällen[842]:

- Wenn ein Fachingenieur, z. B. der Tragwerksplaner, dem Architekten unzutreffende Massenermittlungen liefert und dieser, ohne den Mangel zu erkennen, die Massen in seine Kostenermittlung aufnimmt.
- Wenn der Versicherungsnehmer selbst eine fehlerhafte Massenermittlung für die Ausschreibung oder für andere Zwecke erstellt hat und der Fehler auf einem Rechenfehler beruht.
- Wenn es um Berechnungen geht, die nicht zu den Grundleistungen des § 15 HOAI zählen, wie z. B. bei Teilungserklärungen, die Grundlage für die Ermittlung der Miteigentumsanteile nach dem Wohnungseigentumsgesetz sein können.
- Wenn eine unmittelbare Verbindung Massen/Kosten nicht besteht. Damit sind alle technischen Berechnungen gemeint für die Massen an festen, flüssigen oder gasförmigen Stoffen.
- Ferner fallen nicht unter die Ausschlussbestimmungen eine fehlerhafte Kostenfeststellung und auch die Prüfung der Einzelrechnungen und der Feststellung der entstandenen Gesamtkosten nach Beendigung der Arbeiten.

840 Budnik, S. 176.
841 BGH, VersR 1962, 462.
842 Dittert, S. 98 f.

In der Neufassung der Ziffer 4.2 BBR (1994) und insoweit identisch Ziffer 4.2 (1998) wird nicht mehr auf die Überschreitung ermittelter Massen und Kosten sowie fehlerhafter Massen- oder Kostenermittlungen abgestellt, sondern auf die Überschreitung von Vor- und Kostenvoranschlägen. Damit wollten die Versicherer klarstellen, dass auch Ersatzansprüche von fehlerhaft ermittelten Kosten unter die Ausschlussnorm fallen[843]. Im Ergebnis hat sich allerdings nichts geändert, weil der BGH bereits 1986[844] entschieden hatte, dass auch die Klausel der Fassung 1981 in diesem Sinne zu verstehen sei. Dennoch verbessert die aktuelle Fassung den Versicherungsschutz: Entfallen ist nämlich der Ausschluss für die Überschreitung ermittelter Massen. 529

Vereinbarkeit mit dem AGBG

Der BGH hat Ziffer IV. 2 BBR (1981) für zulässig erachtet[845]. In dem entschiedenen Fall wurde vom BGH allerdings nicht die Vereinbarkeit der Ausschlussklausel mit dem AGBG geprüft, weil der Ausschluss durch Individualvereinbarung getroffen worden war. Es stellt sich durchaus die Frage, ob der Ausschluss in Ziffer IV. 2 BBR (1981) und der Ausschluss in Ziffer 4.2 BBR (1994 und 1998) einen Verstoß gegen § 9 AGBG darstellt und damit sowohl der Ausschluss in der alten wie auch in der jetzigen Fassung unwirksam ist. Die Allgemeinen Versicherungsbedingungen haben den Charakter von Allgemeinen Geschäftsbedingungen und unterliegen damit der AGB-Kontrolle. Die Ausschlussklausel ist am Maßstab des § 9 AGBG auf ihre Unangemessenheit unter Berücksichtigung des gesamten Vertragsinhalts zu prüfen. Die dem Ausschluss gegenüberstehenden Vorteile sind in die Gesamtabwägung einzubeziehen. Für die Unangemessenheit der Klauseln spricht, dass gerade der Kostenbereich besonders schadenträchtig ist. In der Literatur wird allerdings ein Verstoß gegen § 9 AGBG verneint[846]. Rechtsprechung gibt es hierzu – soweit ersichtlich – nicht. 530

In der Neufassung von 1994 und 1998 wurde Ziffer IV. 3 BBR (1981) gestrichen. Dies ist vom HUK-Verband damit begründet worden, die Klausel habe sich in der Praxis als schwer handhabbar erwiesen[847]. 531

7.5.2.3 Verletzung von gewerblichen Schutzrechten und Urheberrechten

Dieser Ausschluss kann praktische Bedeutung haben, wenn der Architekt z. B. die Pläne anderer Architekten plagiiert. Die Verletzung eigener Urheberrechte, z. B. durch den Bauherrn nach Kündigung des Architektenvertrages, wird hierdurch nicht berührt. 532

843 Vgl. Rundschreiben des HUK-Verbandes H 26/94 vom 08.07.1994, 4.
844 BGH, VersR 1986, 857.
845 BGH, BauR 1986, 606.
846 Budnik, S. 177.
847 Vgl. Rundschreiben des HUK-Verbandes H 26/94 vom 08.07.1994, 4.

7.5.2.4 Vergabe von Lizenzen

533 Hier ist an den Versicherungsnehmer als Lizenzgeber gedacht. Der Versicherungsschutz wird dann nicht berührt, wenn eigene Lizenzen bei der unmittelbaren Ausübung der beruflichen Tätigkeit verletzt werden.

7.5.2.5 Abhandenkommen von Sachen einschließlich Geld, Wertpapieren und Wertsachen

534 Auch insoweit ist eine abstrakte Betrachtungsweise geboten. Es bleibt unerheblich, ob sich die Sachen in der Obhut des Versicherungsnehmers befanden, aus welchen Gründen sie abhanden gekommen sind oder ob den Architekten oder einen Mitarbeiter daran ein Verschulden trifft.

Der Architekt hat aber die Möglichkeit, eine Sachversicherung abzuschließen.

7.5.2.6 Auslandsschäden

535 Der Versicherungsvertrag deckt nur Risiken in Deutschland. Durch Vereinbarung kann der Architekt jedoch den Bedarf auf bestimmte oder alle Auslandsschäden erweitern lassen.

7.5.2.7 Bewusst gesetz-, vorschrifts- oder sonst pflichtwidriges Verhalten

536 Entscheidend ist hier »das Bewusstsein«, sich in einem bestimmten Fall gesetz-, vorschrifts- oder pflichtwidrig zu verhalten. Damit ist Vorsatz bzw. bedingter Vorsatz gemeint.

537 Von Bedeutung ist der Ausschluss, wenn ohne Baugenehmigung gebaut wird. Hier wird das Bewusstsein um die Rechtswidrigkeit ohne weiteres unterstellt. Der Versicherungsnehmer ist für den Einwand, es habe eine vorläufige (mündliche) Baugenehmigung gegeben, nach der er mit den Bauarbeiten beginnen durfte, beweispflichtig.

538 Denkbar sind auch Fälle, in denen der Architekt ohne geprüfte Statik die Bauausführung zulässt. Auch in einem solchen Fall wird das Bewusstsein um die Rechtswidrigkeit ohne weiteres unterstellt.

539 *auch bei Erfüllungsgehilfen* Besonders hervorzuheben ist, dass die Ausschlusswirkung nach Ziffer 4.4.7 BBR (1994) und Ziffer IV. 7 BBR (1981) auch dann greift, wenn der Verstoß einem Mitversicherten anzulasten ist. Ob dem Versicherungsnehmer, also dem Architekten, das Fehlverhalten bekannt ist, spielt keine Rolle; entscheidend kommt es auf das vorsätzliche Verhalten des Erfüllungsgehilfen an. Das ist in der Fassung 1998 zugunsten des Architekten geändert worden. Durch Ziffer 4.4.7 S. 2 BBR (1998)

wird bestimmt, dass der Ausschlussgrund in der Person des Versicherten oder Mitversicherten vorliegen muss, anderenfalls der Versicherungsschutz erhalten bleibt.

7.5.2.8 Vermittlung von Geld-, Kredit-, Grundstücks- oder ähnlichen Geschäften sowie aus der Vertretung bei solchen Geschäften

Der Ausschluss hat wenig praktische Bedeutung. Will ein Architekt auf diesem Feld Aktivitäten ausüben, gibt es dafür spezielle Versicherungen. **540**

7.5.2.9 Zahlungsvorgänge aller Art, Kassenveruntreuung und Unterschlagung

Von Bedeutung ist dieser Ausschluss, wenn der Architekt Baukonten für den Bauherrn führt. Der Ausschluss vom Versicherungsschutz tritt bereits bei einem Fehler auf dem Scheck- oder Überweisungsformular (Zahlendreher oder falsche Kommastelle) ein, weil diese Unterlagen zum eigentlichen Zahlungsverkehr gehören. Nicht unter den Ausschluss fällt dagegen die Zahlungsanweisung im Zusammenhang mit der Rechnungsprüfung ausführender Unternehmen. **541**

Dass die Tatbestände der Untreue und Unterschlagung nicht unter den Versicherungsschutz fallen, bedarf keines besonderen Eingehens. **542**

7.6 Nicht versicherte Risiken

Die nicht versicherten Risiken sind ausdrücklich in Ziffer VI. BBR (1981), Ziffer 6 BBR (1994), Ziffer 6 BBR (1998) und Ziffer 6 BBR (2001) geregelt. Hier heißt es: **543**

»VI. Nicht versicherte Risiken (BBR 1981)

1. Die Berufshaftpflicht ist nicht versichert, wenn der Versicherungsnehmer Verpflichtungen übernimmt, die über das im Antrag/Versicherungsschein beschriebene Berufsbild hinausgehen.

Dies ist insbesondere der Fall, wenn der Versicherungsnehmer

a) Bauten ganz oder teilweise im eigenen Namen und für eigene Rechnung
im eigenen Namen für fremde Rechnung
im eigenen Namen für eigene Rechnung
erstellen lässt;
b) selbst Bauleistungen erbringt oder Baustoffe liefert;

2. Die Berufshaftpflicht ist auch dann nicht versichert, wenn die unter Ziffer 1 a) und b) genannten Voraussetzungen in der Person des Ehegatten des Versicherungsnehmers oder bei Unternehmen gegeben sind, die vom Versicherungsnehmer oder einem Ehegatten geleitet werden, die ihnen gehören oder an denen sie beteiligt sind.

544 VI. Nicht versicherte Risiken (BBR 1994)

6.1 Die Berufshaftpflicht ist nicht versichert, wenn der Versicherungsnehmer Verpflichtungen übernimmt, die über das im Antrag/Versicherungsschein beschriebene Berufsbild hinausgehen.

Dies ist insbesondere der Fall, wenn der Versicherungsnehmer

a) Bauten ganz oder teilweise

im eigenen Namen und für eigene Rechnung

im eigenen Namen für fremde Rechnung

im fremden Namen für eigene Rechnung

erstellen lässt;

b) selbst Bauleistungen erbringt oder Baustoffe liefert.

6.2 Die Berufshaftpflicht ist auch dann nicht versichert, wenn die unter Ziffer 6.1 a) und b) genannten Voraussetzungen in der Person den Ehegatten des Versicherungsnehmers oder bei Unternehmen gegeben sind, die vom Versicherungsnehmer oder seinem Ehegatten geleitet werden, die ihnen gehören oder an denen sie beteiligt sind.

545 VI. Nicht versicherte Risiken (BBR 1998)

6.1 Die Berufshaftpflicht ist nicht versichert, wenn der Versicherungsnehmer Verpflichtungen übernimmt, die über das im Antrag/Versicherungsschein beschriebene Berufsbild hinausgehen.

Dies ist insbesondere der Fall, wenn der Versicherungsnehmer

6.1.1 Bauten ganz oder teilweise

im eigenen Namen und eigene Rechnung

im eigenen Namen für fremde Rechnung

im fremden Namen für eigene Rechnung

erstellen lässt;

6.1.2 selbst Bauleistungen erbringt oder Baustoffe liefert.

6.2 Die Berufshaftpflicht ist auch dann nicht versichert, wenn die unter Ziffer 6. 1.1 und 1.2 genannten Voraussetzungen gegeben sind:

6.2.1 in der Person eines mit dem Versicherungsnehmer in häuslicher Gemeinschaft lebenden Angehörigen (siehe § 4 Ziffer II. 2 Abs. 2 AHB) oder

6.2.2 in der Person eines Geschäftsführers oder Gesellschafters des Versicherungsnehmers oder

6.2.3 bei Unternehmen, die vom Versicherungsnehmer oder einem Angehörigen i. S. v. Ziffer 6.2.1, Geschäftsführer oder Gesellschafter des Versicherungsnehmers geleitet werden, ihm gehören oder an denen sie beteiligt sind.

VI. Nicht versicherte Risiken (BBR 2001) **546**

Die Regelungen entsprechen wortgleich denen der BBR (1998).

freiberufliche Tätigkeit

Die freiberufliche Tätigkeit des Architekten, die Gegenstand des Versicherungsschutzes ist, zeichnet sich vor allem auch durch seine Unabhängigkeit gegenüber den wirtschaftlichen Interessen der Hersteller, der ausführenden Unternehmen, der Lieferanten etc. aus. Der Architekt plant, koordiniert und überwacht die Ausführung, liefert aber keine Baustoffe und baut auch nicht selbst. Nur folgerichtig führt Ziffer VI. BBR (1981) und insoweit vom Wortlaut identisch mit Ziffer 6.1 BBR (1994) den Versicherungsschutz deshalb noch einmal ausdrücklich auf den Kernbereich der versicherten Berufstätigkeit zurück und begrenzt ihn insoweit ausdrücklich.

Ehegatten und Angehörige

Nach Ziffer VI. 2 BBR (1981) und Ziffer 6.2 BBR (1994) umfasst die Begrenzung des Versicherungsschutzes auch den Ehegatten des Versicherungsnehmers. Die Beziehungen zu anderen Familienangehörigen bleibt jedoch unberührt. Das hat sich in der BBR (1998) geändert. Hier sieht Ziffer 6. 2.1 im Allgemeinen eine Begrenzung des Versicherungsschutzes für in häuslicher Gemeinschaft lebende Angehörige des Versicherungsnehmers vor. Der Begriff der Angehörigen ist weiter als der der Familie; er umfasst neben dem Ehegatten Verwandte und Verschwägerte, z. B. auch Adoptiv- und Pflegeeltern bzw. Adoptiv- und Pflegekinder. Das muss beachtet werden. **547**

Ferner sind in der BBR (1998) die nicht versicherten Risiken auf Unternehmen erweitert, die vom Versicherungsnehmer oder einem Angehörigen i. S. v. Ziffer 6.2.1, von einem Geschäftsführer oder Gesellschafter des Versicherungsnehmers geleitet werden, ihm gehören oder an denen sie beteiligt sind. **548**

Beteiligung

Umstritten ist, wann bei einer Beteiligung i. S. d. Ziffer VI. 2 BBR (1981) – insoweit vom Regelungsinhalt identisch mit Ziffer 6 2.3 BBR **549**

(1994) und Ziffer 6 2.3 BBR (1998) – die Begrenzung des Versicherungsschutzes greifen soll:

> Der Besitz von Aktien eines Unternehmens wird hierzu nicht ausreichen[848]. Eindeutig greift die Begrenzung aber dann, wenn das Unternehmen beherrscht wird. Wann eine solche Beherrschung gegeben ist, ist ebenfalls nicht eindeutig. In der Versicherungspraxis wird regelmäßig ab einer prozentualen Beteiligung von 25 % eine Beherrschung angenommen[849].

550 Die strikte Trennung der Tätigkeit für ein bestimmtes Bauobjekt kann durchbrochen werden. Wird z. B. der Architekt selbst oder in seinem Namen ein Unternehmer in geringem Umfang am Bauobjekt handwerklich tätig, so wäre es widersinnig, wenn der Versicherer für die sich daraus ergebenden Schäden den Versicherungsschutz versagen würde. Das Gleiche gilt, wenn der Versicherungsnehmer durch den eigenen Dachdeckerbetrieb ein Dach hat eindecken lassen, ein von ihm zu vertretender Mangel (z. B. an der Heizungsinstallation) damit jedoch überhaupt nicht in Verbindung steht. Im Einzelfall kann die Risikoabgrenzung durchaus schwierig sein.

551 *Bauherr* Ist der Architekt selbst Bauherr, besteht kein Versicherungsschutz. Bauherr ist derjenige, in dessen Namen das Baugesuch eingereicht wird. Dass in solchen Fällen kein Versicherungsschutz besteht, ist systembedingt: der Architekt würde sich sonst in seiner Eigenschaft als Bauherr selbst in Anspruch nehmen.

552 Trotz des eindeutigen Wortlauts der Regelung wird in der Versicherungspraxis häufig Versicherungsschutz gewährt, wenn der Architekt nur einer von mehreren Bauherren ist und von daher seine Eigenschaft als Bauherr hinter seiner Tätigkeit als Architekt für das Bauvorhaben zurücktritt. Auf eine so großzügige Handhabung sollte sich der Architekt allerdings nicht verlassen, sondern im Vorfeld mit der Versicherung den Sachverhalt klären und sich schriftlich bestätigen lassen, dass Versicherungsschutz trotz der Bauherreneigenschaft besteht.

553 Ist der Bauträger oder Generalübernehmer mit dem Architekten wirtschaftlich verbunden, beispielsweise durch eine Beteiligung des Architekten an der Gesellschaft, so fällt seine gesamte Tätigkeit als Architekt für diesen Bauträger unter die Risikobegrenzung. Unerheblich ist, ob es sich bei dem Bauträger um eine rechtlich selbstständige Person handelt, denn innerhalb der Anspruchskette müssen Versicherungsnehmer und Bauträger als wirtschaftliche Interesseneinheit angesehen werden.

554 Auch in einem solchen Fall ist dem Architekten frühzeitig zu raten, mit der Versicherung wegen des Versicherungsschutzes zu verhandeln

848 Dittert, S. 145.
849 Dittert, S. 145.

und ggfs. eine Zusatzvereinbarung zum Versicherungsvertrag aufzunehmen.

7.7 Deckungssummen des Versicherungsvertrages

Die Deckungssummen bilden den finanziellen Rahmen des Versicherungsschutzes. Haftpflichtversicherung bedeutet Versicherung auf erstes Risiko. Das heißt, die Versicherung tritt ein von »null« an oder ab einer bei Architekten üblichen Selbstbeteiligung im Schadensfall bis zu den vereinbarten Beträgen. **555**

Versicherungsschutz wird geboten für Personenschäden und für sonstige Schäden (Sach- und Vermögensschäden). Die Standarddeckungssumme beträgt zurzeit noch 1,0 Mio. € für Personenschäden und 150.000,00 € für sonstige Schäden[850]. Die Entscheidung über die Höhe der Deckungssumme (und der vertraglichen Selbstbeteiligung) kann nur der Versicherungsnehmer selbst treffen. Hierbei wird er Folgendes zu berücksichtigen haben: **556** *Standarddeckungssummen*

Grundsätzlich lässt sich ein Schadenmaximum nicht mathematisch genau berechnen. Es ist aber abhängig von der Größe der betreuten Bauobjekte, denn mit der Größe des Objektes steigt auch der bei den Objekten mögliche Höchstschaden. Nach einer Faustregel[851] kann für Architekten das Schadenmaximum für sonstige Schäden mit 20–30 % des Einzel-Bauvolumens angenommen werden, bei einem Objektwert von 5 Mio. € also mit 1,0 – 1,5 Mio. €. Etwa diese Größenordnung sollte die Deckungssumme für sonstige Schäden haben, wenn nicht eine Unterversicherung im Sinne einer nicht ausreichenden Versicherung bestehen soll[852]. **557** *Faustregel für Schadenmaximum*

Für das Schadenmaximum bei Personenschäden ist es naturgemäß nicht möglich, eine Faustregel aufzustellen. Zu berücksichtigen ist, dass bei Personenschäden in aller Regel gegen den Schädiger (Architekten) Rückgriffsansprüche von Berufsgenossenschaften und Versicherungsträgern gestellt werden. Solche Ansprüche können beachtliche Größenordnungen erreichen. **558**

Architekten unterschätzen häufig sorglos das eigene Haftungsrisiko. Es kann nur dringend empfohlen werden, gerade bei Großprojekten den bestehenden Versicherungsschutz kritisch zu überprüfen, ggfs. durch Rücksprache bei der Versicherung. Architekten kondizieren in der Regel als Freiberufler, also natürliche Personen und haften folglich mit dem gesamten Vermögen. Sie setzen sich damit einem un- **559**

850 Vgl. hierzu auch Dittert, S. 96.
851 Dittert, S. 98.
852 Dittert, S. 101.

gleich größeren Haftungsrisiko aus als zum Beispiel die ausführenden Unternehmen, die in der Regel in der Gesellschaftsform einer juristischen Person mit beschränkter Haftung (GmbH) operieren. Umso wichtiger ist es, für ausreichende Deckungssummen zu sorgen. Dazu gibt es auch durchaus vielfältige Gestaltungsmöglichkeiten. Zu denken ist beispielsweise an den Abschluss einer Einzelversicherung. Zwar sind die Kosten solcher Einzelversicherungen erheblich. Berücksichtigt der Architekt dies schon bei Abschluss des Architektenvertrages, so ist es seinem Verhandlungsgeschick überlassen, beispielsweise mit dem Bauherrn zu vereinbaren, dass dieser die Kosten der zusätzlichen Versicherung zumindest teilweise übernimmt. Erfahrene Bauherren lassen sich darauf ein, weil durch eine solche Regelung sichergestellt wird, dass tatsächlich ausreichender Versicherungsschutz besteht. Auch dem Bauherrn kommt eine solche Regelung im Schadensfall zugute.

8 Kündigung des Architektenvertrages

8.1 Kündigungsmöglichkeiten des Bauherrn beim Werkvertrag

560 Bei Kündigung des Architektenvertrages durch den Bauherrn hängt der Vergütungsanspruch von dem Grund ab, auf den der Bauherr seine Kündigung stützt. Es sind drei Fälle denkbar, nämlich die so genannte freie Kündigung, die Kündigung aus wichtigem Grund, den der Bauherr zu vertreten hat, und die vom Architekten zu vertretende Kündigung aus wichtigem Grund.

8.1.1 Freie Kündigung

561 *kann nicht durch Allgemeine Geschäftsbedingungen ausgeschlossen werden*

Das Recht zur freien Kündigung, also zur Kündigung ohne Grund, folgt aus § 649 S. 1 BGB. Danach kann der Bauherr den Architektenvertrag vor Beendigung jederzeit kündigen. Dieses Kündigungsrecht gilt nur für den Bauherrn, nicht für den Architekten. Dessen Interessen werden vom Gesetz in § 649 S. 2 BGB durch Aufrechterhaltung des Vergütungsanspruches gewahrt. Dieses »freie« Kündigungsrecht des Auftraggebers kann nicht durch eine AGB-Klausel auf Fälle eines wichtigen Grundes beschränkt werden[853]. Im Fall der Kündigung des Architektenvertrages durch den Bauherrn hat der Architekt im Einzelnen darzulegen, wie sich sein Honoraranspruch für die erbrachten und für die noch nicht erbrachten Leistungen darstellt; er hat die noch nicht erbrachten von den erbrachten Leistungen abzugrenzen und die entsprechenden Honoraranteile zuzuordnen[854].

562 *Vorteilsausgleichung*

Der Architekt muss sich allerdings die ersparten Aufwendungen anrechnen lassen bzw. was er durch anderweitige Verwendung seiner Arbeitskraft erworben oder böswillig nicht erworben hat. Durch diese Vorteilsausgleichung[855] ist dem Architekten der Gewinn gesichert, den er bei Durchführung des Auftrages erzielt hätte. Dennoch handelt es sich dogmatisch nicht um einen Schadensersatzanspruch, gerichtet auf entgangenen Gewinn, sondern um den unter Berücksichtigung der Vorteilsausgleichung verbliebenen Vergütungsanspruch aus §§ 631, 632 BGB.

563 Im Fall der freien Kündigung durch den Bauherrn steht dem Architekten sonach hinsichtlich der erbrachten Leistungen die vereinbarte

853 OLG Hamburg, BauR 1993, 123.
854 BGH, BauR 1998, 357.
855 BGH, NJW 1985, 633.

Vergütung zu. Was die noch nicht erbrachten Leistungen betrifft, kann der Architekt ebenfalls die vereinbarte Vergütung verlangen, allerdings unter Berücksichtigung des Vorteilsausgleichs, also einer Aufwendungsersparnis und eines anderweitigen Erwerbs.

8.1.1.1 Ersparte Aufwendungen

8.1.1.1.1 Bauherr und Architekt haben hinsichtlich der ersparten Aufwendungen keine Vereinbarung getroffen

564 Haben Bauherr und Architekt für den Fall der vorzeitigen Auflösung des Architektenvertrages und des dann zu zahlenden Honorars keine Vereinbarung getroffen, so kann der Architekt das Honorar für die bis zur Kündigung erbrachten Leistungen in vollem Umfang abrechnen[856]; er ist für den Umfang der abgerechneten Leistungen darlegungs- und beweispflichtig[857].

565 *60/40-Pauschale* Zusätzlich konnte der Architekt nach der bisherigen Rechtsprechung des BGH[858] für die noch nicht erbrachten Leistungen unter Berücksichtigung ersparter Aufwendungen von pauschal 40 % weitere 60 % der vereinbarten Vergütung für diese Leistungen abrechnen. Diese Rechtsprechung hat der BGH mit seiner Entscheidung vom 8.2.1996[859] ausdrücklich aufgegeben. Nunmehr ist es erforderlich, dass der Architekt konkret darlegt und beweist, welche Ersparnisse er tatsächlich hatte. Der Architekt muss also – wie jeder Werkunternehmer – Angaben über die Höhe der Aufwendungsersparnis im konkreten Fall machen.

566 Es stellt sich damit die Frage, welche Aufwendungen des Architekten im Fall einer Kündigung als »erspart« gelten[860]:

- Ersparte Aufwendungen sind grundsätzlich solche, die der Architekt gerade infolge der Kündigung nicht mehr erbringen muss[861].

  Löhne und Gehälter Dazu zählen beispielsweise alle Löhne und Gehälter, die nach der Kündigung nicht mehr zu zahlen sind. Zu denken ist vor allem an die Vergütung für freie Mitarbeiter oder Subunternehmer, die speziell für ein bestimmtes Bauvorhaben eingestellt bzw. beauftragt wurden und kündigungsbedingt nicht mehr zu entlohnen sind. Allerdings sind diese Aufwendungen

856 BGH, NJW 1985, 633.
857 BGH, BauR 1994, 635.
858 BGH, NJW 1969, 419.
859 BGH, BauR 1996, 412.
860 Vgl. dazu Niestrate, ZfBR 1997, 9 f.
861 Staudinger-Peters, § 649 BGB, Rn. 19; MüKo-Soergel, § 649 BGB, Rn. 13; Glanzmann, in: RGRK, § 649 BGB, Rn. 14.

erst ab dem Zeitpunkt »erspart«, in dem der Architekt sich tatsächlich von diesen Mitarbeitern trennen kann.[862]

freie Mitarbeiter / Subunternehmer

Nebenkosten

- Als weitere »ersparte« Aufwendungen kommen Nebenkosten in Betracht, die nicht unter § 7 HOAI fallen, also nicht gesondert abzurechnen sind, gleichwohl aber durch die Kündigung entfallen. Zu denken ist an die Kosten für die Herstellung von Originalunterlagen[863] oder an Fahrtkosten, die zum Beispiel im Rahmen der Objektüberwachung entstehen, wenn die Fahrstrecke nicht mehr als 15 Kilometer beträgt (§ 7 Abs. 2 Nr. 4 HOAI), ferner an die Kosten, die für sonstiges Büromaterial (Bleistifte, Tinte, Toner etc.) anfallen.

Die ersparten Aufwendungen sind von dem Teil des Honorars abzu- **567**
ziehen, der sich auf den noch nicht vollendeten Teil der Leistung bezieht, nicht auf den Teil des Honorars, den der Architekt für die bereits erbrachten Leistungen verlangt[864].

allgemeine Geschäftskosten

Demgegenüber sind die allgemeinen Aufwendungen, die der Archi- **568**
tekt fortlaufend hat und die der Erfüllung seiner bestehenden Verpflichtungen dienen, im Rahmen des § 649 S. 2 BGB nicht als »erspart« abzuziehen[865]. Folglich fallen allgemeine Geschäftskosten, wie z. B. Mieten, die Gehälter der fest angestellten Mitarbeiter, Versicherungsprämien usw., die unabhängig von einem einzelnen Vertragsverhältnis vom Architekten aufzuwenden sind, nicht unter § 649 S. 2 BGB[866]. Das sind nämlich keine Aufwendungen, die gerade infolge der Kündigung des Architektenvertrages wegfallen, sondern solche, die auch weiter vom Architekten zu entrichten sind.

Im Ergebnis kann das dazu führen, dass dem Architekten mehr oder **569**
weniger die volle vereinbarte Vergütung zusteht, obgleich er aufgrund der Kündigung wesentliche Architektenleistungen nicht erbracht hat[867].

Ein-Mann-Büro

Das gilt vor allem für so genannte Ein-Mann-Architekturbüros[868]. In- **570**
soweit kann nicht vom Bauherrn geltend gemacht werden, der Inhaber-Architekt sei wegen Wegfalls des Auftrages verpflichtet, seine monatliche Entnahme angemessen zu kürzen. Denn die monatliche Entnahme, die der Inhaber-Architekt vornimmt, stellt – wenn sie entfällt – keine Aufwendungsersparnis i. S. d. § 649 S. BGB dar. Vielmehr

862 Zur Darlegungs- und Beweispflicht und zum erforderlichen Vortrag im Prozess vgl. Rn. 580 f.
863 Vgl. Locher/Köble/Frick, § 7, Rn. 5.
864 BGH, NJW-RR 1992, 1077 f.
865 BGH, NJW-RR 1992, 1077; BGH, BauR 2000, 430.
866 BGH, NJW-RR 1992, 1077; BGH, WM 1957, 707, 709; MüKo-Soergel, § 649 BGB, Rn. 13; BGH, BauR 2000, 430.
867 So auch Werner/Siegburg, BauR 1997, 181, 185; Werner/Pastor, Rn. 938; Eich/Eich, DAB 1996, 2064; jetzt auch: BGH, BauR 2000, 430.
868 OLG Celle, BauR 1999, 191.

ist die monatliche Entnahme wie das Gehalt eines fest angestellten Mitarbeiters zu werten und zählt damit zu den allgemeinen Geschäftskosten, die durch den konkret aufgelösten Vertrag gerade nicht beeinflusst werden[869].

8.1.1.1.2 Wirksamkeit von Vereinbarungen zur Höhe der ersparten Aufwendungen

571 Häufig wird zwischen Architekt und Bauherr eine konkrete Vereinbarung zur Höhe der ersparten Aufwendungen im Fall der vorzeitigen Auflösung des Architektenvertrages getroffen. Das kann einmal durch Individualvereinbarung geschehen und auch durch Allgemeine Geschäftsbedingungen bzw. die Verwendung eines Formularvertrages (z. B. Einheitsarchitektenvertrag).

572 Wird eine Individualvereinbarung getroffen, ist die Abrechnungsweise unproblematisch. Individualvereinbarungen zu solchen Pauschalierungsregelungen sind in den Grenzen des § 138 BGB wirksam.

573 Wird die Pauschalierungsabrede dagegen in Allgemeinen Geschäftsbedingungen bzw. in einem Formularvertrag getroffen, ist hinsichtlich der Wirksamkeit zu unterscheiden:

Verwender

- Der Architekt kann unabhängig von der Frage der AGB-rechtlichen Wirksamkeit der Pauschalierungsabrede immer nach der Vereinbarung abrechnen, wenn der Bauherr Verwender der Klausel ist. Denn der Verwender selbst kann sich nicht auf die Unwirksamkeit seiner eigenen Allgemeinen Geschäftbedingungen berufen[870].

- Im umgekehrten Fall, also bei Verwendung der Allgemeinen Geschäftsbedingungen durch den Architekten, muss die Klausel mit §§ 10 Nr. 7, 11 Nr. 5 AGBG vereinbar sein, was gem. § 9 AGBG auch im kaufmännischen Verkehr gilt[871]. Danach ist eine solche Klausel AGB-rechtlich unbedenklich, wenn die Pauschale nicht unangemessen hoch ist (§ 10 Nr. 7 AGBG) und sie dem Vertragspartner die Möglichkeit lässt, höhere oder niedrigere ersparte Aufwendungen ggfs. darzutun und zu beweisen (§ 11 Nr. 5 AGBG).

574 Diesen Anforderungen entspricht beispielsweise die in dem Einheitsarchitektenvertrag geregelte 60/40-Regelung nicht; das hat der BGH zu dem Einheitsarchitektenvertrag a. F.[872] bereits ausdrücklich ent-

869 Vgl. Niestrate, ZfBR 1997, 9, 10.
870 BGH, BauR 1994, 617; BGH, BauR 1998, 866.
871 BGH, NJW 1994, 1060, 1068.
872 Einheitsarchitektenvertrag für Gebäude 1985, veröffentlicht in: Bundesanzeiger Nr. 29 vom 21.03.1985.

schieden[873]. Aber auch die entsprechende Klausel in dem Einheitsarchitektenvertrag von 1994 ist AGB-widrig[874].

8.1.1.2 Anderweitiger Erwerb

Der Architekt hat sich ferner anrechnen zu lassen, was er durch anderweitige Verwendung seiner Arbeitskraft erwirbt. Damit sind Füllaufträge gemeint. 575 *Füllaufträge*

Der Erwerb durch Füllaufträge muss aber zweifelsfrei durch die Kündigung des Bauherrn verursacht worden sein.[875] Das ist nicht der Fall, wenn der Architekt seine Leistungskapazität auf andere bereits vorhandene Werkverträge konzentriert hat. Ein Füllauftrag in diesem Sinne scheidet zudem aus, wenn der Architekt in der Lage gewesen ist, zur gleichen Zeit neben dem gekündigten Architektenvertrag auch noch andere Aufträge auszuführen; die Beträge aus diesen weiteren Aufträgen sind nicht als Honorar aus Füllaufträgen anzurechnen[876]. 576

Bei einem Freiberufler anzunehmen, dieser hätte bei nicht erklärter Kündigung durch den Bauherrn aus Kapazitätsgründen keinen weiteren Auftrag angenommen, ist wenig praxisnah. Zu Recht weist das OLG Celle[877] darauf hin, dass ein freiberuflich tätiger Architekt auch bei zeitlichen Engpässen durch Verlängerung der werktäglichen Arbeitszeit und durch Wochenendarbeit regelmäßig in der Lage ist, Folgeaufträge zusätzlich zu bearbeiten. Das gilt natürlich vor allem für Ein-Mann-Architekturbüros. 577 *Freiberufler*

Anzurechnen ist auch, was der Architekt böswillig zu erwerben unterlässt. Dazu ist erforderlich, dass der Architekt einen ihm möglichen Erwerb in einer gegen Treu und Glauben verstoßenden Weise nicht realisiert. Hierfür ist der Bauherr beweispflichtig. 578

Der Vorteilsausgleich durch anderweitigen Erwerb kann durch Allgemeine Geschäftsbedingungen wirksam abbedungen werden, wenn die Voraussetzungen der §§ 10 Nr. 7, 11 Nr. 5 AGBG i. V. m. § 9 AGBG gewahrt sind[878]. Der Verwender kann sich auf eine eventuelle AGB-Widrigkeit nicht berufen. 579

8.1.1.3 Darlegungs- und Beweislast

Der Architekt muss schlüssig sowohl zu den ersparten Aufwendungen als auch zum anderweitigen Erwerb vortragen, weil sein Hono- 580

873 BGH, BauR 1997, 156.
874 Dazu näher: Niestrate, ZfBR 1997, 9, 10.
875 Zur Darlegungs- und Beweislast vgl. Rn. 585 f.
876 MüKo-Soergel, § 649 BGB, Rn. 15.
877 OLG Celle, BauR 1999, 191.
878 OLG Düsseldorf, OLGR 1999, 282, 284; BGH, NJW 1969, 879.

raranspruch für die noch nicht erbrachten Leistungen von vornherein nur abzüglich der ersparten Aufwendungen und abzüglich des anderweitigen Erwerbs besteht[879]. Denn nur der Architekt ist in der Lage vorzutragen und ggfs. zu beziffern, was er sich anrechnen lässt.

581 Hinsichtlich evt. ersparter Personalkosten gilt Folgendes:

Architekt beschäftigt keine Mitarbeiter

Bei einem 1-Mann-Büro kommt eine Ersparnis von Personalkosten grundsätzlich nicht in Betracht[880]. Der Architekt braucht lediglich vorzutragen, dass er den Auftrag alleine abgewickelt hätte und er dazu – auch bei Eingang weiterer Aufträge – ggfs. durch Nacht- und Wochenendarbeit auch in der Lage gewesen wäre.

Architekt beschäftigt Mitarbeiter

582 Beschäftigt der Architekt dagegen mehrere Angestellte oder freie Mitarbeiter, muss er dies vortragen und darlegen, welche Funktion der einzelne Mitarbeiter während der fiktiven Laufzeit des Projektes gehabt und welche Arbeiten er erledigt hätte. War vom Architekten beabsichtigt, zur Durchführung des Projektes Mitarbeiter einzustellen und hat er diese wegen der Vertragskündigung tatsächlich nicht eingestellt, handelt es sich um ersparte Aufwendungen. Dazu muss der Architekt ebenfalls vortragen, ggfs. indem er darlegt, dass das Einstellen von Personal nicht beabsichtigt war. Betriebsbedingte Kündigungen braucht der Architekt – selbst wenn diese rechtlich möglich wären – nicht zu erklären[881]. Trägt der Architekt, der mehrere angestellte Architekten beschäftigt, vor, er habe beabsichtigt, die noch nicht erbrachten Leistungen selbst auszuführen und kann ihm dies nicht widerlegt werden, braucht er sich ersparte Personalkosten nicht zurechnen zu lassen; er braucht zu Personalkosten auch nicht weiter vorzutragen[882].

Freie Mitarbeiter/ Subplaner

583 Muss der Architekt einräumen, dass es tatsächlich zu einer Einsparung von Personalkosten gekommen ist, muss er im Einzelnen die ersparten Stunden und die darauf angefallenen Kosten ohne Gewinn und Gemeinkostenzuschlag ermitteln und dies vortragen. Zweckmäßigerweise sollte der Architekt den Stundensatz fest angestellter Mitarbeiter darlegen; dieser errechnet sich aus der Lohnsumme pro Jahr einschließlich Arbeitgeberleistungen und sonstigen vertraglichen Zuwendungen dividiert durch die jährliche Regelarbeitszeit[883]. Was die Darlegung der Kosten von freien Mitarbeitern oder Subunternehmern betrifft, kann auf eventuell bestehende vertragliche Vereinbarungen zurückgegriffen werden; auch insoweit ist aber eine konkrete Abrechnung erforderlich[884].

879 BGH, BauR 1998, 185 f.; BGH, BauR 2001, 666.
880 OLG Celle, BauR 1999, 191.
881 BGH, BauR 2000, 430.
882 OLG Düsseldorf, BauR 2002, 510, 513.
883 Locher/Koeble/Frik, Einl., Rn. 125.
884 BGH, BauR 2000, 430.

Zu den ersparten Sachkosten muss der Architekt ebenfalls substantiiert vortragen. Dazu sollte er seiner Schlussrechnung eine Liste von Materialien, die erspart wurden, beifügen. In Betracht kommen hier aber letztendlich nur Kleinstposten wie Toner, Kopierpapier, Zeichenstifte etc., also Material, das ohnehin nicht über § 7 HOAI abrechnungsfähig ist. Dazu zählen auch z. B. die hypothetischen Fahrtkosten zur Baustelle, wenn diese weniger als 15 km von dem Büro des Architekten entfernt lag. **584**

Hinsichtlich des anderweitigen Erwerbs reicht es aus, wenn der Architekt die Behauptung aufstellt, dass kein anderweitiger Erwerb, also keine Füllaufträge vorhanden waren. Allein die Tatsache, dass der Architekt angestellte Mitarbeiter oder freie Mitarbeiter aufgrund der Kündigung in einem anderen Projekt einsetzte, führt nicht dazu, dass dieses andere Projekt als Füllauftrag anzusehen ist. In aller Regel ist nämlich ein Architekturbüro ohne weiteres in der Lage, gleichzeitig mehrere Aufträge abzuwickeln. Der Einsatz angestellter Architekten oder freier Mitarbeiter in einem anderen Projekt hat übrigens nichts mit ersparten Aufwendungen zu tun[885]; das ist vielmehr ein Problem des anderweitigen Erwerbs. **585** *anderweitiger Erwerb*

Kommt der Architekt dieser Darlegungslast nach, so ist es nunmehr Sache des Auftraggebers, im Einzelnen darzulegen und zu beweisen, dass höhere Ersparnisse oder ein höherer anderweitiger Erwerb erzielt wurde, als der Architekt sich anrechnen lässt. Hat also der Architekt zu den ersparten Aufwendungen und zum anderweitigen Erwerb schlüssig vorgetragen, indem er beispielsweise zu den ersparten Aufwendungen eine Liste von Materialien, die er erspart hat, vorlegt, zu seinen Mitarbeitern und deren Tätigkeit im gekündigten Projekt Ausführungen macht und darüber hinaus erklärt, dass kein Füllauftrag angenommen wurde, ist es nun Sache des Bauherrn, Art und Umfang eines weiteren Abzugspostens darzutun und zu beweisen[886]. **586**

An Inhalt und Umfang der Substantiierungslast des Bauherrn sind in aller Regel jedoch keine zu hohen Anforderungen zu stellen. Das ergibt sich daraus, dass dem Bauherrn die Grundlagen der Kalkulation des Architekten nicht bekannt sind[887]. Seiner Darlegungspflicht kommt der Bauherr aber nicht ausreichend nach, wenn er ganz pauschal Ersparnisse behauptet und hierfür Sachverständigenbeweis antritt[888]. **587**

Sind die ersparten Aufwendungen und der anderweitige Erwerb in Allgemeinen Geschäftsbedingungen pauschaliert, trägt der Architekt, falls er Verwender der Klausel ist und der Bauherr die Angemessen- **588** *Allgemeine Geschäftsbedingungen*

885 BGH, BauR 2000, 430.
886 BGH, BauR 2000, 430 f.; BGH, BauR 2001, 666.
887 OLG Celle, OLGR 1998, 187.
888 OLG Frankfurt, NJW-RR 1987, 979, 981.

heit der Pauschale beanstandet, die Darlegungs- und Beweislast für die Bemessungsgrundlage der Pauschale. Für die dem Architekten obliegende Darlegungslast sind allerdings nicht die besonderen Umstände des Einzelfalles maßgebend. Vielmehr muss der Architekt hinsichtlich der Angemessenheit der Pauschale auf die typische Sachlage abstellen[889], also auf das, was an Aufwendungsersparnis branchenüblich bei Kündigung eines Architektenvertrages anfällt[890].

589 *Branchenüblichkeit* Zwar sind an die Darlegungs- und Beweislast insoweit ebenfalls keine allzu großen Anforderungen zu stellen[891], weil sonst der Zweck der Pauschalierungsabrede vereitelt würde. Gleichwohl wird dem Architekten die Darlegungslast Probleme bereiten, da er regelmäßig nicht auf die Daten anderer Architekten zurückgreifen kann und es eine Statistik zur Höhe ersparter Aufwendungen bei vorzeitiger Architektenvertragsauflösung nicht gibt[892]. Mangels der erforderlichen Statistiken kann der Architekt nicht wissen, welche ersparten Aufwendungen branchenüblich durch das Freisetzen so genannter freier Mitarbeiter bzw. von Subunternehmern anfallen. Auch wenn der Einsatz freier Mitarbeiter oder von Subunternehmern nicht den Regelfall darstellen dürfte, kommt er doch vor und muss daher bei der Darstellung der typischen Sachlage, also der Branchenüblichkeit, nachvollziehbar berücksichtigt werden.

8.1.2 Kündigung des Architektenvertrages aus wichtigem Grund

590 *nicht abdingbar* Das Recht zur Kündigung aus wichtigem Grund durch den Bauherrn bzw. Auftraggeber ist im Gesetz nicht ausdrücklich geregelt; die Kündigung aus wichtigem Grund ist aber nicht abdingbar[893] und daher auch ohne ausdrückliche Regelung im Gesetz möglich.

591 Für die Kündigungsfolgen ist § 649 BGB maßgeblich. Nach dem Wortlaut des § 649 S. 1 BGB gilt die Vorschrift an sich nur für Fälle der so genannten freien Kündigung. Nach herrschender Meinung findet jedoch § 649 BGB auf die außerordentliche Kündigung analoge Anwendung[894].

889 BGH, NJW 1983, 1491, 1492.

890 Niestrate, ZfBR 1997, 9, 11.

891 BGH, NJW 1977, 381, 383.

892 Das wäre Sache der Architektenkammern, die aber bisher untätig geblieben sind.

893 OLG Düsseldorf, BauR 1986, 469, 472.

894 So ständige Rechtsprechung des 7. Senats: zuletzt BGH, NJW 1999, 418; auch OLG Düsseldorf, BauR 1973, 114; a. A. aber: der 10. Senat: BGH, BauR 1993, 469; der 10. Senat nennt § 645 BGB als Anspruchsgrundlage und verweist zur Begründung auf die Entscheidungen des 7. Senats, der jedoch in ständiger Rechtsprechung § 649 BGB in Fällen der außeror-

Durch die Schuldrechtsreform wurde als weiteres Gewährleistungsrecht der Rücktritt eingeführt (§§ 634 Nr. 3 , 636 BGB). Im Schrifttum wird vertreten, die neu ausgestaltete Möglichkeit des Rücktritts vom Vertrag schließe eine Kündigung aus wichtigem Grund aus[895]. Dem ist aber nicht zuzustimmen. Da §§ 323, 324 BGB so ausgestaltet sind, dass auch weiterhin der Rücktritt vom ganzen Vertrag den Regelfall darstellt und der Rücktritt – anders als die Kündigung – ex tunc wirkt, kann sich der Bauherr, der sich vom Vertrag lösen will, seine Gewährleistungsrechte grundsätzlich nur über den Weg der Kündigung aus wichtigem Grund erhalten (Ausnahme: § 323 Abs. 5 BGB). Es besteht daher auch nach neuem Recht weiterhin das Bedürfnis, die Kündigung aus wichtigem Grund zuzulassen[896]. **592** *Verhältnis Kündigung/ Rücktritt*

Ein wichtiger Grund zur Kündigung liegt immer dann vor, wenn dem Kündigenden das Festhalten am Vertrag nicht mehr zumutbar ist[897]. Der wichtige Grund zur Kündigung muss zum Zeitpunkt der Vertragsbeendigung vorhanden sein. Ein später bekannt gewordener wichtiger Grund kann nachgeschoben werden[898]. **593** *wichtiger Grund*

Die Rechtsfolgen einer Kündigung aus wichtigem Grund richten sich ganz entscheidend danach, wer den Kündigungsgrund zu vertreten hat. Der Begriff »Vertretenmüssen« knüpft insoweit nicht an ein Verschulden i. S. d. §§ 276, 278 BGB an; abzustellen ist vielmehr auf die Risikosphäre[899]. Im Einzelfall ist mithin zu hinterfragen, ob der Kündigungsgrund und das darin verkörperte Risiko dem Bauherrn oder dem Architekten zuzurechnen ist. **594** *Vertretenmüssen*

Der BGH hat in seiner Entscheidung vom 27.10.1998[900] hervorgehoben, dass zur Risikosphäre des Architekten seine Planung und seine Mitarbeiter zählen, dagegen zur Risikosphäre des Bestellers die Verwirklichung des Bauvorhabens. Das heißt, kündigt der Bauherr beispielsweise den Architektenvertrag aus wichtigem Grund mit der Begründung, das Bauvorhaben sei aus wirtschaftlichen Gründen nicht zu realisieren, so ist dieser Kündigungsgrund seiner Sphäre zuzurechnen. Das Gleiche gilt, wenn der Bauherr aus politischen Gründen kündigt, etwa weil ein in Bonn geplantes Gebäude nebst Gästehaus für die Landesvertretung NRW wegen des Beschlusses des Bundesta- **595** *entscheidend: die Risikosphäre*

dentlichen Kündigung des Architektenvertrages durch den Bauherrn anwendet.

895 Z. B. Boldt, Rn. 200; Sienz, BauR 2002, 181, der im Ergebnis aber trotz Bedenken eine analoge Anwendung von § 314 BGB befürwortet.

896 Vgl. auch Locher/Koeble/Frik, Einl., Rn. 282.

897 OLG Düsseldorf, BauR 1986, 469, 472.

898 BGH, BauR 1975, 625.

899 BGH, NJW 1999, 418.

900 BGH, NJW 1999, 418, 420.

ges, dass zukünftig Berlin Bundeshauptstadt ist, keinen Sinn mehr gibt[901].

596 Die Rechtsfolgen sind, je nach dem, ob der Bauherr oder der Architekt die Kündigung aus wichtigem Grund zu vertreten hat, sehr unterschiedlich:

- Hat der Architekt die vom Bauherrn erklärte Kündigung aus wichtigem Grund zu vertreten, so kann er grundsätzlich nur noch Honorar für die erbrachten Leistungen beanspruchen; insoweit ist für den Honoraranspruch allerdings Voraussetzung, dass die erbrachten Leistungen für den Bauherrn verwertbar sind; sind sie das nicht, entfällt der Honoraranspruch in Gänze[902]. Zudem haftet der Architekt dem Bauherrn für den Schaden, der diesem durch die vorzeitige Beendigung des Architektenvertrages entsteht (z. B. Bauzeitenverlängerung etc.).
- Hat dagegen der Bauherr die Kündigung aus wichtigem Grund selbst zu vertreten, so ist der Architekt nicht auf das Honorar für die erbrachten Leistungen beschränkt; vielmehr kann er nach § 649 S. 2 BGB das vereinbarte Honorar unter Abzug der ersparten Aufwendungen beanspruchen[903].

8.2 Kündigungsmöglichkeiten des Architekten beim Werkvertrag

8.2.1 Kündigung aus wichtigem Grund

597 Dem Architekten steht nicht die Möglichkeit der freien Kündigung des Architektenvertrages zu. Er kann den Architektenvertrag nur aus wichtigem Grund kündigen (vgl. Rn. 592).

598 Insoweit kommt zunächst in Betracht, dass dem Architekten die Fortsetzung des Vertrages unter Berücksichtigung aller Umstände des Einzelfalles nicht zugemutet werden kann. Für den Architekten gilt insoweit das Gleiche wie für den Bauherrn; eine solche Kündigung aus wichtigem Grund ist nicht abdingbar und daher, auch ohne ausdrückliche Regelung im Gesetz, immer möglich[904].

599 *wichtige Gründe* Wichtige Gründe, die eine Kündigung seitens des Architekten rechtfertigen, sind z. B.:

901 OLG Düsseldorf, OLGR 1999, 282.
902 OLG Hamm, NJW-RR 1986, 764.
903 BGH, NJW 1999, 418; BGHZ 31, 224, 229; BGHZ 41, 104, 108; BGHZ 45, 372, 375.
904 OLG Düsseldorf, BauR 1986, 469, 472.

- Nichtbegleichen fälliger Abschlagszahlungen[905];
- ehrverletzende Äußerungen des Bauherrn über den Architekten[906];
- der Bauherr verlangt eine von den genehmigten Plänen abweichende und nicht genehmigungsfähige Bauausführung[907];
- infolge schwerer Erkrankung kann dem Architekten eine Vertragserfüllung nicht zugemutet werden[908];
- der Bauherr gerät in Konkurs[909];
- der Bauherr verkauft das Grundstück, auf das sich die Planung bezieht[910].

Kein wichtiger Grund zur Kündigung liegt dagegen vor, wenn 600

- der Bauherr Schwarzarbeiter beschäftigt[911], weil die Schwarzarbeit als solche keine Tatsache darstellt, die die Interessen des Architekten in besonderem Maße berührt, solange der Schwarzarbeiter fachkundig ist und deshalb die Gewähr für eine ordnungsgemäße Auftragserfüllung bietet;
- der Bauherr Zahlung verweigert, weil er Zurückbehaltungsrechte hat, die zur Leistungsverweigerung berechtigen[912].

Hat der Bauherr den wichtigen Grund zur Kündigung zu vertreten, 601
kann der Architekt die vereinbarte Vergütung unter Abzug der ersparten Aufwendungen verlangen[913].

Kündigt der Architekt ohne wichtigen Grund und damit unberech- 602
tigt, stellt sich die Frage, ob dem Architekten Honorar zusteht. Verwertet der Bauherr seine Leistungen, ist das nicht nur für vollständig erbrachte Leistungen zu bejahen[914], sondern auch für selbstständige Teile davon[915]; dann nämlich sind diese Leistungen für den Bauherrn nicht wertlos gewesen, weil sie nach der Kündigung nicht neu erbracht werden mussten.

905 BGH, BauR 1998, 866; BGH, BauR 2000, 592.
906 Locher/Koeble/Frik, Einl., Rn. 128.
907 Löffelmann/Fleischmann, Rn. 1476.
908 Löffelmann/Fleischmann, Rn. 1476.
909 Löffelmann/Fleischmann, Rn. 1476.
910 Bejahend: Locher/Koeble/Frik, Einl., Rn. 128; a. A.: LG Stuttgart, Urt. v. 01.04.1982 – 21 O 368/81 –.
911 Löffelmann/Fleischmann, Rn. 1477; a. A.: Locher, Das private Baurecht, 4. Auflage, Rn. 259.
912 BGH, BauR 1989, 626.
913 BGH, BauR 1990, 632; vgl. dazu näher Rn. 564 f.
914 OLG Düsseldorf, BauR 1998, 880.
915 OLG Düsseldorf, BauR 2001, 109.

8.2.2 Kündigung wegen Verletzung der Mitwirkungspflicht

603 Ferner kann der Architekt den Architektenvertrag wegen Verletzung der Mitwirkungspflicht durch den Bauherrn nach §§ 642, 643 BGB außerordentlich kündigen.

604 Kündigungsvoraussetzung ist, dass der Bauherr in Annahmeverzug ist und trotz Fristsetzung mit Kündigungsandrohung eine ihm obliegende Mitwirkungshandlung nicht ausgeführt hat.

605 *Mitwirkungshandlungen* Notwendige Mitwirkungshandlungen des Bauherrn sind beispielsweise:

- Auswahl zwischen mehreren Entwürfen
- Entscheidungen über die zu verwendenden Baustoffe notwendige Vertragsabschlüsse mit Fachingenieuren, ausführenden Firmen etc.
- Unterzeichnung des Baugesuchs
- Beauftragung des ausführenden Unternehmens

606 Die Honorar- und Schadensersatzansprüche des Architekten bei Verstoß gegen eine Mitwirkungspflicht seitens des Bauherrn ergeben sic' aus §§ 642 und 645 Abs. 1 S. 2 BGB.

607 *angemessene Entschädigung* Nach § 642 Abs. 1 BGB steht dem Architekten zunächst eine angemessene Entschädigung zu, deren Höhe sich nach § 642 Abs. 2 BGB einerseits nach der Dauer des Verzuges und der Höhe der vereinbarten Vergütung, andererseits nach demjenigen richtet, was der Architekt infolge des Verzuges an Aufwendungen erspart oder durch anderweitige Verwendung seiner Arbeitskraft erwerben kann. Dieser Anspruch ist ein dem Werkvertrag eigentümlicher Schadensersatzanspruch, der dem Architekten zu einer gewissen summarischen Abgeltung für das Bereithalten seiner Arbeitskraft und seines Büroapparates verhelfen soll. Während nach allgemeinen Vorschriften der Schuldner beim Annahmeverzug des Gläubigers lediglich den Ersatz von Mehraufwendungen erhält, wie dies in § 304 BGB näher beschrieben ist, verleiht § 642 Abs. 1 BGB dem Architekten im Rahmen des Werkvertrages eine erheblich bessere Rechtsstellung, nämlich einen eigenständigen vom Verschulden des Bestellers unabhängigen Schadensersatzanspruch.

608 Der Höhe nach ist der Schadensersatzanspruch in § 642 Abs. 2 BGB geregelt. Hiernach ist ein Betrag zu ermitteln, der einerseits die Dauer des Verzuges und die Höhe der Vergütung zu berücksichtigen hat, andererseits aber auch die ersparten Aufwendungen und anderweitige Verwendung seiner Arbeitskraft. Was die ersparten Aufwendungen und die anderweitige Verwendung der Arbeitskraft betrifft, gilt inso-

weit das Gleiche wie bei § 649 S. 2 BGB[916]. Anders als bei § 649 S. 2 BGB ist allerdings der Gewinn und das Wagnis abzuziehen.[917]

609 *Honorar*

Neben dem Schadensersatzanspruch steht dem Architekten nach § 645 Absatz 1 S. 3 BGB Honorar zu, das den erbrachten Leistungen der Höhe nach entspricht. Das Honorar ist in der Weise zu ermitteln, dass das Ausmaß der tatsächlich erbrachten Architektenleistungen zur geschuldeten vertragsgemäßen Leistung in Beziehung gesetzt wird und in derselben Relation das Teilhonorar im Verhältnis zum vertraglich vereinbarten Honorar errechnet wird. Die Teilvergütung hat der Teilleistung zu entsprechen, beide Faktoren jeweils orientiert an der erbrachten Teilleistung und der geschuldeten Gesamtleistung[918].

610 *Auslagenersatz*

Zudem hat der Architekt nach § 645 Abs. 1 S. 3 BGB einen Anspruch auf Auslagenersatz, wenn die entstandenen Auslagen nicht in der Vergütung inbegriffen sind. Ein solcher Auslagenersatz lässt sich dann problemlos erfassen, wenn schon im Vertrag Vergütung und Auslagenersatz gesondert ausgeworfen sind. Ist das nicht der Fall, müssen die Auslagen ggfs. gesondert ermittelt werden, was auf erhebliche Schwierigkeiten stoßen kann.

611

Der Architekt hat die Voraussetzungen des Honoraranspruchs nach § 645 Abs. 1 S. 3 BGB zu beweisen.

8.3 Kündigungsmöglichkeiten des Bauherrn und Architekten beim Dienstvertrag

8.3.1 Kündigungsvoraussetzungen

612

Ist der Architektenvertrag ausnahmsweise als Dienstvertrag zu qualifizieren[919], können sowohl der Bauherr als auch der Architekt nach § 627 BGB außerordentlich entfristet oder befristet kündigen[920]. Für die außerordentliche Kündigung ist das Vorliegen eines wichtigen Grundes nicht notwendig. Indessen sind die Rechtsfolgen einer außerordentlichen Kündigung des Dienstvertrages ohne wichtigen Grund unterschiedlich, je nach dem, ob der Bauherr diese Kündigung erklärt oder der Architekt.

916 Vgl. oben, Rn. 561 f.

917 BGH, NJW 2000, 1336; a.A. OLG Celle, NJW-RR 2000, 234.

918 Eine Berechnungsformel nennt Glanzmann, in: RGRK, § 642, Rn. 8.

919 Z. B. der Projektsteuerungsvertrag ist grundsätzlich Dienstvertrag – vgl. OLG Düsseldorf, BauR 1999, 508; OLG Düsseldorf, OLGR 1999, 421; siehe hierzu näher Rn. 4.

920 MüKo-Schwerdtner, § 627 BGB, Rn. 8.

613 *keine Pflicht zur Rücksichtnahme* Der Bauherr kann auch ohne wichtigen Grund jederzeit folgenlos nach § 627 BGB außerordentlich kündigen. Für ihn bestehen keinerlei Verpflichtungen zur Rücksichtnahme[921], wie dem Wortlaut des Gesetzes zu entnehmen ist. Kündigt der Bauherr, steht dem Architekten nur das Honorar nach § 628 Abs. 1 S. 1 BGB für die erbrachten Leistungen zu[922].

614 *Kündigung zur Unzeit* Kündigt dagegen der Architekt den Dienstvertrag außerordentlich, obgleich kein wichtiger Grund vorliegt, so macht er sich nach § 627 Abs. 2 BGB schadensersatzpflichtig, sofern die Kündigung zur Unzeit erfolgte. Eine Kündigung zur Unzeit liegt vor, wenn der Bauherr keine Möglichkeit hat, sich die Dienste rechtzeitig nach Zugang der Kündigung anderweitig, nicht notwendig in gleicher Güte und zu gleichen Bedingungen, zu verschaffen[923]. Die Wirksamkeit der Kündigung bleibt davon aber unberührt.

615 Kann der Architekt einen wichtigen Grund für die außerordentliche Kündigung des Dienstvertrages vorbringen und ist dieser oder sind diese wichtigen Gründe wirksam, scheidet auch bei unzeitiger Kündigung der Schadensersatzanspruch des Bauherrn aus (§ 627 Abs. 2, 2. Hs. BGB).

616 *wichtiger Grund* Die Voraussetzungen dafür, wann ein wichtiger Grund zur außerordentlichen Kündigung des Dienstvertrages vorliegt, regelt § 626 Abs. 1 BGB. Danach müssen Tatsachen vorliegen, aufgrund derer dem Kündigenden unter Berücksichtigung aller Umstände des Einzelfalles und unter Abwägung der Interessen beider Vertragsteile die Fortsetzung des Dienstverhältnisses bis zum Ablauf der Kündigungsfrist oder bis zu der vereinbarten Beendigung des Dienstverhältnisses nicht zugemutet werden kann.

617 Dazu einige Beispiele:

- *Verletzung von Fürsorgepflichten des Bauherrn gegenüber dem Architekten* – Insoweit kommt es allerdings auf die jeweilige Intensität der Verletzung und auf die Qualität der verletzten Fürsorgepflicht an. Missachtet der Bauherr beispielsweise zwingende Arbeitsschutzvorschriften und gerät der Architekt dadurch auf der Baustelle in Gefahr, so liegt jedenfalls dann ein wichtiger Grund vor, wenn der Bauherr trotz entsprechenden Hinweises weiterhin untätig bleibt. Zur Verletzung von Fürsorgepflichten zählt es auch, wenn der Bauherr von dem Architekten die Missachtung von Bauvorschriften verlangt.

921 MüKo-Schwerdtner, § 627 BGB, Rn. 8.
922 OLG Düsseldorf, BauR 1999, 508; OLG Düsseldorf, OLGR 1999, 421; vgl. auch Rn. 4.
923 Palandt-Putzo, § 627, Rn. 6 f.

- *Beleidigungen, Verdächtigungen* – Der Architekt braucht sich Beleidigungen oder ungerechtfertigte Verdächtigungen des Bauherrn nicht gefallen zu lassen; sie rechtfertigen immer die Kündigung aus wichtigem Grund[924]. Umgekehrt gilt dasselbe für die vom Bauherrn erklärte Kündigung.

- *Krankheit* – Leidet der Bauherr unter einer ansteckenden Krankheit, kann der Architekt je nach dem, ob konkret eine Ansteckungsgefahr besteht, aus wichtigem Grund kündigen[925]. Gleiches gilt, wenn der Architekt erkrankt und diese Krankheit einen Dauerzustand darstellt.

- *Zahlungsrückstände* – Gerät der Bauherr mit seiner bestehenden Pflicht, angemessene Teilzahlungen zu leisten, in Verzug, stellt dies ebenfalls einen wichtigen Grund dar[926].

Obwohl das außerordentliche Kündigungsrecht grundsätzlich nicht **618** abbedungen werden kann, ist § 627 BGB der Parteidisposition zugänglich[927].Wird in einem Architektenvertrag, der Dienstleistungen regelt und daher als Dienstvertrag zu werten ist, die außerordentliche Kündigung nach § 627 BGB abbedungen, so bleibt aber stets die Möglichkeit der außerordentlichen Kündigung nach § 626 erhalten; würde in einem solchen Fall der Bauherr oder der Architekt außerordentlich kündigen, so ist das mithin nur möglich, wenn ein wichtiger Grund vorliegt.

8.3.2 Kündigungsfolgen

Wird der Architektenvertrag bei Vorliegen eines wichtigen Grundes **619** außerordentlich gekündigt, so gilt für die Folgewirkungen § 628 BGB.

Kündigt der Bauherr das Dienstverhältnis mit dem Architekten nach **620** § 627 BGB, steht dem Architekten nach § 628 Abs. 1 S. 1 BGB die Vergütung nur für die erbrachten Leistungen zu[928]. Hat der Architekt allerdings selbst gekündigt, ohne durch vertragswidriges Verhalten des Bauherrn dazu veranlasst worden zu sein, oder veranlasst er durch sein eigenes vertragswidriges Verhalten die Kündigung durch den Bauherrn, so steht dem Architekten ein Anspruch auf Honorar insoweit nicht zu, als seine bisherigen Leistungen infolge der Kündigung für den anderen Teil kein Interesse haben. Hatte der Bauherr das Ho-

924 LAG Düsseldorf, DB 172, 2072 – für ein Arbeitnehmerverhältnis.
925 LAG Düsseldorf, BB 1961, 49 – für ein Arbeitsverhältnis.
926 BGH, BauR 1998, 866.
927 RGZ 105, 416.
928 Vgl. Rn. 4; OLG Düsseldorf, BauR 1999, 508; OLG Düsseldorf, BauR 1999, 421.

norar für eine spätere Zeit im Voraus entrichtet, so muss der Architekt den zu viel bezahlten Betrag zurückerstatten.

621 *Schadensersatz* Nach § 628 Abs. 2 BGB muss außerdem derjenige, der die Kündigung durch sein vertragswidriges Verhalten veranlasst hat, Ersatz leisten für den durch die Aufhebung des Dienstverhältnisses entstandenen Schaden. Voraussetzung ist eine schuldhafte Vertragsverletzung, die zur außerordentlichen Kündigung geführt hat. Die schuldhafte Vertragsverletzung muss die Qualität eines wichtigen Grundes i. S. d. § 626 Abs. 1 BGB haben[929]. Das heißt: ein wichtiger Grund zur außerordentlichen Kündigung ist nur dann gegeben, wenn dem Kündigenden unter Berücksichtigung aller Umstände des Einzelfalles nach Treu und Glauben nicht zugemutet werden kann, das Dienstverhältnis überhaupt oder für die Dauer der vorgesehenen ordentlichen Kündigungsfrist fortzusetzen.

622 Haben beide Vertragsteile ein Recht zur außerordentlichen Kündigung, so entfällt der Schadensersatzanspruch nach § 628 Abs. 2 BGB[930].

623 Festzuhalten ist mithin, dass auch dem Architekten nach § 628 BGB dann ein Schadensersatzanspruch gegen den Bauherrn zusteht, wenn dieser den wichtigen Grund für die außerordentliche Kündigung zu vertreten hat. Hat dagegen der Architekt den wichtigen Grund zu vertreten und kündigt der Bauherr daher außerordentlich gestützt auf den wichtigen Grund, ist der Architekt nach § 628 Abs. 2 BGB Schadensersatzpflichtig.

8.3.3 Darlegungs- und Beweislast

624 Der Architekt hat zu beweisen, dass der von ihm nach § 628 Abs. 1 S. 1 BGB geforderte Teil der Vergütung den bisherigen Dienstleistungen entspricht. Im Streit um den Honoraranspruch muss der Bauherr nach § 628 Abs. 1 S. 2 BGB beweisen, dass ihm, dem Bauherrn, kein vertragswidriges Verhalten vorzuwerfen ist, der Architekt also ohne wichtigen Grund außerordentlich gekündigt hat. Ferner muss der Bauherr im Fall einer von ihm selbst zu vertretenden Kündigung beweisen, dass der Architekt den oder die wichtigen Gründe zur außerordentlichen Kündigung veranlasst hat[931]. Derjenige, der Schadensersatzansprüche nach § 628 Abs. 2 BGB geltend macht, muss das Vorliegen einer wirksamen außerordentlichen Kündigung gem. § 626 Abs. 1 BGB dartun und beweisen[932]. Ferner muss er die Veranlassung der außerordentlichen Kündigung durch eine Vertragswidrigkeit des

929 RGZ 112, 34.
930 BGH, NJW 1965, 1905.
931 Baumgärtel, § 628, Rn. 1.
932 Baumgärtel, § 628, Rn. 2.

anderen Teils – also den wichtigen Grund – sowie den Schaden und dessen Umfang beweisen[933]. Für die Darlegung des Umfangs des Schadens kommt dem Architekten die Beweislasterleichterung des § 252 S. 2 BGB i. V. m. § 287 ZPO zugute[934].

Wendet der Architekt gegenüber der Schadensersatzklage des Bau- 625
herrn wegen Vertragsbruchs ein, er habe durch seine eigene fristlose Kündigung das Dienstverhältnis beendet, so verteilt sich die Beweislast folgendermaßen: Der Bauherr hat als Voraussetzung für seinen Schadensersatzanspruch die Entstehung des Anspruchs auf Dienstleistung über den Kündigungstermin hinaus, die Einstellung der Dienstleistung durch den Architekten und den daraus folgenden Verdienstausfall zu beweisen. Der Architekt muss demgegenüber die Umstände beweisen, die ihn zur sofortigen Kündigung berechtigt haben, da er sich hinsichtlich seiner Dienstleistungspflicht auf die rechtsvernichtende Norm des § 626 Abs. 1 BGB beruft[935].

Ist die Kündigungsmöglichkeit nach § 627 BGB abbedungen, so hat 626
im Fall der außerordentlichen Kündigung aus wichtigem Grund nach § 626 BGB der Kündigende grundsätzlich das Vorliegen der Umstände, die zu der außerordentlichen Kündigung berechtigen, zu beweisen[936].

933 Baumgärtel, § 628, Rn. 2.
934 BAG, NJW 1972, 1437; Baumgärtel, § 628, Rn. 2.
935 BAG, MDR 1973, 169.
936 BAG, MDR 1973, 169.

9 Möglichkeiten der Honorarkürzung bei nicht erbrachten Leistungen

Ein häufiger Einwand von Bauherren in Honorarprozessen ist der, dass der Architekt (Kläger) bestimmte Leistungen aus dem Leistungsbild des § 15 HOAI nicht erbracht habe. Konkret werden dann einzelne Grundleistungen oder Teilgrundleistungen bestimmter Leistungsphasen genannt, die nicht erbracht worden sein sollen und es häufig auch nicht sind. In diesem Zusammenhang wird gerne mit dem Fehlen »zentraler Leistungen« argumentiert. Das Fehlen zentraler Leistungen soll – so wird behauptet – in jedem Fall ein Recht zur Honorarkürzung geben. Dazu berufen sich die Bauherren auf Einzelfallentscheidungen von Oberlandesgerichten, die u. a. zum Spezialproblem des Fehlens einer Kostenermittlung ergangen sind und die feststellten, dass die in der HOAI genannten Kostenermittlungen zentrale Leistungen des Architektenvertrages sind, deren Fehlen eine Minderung des Honorars rechtfertigen könne[937]. 627

zentrale Leistung

Im Nachfolgenden soll das Problem systematisch untersucht werden:

9.1 Vorrangig zu prüfen: Umfang der vom Architekten geschuldeten Leistungen

Der Bauherr kann dem Architekten im Rahmen der Vertragsfreiheit alle möglichen Aufgaben übertragen, z. B. reine Beratungstätigkeiten im Vorfeld des Erwerbs einer Immobilie, Tätigkeiten während der Errichtung des Bauwerks oder die komplette Planung mit Bauüberwachung. Anhand der Vereinbarung mit dem Bauherrn ist festzustellen, was der Architekt im Einzelnen schuldet. 628

Die HOAI – insbesondere das in § 15 HOAI genannte Leistungsbild – ist hingegen zur Bestimmung der Leistungspflichten des Architekten grundsätzlich nicht geeignet. Bei der HOAI handelt es sich lediglich um eine Honorarordnung, die keine unmittelbaren Leistungspflichten begründet. Zum Verhältnis von BGB und HOAI hat der BGH[938] herausgestellt, dass die HOAI keine normativen Leitbilder für den Inhalt von Architekten- und Ingenieurverträgen enthält und daher auch für die Frage, was der Architekt oder Ingenieur zu leisten 629

Kriterien für die Auslegung

937 So z.B. OLG Celle, BauR 1991, 271; OLG Hamm, NJW-RR 1990, 522; OLG Karlsruhe, BauR 1993, 109; OLG Hamm, BauR 1994, 793.
938 BGH, BauR 1999, 187.

hat, allein der geschlossene Werkvertrag nach Maßgabe der Regelungen des BGB und der dazu im Einzelnen getroffenen Vereinbarungen von Bedeutung ist. Die Auslegung des Werkvertrags und der Inhalt der vertraglichen Verpflichtungen des Architekten oder Ingenieurs können – so der BGH – nicht in einem Vergleich der Gebührentatbestände der HOAI und der vertraglich vereinbarten Leistungen bestimmt werden. Sind die zwischen Bauherr und Architekt getroffenen Vereinbarungen unklar oder gibt es keine schriftlichen oder mündlichen Vereinbarungen zum konkreten Leistungsumfang, sind vorrangig alle vertragsbegleitenden Umstände zu berücksichtigen; nur ausnahmsweise spielt hierneben auch das Leistungsbild des § 15 HOAI eine gewisse Rolle; das gilt vor allem für solche Fälle, in denen der Vertrag auf das Leistungsbild nach § 15 HOAI ausdrücklich Bezug nimmt.

630 Allein diese Bezugnahme auf das Leistungsbild nach § 15 HOAI oder einzelne Leistungsphasen der HOAI (z. B. nach § 15 HOAI) entscheidet aber noch nicht die Frage, ob der Architekt tatsächlich die unter der jeweiligen Leistungsphase erfassten Grundleistungen schuldet[939]. Denn § 2 Abs. 2 HOAI bestimmt ausdrücklich, dass Grundleistungen eben nur die Leistungen umfassen, die zur ordnungsgemäßen Erfüllung des Vertrages »im Allgemeinen« erforderlich sind[940].

631 Im Rahmen der Vertragsauslegung sind alle vertragsbegleitenden Umstände heranzuziehen, insbesondere das Verhalten der Vertragsparteien während der Vertragsausführung oder auch ihr Verhalten danach. Werden beispielsweise vom privaten Bauherrn bei fehlender schriftlicher oder mündlicher Vereinbarung zur Vorlage von Kostenermittlungen oder zur Kostenkontrolle anlässlich der Planung und der Durchführung des Bauvorhabens keinerlei Aussagen zu Kosten oder Kostenkontrollen vom Architekten gefordert und erbringt dieser solche Leistungen auch nicht, stellt dieses einvernehmliche Verhalten des Bauherrn und des Architekten ein erhebliches Indiz dafür dar, dass qualifizierte Kostenermittlungen und Kostenkontrollen, wie sie Gegenstand des § 15 HOAI sind, vom Architekten auch nicht geschuldet werden.

632 Dies hat allerdings damit zu tun, dass der Architekt allgemein die Verpflichtung zur Kostenberatung hat. Die allgemeine Pflicht zur Kostenberatung ist eine wesentliche Sachwalterpflicht, die der Architekt während des gesamten Planungsvorgangs und auch während der Objektüberwachung auszuüben hat. So muss er bereits im Rahmen der Grundlagenermittlung, spätestens anlässlich der Vorplanung den Kostenrahmen ermitteln[941] und sicherstellen, dass dieser Kostenrah-

939 Kniffka, BauR 1996, 773.

940 So auch OLG Düsseldorf, BauR 1994, 133, 135; Landesberufungsgericht für Architekten Stuttgart, BauR 1995, 406, 409.

941 BGH, BauR 1991, 366.

men im Zuge der fortschreitenden Planung auch eingehalten wird. Dazu ist es indes nicht zwingend erforderlich, die qualifizierten Kostenermittlungen nach DIN 276 anzufertigen. Das gilt vor allem auch deshalb, weil die DIN 276 durch die Anknüpfung an Kostengruppen auf den öffentlichen Auftraggeber zugeschnitten ist. Für den privaten Bauherrn und die Planung seines Einfamilienhauses hat sie kaum Aussagekraft[942]. Wird freilich – wie dies bei Verwendung des von der Bundesarchitektenkammer empfohlenen Einheits-Architektenvertrages für Gebäude[943] in § 2 der Fall ist – die Kostenermittlung nach DIN 276 gem. § 10 Abs. 2 HOAI ausdrücklich vereinbart, muss der Architekt sie auch erbringen, gleich ob dies nun für den Bauherrn Sinn macht oder nicht.

9.2 Vom Architekten nicht erbrachte Leistung war auch nicht geschuldet

Ergibt die Vertragsauslegung, dass die Leistung, deren Fehlen der **633**
Bauherr später beanstandet und als Grund für eine Honorarkürzung *§ 5 HOAI*
heranzieht, tatsächlich nicht geschuldet war, kann auf § 5 Abs. 2 HOAI zurückgegriffen. Danach darf für die beauftragten Leistungen nur ein Honorar berechnet werden, welches dem Anteil der übertragenen Leistungen an der gesamten Leistungsphase entspricht. Das Recht sieht also ausdrücklich eine Kürzung vor.

Fraglich kann nur sein, in welcher Höhe eine solche Kürzung stattzu- **634**
finden hat. Das ergibt sich aus dem Vergleich der beauftragten Leistungen mit den nicht beauftragten Leistungen, also unter Berücksichtigung des nicht beauftragten Anteils. Abzustellen ist auf den konkreten Auftrag[944]. Im Übrigen kann der Honoraranteil für die nicht beauftragten Leistungen nach der so genannten Steinfort-Tabelle[945] bewertet werden. Diese Tabelle beruht auf Erfahrungswerten. Sie be- *Steinfort-Tabelle*
trifft nur die nach § 5 Abs. 2, 3 HOAI vorzunehmenden Kürzung und gibt lediglich Bandbreiten an[946]. Diese Bandbreiten können je nach Einzelfall unterschritten oder auch überschritten werden.

942 Kniffka, BauR 1996, 773, 775.
943 Veröffentlicht in: Bundesanzeiger Nr. 152 vom 13.08.1994.
944 Kniffka, BauR 1996, 773, 776 m. w. N.; vgl. auch Rn. 9 f.
945 Pott/Dahlhoff/Kniffka, HOAI, Anhang III.
946 Kniffka, BauR 1996, 773, 776.

9.3 Architekt hat das volle Leistungsbild des § 15 Abs. 2 HOAI in Auftrag, erbringt aber Teilleistungen nicht

635 Sind die Vereinbarungen zwischen den Parteien dahingehend auszulegen, dass dem Architekten die Vollarchitektur nach § 15 Abs. 2 HOAI in Auftrag gegeben wurde, so steht an sich fest, dass der Architekt alle Grundleistungen des § 15 HOAI zu erbringen hat. Tut er dies nicht, werden also Teilleistungen aus dem Leistungsbild des § 15 HOAI nicht ausgeführt, wäre hinsichtlich einer Honorarkürzung ebenfalls an § 5 Abs. 1–3 HOAI zu denken. Die Verordnung passt jedoch nicht:

636 Sowohl in Absatz 1 wie auch in den Absätzen 2 und 3 des § 5 HOAI hebt der Verordnungsgeber darauf ab, dass dem Architekten nicht alle Leistungsphasen eines Leistungsbildes übertragen wurden[947]. Darum geht es hier aber nicht: Die Fragestellung lautet vielmehr, ob das Architektenhonorar bei Beauftragung sämtlicher Leistungen aus dem Leistungsbild des § 15 HOAI gekürzt werden kann, wenn der Architekt die ihm übertragenen Leistungen nur teilweise erbringt. Die Beurteilung dieser Fälle richtet sich allein nach bürgerlich-rechtlichen Grundsätzen[948]; die HOAI gibt dazu keine Lösung.

637 *Gewährleistungsrecht*

Als Anspruchsgrundlage für eine Honorarkürzung kommt in diesen Fällen nur Gewährleistungsrecht (§§ 634, 635 BGB a. F., §§ 634–638, 280 f. BGB) in Betracht[949].

638 Ein Architektenvertrag ist ein Werkvertrag, dessen Ziel vor allem darin besteht, dass der Architekt durch die Wahrnehmung der ihm obliegenden Aufgaben das Bauwerk mangelfrei entstehen lässt[950]. Darüber hinaus hat er noch andere, nicht am Bauwerk verkörperte Leistungen zu erbringen, wie z. B. die Kostenberechnung nach DIN 276. Soweit es sich allein um die mangelfreie Errichtung des Bauwerks handelt, schuldet der Architekt nicht die Einzeltätigkeit, sondern die einwandfreie Gesamtleistung[951]. In der Art seiner Aufgabenerfüllung, insbesondere im Umfang der ihm obliegenden Aufsichtsleistungen, ist er frei. Dementsprechend ist sein Honoraranspruch allein objekt-, nicht dagegen zeit- oder tätigkeitsbezogen. Das findet seine Rechtfertigung darin, dass es dem Bauherrn im Ergebnis lediglich auf die ordnungsgemäße Errichtung des Bauwerks ankommt. Dagegen ist es für ihn in der Regel ohne Interesse, wie der Architekt den angestrebten Erfolg

947 OLG Düsseldorf, OLGR 2001, 109.
948 BGH, BauR 1997, 154; OLG Düsseldorf, OLGR 2001, 109.
949 BGH, BauR 1982, 290; OLG Hamm, BauR 1982, 597; OLG Hamm, BauR 1986, 710; OLG Celle, BauR 1991, 317; Palandt-Thomas, § 634, Rn. 8.
950 Ständige Rechtsprechung: BGH, BauR 1974, 211.
951 BGH, BauR 1982, 290.

herbeiführt und welchen Arbeitseinsatz er dazu für erforderlich hält[952].

Wird der geschuldete Erfolg in Gestalt eines einwandfreien Bauwerks erreicht, so lässt sich nicht sagen, dass das Architektenwerk Mängel aufweist, die den Bauherrn zur Kürzung der Honorarforderung berechtigen. Vielmehr ist die Leistung vertragsgemäß und damit abnahmefähig[953] erbracht. Der Architekt hat daher Anspruch auf das gesamte Honorar, ohne dass es darauf ankommt, ob er die einzelnen Leistungen aus dem Leistungsbild des § 15 HOAI, die mit bestimmten v. H.-Sätzen der Gesamtleistung bewertet werden, vollständig erbracht hat[954]. **639** *ist der geschuldete Erfolg erreicht?*

Dieses Ergebnis ist auch nicht unbillig, da der Architekt das Risiko trägt, dass sich aus der Nichterbringung von Teilleistungen Mängel des Werkes ergeben, für die er dem Bauherrn dann wieder nach Gewährleistungsrecht einzustehen hat. **640**

Im Prinzip gilt nichts anderes, wenn das Werk des Architekten bei nur unvollständig erbrachten Teilleistungen zwar insgesamt entstanden ist, aber Fehler aufweist. Derartige Mängel berechtigen den Bauherrn bei erfolgter Abnahme zur Geltendmachung von Gewährleistungsansprüchen, lassen jedoch die Honorarforderung des Architekten zunächst unberührt. Verweigert der Bauherr dagegen die Abnahme, weil das Werk nicht abnahmefähig ist und hat sich der Mangel noch nicht im Bauwerk niedergeschlagen, besteht primär der Anspruch auf Erfüllung bzw. Nacherfüllung: Der Architekt kann in diesem Fall die noch nicht erbrachte Leistung grundsätzlich nachholen[955]. Eine Honorarminderung scheidet also ebenfalls zunächst aus. In Ausnahmefällen wird der Bauherr allerdings einwenden können, die nicht erbrachte Leistung sei nach Fertigstellung des Bauwerks nicht mehr zu verwerten und deshalb eine Frist zur Nachbesserung/Nacherfüllung entbehrlich gewesen. Vor allem bei geschuldeter, aber nicht erbrachter Kostenkontrolle und nicht erbrachten Kostenermittlungen nach DIN 276 wird dieser Einwand meist erheblich sein, weil es in der Tat nach Fertigstellung des Gebäudes keinen Sinn mehr macht, solche Leistungen nachzuholen. Im Einzelfall muss jedoch geprüft werden, ob der Architekt eventuelle andere Kostenermittlungen durchgeführt und der Bauherr diese verwertet hat. Hierdurch wird ggfs. eine fehlende Kostenermittlung nach DIN 276 kompensiert. **641**

Die gegenteilige Auffassung hätte zur Folge, dass die durch unvollständige Teilleistungen verursachten Mängel doppelt berücksichtigt **642**

952 BGH, NJW 1969, 419 f.; BGH, BauR 1982, 290 f.

953 Die Abnahme ist nicht erforderlich, wohl aber die Abnahmefähigkeit: BGH, BauR 1974, 215; BGH, BauR 1986, 596.

954 BGH, BauR 1982, 290; BGH, NJW 1969, 419; OLG Hamm, BauR 1998, 819; OLG Düsseldorf, NJW-RR 1998, 454.

955 Vgl. unter Rn. 649 f.

würden, nämlich einmal bei der Kürzung des Honoraranspruches und zum anderen bei den in aller Regel auf Schadensersatz gerichteten Gewährleistungsansprüchen des Bauherrn. Erhält der Bauherr im Wege des Schadensersatzes einen Ausgleich für die Schlechterfüllung des Architektenvertrages, so besteht weder ein Bedürfnis noch ein Grund, ihn durch eine Herabsetzung des Architektenhonorars zusätzlich zu begünstigen[956]. In diesem Fall steht der Bauherr aufgrund der Schadensersatzleistung des Architekten im Ergebnis so, als sei ordnungsgemäß erfüllt worden. Das verpflichtet ihn andererseits, die nach der HOAI geschuldete Vergütung vollständig zu entrichten oder sich von ihr durch Aufrechnung mit einem Schadensersatzanspruch zu befreien.

643 *keine abnahmefähige Leistung*

Anders ist die Rechtslage natürlich zu beurteilen, wenn die Architektenleistung mit derart schwerwiegenden Mängeln behaftet ist, dass sie nicht nur nicht abnahmefähig, sondern auch sogar nicht mehr nachbesserungsfähig und deshalb für den Bauherrn wertlos ist. In diesem Fall braucht der Bauherr kein Honorar zu zahlen[957].

9.4 Bauherr erbringt selbst Vorleistungen, durch die die Planungsaufgabe des Architekten erleichtert wird

644 In der Praxis kommt es häufig vor, dass Bauherren dem Architekten die Planungsunterlagen eines anderen Architekten vorlegen mit dem Auftrag, unter Berücksichtigung dieser Planung »den Bauantrag« zu erstellen oder »die Planungsleistungen« zu erbringen. Im Rahmen der Schlussrechnungslegung durch den Architekten kommt es dann später meist zum Streit über den Umfang der abzurechnenden Leistungen. Die Lösung dieser Fälle bereitet keine Schwierigkeiten, wenn die Parteien hinsichtlich der vom Architekten zu erbringenden Leistungen konkrete Vereinbarungen getroffen haben. Hat beispielsweise der Bauherr den Architekten schriftlich oder nachweislich mündlich ausdrücklich nur mit den noch nicht vom Vorarchitekten erbrachten Leistungen – also mit der weiteren Planung – beauftragt, findet § 5 Abs. 1 oder Abs. 2 HOAI Anwendung, je nach dem, ob der Auftrag auf komplette Leistungsphasen beschränkt war (dann § 5 Abs. 1 HOAI) oder auf restliche Grundleistungen einer vom Vorarchitekten noch nicht fertig gestellten Leistungsphase (dann § 5 Abs. 2 HOAI).

956 OLG Düsseldorf, BauR 1972, 385 f.; Ganzmann, in: BGB-RGRK, § 631, Rn. 161.

957 BGH, BauR 1972, 185; BGH, BauR 1976, 285; BGH, BauR 1982, 220, 292.

Fehlt es an einer eindeutigen Auftragslage, dann stellt sich die Frage, ob im Rahmen der Auslegung darauf abgestellt werden kann, dass der Architekt infolge der Vorleistungen eines anderen Architekten eine Arbeitserleichterung hatte und der Wille der Vertragsparteien aus diesem Grund auf einen eingeschränkten Leistungsumfang gerichtet war. Das ist aber zu verneinen: Die Vorlage fremder Planungsleistungen bei Vertragsbeginn führt rein tatsächlich nämlich nicht zu einer Arbeitserleichterung auf Seiten des Architekten. Das gilt selbst dann, wenn der Architekt diese Vorleistungen an sich verwerten kann. Werden dem Architekten Vorleistungen eines anderen Architekten in Form von Plänen vorgelegt, enthebt ihn dies nicht der Verpflichtung zur Prüfung dieser Planungsunterlagen und zur Klärung der Aufgabenstellung. Das OLG Hamm[958] hat zu Recht darauf hingewiesen, dass z. B. der Auftrag zur Anfertigung der Genehmigungsplanung notwendigerweise auch die Erbringung der vorausgehenden Leistungsphasen, also der Grundlagenermittlung, der Vorplanung und der Entwurfsplanung umfasst und dies auch dann gilt, wenn dem Architekten eine fremde Planung bei Vertragsbeginn vorgelegt wird, weil die überprüfende Tätigkeit dieser fremden Planung meist zeitaufwendiger ist, als Überlegungen zu einer eigenständigen Planung. Zu berücksichtigen ist auch, dass der Architekt vor allem auch aus haftungsrechtlichen Gesichtspunkten die ihm vorgelegten Vorleistungen des anderen Architekten keineswegs mit Hinweis auf die Haftung des anderen Architekten übernehmen darf, sondern sie kritisch auf Mängel untersuchen muss. Tut der Architekt dies nicht, und stellt sich später heraus, dass die Vorleistungen des anderen Architekten fehlerhaft waren, haftet er gesamtschuldnerisch neben dem anderen Architekten und kann dem Bauherrn gerade nicht ein Mitverschulden nach §§ 254, 278 BGB entgegenhalten[959]. Der Wille des Architekten wird deshalb regelmäßig nicht darauf gerichtet sein, nur einen um diese Vorleistungen gekürzten Auftrag zu erhalten. Von daher kann auch nicht davon ausgegangen werden, dass sich die Vertragsparteien über einen eingeschränkten Leistungsumfang im Klaren waren. **645**

der Architekt muss Vorleistungen prüfen

9.5 Bauherrn geht es nicht nur um die Errichtung des Gebäudes; er beauftragt gezielt eine bestimmte Leistung

Ergibt die Auslegung, dass es dem Bauherrn nicht nur um die ordnungsgemäße Errichtung des Bauwerks geht und in diesem Zusammenhang um die Kontrolle und Ermittlung von Kosten, sondern beauftragt der Bauherr ganz gezielt die Vornahme einer Kostenberechnung nach DIN 276, weil er diese z. B. zur Vorlage bei seiner Bank **646**

was ist vereinbart worden?

958 OLG Hamm, NJW-RR 1990, 522.
959 OLG Düsseldorf, BauR 1998, 582; OLG Köln, BauR 1997, 505.

benötigt, so schuldet der Architekt dies als Teilerfolg. Dieser Teilerfolg ist auch dann nicht erbracht, wenn die Planung in dem vom Bauherrn möglicherweise genannten Kostenrahmen bleibt. In diesem Fall ist die Kostenberechnung nach DIN 276 eine außerhalb des Gesamterfolgs stehende Leistung[960], anders ausgedrückt: ein geschuldeter Teilerfolg, der neben dem geschuldeten Werkerfolg noch zusätzlich zu erbringen ist.

647 Die Vereinbarung eines solchen Teilerfolgs ist keine Besonderheit des Architektenvertragsrechts. Häufig übernehmen es auch Bauunternehmer, neben der Errichtung des Gebäudes weitere erfolgsbezogene Leistungen wie Entsorgungsnachweise, Revisionspläne zu erbringen. Werden diese Leistungen vom Unternehmer trotz Beauftragung nicht ausgeführt, hat er trotz ordnungsgemäßer Herstellung des Bauwerks die Gesamtleistung nicht erbracht.

648 *Erfüllungsanspruch* Der Bauherr hat bei Fehlen des geschuldeten Teilerfolgs zunächst einen Anspruch auf Erfüllung; der Architekt kann sein Honorar noch nicht fällig stellen (§ 8 Abs. 1 HOAI). Gegebenenfalls kann der Bauherr die Abnahme verweigern. Außerdem stehen dem Bauherrn die Gewährleistungsansprüche (§§ 634, 635 BGB a. F., §§ 634–638, 280 f. BGB) zu[961]. Eine Honorarminderung ist danach erst möglich, nachdem der Bauherr dem Architekten die Möglichkeit der Nachbesserung bzw. Nachholung der Leistung eingeräumt hatte[962].

649 Indes sind Fälle denkbar, in welchen dem Erfüllungsanspruch des Bauherrn rechtliche Hindernisse entgegenstehen: Ist die Planungsleistung abgeschlossen und evt. das Bauwerk sogar schon errichtet, benötigt der Auftraggeber eine besonders in Auftrag gegebene Kostenberechnung nach DIN 276 nicht mehr. Von daher wäre das Verlangen des Auftraggebers nach einer Nachholung der Kostenberechnung treuwidrig. Umgekehrt kann ein Architekt sich in diesem Fall nicht darauf berufen, der Bauherr müsse ihm die Möglichkeit der Nachbesserung bieten. Dem steht ebenfalls Treu und Glauben entgegen. Der Bauherr wird vielmehr sofort die Minderung des Honorars nach § 634 BGB a. F., §§ 634 Nr. 3, 638 BGB geltend machen können.

9.6 Umfang der Honorarminderung nach Gewährleistungsrecht

650 Maßgebend für die Höhe der Minderung ist nach altem Recht § 634 Abs. 4 BGB a. F. i. V. m. § 472 BGB a. F. und nach neuem Recht §§ 634 Nr. 3, 638 Abs. 3 BGB. Es kommt darauf an, wie die fehlende Leistung zu bewerten ist. Insoweit kann auf Erfahrungswerte zurück-

960 Kniffka, BauR 1996, 773, 777.
961 BGH, NJW-RR 1993, 1461.
962 Werner/Pastor, Rn. 788 m. w. N.

gegriffen werden. Im Streitfall muss ein Sachverständigengutachten eingeholt werden. In der Rechtsprechung gibt es eine Vielzahl von Einzelfallentscheidungen, die insbesondere fehlende Kostenermittlungen betreffen.

So hat das OLG Hamm in einem Fall für eine Kostenberechnung 0,8 %[963], in einem anderen Fall nach sachverständiger Beratung 2 %[964] in Abzug gebracht. Das OLG Frankfurt[965] bewertet die Grundleistungen mit jeweils gleichem prozentualem Anteil; auch das kann im Einzelfall gerechtfertigt sein. 651

Bei der Bewertung sind ggfs. Ersatzmaßnahmen zu berücksichtigen, die zu vergleichbaren Ergebnissen führen wie die geschuldete Leistung[966]. Legt der Architekt dem Bauherrn im Rahmen der Entwurfsplanung beispielsweise bereits eine Kostenaufstellung vor, die auf den Positionen konkreter Angebote ausführender Unternehmen basiert, kann dies ohne weiteres die vertraglich geschuldete Kostenberechnung nach DIN 276 ersetzen. Das gilt jedenfalls dann, wenn der Bauherr diese Kostenberechnung widerspruchslos entgegennimmt und sie für seine weiteren Überlegungen verwertet. Denn dadurch bringt der Bauherr konkludent zum Ausdruck, dass er die Kostenaufstellung als vertragsgemäße Erfüllung akzeptiert. 652

Gleiches gilt, wenn der Architekt anstelle der geschuldeten Kostenberechnung nach DIN 276 eine gewerkebezogene Aufstellung anfertigt[967]. 653

Die Steinfort-Tabelle ist für die Höhe der Minderung nach Gewährleistungsrecht unbrauchbar. Denn die Steinfort-Tabelle befasst sich nur mit der nach § 5 HOAI vorzunehmenden Kürzung[968]. 654 *Steinfort-Tabelle*

963 OLG Hamm, NJW-RR 1990, 522.
964 OLG Hamm, BauR 1994, 793.
965 OLG Frankfurt, BauR 1982, 600.
966 Vgl. Kniffka, BauR 1996, 779.
967 Zutreffend: Kniffka, BauR 1996, 779.
968 A. A.: OLG Hamm, BauR 1994, 793.

10 Mindestsatzunterschreitung und Höchstsatzüberschreitung bei Vereinbarung eines Pauschalhonorars

Gerade bei größeren Bauvorhaben geht die Tendenz dahin, dass Bauherren auch mit dem Architekten Festpreise vereinbaren. Hierdurch soll optimale Kostensicherheit erreicht werden. Wegen des starken Konkurrenzdrucks lassen sich Architekten auf solche Forderungen des Bauherrn ein. Als Grundlage zur Bildung der Pauschale dient meist eine schon vorliegende Kostenprognose, die aber mangels einer Planung und mangels Festlegung der Standards nur sehr grob die tatsächlichen Kosten wiedergeben kann. **655**

Liegen die anrechenbaren Kosten oberhalb von 25.564.594,00 € dann ist es unproblematisch, auf der Grundlage von Kostenprognosen Pauschalhonorare mit Architekten zu vereinbaren, weil nach § 16 Abs. 3 HOAI das Honorar für Gebäude und raumbildende Ausbauten, deren anrechenbare Kosten über 25.564.594,00 € liegen, frei vereinbart werden kann. **656**

Kritisch sind nur die Fälle, in denen die anrechenbaren Kosten unter 25.564.594,00 € liegen; Mindestsatzunterschreitungen oder Höchstsatzüberschreitungen sind hier vorprogrammiert. **657**

Im Folgenden soll untersucht werden, unter welchen Voraussetzungen der Architekt bei Vereinbarung einer Honorarpauschale, die bei späterer Gegenprüfung anhand der nach DIN 276 ermittelten anrechenbaren Kosten unterhalb des Mindestsatzes liegt, über die Pauschale hinaus den Mindestsatz abrechnen kann und unter welchen Voraussetzungen im entgegengesetzten Fall – also bei Überschreitung des Höchstsatzes – der Bauherr berechtigt ist, sich von der Pauschalhonorarvereinbarung zu lösen und nur noch den Höchstsatz zahlen muss.[969] **658**

969 Folge einer Überschreitung des Höchstsatzes ist zwar die Unwirksamkeit der Honorarvereinbarung (vgl. § 134 BGB); die Umdeutung (vgl. § 140 BGB) der unwirksamen Honorarvereinbarung ergibt aber, dass die Parteien zumindest die Höchstsätze vereinbaren wollen. Der Bauherr kann daher nicht auf den Mindestsatz kürzen, sondern nur auf den Höchstsatz (BGH, BauR 1990, 239).

10.1 Pauschale unterschreitet den Mindestsatz

659 Mindestsatzunterschreitungen kommen u. a. in folgenden Konstellationen in der Praxis vor:

- Die dem Pauschalhonorar zugrundegelegten anrechenbaren Kosten sind zu niedrig, wie die späteren Kostenermittlungen nach DIN 276 ergeben.
- Bei der Bewertung der einzelnen Leistungsphasen im Vertrag kürzt der Bauherr die v. H.-Sätze, ohne aber die Leistungsbilder zu reduzieren.
- Entgegen § 22 Abs. 1 HOAI sind bei Bildung der Pauschale die Summe der anrechenbaren Kosten aller Gebäude zugrundegelegt worden.
- Die der Pauschale zugrunde liegende Honorarzone ist zu niedrig angenommen worden (z. B. Honorarzone III anstatt der laut Punktebewertung nach § 11 HOAI zutreffenden Honorarzone IV.).
- Die Honorare für Objektplanung und Freianlagen wurde aus der Summe der anrechenbaren Kosten entgegen § 18 HOAI gebildet und dann als Pauschale vereinbart.
- Eine bestimmte Leistungsphase, die rein tatsächlich vom Architekten erbracht werden muss, wird bei der Bildung der Pauschale mit den entsprechenden v. H.-Sätzen nicht berücksichtigt.
- Vom Bauherrn erbrachte Vorleistungen oder zu erbringende Eigenleistungen des Bauherrn, die die Planungsaufgabe des Architekten reduzieren, werden überproportional bewertet.
- Bei Bildung der Pauschale wird eine ältere Honorartafel zugrundegelegt.
- Bei Bildung der Pauschale wird noch ein Nachlass berücksichtigt.
- Die Nebenkosten sind in der Pauschale enthalten, werden aber rechnerisch nicht berücksichtigt.

660 Nach § 4 Abs. 1 HOAI richtet sich das Honorar nach der schriftlichen Vereinbarung, die die Vertragsparteien bei Auftragserteilung im Rahmen der durch diese Verordnung festgesetzten Mindest- und Höchstsätze treffen. Nach § 4 Abs. 2 HOAI können die in der Verordnung festgesetzten Mindestsätze durch schriftliche Vereinbarung in Ausnahmefällen unterschritten werden. Liegt kein Ausnahmefall vor, unterschreitet die Pauschale aber den Mindestsatz, ist sie unwirk-

sam mit der Folge, dass der Architekt den Mindestsatz nach §§ 10 Abs. 2, 11, 12 HOAI abrechnen kann[970]. Gleiches gilt nach § 4 Abs. 4 HOAI, wenn das Pauschalhonorar nicht bei Auftragserteilung schriftlich vereinbart wurde.

Damit bedarf es zum Abschluss einer wirksamen Pauschalhonorarvereinbarung, die unterhalb des Mindestsatzes liegt, der Einhaltung von zwei Voraussetzungen: In formeller Hinsicht muss die entsprechende Honorarvereinbarung schriftlich bei Auftragserteilung zustande kommen; in sachlicher Hinsicht muss der in § 4 Abs. 2 HOAI angesprochene Ausnahmefall einer zulässigen Unterschreitung des Mindestsatzes gegeben sein. **661**

10.1.1 Formelle Voraussetzungen

10.1.1.1 Schriftform

Nach § 4 Abs. 1 HOAI muss die Pauschalhonorarvereinbarung bei Auftragserteilung schriftlich zustande kommen. **662**

Voraussetzung: gesetzliche Schriftform

Erforderlich ist die so genannte gesetzliche Schriftform nach § 126 BGB. Das heißt, die Honorarvereinbarung muss in einer Urkunde enthalten und vom Bauherrn und dem Architekten eigenhändig unterzeichnet sein. Die Urkunde muss also beide Unterschriften enthalten[971]. Ausreichend ist es, wenn die Urkunde z. B. vom Architekten unterschrieben und dann per Telefax dem Bauherrn zugeleitet wird, der das Telefax seinerseits unterzeichnet und dann an den Architekten zurücksendet. Auch in diesem Fall liegt eine Urkunde vor, die von beiden Vertragsparteien unterzeichnet wurde[972]. Dagegen entspricht es nicht der gesetzlichen Schriftform nach § 126 BGB, wenn der Architekt ein schriftliches Honorarangebot, das er unterzeichnet, abgibt und der Bauherr dieses Honorarangebot mit gesondertem Schreiben annimmt bzw. bestätigt[973]. Auch ein einseitiges Auftragsschreiben, das das Versprechen des Bauherrn enthält, ein bestimmtes Honorar zu zahlen, erfüllt nicht die Voraussetzungen an die Schriftform[974]. Ebenso verhält es sich mit wechselseitigen Bestätigungsschreiben, die für nicht ausreichend angesehen werden[975]. **663**

970 BGH, BauR 1998, 815.
971 BGH, BauR 1994, 131.
972 KG, BauR 1994, 791.
973 BGH, BauR 1994, 131; BGH, BauR 1989, 222.
974 BGH, BauR 1989, 222.
975 OLG Düsseldorf, BauR 1995, 419.

664 Kommt die Honorarvereinbarung nur mündlich zustande, führt dies dazu, dass dem Architekten nach § 4 Abs. 4 HOAI der Mindestsatz zusteht[976].

10.1.1.2 Bei Auftragserteilung

665 In zeitlicher Hinsicht muss die schriftliche Honorarvereinbarung »bei Auftragserteilung« zustande kommen. Diese zeitliche Einordnung bereitet Schwierigkeiten und ist auch umstritten.[977]

bei Auftragserteilung bedeutet: zeitgleich mit Abschluss des Vertrags

666 Der BGH[978] und mit ihm wohl auch überwiegend das Schrifttum[979] verstehen den Zeitbegriff »bei Auftragserteilung« dahingehend, dass die Honorarvereinbarung gleichzeitig mit dem Architektenvertrag zustande kommen muss, wobei der Architektenvertrag als solches mündlich geschlossen werden kann.

667 Kam zwar ein mündlicher Architektenvertrag zustande, wurde die Honorarvereinbarung aber erst später schriftlich vereinbart, kann diese schriftliche Vereinbarung ausnahmsweise nach § 154 Abs. 2 BGB dennoch wirksam sein. Nach dieser Vorschrift ist im Zweifel der Vertrag nicht geschlossen, bis die Beurkundung erfolgt ist, wenn eine Beurkundung des beabsichtigten Vertrages vereinbart worden war. Das bedeutet: Erteilt der Bauherr dem Architekten mündlich einen Architektenauftrag, wird aber zugleich vereinbart, dass dieser mündliche Vertrag in jedem Fall noch schriftlich vereinbart werden soll und kommt dann später mit dem schriftlichen Vertrag auch die schriftliche Honorarvereinbarung zustande, ist diese wirksam[980]. Hier kommt die Vermutungsregelung zur Anwendung, wonach im Zweifel bei Schriftformvereinbarung davon auszugehen ist, dass keine Vertragsbindung entsteht, solange die Beurkundung unterblieben ist[981]. Solche Schriftformvereinbarungen kommen vor allem mit öffentlichen Auftraggebern zustande.

668 Eine weitere Ausnahme vom zeitlichen Erfordernis »bei Auftragserteilung« wird zugelassen bei einem Vorvertrag, der bereits die Honorarvereinbarung für den späteren Hauptvertrag enthält[982], ferner bei Honorarvereinbarungen nach Vertragsbeendigung[983], auch nach Kündigung des Architektenvertrages[984]. In all diesen Fällen sollen die Honorarvereinbarungen wirksam sein.

976 BGH, BauR 1998, 815.
977 Vgl. Werner/Pastor, Rn. 742.
978 BGH, BauR 1990, 97.
979 Werner/Pastor, Rn. 768.
980 OLG Hamm, BauR 1995, 129; OLG Köln, BauR 1997, 524.
981 OLG Hamm, BauR 1995. 129.
982 BGH, NJW 1990, 1235; BGH, BauR 1992, 531.
983 BGH, BauR 1987, 112.
984 OLG Düsseldorf, BauR 1987, 587.

10.1.2 Sachliche Voraussetzungen

Neben den formellen Voraussetzungen muss die Pauschalhonorarvereinbarung zusätzlich in sachlicher Hinsicht das Erfordernis eines »Ausnahmefalles« nach § 4 Abs. 2 HOAI erfüllen. Die Verordnung definiert den Begriff des Ausnahmefalles nicht näher. **669**

Der BGH hat zuletzt[985] folgende Grundsätze aufgestellt: **670**

- »Ein Ausnahmefall, in dem die Unterschreitung des Mindestsatzes zulässig ist, liegt vor, wenn aufgrund der besonderen Umstände des Einzelfalles unter Berücksichtigung des Zwecks der Mindestsatzregelung ein unter den Mindestsätzen liegendes Honorar angemessen ist.«

In einer vorangegangenen Entscheidung[986] hatte der BGH festgestellt, dass Ausnahmefälle nicht dazu führen dürfen, dass der Zweck der Mindestsatzregelung gefährdet werde, einen ruinösen Preiswettbewerb unter Architekten und Ingenieuren zu verhindern; andererseits könnten alle die Umstände eine Unterschreitung des Mindestsatzes rechtfertigen, die das Vertragsverhältnis in dem Sinne deutlich von den üblichen Vertragsverhältnissen unterscheidet, dass ein unter den Mindestsätzen liegendes Honorar angemessen ist. Beispielhaft nennt der BGH[987] in diesem Zusammenhang folgende Ausnahmefälle, die die Unterschreitung des Mindestsatzes rechtfertigen: **671**

Zweck der Mindestsatzregelung: Verhinderung ruinösen Wettbewerbs

- besonders geringer Aufwand seitens des Architekten, sofern dieser Umstand nicht schon bei den Bemessungsmerkmalen der HOAI zu berücksichtigen ist;
- enge Beziehungen rechtlicher, wirtschaftlicher, sozialer oder persönlicher Art zwischen Architekt und Bauherr;
- sonstige besondere Umstände, wie z. B. die mehrfache Verwendung einer Planung.

Liegt ein solcher Ausnahmefall nicht vor und/oder hat der Bauherr schon nicht das Erfordernis der Schriftform bei Auftragserteilung in Bezug auf die Pauschalhonorarvereinbarung mit dem Architekten eingehalten, steht dem Architekten grundsätzlich nach § 4 Abs. 4 HOAI der Mindestsatz zu, das heißt, er braucht mit der Schlussrechnung nicht die vereinbarte Pauschale, die unterhalb des Mindestsatzes liegt, abzurechnen, sondern kann den Mindestsatz beanspruchen. **672**

985 BGH, BauR 1998, 815.
986 BGH, BauR 1997, 677.
987 BGH, BauR 1997, 677.

10.2 Pauschale überschreitet den Höchstsatz

673 Höchstsatzüberschreitungen kommen unter anderem in folgenden Konstellationen in der Praxis vor:

- Die dem Pauschalhonorar zugrundegelegten anrechenbaren Kosten sind zu hoch, wie die spätere Kostenermittlung nach DIN 276 ergibt.
- Bei der Bewertung der einzelnen Leistungsphasen im Vertrag hebt der Architekt abweichend von § 15 HOAI die v. H.-Sätze an, ohne aber die Leistungsbilder nach § 15 HOAI zu verändern.
- Die der Pauschale zugrunde liegende Honorarzone wird zu hoch angenommen (z. B. Honorarzone IV. anstatt III).
- Bei einer Planung, die gleiche, spiegelgleiche oder im Wesentlichen gleichartige Gebäude vorsieht, wird bei Ermittelung der Pauschale der Abzug nach § 22 Abs. 2 HOAI nicht berücksichtigt.
- Dem Architekten wird nur ein reduziertes Leistungsbild nach § 15 HOAI in Auftrag gegeben; gleichwohl wird die Pauschale anhand der Grundlage der vollen v. H.-Sätze ermittelt und vereinbart (Verstoß gegen § 5 HOAI).
- Bei Beauftragung mit der Generalplanung rechnet der Architekt in die Pauschale einen Generalplanerzuschlag.

674 Nach § 4 Abs. 3 HOAI dürfen die in der Verordnung festgesetzten Höchstsätze nur bei außergewöhnlichen oder ungewöhnlich lange dauernden Leistungen durch schriftliche Vereinbarung überschritten werden. Dabei haben Umstände, soweit sie bereits bei der Einordnung in Honorarzone oder Schwierigkeitsstufen, für die Vereinbarung von Besonderen Leistungen oder für die Einordnung in den Rahmen der Mindest- und Höchstsätze mitbestimmend gewesen sind, außer Betracht zu bleiben.

10.2.1 Formelle Voraussetzungen

675 Wie bei der Pauschalhonorarvereinbarung, die den Mindestsatz unterschreitet, bedarf es in formeller Hinsicht einer schriftlichen Honorarvereinbarung bei Auftragserteilung. Hierzu kann auf die obigen Ausführungen (Rn. 662 ff.) verwiesen werden.

10.2.2 Sachliche Voraussetzungen

Die sachlichen Voraussetzungen für eine Überschreitung des Höchstsatzes sind nach § 4 Abs. 3 HOAI: **676**

- *außergewöhnliche Leistungen* – Unter außergewöhnlichen Leistungen sind überdurchschnittliche Leistungen auf künstlerischem, technischem oder wirtschaftlichem Gebiet zu verstehen. Die Außergewöhnlichkeit ergibt sich aus der Aufgabe selbst. Zur Abgrenzung zu den gewöhnlichen Leistungen können für Gebäude und Freianlagen die in den §§ 11 und 13 HOAI aufgeführten Kriterien hilfreich sein[988]. Das heißt, die Architektenaufgabe muss eine überdurchschnittliche Leistung auf künstlerischem, technischem oder wirtschaftlichem Gebiet zum Gegenstand haben. Das ist beispielsweise der Fall, wenn von dem Architekten verlangt wird, dass er nicht erprobte Baustoffe und Technologien bei seiner Planung berücksichtigt oder eine Lösung verlangt wird, die besonders künstlerisch herausragend ist[989]. Eine außergewöhnliche Leistung kann auch vorliegen, wenn der Architekt innerhalb sehr kurzer Zeit planen muss, z. B. leistungsphasenübergreifend.
- *eine ungewöhnlich lange Leistungsdauer* – Dazu ist erforderlich, dass zum Zeitpunkt der Auftragserteilung bereits ein weit über den normalen Umständen liegender Zeitaufwand – so die Begründung in den Gesetzesmaterialien[990] – vorauszusehen war[991]. Dazu zählen nicht unvorhergesehene Verzögerungen der Bauausführung, die ggfs. aufgrund anderer Anspruchsgrundlagen zu einem zusätzlichen Honorar berechtigen[992].

Liegt eine unzulässige Überschreitung des Höchstsatzes entweder wegen Verstoßes gegen die formellen Voraussetzungen oder wegen Verstoßes gegen die sachlichen Voraussetzungen vor, steht dem Architekten nicht der Mindestsatz nach § 4 Abs. 4 HOAI zu, sondern er kann den Höchstsatz geltend machen[993]. **677**

988 BR-Drucksache 270/76, S. 9.
989 Hesse/Korbion/Mantscheff/Vygen, § 4 HOAI, Rn. 102.
990 BR-Drucksache 270/76, S. 9.
991 Löffelmann/Fleischmann, Rn. 839.
992 Z. B. Wegfall der Geschäftsgrundlage (§ 242 BGB), § 642 BGB oder § 21 HOAI.
993 BGH, BauR 1990, 239.

10.3 Unter welchen Voraussetzungen ist der Architekt bzw. der Bauherr an die unwirksame Honorarvereinbarung gebunden?

678 Es gilt der Grundsatz, dass eine Pauschalpreisvereinbarung, die den Mindestsatz unterschreitet oder den Höchstsatz überschreitet, nach § 134 BGB unwirksam ist und dem Architekten deshalb bei einer Mindestsatzunterschreitung der Mindestsatz zusteht und bei einer Höchstsatzüberschreitung nur der Höchstsatz. Allerdings sind Fälle denkbar, die es erforderlich machen, den Architekten bzw. den Bauherrn ausnahmsweise an die unwirksame Honorarvereinbarung zu binden. Insoweit werden in Literatur und Rechtsprechung verschiedene Sachverhaltsvarianten diskutiert, bisher jedoch ohne Systematik:

10.3.1 Auffassung der Instanzgerichte und des Schrifttums

679 Teilweise wird vertreten[994], der Architekt sei verpflichtet, den Bauherrn vor Abschluss der Honorarvereinbarung über die Wirksamkeitsvoraussetzungen aufzuklären. Komme er dem nicht nach, sei der Architekt aus dem Gesichtspunkt von Treu und Glauben daran gehindert, die Unwirksamkeit der Honorarvereinbarung geltend zu machen und den Mindestsatz zu fordern. Diese Ansicht geht jedoch zu weit. Würde man den Architekten schon deshalb an die an sich unwirksame Honorarvereinbarung binden, weil er einer Aufklärungspflicht nicht nachgekommen ist, ließe sich mit diesem Argument im Ergebnis jede Formvorschrift aushebeln.

680 Einige Entscheidungen[995] befassen sich mit der Frage, welche Konsequenzen eine arglistige Täuschung des Architekten zum Nachteil des Bauherrn habe. Täusche der Architekt den Bauherrn bei Abschluss der Honorarvereinbarung bewusst z. B. über die Erforderlichkeit, dass die Honorarvereinbarung bei Auftragserteilung zustande kommen müsse und mache der Architekt später unter Hinweis auf die Unwirksamkeit den Mindestsatz geltend, so stehe dem ohne weiteres der Arglisteinwand (§ 242 BGB) entgegen.

681 Streitig werden darüber hinaus folgende Fälle in der Literatur beurteilt:

- Architekt und Bauherr erkennen von vornherein die Unwirksamkeit der Honorarvereinbarung, weil sie beispielsweise wissen, dass das Schriftformerfordernis verletzt ist oder kein Ausnahmefall für die Überschreitung des Höchstsatzes oder die Unterschreitung des Mindestsatzes vorliegt.

994 Weyer, BauR 1987, 131; Loritz, BauR 1994, 38.

995 OLG Stuttgart, BauR 1981, 404; OLG Koblenz, BauR 1993, 111; OLG München, BauR 1997, 164.

- Von vornherein gehen sowohl Architekt als auch Bauherr irrig davon aus, die Honorarvereinbarung sei wirksam, obwohl sie in formeller und in sachlicher Hinsicht tatsächlich unwirksam ist.
- Eine der Parteien, z. B. der Bauherr, ist gutgläubig und die andere bei Abschluss der Honorarvereinbarung hinsichtlich der formellen und fachlichen Voraussetzungen bösgläubig.

10.3.2 Auffassung des BGH

Der BGH hat mit Urteil vom 22.05.1997[996] Grundsätze aufgestellt, unter die sämtliche Sachverhaltsvarianten subsumiert und gelöst werden können. Danach ist Treuwidrigkeit anzunehmen, wenn: **682**

die Kriterien

1. der Architekt die Unwirksamkeit der Pauschalpreisvereinbarung wegen Verstoßes gegen den Mindestsatz erkannt hat;
2. auf Seiten des Bauherrn ein Vertrauenstatbestand begründet wurde, d. h. der Bauherr bei Abschluss der Honorarvereinbarung auf deren Wirksamkeit vertraute;
3. der Bauherr sich auf die Wirksamkeit der vereinbarten Honorarpauschale in der Weise eingerichtet hat, dass ihm die Zahlung des Differenzbetrages zwischen dem vereinbarten Honorar und dem Mindestsatz nach Treu und Glauben nicht zuzumuten ist.

Nur wenn alle drei Voraussetzungen erfüllt sind, was vom Bauherrn vorzutragen und zu beweisen ist, kann er dem Architekten treuwidriges Verhalten vorwerfen mit der Folge, dass dieser sich nicht auf die Unwirksamkeit der Pauschalpreisvereinbarung berufen kann. **683**

Zwar befasst sich der BGH in dieser Entscheidung nur mit der Frage, ob ein Architekt ausnahmsweise an die regelwidrige, den Mindestsatz unterschreitende Vereinbarung gebunden ist. Die aufgestellten Grundsätze gelten indessen auch für den umgekehrten Fall, also für eine Bindung des Bauherrn an eine den Höchstsatz überschreitende Pauschale. Denn es ist kein Grund ersichtlich, warum ein Bauherr anderen Kriterien unterliegen soll, als der Architekt. Ferner gelten diese Grundsätze auch dann, wenn eine der Parteien wusste, dass die vereinbarte Pauschale gegen formelle Voraussetzungen (gesetzliche Schriftform bei Auftragserteilung) verstößt, gleichwohl dem anderen aber den Eindruck vermittelte, die Pauschalhonorarvereinbarung sei wirksam. Hierzu zählen natürlich auch die Fälle, in denen eine Partei **684**

996 BGH, BauR 1997, 677.

die andere sogar arglistig davon abhält, die gesetzliche Schriftform zu erfüllen.

Bei Anwendung der vom BGH formulierten Grundsätze lassen sich die denkbaren Sachverhaltsvarianten wie folgt lösen:

- Architekt und Bauherr wissen von vornherein, dass die Honorarvereinbarung rechtswidrig ist.

685 Haben Bauherr und Architekt bei Abschluss der Honorarvereinbarung vorsätzlich gehandelt, kann der Architekt sich nach den vom BGH aufgestellten Grundsätzen sehr wohl auf die Unwirksamkeit der den Mindestsatz unterschreitenden Honorarvereinbarung berufen, weil auf Seiten des Bauherrn schon kein Vertrauenstatbestand begründet wurde, also die zweite Voraussetzung nicht gegeben ist. Es gelten damit die Mindestsätze. Bösgläubigkeit des Bauherrn ist regelmäßig dann anzunehmen, wenn er einen Projektsteuerer bei den Vertragsverhandlungen mit dem Architekten eingesetzt hatte[997] oder über eine eigene Bauabteilung mit angestellten Architekten verfügt bzw. einen Rechtsanwalt oder die eigene Rechtsabteilung eingeschaltet hatte.

686 Gleiches gilt zugunsten des Bauherrn bei Überschreitung des Höchstsatzes. Der Bauherr kann ohne weiteres den Regelverstoß geltend machen und braucht dem Architekten nur den Höchstsatz zu zahlen, kann also die Differenz zwischen Höchstsatz und dem vereinbarten Pauschalhonorar kürzen.

- Architekt und Bauherr wissen bei Abschluss der Honorarvereinbarung nicht, dass die Honorarvereinbarung regelwidrig ist.

687 Gingen hingegen Architekt und Bauherr bei Abschluss der Honorarvereinbarung irrig davon aus, diese sei wirksam, fehlt es an der ersten Voraussetzung. Demzufolge kann der Architekt bei einer den Mindestsatz unterschreitenden Honorarvereinbarung den Mindestsatz beanspruchen, und der Bauherr braucht bei einer den Höchstsatz überschreitenden Pauschalvereinbarung nur den Höchstsatz zu zahlen.

- Nur der Bauherr geht bei Abschluss der Honorarvereinbarung von der Wirksamkeit aus.

688 War bei Abschluss der Honorarvereinbarung nur der Bauherr gutgläubig, kommt es darauf an, ob ein Mindest- oder ein Höchstpreisverstoß vorliegt: Bei einem Mindestpreisverstoß ist die erste Voraussetzung erfüllt. Der Bauherr muss darüber

997 OLG Köln, IBR 2000, 83 – bei Vertretung des Bauherrn durch einen Architekten im Verhältnis zum Fachingenieur.

hinaus aber noch dartun können, dass er sich bei Abschluss der Honorarvereinbarung auf die Wirksamkeit der den Mindestsatz unterschreitenden Vereinbarung verlassen hat, weiter, dass er sich in einer Weise auf die Zahlung des vereinbarten Honorars eingerichtet hat, dass ihm die nachträgliche Zahlung des Differenzbetrages zwischen dem vereinbarten Honorar und dem Mindestsatz nach Treu und Glauben nicht zuzumuten ist.

Beim Höchstpreisverstoß fehlt es bereits an der 1. Stufe. Der Architekt kann eben nicht geltend machen, dass der Bauherr den Höchstpreisverstoß kannte, weil dieser eben gerade gutgläubig war. 689

- Nur der Bauherr war bei Abschluss der Honorarvereinbarung bösgläubig.

Handelte der Bauherr bei Abschluss der Honorarvereinbarung bösgläubig und der Architekt gutgläubig, gilt Folgendes: Bei einer den Mindestsatz unterschreitenden Vereinbarung kann der Bauherr sich nicht mit Erfolg auf Treu und Glauben stützen und die Unwirksamkeit der Pauschale geltend machen, weil der Architekt eben gerade bei Abschluss der Vereinbarung gutgläubig war. Übersteigt die vereinbarte Pauschale den Mindestsatz oder sogar den Höchstsatz, liegt es im Interesse des Architekten, über Treu und Glauben die regelwidrige Vereinbarung zu halten. Er kann auch ohne weiteres die 1. Stufe dartun, weil der Bauherr bei Vereinbarung der Pauschale bösgläubig war, also die Unwirksamkeit kannte. Der Architekt muss darüber hinaus aber auch die 2. und die 3. Stufe dartun können, also aufzeigen, dass er auf die Wirksamkeit der den Pauschalpreis überschreitenden Pauschale vertraut hat und er sich auch in einer Art und Weise auf die Zahlung eingerichtet hat, dass ihm die Rückzahlung des Differenzbetrages nach Treu und Glauben nicht zumutbar ist. Dies wird vor allem dann Schwierigkeiten bereiten, wenn zwei Regelverstöße vorliegen, die Pauschale also nicht bei Auftragserteilung in der gesetzlichen Schriftform zustande kam und sie zusätzlich oberhalb des Höchstsatzes liegt. 690

10.4 Darlegungs- und Beweislast

Bei Vereinbarung eines Honorars, das unterhalb des Mindestsatzes liegt, ist der Bauherr darlegungs- und beweisbelastet dafür, dass die formellen und die sachlichen Voraussetzungen für die Unterschrei- 691 tung des Mindestsatzes gegeben sind[998], wenn der Architekt den Mindestsatz beansprucht. Hinsichtlich der formellen Voraussetzungen und zwar der Frage, ob die Honorarvereinbarung bei Vertragsabschluss zustande kam, kommt dem Bauherrn allerdings eine Beweislasterleichterung zugute: Die Vermutung der Vollständigkeit und Richtigkeit der Vertragsurkunde spricht dafür, dass die Honorarvereinbarung bei Vertragsabschluss zustande kam[999]; folglich ist nunmehr der Architekt darlegungs- und beweisbelastet, dass ihm schon vor Abschluss der Vertragsurkunde mündlich der Auftrag zur Durchführung von Architektenleistungen erteilt wurde.

692 Bei einer Überschreitung des Höchstsatzes muss der Architekt die formellen Voraussetzungen der Wirksamkeit der Honorarvereinbarung darlegen und beweisen, das heißt, er muss darlegen und beweisen, dass die den Höchstsatz überschreitende Honorarvereinbarung bei Auftragserteilung schriftlich zustande kam. Was die Rechtzeitigkeit der schriftlichen Vereinbarung betrifft, kommt ihm ebenfalls die Vermutung der Richtigkeit und Vollständigkeit der Vertragsurkunde beweiserleichternd zugute mit der Folge, dass der Bauherr seinerseits darlegen und beweisen muss, dass die Honorarvereinbarung nach Auftragserteilung zustande kam. Hiernach ist es Aufgabe des Bauherrn, nun seinerseits die Höchstsatzüberschreitung vorzutragen und zu beweisen[1000].

Die Darlegungs- und Beweislast bereitet keine Schwierigkeiten: Eine Mindestsatzunterschreitung oder Höchstsatzüberschreitung braucht lediglich »vorgerechnet« zu werden

693 Das Gericht ist nicht verpflichtet, sozusagen von Amts wegen Honorarvereinbarungen auf Mindestpreis- oder Höchstpreisverstöße zu überprüfen. Das ist vielmehr Sache der Parteien. Die Darlegungs- und Beweislast wird in der Regel aber keine nennenswerten Schwierigkeiten bereiten, weil der Bauherr bzw. sein Anwalt dem Gericht lediglich bei einem Höchstpreisverstoß vorrechnen muss, wie sich das Honorar auf der Grundlage der anrechenbaren Kosten, der richtigen Honorarzone und dem Höchstsatz ermittelt und welche Differenz zur getroffenen Pauschalpreisvereinbarung besteht. Diese Differenz ist die Höchstpreisüberschreitung und damit der rückforderbare Vergütungsanteil.

694 Ist der Bauherr dieser Darlegungs- und Beweislast nachgekommen, ist es nun Sache des Architekten, darzutun und zu beweisen, dass ein anerkannter Ausnahmefall nach § 4 Abs. 3 HOAI vorliegt, die Höchstpreise also überschritten werden durften.

695 Im umgekehrten Fall, also bei einer Mindestsatzunterschreitung, muss der Architekt bzw. sein Anwalt den entsprechenden Rechengang darstellen, und der Bauherr ist nun für das Vorliegen eines Ausnahmefalles nach § 4 Abs. 2 HOAI darlegungs- und beweispflichtig.

998 Löffelmann/Fleischmann, Rn. 825.
999 BGH, NJW 1980, 1680.
1000 OLG Köln, BauR 1986, 468.

Literatur

Auernhammer	Verfahren zur Bestimmung von Wertminderungen bei Baumängeln und Bauschäden, in: Baurecht 1978, 356
Baumgärtel	Handbuch der Beweislast im Privatrecht, Band I und Band II, 2. Auflage, Köln 1991
Bartsch	Der kommende Einheits-Architektenvertrag für Gebäude, in: Baurecht 1994, 315
Bartnickel	Die Rechtsnatur des Architektenvertrags, in: Baurecht 1979, 202
Beigel	Einheits-Architektenvertrag: Stellungnahme zu den Empfehlungen der Bundesarchitektenkammer im Bundesanzeiger vom 10.04.1985, Nr. 29, in: Baurecht 1986, 34
Bindhardt	Zur Beseitigung des Mangels am Bauwerk durch den Architekten, in: Baurecht 1970, 29
Bindhardt/Jagenburg	Die Haftung des Architekten, 8. Auflage, Düsseldorf 1981
Boldt	Der neue Bauvertrag, Köln 2002
Budnick	Architektenhaftung für Vergabe-, Koordinierungs- und Baukostenplanungsfehler, Düsseldorf 1998
Dähne	Der Übergang vom Erfüllungs- zum Gewährleistungsanspruch in der VOB, in: Baurecht 1972, 136
Dittert	Architekten/Ingenieure-Haftung und Versicherungsschutz, Köln 1992
Eich	Der Leistungsbegriff im Architektenvertrag, in: Baurecht 1995, 31
Eiselt/Trapp	Zur Abgrenzung der von der Betriebshaftpflichtversicherung nicht erfaßten Erfüllungspflicht des Werkunternehmers, in: Neue Juristische Wochenschrift 1984, 899
Hartmann	Zur Legende vom Toleranzrahmen bei Kostenermittlung des Architekten, in: Baurecht 1995, 151
Herding/Schmalzl	Vertragsgestaltung und Haftung im Bauwesen, 2. Auflage, München 1967
Hess	Die Haftung des Architekten für Mängel des errichteten Bauwerks, 1966

Hesse/Korbion/ Mantscheff/Vygen — Honorarordnung für Architekten und Ingenieure, Kommentar, 5. Auflage, München 1996

Ingenstau/Korbion — Kommentar zur VOB, 13. Auflage 1996

Jagenburg — Die Entwicklung des Architekten- und Ingenieurrechts seit 1987/88, in: Neue Juristische Wochenschrift 1990, 93

ders. — Die Abnahme des Architektenwerks und die Tätigkeitspflicht des Architekten bei Mängeln, in: Baurecht 1980, 406

Jochem — HOAI, Gesamtkommentar, 3. Auflage, Wiesbaden 1991

Kaiser — Mängelbeseitigungspflicht des Architekten, in: Neue Juristische Wochenschrift 1973, 1910

ders. — Die Bedeutung des AGB-Gesetzes für vorformulierte vertragliche Haftungs- und Verjährungsbedingungen im Architektenvertrag, in: Baurecht 1977, 313

Knacke — Aufklärungspflicht des Architekten über die Vergütungspflicht und das Honorar seiner Leistungen, in: Baurecht 1990, 395

Kniffka — Kürzung des Architektenhonorars wegen fehlender Kostenkontrolle, in: Baurecht 1996, 779

ders. — Die Durchstellung von Schadensersatzansprüchen des Auftraggebers gegen den auf Werklohn klagenden Subunternehmer – Überlegungen zum Schaden des Generalunternehmers und zum Zurückbehaltungsrecht aus einem Freistellungsanspruch –, in: Baurecht 1998, 55

Korbion — Festschrift für Locher, Düsseldorf 1990

Korbion/Locher — AGB-Gesetz und Bauerrichtungsverträge, 2. Auflage, Düsseldorf 1994

Leinemann — Die Bezahlung der Bauleistung, 2. Auflage, Köln 1999

Lindemaier/Möhring — Nachschlagewerk des Bundesgerichtshofs

Locher — Das private Baurecht, Kurzlehrbuch, 6. Auflage, München 1996

ders. — Festschrift für v. Craushaar, Düsseldorf 1997

ders. — Schadenersatzansprüche gegen den Architekten wegen Nichtauflistung von Gewährleistungsfristen, in: Baurecht 1991, 135

Locher/Koeble/Frik — Kommentar zur HOAI, 8. Auflage, Düsseldorf 2002

Löffelmann — Der kommende Einheits-Architektenvertrag für Gebäude, in: Baurecht 1994, 563

Löffelmann/Fleischmann Architektenrecht, 4. Auflage, Düsseldorf 2000

Loritz Die Reichweite des Schriftformerfordernisses der Honorarordnung für Architekten und Ingenieure (HOAI) bei der Vereinbarung unentgeltlicher Tätigkeiten, in: Baurecht 1994, 38

Mantscheff Unzureichender Wärmeschutz – Ansätze für eine Minderwertberechnung, in: Baurecht 1982, 435

Maser Die Haftung des Architekten für die Genehmigungsfähigkeit der Planung, in: Baurecht 1994, 180

Miegel Baukostenüberschreitung und fehlerhafte Kostenermittlung – Zwei neue Entscheidungen des Bundesgerichtshofs, in: Baurecht 1997, 923

Motzke/Wolff Praxis der HOAI, 2. Auflage, München 1995

Münchener Kommentar Münchener Kommentar zum BGB, 2. Auflage, Band 3, 1. Halbband, München 1988

Neuenfeld Probleme der Leistungsphasen 8 und 9 des § 15 HOAI, in: Baurecht 1981, 436

Niestrate Vergütung des Architekten nach Kündigung des Architektenvertrages durch den Auftraggeber, in: Zeitschrift für deutsches und internationales Baurecht 1997, 9

Palandt Bürgerliches Gesetzbuch, Kommentar, 60. Auflage, München 2001

Pott/Dahlhoff/Kniffka Honorarordnung für Architekten und Ingenieure, 7. Auflage 1997, Vertragsrecht für Architekten und Bauingenieure, Essen 1979

Prölls/Martin Versicherungsvertragsgesetz, 25. Auflage, München 1992

Putzier Der Pauschalpreisvertrag, Köln 2000

RGRK Kommentar zum BGB, herausgegeben von Reichsgerichtsräten und Bundesrichtern, 12. Auflage, Band II, 4. Teil

Schäfer/Finnern/Hochstein Rechtsprechung zum privatem Baurecht – Loseblattsammlung – Düsseldorf 1954 ff.

Schmalzl Rechtsnatur des Architektenvertrages nach der neueren Rechtsprechung, in: Baurecht 1977, 80

ders. Die Haftpflichtversicherung der Baubeteiligten, in: Baurecht 1981, 505

ders. Die Verkehrssicherungspflicht des Architekten, in: Neue Juristische Wochenschrift 1977, 2041

ders. Die Haftung des Architekten und des Bauunternehmers, 4. Auflage, München 1980

Schmidt-Morsbach Wertminderung bei Betonflächen, in: Baurecht 1981, 328

Sienz Die Neuregelungen im Werkvertragsrecht nach dem Schuldrechtsmodernisierungsgesetz, in: Baurecht 2002, 181

Staudinger Kommentar zum Bürgerlichen Gesetzbuch, §§ 631–651 BGB, 12. Auflage, Berlin

Steinert Schadensberechnung bzw. Vorteilsausgleich bei der schuldhaften Bausummenüberschreitung des Architekten zur Ermittlung des Verkehrswertes bebauter Grundstücke, bei denen die Eigennutzung im Vordergrund steht, in: Baurecht 1988, 552

Weiss Rechtliche Probleme des Schallschutzes, Baurechtliche Schriften, Band III, 2. Auflage, Düsseldorf 1993

Werner/Pastor Der Bauprozeß, 9. Auflage, Düsseldorf 1998

Werner/Siegburg Der »entgangene Gewinn« des Architekten gemäß § 649 Satz 2 BGB – im Blickwinkel der neuesten Rechtsprechung des Bundesgerichtshofs, in: Baurecht 1997, 181

Werner Die Haftung der Architekten und Ingenieure wegen Baukostenüberschreitung, Schriftenreihe der Deutschen Gesellschaft für Baurecht, Band 20 (1993), 36, Wiesbaden

Weyer Die Beratungspflichten des Architekten – insbesondere rechtliche und wirtschaftliche Beratung vor Vertragsschluß und während der Leistungsphasen 1-4 –, in: Baurecht 1987, 131

Wussow Architektenvertrag und Honorar – einige der häufigsten Streitfragen, in: Baurecht 1970, 65

Sachregister